『勧進帳』ポスター

『花の生涯』ポスター（松竹大谷図書館提供）

『江戸の夕映え』プレスシート

『荒木又右衛門』ポスター

『大江戸風雪繪巻 天の眼』ポスター

『忠臣蔵』ポスター（再映時）

松竹映画
繪島生島
イーストマン松竹カラー総天然色
芸術祭参加作品
監督 大庭秀雄
香り高きエロチシズム、愛艶悲恋の最高華麗絵巻！
原作 舟橋聖一
総指揮 高村潔・製作 白井和夫・脚色 柳井隆雄
市川海老蔵
淡島千景
高峰三枝子
丹阿弥谷津子
草笛光子
高橋貞二
三井弘次
三宅邦子
草島競子
石黒達也
尾上松緑
尾上梅幸
阪東彦三郎
市川左団次
『絵島生島』 ポスター

『元禄忠臣蔵・大石最後の一日より　琴の爪』
プレスシート

『柳生武芸帳 双龍秘剣』 プレスシート

『大忠臣蔵』ポスター

『侍ニッポン』ポスター

『大岡政談 謎の逢びき』プレスシート

『太閤記』ポスター

『大東京誕生 大江戸の鐘』ポスター

『花の幡随院』ポスター

『バナナ』プレスシート

『敵は本能寺にあり』ポスター

『天下御免』ポスター

『忠臣蔵［花の巻・雪の巻］』ポスター

『日本のいちばん長い日』ポスター

『雲霧仁左衛門』ポスター（© 松竹）

『花の生涯』出演に祭して、大谷松竹社長と共演の淡島千景と談笑する幸四郎

『江戸の夕映』撮影中の市川海老蔵と尾上松緑

『江戸の夕映』撮影中の市川海老蔵

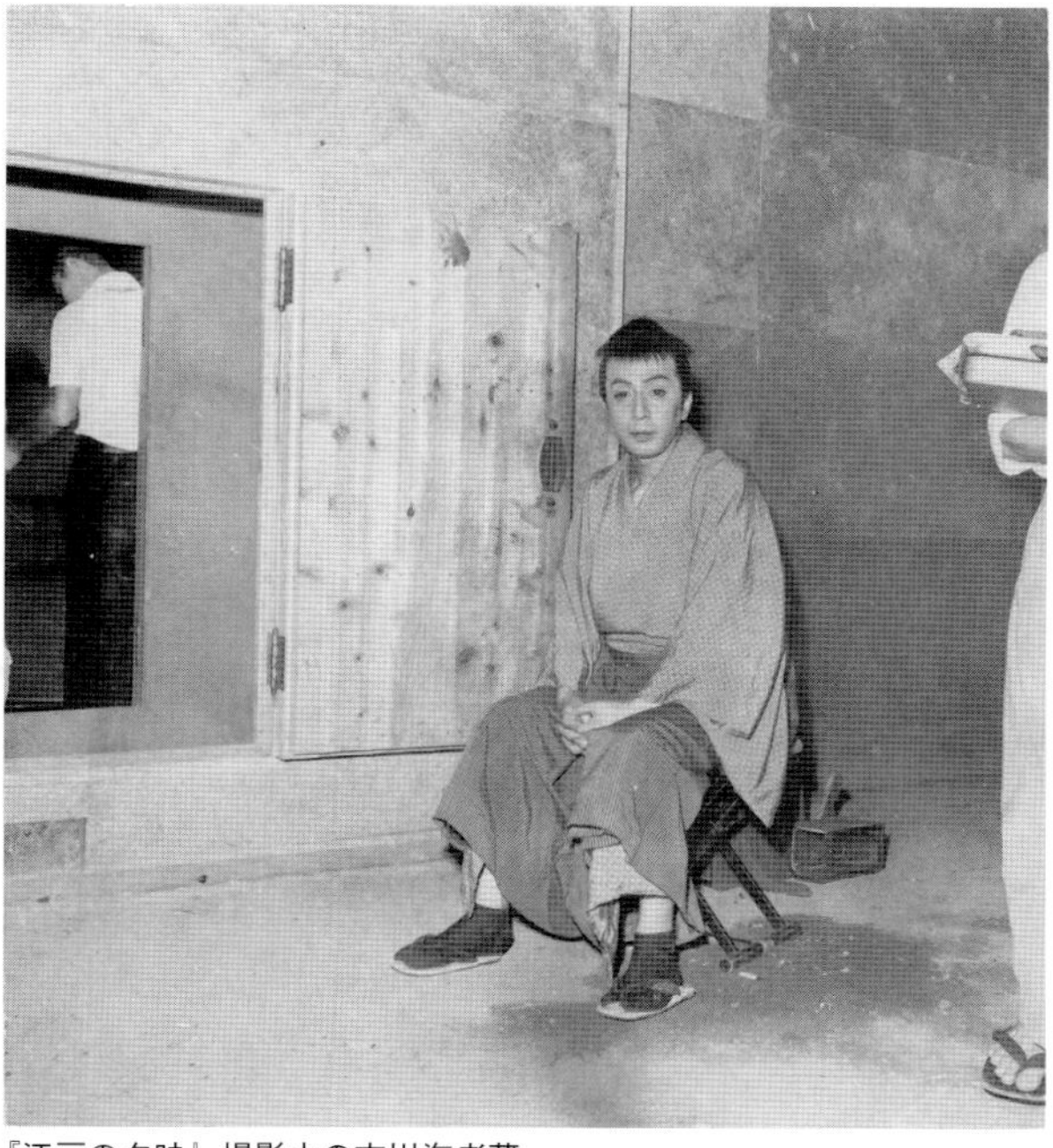
『江戸の夕映』撮影中の市川海老蔵

『忠臣蔵』で大石内蔵助を演じる幸四郎

『忠臣蔵』撮影の合間に談笑する幸四郎と山田五十鈴

『荒木又右衛門』で共演した幸四郎と大谷友右衛門の様子

『元禄忠臣蔵・大石最後の一日より　琴の爪』で共演した幸四郎と鴈治郎、扇千景、扇雀

カメラマンの注文で『隠し砦の三悪人』の共演者三船敏郎の車に乗ってご満悦の幸四郎

左：『隠し砦の三悪人』撮影の合間に衣裳担当の池田誠と談笑する幸四郎
右：『隠し砦の三悪人』の明神峠ロケ：黒澤明監督と田所兵衛役を演じた幸四郎

『敵は本能寺にあり』で明智光秀を演じる幸四郎

『天下御免』で大岡越前守を演じる幸四郎の撮影風景

『忠臣蔵』のキャンペーンで本所松坂町近くを歩く幸四郎と三船敏郎（㈱マガジンハウス提供）
（背後に旧両国国技館の尖塔が見える）

五所平之助監督作品『たけくらべ』で映画デビューの
長男染五郎を表敬訪問する幸四郎

『笛吹川』で兄弟役として競演した
染五郎、萬之助

NTV『半七捕物帳』に主演した
尾上松緑とゲスト出演した
尾上辰之助（当時尾上左近）

# 高麗屋三兄弟と映画

谷川建司

雄山閣

## 第一部　高麗屋三兄弟論――現代歌舞伎役者のプロトタイプとしての團十郎、幸四郎、そして松緑――

表紙カバー掲載写真
TVドラマ「本陣蕎麦」（制作 TBS）撮影スナップ
（出典『アサヒグラフ』1962年12月14日号）

# 第一部

# 高麗屋三兄弟論

——現代歌舞伎役者のプロトタイプとしての
團十郎、幸四郎、そして松緑——

# はじめに

現在、歌舞伎界は大変な隆盛期を迎えているといってよい。二〇一三年に銀座に開館した新たな歌舞伎座（五代目の建物）は連日多くの観客で賑わい、他にも国立劇場や地方都市での歌舞伎公演でもチケット入手が困難なほどの盛況である。歌舞伎座オープンの直前に、看板俳優である五世中村富十郎、十二世市川團十郎、十八世中村勘三郎が相次いで世を去り、また開館後にも勘三郎の盟友であった十世坂東三津五郎までもが世を去るという大きな危機に見舞われたことも事実であるが、次代を担う若手の成長も著しい。彼ら若い世代が歌舞伎の舞台のみならず、映画やテレビドラマ、CM、ヴァラエティ番組など、様々なメディアで日ごろから人気を博し、歌舞伎俳優のポジションを伝統芸能の特別な担い手というところからファンクラブも組織される人気スターという存在へとシフトさせていることも、今日の歌舞伎が幅広い世代のファン層から支持される下地を作っている。だが、そういった歌舞伎役者たちの新しい生き方というものも、今日の若手世代において急に実現したという訳ではもちろんない。

歌舞伎界には少なくとも過去に二回、その存亡に関わる未曽有の危機と言える事態に直面した歴史がある。始めは一九世紀半ばの「天保の改革」期で、老中水野忠邦やその腹心の目付鳥居耀藏が幕政改革の一環として奢侈禁止を徹底したため、歌舞伎を含む江戸庶民の娯楽が上演禁止の危機に瀕したのである。これを救ったのが「遠山の金さん」として知られる町奉行遠山左衛門尉景元で、彼の尽力によって芝居小屋は廃止を免れて移転だけで済むことになった。後に彼の活躍が数多く劇化されたのはもちろんその恩に報いようという劇作家たちの想い故のことである。二度目の危機は戦後の占領期、ＧＨＱによって封建主義的との烙印を押された歌舞伎の演目のほとんどが上演禁止となったことである。この時の救い主がフォービアン・バワーズである。戦前の日本で歌舞伎と出会ってその魅力の虜となっていた彼は、マッカーサーの近習の立場を辞し、歌舞伎上演に許可を出す権限を得るために演劇の検閲官となり、「歌舞伎を救った男」として知られることになった。この二度目の存亡の危機は、バワーズが一九四七年七月に『假名手本忠臣藏』の通し狂言の上演を許可したことで事実上収束したかに思えた。だが、その後、大正時代から戦中にかけて看板役者として歌舞伎界を支えてきた七世松本幸四郎、七世澤村宗十郎、六世尾上菊五郎、初世中村吉右衛門らが相次いで世を去り、ちょうど、二〇一三年の歌舞伎座オープン前後と同じ状況が起きていたのである。

この本の主役である高麗屋三兄弟は、その時期の歌舞伎界にあって、亡くなった戦前からの名優たちの後を継いで昭和戦後期の歌舞伎界を支えた世代の中心にいた歌舞伎俳優である。高麗屋三兄弟とは、七世松本幸四郎の三人の息子たち、即ち十一世市川團十郎、八世松本幸四郎、二世尾上松緑の三兄弟のことであり、彼らこそが歌舞伎役者たちの新しい生き方として、映画やテレビドラマ、ＣＭといった領域を切り開いていった功労者なのだ、ということを本書では検証していく。

松本幸四郎家（藤間家）からその師匠筋である市川宗家の養子となった長男治雄は、後に一九六二年に五十九年振りの大名跡継承を果たして十一世市川團十郎となる（九代目は一九〇三年に亡くなり、十代目はその婿養子の市川三升の死後の追贈）が、その前名である九世市川海老藏時代には『源氏物語』の光源氏役で爆発的な「海老さまブーム」が起こったことで知られている。まさに元祖アイドル歌舞伎スターである。二男順次郎は父の意向で初世中村吉右衛門の許で五世市川染五郎として研鑽を積み、父の死後は八世松本幸四郎として新劇や文楽との共演、シェイクスピアへの挑戦、映画スターとしても二四本の作品に出演する活躍を見せた。三男である豊、後の二世尾上松緑はやはり父の意向で六世尾上菊五郎の許で修業し、師匠亡き後の菊五郎劇団の看板役者として活躍する一方、NHK大河ドラマ第一作『花の生涯』の主役を筆頭に数多くのテレビドラマへの出演、次兄八世松本幸四郎同様の新劇や西洋演劇への挑戦で、ジャンルを超えた活躍をしたことで知られている。

高麗屋三兄弟は、まさしく今日の歌舞伎俳優たちの生き方のプロトタイプを示したのである。そして、その精神はその子供たち（十二世市川團十郎、二世松本白鸚、二世中村吉右衛門、初世尾上辰之助）、孫たち（十一世市川海老蔵、十世松本幸四郎、四世尾上松緑）、そして歌舞伎役者たち全体に受け継がれていることは明らかである。そして本書は、彼ら高麗屋三兄弟の主として歌舞伎以外の領域における仕事（当然ながら、それらは歌舞伎の舞台とも密接な関係を持つ仕事ではあるのだが）、取り分け映像として残された映画作品、そしてテレビドラマ作品を網羅的に紹介しつつ、彼らの父である七世松本幸四郎の時代から綿々と連なる松本幸四郎家の進取の気性というものを浮き彫りにすることを目指している。

［図 1–1］　七世松本幸四郎と幼年期の高麗屋三兄弟（左から治雄、順次郎、豊）

# 第一章　七世松本幸四郎

## 一―一　九世市川團十郎の許での修業、歌舞伎座で日本初のオペラ『露営の夢』への主演

本書で論じていきたいその対象というのは高麗屋三兄弟である。だが、高麗屋三兄弟を論じる上で、彼ら三兄弟の父である七世松本幸四郎を先ず論じなければならないことは自明の理であろう。そして七世松本幸四郎を論じるとなると、その前提として九世市川團十郎、五世尾上菊五郎、そして初世市川左團次、即ち團菊左といった江戸末期から明治時代の歌舞伎界をリードしていった名優たちの存在をきちんと踏まえておかなければならない。

明治時代に活躍したそれらの名優たちのことを、文献上の知識としてではなく生身の俳優としての具体的なイメージで理解しようとするのはなかなか容易なことではない。だが、九世市川團十郎、五世尾上菊五郎の二人に関して言えば、わが国で作られた最初の映像作品として重要文化財の指定を受けている『紅葉狩』（一八九九年）という映画が残されており、その映像から、ほとんどタイムスリップしているが如くに二人の名優の息遣いというものを追体験することが可能である[1]。

七世松本幸四郎は九世市川團十郎の弟子だが、その七世幸四郎が著した二冊の著書のうち、亡くなる少し前の一九四八年に刊行された『藝談　一世一代』（右文社）の中に、團菊

（1）『紅葉狩』は、国立映画アーカイブの常設展示で観ることが出来るほか、佐藤忠男ほか編『シリーズ日本のドキュメンタリー（1）』（岩波書店、二〇〇九年）の付録DVDの一部として含まれている。

左の芸風について、当時の文学者依田学海の「團十郎は龍を描く画家、菊五郎は虎を描く絵師である」との言葉を引用して次のように論じている箇所がある(2)。

「龍といふものは此の世に實際にはないものです。師匠團十郎は、そのないものを如何にもあるもの丶如く形にしてみせる役者。五代目さんは實在の虎を純寫生の立場から丹念に寫して、活きてゐるやうに描いてみせる行き方だつたのです。團十郎がどつちかといへば奔放な天才的の藝術家肌であつたのに對しまして、菊五郎は刻名な名人氣質とでも申しませうか。前者は觀客を前にしながら、殆んど觀客の存在など意識してゐないかの如く、恰も野原のまん中で芝居をしてゐるやうな心地で、思ふ存分に藝を發揮するといふ風でしたが、後者は觀客の中に溶けこんで、しつくりと觀客の心を掴んでしまふといふ藝風だつたのです。

團十郎と菊五郎とは、そんな風に性格的にも全く正反對であったといえませう。(中略)菊五郎の藝は、數々の纖細な技巧が積み重なつて、完成した名人藝といへませう。ところが團十郎の方は、無關心のやうにみえて何でも頭の中にいつの間にか藏ひこんで置き、それを後日時に應じて引つぱり出すといふ行き方で、それも人に褒めて貰はうなどといふ野心はなく、自分の思ふがま丶に振舞ふのでした。しかも、何をやつても立派にその人物に見えたのは不思議な位です。(中略)團十郎が荒事だの、活歴物の武張つた役を得意とすればも菊五郎は世話にくだけた役を得意とする。それにワキ役の名人左團次が加はつて、渾然たる調和のとれたコンビが形造られたといへませう。

初代の左團次といふ人は、勿論主演俳優としても「丸橋忠彌」だとか、「大盃」だと

(2) 松本幸四郎『藝談 一世一代』(右文社、一九四八年)三〜七頁

かいふ名狂言を残してゐる名優ではありましたが、團・菊・左とならび稱される所以は、むしろ團・菊を向ふに廻したワキ役者としての藝風のすばらしさにあつたと思はれます」

一言で言えば、團菊左の時代とは、明治維新後の歌舞伎界を、鹿鳴館に象徴されるような新政府の方針に沿って、政府高官や海外からの賓客をもてなすのに相応しい、写実的で近代的な演劇へと改良していった時代ということになり、河竹黙阿弥による『二張弓千種重藤』での團十郎の演出を仮名書魯文が「活歴」（活きた歴史）と評せば、菊五郎は明治維新後の人々を描く「散切物」を新たな世話物として定着させ、市川左團次は新富座や明治座といった劇場の責任者として近代的な劇場経営に力を発揮していった。取り分け、團十郎の「活歴」の方向性とは、元々はわざと少し変えていた歴史上の人物の役名を本来の実名へ戻し、扮装やメイクアップもなるべく実際のものに近付けることで、一つの類型として機能する英雄像というものを、アイデンティティも感情もある一個人として演じ、そして受容させるもので、今日ではその試みが必ずしも好意的な評価ばかりではないにせよ、その事によって歌舞伎を近代的な演劇へと脱皮させようとする試みだったと言えよう[3]。

そうした、江戸歌舞伎から近代歌舞伎への過渡期である明治三年（一八七〇）五月に三重県員弁郡長深村に建築業を営む家に生まれたのが秦豊吉、後の七世松本幸四郎である。ちなみに、二歳で夭折した一つ上の兄の名前も豊吉といい、またもう一人の兄の子供にも同じ豊吉という名が付けられ、この七世幸四郎の甥にあたる秦豊吉は長じて演出家・興行師として日本劇場の経営に関わり、日劇ダンシングチームを育てている。後に彼は帝国劇

（3）笹山敬輔「演技術から見る歌舞伎と新劇」（神山彰編『交差する歌舞伎と新劇』森話社、二〇一六年）二〇九〜二一〇頁

場の社長となり、国産ミュージカルの上演で功績を残している。

　父・秦専治は四日市に壽福座という劇場を運営していたが、八人の子供たちの他に妾にも二人の子供がいて、うち何人かを養子に出そうという話になった時に、その噂を聞きつけた舞踊の藤間流家元の二世藤間勘右衛門が訪ねてきて、目鼻立ちの整った豊吉を連れて帰り、養子となった豊吉は藤間金太郎を名乗ることになった。舞踊の藤間流、花柳流は共に歌舞伎の市川宗家と密接な関係にあり、藤間勘右衛門家も代々市川宗家の弟子であったことから、明治一三年（一八八〇）には金太郎は九世市川團十郎に弟子入りすることになり、同時に市川金太郎となった。元々役者の御曹司として生まれた訳ではない彼は門閥排斥を唱え、九世團十郎の内弟子として住み込みで修行して身につけた自らの力量だけで明治二二年（一八八九年）には四世市川染五郎を襲名、さらに明治三六年（一九〇三）には八世市川高麗藏を襲名した。現在の市川高麗藏は高麗屋一門の脇役というイメージだが、当時は高麗藏になったということはイコール途絶えていた松本幸四郎の名を継ぐ候補者になったという意味であった。そして、この襲名の背景には、染五郎を見込んだ六世松本幸四郎の遺族の意向があったとされる。

　四世染五郎の八世高麗藏襲名は明治三六年（一九〇三）の歌舞伎座五月興行の時だが、本来は三月興行での襲名が予定されていた。しかし、二月一八日に五世尾上菊五郎が急逝し、その遺志を聞いていた九世團十郎の斡旋により音羽屋一門の惣領であった養子の五世尾上榮之助を六世尾上梅幸に、後から生まれた実子の二世尾上丑之助を六世尾上菊五郎に、その弟の尾上英造を六世尾上榮三郎（後に六世坂東彦三郎を襲名）にそれぞれ襲名させることになり、染五郎の八世高麗藏襲名が遅れることになったのである。ちなみに、高麗藏という大名跡を継ぐにあたって、通常ならばこの披露興行での「口上」は幹部俳優がずらりと並んで行なわれるものだが、染五郎の八世高麗藏襲名に際しては、名家の御曹司でも何でもない染五郎の抜擢に対して快く思わない者もいたのであろう、「口上」は師である九世團十郎がただ一人で行なったのだという。だが、その事は逆に言えば己の精進だけでそこまで上り詰めた染五郎の実力と、その愛弟子に対する九世團十郎の期待値の高さを雄弁に物語っている。

そして、高麗藏襲名の五月興行というのが九世團十郎にとっても最後の舞台となり、その後茅ヶ崎の別荘で静養していたもののそのまま舞台に復帰することなく九月一三日に亡くなってしまった。また、初世左團次も翌年五月の舞台を最後に、その三ヵ月後の八月七日に没し、名実ともに明治の時代を支えた團菊左の時代が終焉を迎えたのである。團菊左が僅か一年半の間に相次いで亡くなり、特に九世團十郎は男子に恵まれず、娘婿として養子に迎えた稲延福三郎改め堀越福三郎は銀行マンとあって、この時点では團十郎として市川宗家を継ぐ者が誰になるか、全く目処が立っていないという危機的状況が生じた訳である。後に堀越福三郎は三十歳近くになって自ら歌舞伎役者となり、五世市川三升（過去に四人の團十郎が俳号として三升を名乗っただけで実質的には初世である）となるが、やはり男子に恵まれず、結果的に養父九世團十郎の愛弟子である七世松本幸四郎の長男治雄が養子として市川宗家に入り團十郎を継ぐことになるのだが、それはまだ大分先の話である。

八世高麗藏となった彼は、明治三七年（一九〇四）九月に徳富蘆花原作の『不如帰』を五世中村芝翫の浪子、初世市川猿之助の千々岩と片岡中将の二役、自身は主役の川島武夫役で演じて評判をとり、一一月には東京座で幸田露伴の『五重塔』を新作として舞台に掛けているが、これは同時代の演劇評論家楠山正雄が後に「露伴の『五重塔』はのちの『名和長年』とともに、幸四郎主演の新作のなかで、出來不出來とはべつにいちばん幸四郎らしい筋ほねの通つたしごとであつた」と評せしめている。(4) 以後も翌年（一九〇五年）の一月には東京座で『乳兄弟』を上演して、同月に本郷座で上演された新派の高田實、河合武雄による同じ『乳兄弟』との競作となるなど、歌舞伎役者による新派劇を率先して推し進めていった。

八世高麗蔵はまた、この年の三月には歌舞伎座で上演された日本初のオペラ『露営の夢』で主役の倭勇夫を演じている。『露営の夢』は北村季晴が作詞・作曲・演出したオペラで、それまでにも東京音楽学校で『ファウスト』（オーストリア＝ハンガリー帝国大使館職員による）、『オルフェウス』（東京音楽学校と東京帝国大学の外国人教師らの指導）の上演が行なわれていたが、『露営の夢』は日本人の手によるオペラとしては史上初めての試みであった。北村季晴はまた大正三年（一九一四）の宝塚少女歌劇発足の際の第一回公演の『ドンブラコ』も手掛けている。ロンドンへ留学し、昭和三年（一九二八）に史上初の歌舞伎海外公演となったソ連公演を成功させた二世市川左團次などと違って、八世高麗蔵（七世幸四郎）は一度も洋行したことがなかったが、それでも若い頃には築地のサンマー塾へ通って英語を勉強した努力の人であった。『露営の夢』の評判は、七世幸四郎自身の言によれば「世評も悪くなかつた」し、「連日拍手喝采を受けたものでした」ということだが、(5) 一方で「ジャーナリズムのあたまごなしな冷評篤評で、目も鼻もなくたたきのめされてしまつた」と記録されてもいる。(6) 千秋楽とその前日の二日間に代役を務めたという六世尾上菊五郎の「その幕明きに客席の電燈を消したのも、此時に始めて行はれた事で、高麗

(4) 楠山正雄「七世・松本幸四郎」（『幕間別冊　松本幸四郎追悼號』一九四九年三月）一五頁
(5) 笹山敬輔、二一三〜二一六頁
(6) 楠山正雄、一五頁

藏は倭勇夫の役名の軍人で出て、露営の場と故郷の家の二場に、『蕭條とは此事かな』とか、『矢叫びの聲今將た止みて』とか、そんな節に文句を附けて唄へたのですから、歌舞伎に慣れた見物が吃驚したのは當然、劇評には『酔拂ひの謡曲』『幽靈の散策』など、きびしい罵倒もありましたが、とにかく當時に在つて新しい方面に手を附けた勇氣は、慥に豪いものだと思つてゐます」という評価辺りが妥当なところだったように思われる。[7] 手を回して収集した西洋の絵葉書（五百枚入りのアルバムを三十～四十冊も集めたという）によって西洋人のポージングを研究し、それを外国風の印象の強い姿態のデッサンに応用していたというエピソードが努力家として側面を物語っている。[8] そうした彼の写実主義の探求は、もちろん師である九世團十郎の志向性をそのまま受け継いだものであるが、八世高麗藏時代の明治四〇年（一九〇七年）以降、新創刊された雑誌『演劇画報』誌上にて「百面相」（後に「変相」）というメイクアップの研究・実践のコラムを不定期連載するなど相当に研究熱心であったことが窺われ、師の九世團十郎はそんな愛弟子に対して「研究博士」という渾名を付けたのだという。[9]

## 一―二　帝劇専属俳優としての活躍
## ――『オセロオ』、『ジュリヤス・シーザー』への挑戦

八世市川高麗藏が七世松本幸四郎を襲名したのは明治四四年（一九一一年）の一一月、演目は『碁盤忠信』などで、場所は三月に開場したばかりの帝国劇場である。同じ月に歌舞伎座では五世中村歌右衛門の襲名興行が行われていたが、八世高麗藏の幸四郎襲名が

（7）尾上菊五郎「幸四郎の思ひ出」（『幕間別冊　松本幸四郎追悼號』）五一頁
（8）戸板康二『芝居国・風土記』（青蛙房、一九六三年）一〇三～一〇四頁
（9）村島彩加「表情をめぐる冒険―明治時代末期、新旧俳優の挑戦と挫折―」（神山彰編『交差する歌舞伎と新劇』）二三四～二三九頁、二四三頁

帝劇だったのは彼が前年の一月に十歳年下の二世市川左團次に誘われて明治座の舞台に出演したことにより歌舞伎座の幹部技芸員という立場をはく奪されてしまい、新たな劇場である帝劇を本拠地とせざるを得なかったからである。ちなみに、既に九世團十郎のお墨付きを得て高麗藏になっていたこともあって七世幸四郎襲名は既定路線だったとも言えるが、六世幸四郎が亡くなったのは嘉永二年（一八四九）の一二月一七日（旧暦の一一月三日）のことだったから、九六十二年振りの大名跡復活だった。なお、当時は劇場ごとに専属の俳優が所属するというのが梨園の基本的なスタイルであり、五世中村歌右衛門を筆頭とする歌舞伎座、二世市川左團次を頭とする明治座、六世尾上菊五郎、初世中村吉右衛門らの市村座の三劇場が鎬を削るという構図であった。その中で、帝劇へは明治座から移籍した高麗藏（七世幸四郎）、初世澤村宗之助の他に、五世歌右衛門と同じく女形として歌舞伎座での出番が減ることが予想された六世尾上梅幸、七世澤村宗十郎、四世尾上松助が専属俳優として移籍していた。それらの移籍組の中で、六世尾上梅幸が一同から推されて帝劇の座長となり、高麗藏は副座頭格として精力的に活動することとなった。

帝劇はルネッサンス様式建築による日本初の西洋式演劇劇場で、日露戦争に勝って活気づいていた政府、財界の肝いりで、福澤捨次郎が中心になって、渋沢栄一、西野恵之助らが発起人となり、歌舞伎だけでなくオペラやバレエも上演する計画で建築された。運営の仕方も茶屋や出方がなく、全て椅子席にして番号付きの座券を前売りし、客は自分の番号の席へ案内してもらうという、今日では当たり前となっている方法で統一されるという、まさに革新的な新たな演劇の殿堂と位置付けられていた。また開館に先立って川上貞奴に女優養成所（後に技芸学校と改称）を運営させて、森律子、藤間房子、村田嘉久子らの女優を養成するなど、新しい時代の新しい生き方をも象徴する帝都のシンボルとなり、「今日は帝劇、明日は三越」というキャッチコピーが消費社会時代の到来を告げる流行語となった。(10) なお、帝国劇場という名称ではあったものの、帝劇は国営ではなく株式会社であった。

その帝劇という劇場に活動の場を移したことが、七世松本幸四郎の方向性に決定的な影響をもたらしたのは自然の成り行きであった。だが、後の世代にも受け継がれる事になる高麗屋の「進取の気性」というものが、たまたま七世幸四郎が帝劇に所属することになったための成り行きだった訳ではないことは、前述の高麗蔵時代の『露営の夢』へのチャレンジ一つ見ても明らかであろう。

その七世幸四郎の、帝劇移籍後の「進取の気性」の最たる例と言えるのが、シェイクスピア劇への挑戦、そして新歌舞伎研究会の活動であるわけだが、大事なことは既に大名跡を継いで押しも押されぬ名優というポジションになっていた七世幸四郎が己ひとりで何でもやりたいことをやって、周りも巻き込んでいたというのではなく、自ら一介の若手俳優に戻ったつもりで若い世代の俳優たちと一緒になって懸命に汗を流し、新しい試みに果敢にチャレンジし続けたということだ。帝劇では、開場後ほどなくして歌劇部を新設して、公募によって選ばれた男女十五名がイタリア人指導者V・D・ローシーの指導の下、歌と踊りと演技の訓練を受けて、後に「帝劇オペラ」と呼ばれる一連のオペラに出演していくことになるが、西野恵之助、手塚猛昌の後の三代目帝劇専務として日ごろから所属俳優陣と接していた山本久三郎は、次のように回顧している。(11)

(10) 帝劇開場の翌年、大正元年頃より無料で配布されるようになった一枚刷りのプログラムの中で、三越の広告として謳われたキャッチコピー。コピーは三越の広告担当の浜田史郎、図案は杉浦非水で、竹久夢二の婦人画が使用された。嶺隆『帝国劇場開幕「今日は帝劇　明日は三越」』(中公新書、一九九六年) 一七三～一八〇頁

(11) 山本久三郎「帝劇時代の幸四郎」(『幕間別冊　松本幸四郎追悼號』) 六〇～六一頁

［図 1-2］『賢き馬鹿』（森律子と七世幸四郎）

「幸四郎はその洋楽部（ママ）へ入つて、一緒に勉強し、一緒に出演してくれた。今日になれば、たとへ歌舞伎俳優の大幹部であらうと、素人同然の俳優と共演する場合はないこともなく、驚くに足らないが、帝劇の洋楽部の發足した當時の、まだ歌舞伎俳優の因襲の根強く殘つてゐる時に、當時でさへ五指の一つに數へられる位置にあつた幸四郎が、タイツをはいて、若い男女優の卵同然の人たちと、熱心に練習したことは大事件であつた。一緒に共演してくれたことは大鎭事であつた。

幸四郎は女優劇にも補導の任に當り、且はすゝんで出演（して）くれた（中略）洋楽部や女優劇の功罪はしばらく措き、この二つが發展したのには、實に幸四郎の率先補導出演が大きく影響をあたえてゐる。

帝劇で梅幸に次ぐ位置にゐた幸四郎が率先して範を示してくれたので、だん〳〵に他の俳優たちも出演してくれるやうになり、僅かな間に歌舞伎俳優の女優劇出演が問題にならなくなつてしまつた。梅幸でさへも、後には出演してくれたほどである。宗十郎、宗之助等いふ迄もなく喜んで出演してくれた。このきつかけを作り、他を刺激した幸四郎の影響といふものは非常に大きい」

帝劇は、大正一二年（一九二三）九月一日に起こった関東大震災で外郭を残して焼け落ち、七世幸四郎を含む所属俳優たちも関西などへの疎開を余儀なくされるのだが、九月に創刊号を出したばかりの雑誌『劇と映画』の一一月発売の第二号の中に、震災によって公演することが出来なくなってしまった益田太郎冠者による新作狂言『賢き馬鹿』のカラー・スチールが載っている。ここでは、前述の女優養成所第一期生の森律子（伯爵夫人）相手に伯爵に扮した幸四郎の堂々たる姿を見ることが出来る。

それよりも先の大正六年（一九一七年）三月、七世幸四郎は東儀鐵笛と組んで、女優川田芳子を連れて神戸に赴き、神戸聚楽館で東儀のイアーゴー、川田のデスデモーナで『オセロオ』のタイトルロールを演じている。『オセロ』自体はそれまでにも川上音二郎一座が翻案劇として明治三六年（一九〇三）に明治座で演じ、また大正三年（一九一四）には坪内逍遥訳の翻訳劇として東儀鐵笛のタイトルロールで帝劇にて上演されていたが、この神戸聚楽館での『オセロオ』は非常に好評だったようで、八年後の大正一四年（一九二五）九月には歌舞伎座で、小山内薫の新訳・演出の下、今度は二世市川左團次のイアーゴー、二世市川松蔦のデスデモーナ、六世市川壽美藏（三世市川壽海）のキャシオーで再び主役を張っている。[12] ちな

［図 1-3］『オセロオ』の七世幸四郎

(12) 河竹登志夫『日本のハムレット』（南窓社、一九七二年）三八九〜三九一頁

みに、帝劇専属俳優になった七世幸四郎がなぜ歌舞伎座に出演したのかと言うと、六世梅幸、七世宗十郎という看板役者を引き抜かれて危機感を募らせていた歌舞伎座が、大正二年（一九一三）に関西の興行主である松竹の大谷竹次郎に経営権が移ったことから、それを機に大谷が幹部俳優の交流を申し出てこれが成立していたからである。

同じく歌舞伎座で『ジュリヤス・シーザー』に取り組んだのは大正一四年（一九二五）三月のことである。こちらも、明治三五年（一九〇二）七月に明治座で坪内逍遥訳『該徹奇談』のタイトルで翻訳劇として上映され、また大正二年（一九一三）六・七月に帝劇で逍遥訳・演出による文芸協会による公演が行なわれことがあるが、歌舞伎座での公演では、シェイクスピア劇に馴染みのない観客に対して保険を掛ける意味もあってであろうか、『ジュリヤス・シーザー』の後一幕を挟んで、次節で詳述する人気絶大の『勧進帳』を上演している。配役はアントニヤスが二世左團次、ブルータスが六世壽美藏、そしてシーザーが七世幸四郎というものであった。「ブルータス、汝までもか」と良く通る太い声で発する七世幸四郎の姿は残された写真からもイメージできるが、それを観た後で同じ幸四郎の弁慶まで観られるというのは観客の立場では大変に贅沢なことだったろう。

帝劇時代には、七世幸四郎は他にも大正三年（一九一四）九月の『英雄と美人』と大正九年（一九二〇）二月の『ガラカテ』でナポレオン役、大正八年（一九一九）五月の『呪』で魔女ポッパ役、同年一〇月の岡本綺堂作『亜米利加の使』でタウンゼント・ハリス役を演じているが、いずれもそのメイクアップの巧みさで観客のみならず批評家たちをも驚嘆させたという。このうちの『亜米利加の使』は、七世幸四郎自身が興した新歌舞伎研究会という枠組みでの第一回公演だった。おそらくこれは、帝劇にも出演していた十三世守田勘彌の興した研究劇団文芸坐や、二世市川左團次の自由劇場といった演劇革新運動と呼応する形で組織したもので、高麗屋一門の他、初世澤村宗之助、十三世守田勘彌、三世阪東壽三郎らにも随時参加してもらうことになっていたという。『亜米利加の使』のハリス役は「巧妙なメーキャップ、外人そっくりな仕草で新劇俳優以上といわれ好評であった」というが、残念ながらこの研究会は帝劇では翌年の一一月に小山内薫作『伊左衛門』ほかで第二回公演を行なったのを最後に解消してしまった。他にも有楽座などでも公演していたようだが、短命だったのが惜しまれる。(13) 解消の理由はつまびらかになっていないものの、七世幸四郎は歌舞伎俳優としての活躍の他にも、養父の後を継いだ舞踊の藤間流家元、三世藤間勘右衛門として数多な弟子を育成していたため、あまりにも多忙だったことが遠因であったように思われる。

大震災から一年後の大正一三年（一九二四）一〇月、帝劇は復興開場したものの、その五年後に起こった世界恐慌の波にあらがうことが出来ず、昭和五年（一九三〇）からは松竹に経営委託されて、更に翌年からは洋画上映館に衣替えさせられた。そして松竹との契約が満了した昭和一五年（一九四〇）二月、今度は新興の興行会社東宝の傘下に入り新しい時代を迎えることになる。

## 一―三　『勧進帳』の弁慶、『假名手本忠臣蔵』の由良之助、そして『天一坊』の大岡越前守

團菊左時代が明治三六年（一九〇三）～三七年（一九〇四）に終焉した後の歌舞伎界は、

(13) 帝劇史編纂委員会編『帝劇の五十年』（東宝株式会社、一九六六年）一六六頁

歴史の大きな流れで言うと大正時代に入ってからの菊吉時代（六代目尾上菊五郎と初世中村吉右衛門）が昭和の占領期まで続いたという理解が一般的であるように思われる。七世松本幸四郎は数えで八十歳まで長生きし、またその最晩年までずっと舞台に立ち続けてきたから菊吉と同世代のように錯覚しがちだが、歳でいえば六世菊五郎とは十五歳、初世吉右衛門とは十六歳離れている。七世幸四郎とほぼ同世代なのは明治七年（一八七四）生まれの十五世市村羽左衛門であり、團菊左時代と菊吉時代の間の短い時期、この二人が梨園の主役として競い合った頃を高麗藏羽左衛門時代と呼ぶ場合もある。八世高麗藏時代の七世幸四郎は既に見てきたように新派劇との垣根を取り払った新しい歌舞伎を推し進めていた一方、九代目團十郎の後継者として歌舞伎十八番などの荒事を継承し、更に自らの工夫を加えて行った市川宗家の本流というアイデンティティもあった。一方の十五世羽左衛門は、フランス生まれのアメリカ人チャールズ・ルジャンドルを父に持つハーフ（但しそのことは彼の死後明らかにされた事実だが）故の美貌から「花の橘屋」と呼ばれ、よく通る高い声で様々な役柄を華やかに演じ抜群の人気があった。ちなみに八世高麗藏（七世幸四郎）のほうは太く低い、だがやはり良く通る声だった。二人の声は残された『勧進帳』の記録映画でも確認することが出来る。高麗藏羽左衛門時代を一言で言えば、團菊左時代に近代歌舞伎として整備されたものをきちんと継承し、次代へとバトンタッチしていく、野球で言えば中継ぎエース的な役割を果たしたということであろう。

七世幸四郎が師である九世團十郎から受け継いだ数多くの芸の中でも、極めつけと言われるのが『勧進帳』である。『勧進帳』は、天保年間の七世市川團十郎が定めた歌舞妓狂言組十八番（歌舞伎十八番）の中でも古くからある荒事ではなく、七世團十郎自身が新たに書き下ろしたもので、その実子である九世團十郎が、実兄の八世團十郎の死後、市川宗家を継いで型を完成させたものであるとされる。勿論、九世團十郎は『勧進帳』だけでなく他にも『暫』、『助六由縁江戸櫻』、『菅原伝授手習鑑』、『一谷嫩軍記』など、今日良く知られている多くの荒事芸の型を完成させた「劇聖」な訳であり、『勧進帳』だけが市川宗家にとって特別に重要だった訳ではない。だが、間違いなく二十一世紀の今日を生きる我々にとって『勧進帳』の弁慶こそが歌舞伎というものを象徴するヴィジュアル・イメージになっていると言っても過言ではないと思う。――その今日的な意味での『勧進帳』のイメージを完成させた人物こそが七世幸四郎だったと思うのである。

七世幸四郎は『勧進帳』の弁慶の役を、生涯を通じての当たり役とした、自他共に認める弁慶役者であった。初めて弁慶役を演じたのは八世高麗藏時代の明治三九年（一九〇六）五月の歌舞伎座だというが、演じた回数は一六〇〇回を超えると言われている。[14] 師の九世團十郎にとっても勿論『勧進帳』の弁慶役は代表的な当たり役であり、特に明治二〇年四月に井上馨伯爵邸にて史上初めての天覧歌舞伎にて初世市川左團次の富樫、四世中村福助（五世中村芝翫、五世中村歌右衛門）の義経にて演じる栄誉に浴してもいるが、七世幸四郎に拠れば、演じた回数で言えば「亡くなる迄の間に十回の興行と、餘興及び演藝会で六回、名古屋の橘座で一回」務めたに過ぎない。[15] ちなみに、その天覧歌舞伎というのは七世幸四郎が龜井六郎役で初めて『勧進帳』に出演した機会だったといい、その後は師が弁慶役を演じる際は必ず何か一役演じてきたという。

師から受け継いだ大事な弁慶役を、しかしながら七世幸四郎は後生大事に何一つ変えずにコピーしたというのではなく、工夫を重ねて改良し、自分自身のものとしたのである。

(14) 七世幸四郎自身の言に拠れば、一九四一年に井口政治が調べたところ一三〇〇回だったが、その後九州と東北で一六五日、堀の興行で一五〇日余りに二年間で三〇〇回やり、これで一世一代というのを四回やっているからざっと一七〇〇回近いという。三宅周太郎「松本幸四郎對談」（『幕間』一九四九年一月特大号）二〇頁。
(15) 松本幸四郎『藝談 一世一代』一三〇頁

『藝談 一世一代』の中で、七世幸四郎自身は次のように述べている。(16)

「師匠の『勧進帳』の型は、主として能の金剛流の型からとつて居りました。私もはじめのうちは師匠ゆづりの型のまゝ演つてゐましたが、東京では金剛流の能はあまり流行らず、何といつても主流は寶生、觀世、それに觀世から分れた梅若です。で、能の方々から逆にこれらの型で是非やつて貰ひたいといふ話が出たりしましたので、その後これらの流儀の型を折りこんで演るやうに致しました。例へば幕切れの六法の引込みの前に、鷺飛びといふ三段に飛ぶ型がありますが、これなどは觀世流だけにある型で、私もしば〴〵この型で演じて居ります。こんなわけで、私の一生の間にも随分いろ〳〵な型が生れましたが、最近では金春、喜多などのお流儀のよい所も入れさせていたゞき、五流合作といふところでそれ〴〵の特長をとりこんでゐるつもりで居ります」

歌舞伎役者であると同時に歌舞伎の踊りを一手に担ってきた藤間流（もう一つの花柳流は前述の天覧歌舞伎の際に九世團十郎と決裂して梨園からは離れていた）家元の三世藤間勘右衛門でもあった七世幸四郎ならではの工夫があったと言えそうな証言だが、こうして改良が加えられた上に、上演時間は師の『勧進帳』が一時間四十分掛かっていたところを一時間十五分に短縮し、何事につけスピード感が求められる時代の要請に応えていったのである。換言すれば、今日市川宗家のお家芸として演じられる『勧進帳』の型は九世團十郎の型というよりも、それをベースに改良した七世幸四郎の型に他ならないということだろう。

(16) 同右、一三五～一三六頁

こうした七世幸四郎の『勧進帳』に対する貢献について、河竹繁俊は七世幸四郎が師の活歴的演技の悪い面をも継承してしまったとの苦言を呈しながらも、「獨自の研究に属する部分も、規格外になることなく、あれだけの大成を示し、『勸進帳』の專賣者と成りおほせたのだつた。（中略）『勸進帳』と幸四郎とは、まことに相互に仕合せしたものと言うべきである」と称えている。[17]

弁慶と言えば幸四郎、幸四郎と言えば弁慶、というほどの生涯の当たり役を持ち得たことは歌舞伎役者としての誉れ以外の何物でもないが、勿論七世幸四郎は『勧進帳』以外にも師の九世團十郎の芸の数々、そして元々市川宗家（成田屋）とは代々姻戚関係にあった高麗屋の家の芸の数々を継承し、次代へと繋いでいった。それらの中でも、本書で次章以降に詳しく論じていく三人の息子たち、即ち高麗屋三兄弟の映画やテレビドラマでの仕事との結節点として重要になる役柄としては、『鈴ヶ森』の幡随院長兵衛、『假名手本忠臣藏』の大星由良之助、そして『大岡政談天一坊』の大岡越前守といったものが挙げられる。

幡随院長兵衛は、歌舞伎では『鈴ヶ森』の「お若けえの、お待ちなせえ」という白井権八との場面が有名だが、他にも『湯殿の長兵衛』などがあり、七世幸四郎は度々それらの役を演じてきた。戦前の帝劇での上演記録を拾ってみると、大正四年（一九一五）一〇月に『幡随院長兵衛』として三場が上演され、また大正五年（一九一六）六月には『鈴ヶ森』を上演している。七世幸四郎の長兵衛についての発言を見ると、「長兵衛は武家の出ですから、行儀作法なども他の侠客とは變へなければならず」、普通の親分ならば親指を人差し指の腹につけ軽く手を握った形で、膝の脇へその手を付くような挨拶であるところを、

(17) 河竹繁俊「幸四郎の『勸進帳』」（『幕間別冊　松本幸四郎追悼號』）二四～二五頁

「水野の邸で手をついてお辞儀をするとき、キチンと疊に掌をつけてお辞儀をしなければなりません。そんなことで長兵衛の風格が舞臺に浮き上つて来るものなのです」とその神髄を述べている。

『假名手本忠臣藏』は帝劇では明治四五年一一月に『山科閑居の場』が上演されているほか、大正三年（一九一四）一一月と大正一一年六月、そして震災後の大正一四年一二月、昭和二年（一九二七）一一月に通し狂言で上演されている（七世幸四郎が出演したと考えられるもののみ）。七世幸四郎は、四段目の大星由良之助は五万八千石の大名の家老という気持ちでやればよいが、七段目は浪人している由良之助なのだから手持ち不如意であるはずなのに豪遊している気持ちを掴むのが難しく、また「酔つてしまつては勿論いけず、さうかといつて酔はなくともいけず、表面は馬鹿をいつてゐて、心中深く計略を抱くといふ胸中を見物に知られることは、なか〳〵出来ることではない」と、師の九世團十郎共々その難しさを痛感していたことを述べている。(18) また、『假名手本忠臣藏』と言えば戦後の昭和二二年（一九四七）七月にフォービアン・バワーズの尽力もあって解禁され、東劇で通し狂言として東西合同オールスターキャストで上演された訳だが、七世幸四郎はその時も四段目、七段目、九段目で大星由良之助を演じていた。

『大岡政談天一坊』での大岡越前守は、本来のタイトルは『扇音々大岡政談』といい、七世幸四郎は昭和一七年（一九四二）にも歌舞伎座で演じているが、一九四八年一二月、新橋演舞場の昼の部で「国際演奏株式会社創立一周年記念豪華大歌舞伎」として上演されたこの舞台は、生前の七世幸四郎が最後に立った舞台での役として知られている。七世幸四郎は長男である九世市川海老藏（十一世市川團十郎）演じる天一坊を相手に大岡越前守

(18) 松本幸四郎『藝談 一世一代』一七二〜一七三頁

を演じた。ちなみに海老蔵はもう一役、越前守配下の同心、池田大助の役も演じている。また、七世幸四郎は夜の部でも『新版歌祭文』で娘婿の七世大谷友右衛門（四世中村雀右衛門）らと共に百姓久作を演じている。

そして、この一二月の舞台を終えて、年明けには自分が入るために自ら設計した神仏混淆の白木の仏壇を発注した七世幸四郎は、一月二七日、三人の息子たちそれぞれの舞台の千秋楽の日を待って息を引き取った。前月まで舞台に出ていたことに加え、亡くなった昭和二四年（一九四九）一月には、翌二月に大阪歌舞伎座で三世市川壽海を襲名することになっていた六世市川壽美藏（元々は関西歌舞伎ではなく東京にいて前年に関西歌舞伎へ移ったばかりだった）から襲名興行で演じる『助六由縁江戸櫻』の助六の所作の伝授を依頼され、代理で教わりに来た藤間良輔に対して二三日、二四日と二日間、花道の振りから舞台上の台詞のメリハリまで事細かく教え、一日休んで二六日にもう一度訪れた藤間良輔が、疲れているように見えた七世幸四郎に対して「もう分かりましたから明日帰ります」と言うのに対して「きいて分かるものぢやない。なまじつかのものを傳へては壽海にすまない」と下駄まで履いて自ら全部演ってみせたという[19]。その翌日に亡くなったのだから、まさに生涯現役を貫いての大往生だった。

## 一―四　三人の息子に託した歌舞伎界の将来

七世松本幸四郎が亡くなって数多くの演劇雑誌が追悼号を出しているが、それらの中で多くの劇評家や関係者が指摘している共通の事柄は、七世幸四郎の何よりも大きな功績

(19) 市川壽海「襲名の奇縁」（『幕間別冊　松本幸四郎追悼號』）五三頁

は、三人の息子たち全てを、次代を担う梨園のホープという立場の存在として遺した事だ、という点である。例えば楠山正雄は、幸四郎になって四十年、ひたすら弁慶ばかりやって国民的人気は博したものの「なんでもやつてなんにものこさず」とかなり辛口にその生涯を総括しつつも、その追悼文の締め括りとして高麗屋三兄弟に娘婿の七世大谷友右衛門を加えた四人に言及し、「その間にしかし三人の息子と一人の娘婿が次代の歌舞伎四天王になり、自然と福壽併せ保つ梨園の最長老で終ることになつたのは、やはり、無爲にして人を化するそれだけの人徳が備つてゐたのであろう」と結んでいる。(20)

亡くなる直前の一九四八年一二月、雑誌『幕間』が、年明けに数えで八十年になる七世幸四郎に記念のインタビューを行なっているが、「貴方は明けて八十におなりですね」と切り出したインタビュアーの三宅周太郎に対して七世幸四郎はこう応えている。(21)

「さうです。八十になります。併し、私程幸福な者はないので、これでいつ目をつぶつても私は思ひ残す事はありません。豊の松緑は六代目さんのところにゐますし、染五郎は吉右衛門さんのところにゐます。長男の海老藏がまたこの節は皆さんのお引立てで、大役がつくやうになりました。あの子は一時からだが弱くて案じてゐた。それが丈夫になつて、(中略)この頃は私が何もしないのに、皆様の方で海老藏はいいといつてよくして下さるのです。役者はこちらで手をまはして、頼みまはつてどうにかものになるのが普通ですのに、あれだけは皆さんの方で引つぱり出して下さるのです。三人が三人こんな次第ですから私程仕合せな者はないと思つてゐます。……」

「それに又あの友右衛門がうちの娘と結婚しましたが、あの子も永い間應召してゐて

(20) 楠山正雄、一一六頁
(21) 三宅周太郎「松本幸四郎對談」一一八〜一一九頁

蛇やとかげを食つてゐた。それが帰つて来て一番にうちへ来た（中略）うちへ来てゐる中に、どうやら娘も好きらしい（にっこりしつゝ）ので、これはいいと思つてゐると、縁談がまとまつて、又一人倅がふえたやうなわけ」

この対談が掲載された号が発行されたのは奥付に拠れば一九四九年一月五日なので、その三週間後に亡くなったことになる訳だが、周囲もそして本人自身も、七世幸四郎の遺した最大の作品は弁慶ではなく息子たちそのものだ、という意識を共有していたことが良く判る。

十一世團十郎、八世幸四郎、二世松緑の三兄弟、そして娘婿の四世雀右衛門それぞれの経歴、そしてその活躍に対する評価はこの後各章で詳述していくことになるが、ここでは三兄弟それぞれの将来に対して七世幸四郎が如何なる選択をし、前述のような梨園の財産そのものにしていったのか、そのきっかけの部分についてのみ、当事者の証言を紹介しておきたい。

先ず長男の治雄、後の十一世團十郎が市川宗家（堀越家）へ養子に入ることになった経緯について、雑誌『幕間』の一九四九年一月号での前述の三宅周太郎との対談において、七世幸四郎は次のように述べている。[22]

「前年（＝昭和一四年（一九三九））堀越の姉さんの方が私の宅へ三度見えた。二度共何もいはず帰られたのでおかしいと思つてゐたら、三度目の時初めてお願ひに来たといつて、いひ難いが何とか養子にくれないかとのお話でした。私は考へたまゝ本人次第にし

(22) 同右、一八頁

ようと本人にきくと、お父さんは何事も師匠のおかげだといつてゐる。堀越の家へ行つても座ぶとんもしかぬ位にしてゐる。さういふおうちで私を望まれるなら、私を出してもいいでせうといふわけで、長男でも差上げた次第です」

三人もの立派な息子がいれば、三男か二男を他家へ養子に出すということは当時としてはごく普通のことだが、長男を、となると話は全く別だ。しかも、その時点で既に二男順次郎、後の八世幸四郎、三男の豊、後の二世松緑共にそれぞれ播磨屋、音羽屋へ預けていたのだから、頼む方も相当な覚悟がなければ言い出せるものではなかっただろうし、受けた側にしてもそれは同様である。七世幸四郎はしかし、この話を無条件で受け入れて長男に無理強いするということはしなかった。そして判断を委ねられた長男自身が、内心ではこれ以上の名誉な事はないと思っていつつも自分ではなかなか決断できるものではないという父親の気持ちを推し量って、自ら進んで市川宗家に飛び込んで行ったのである。

一方の八世幸四郎、二世松緑のケースはどうだったのであろうか。昭和三年（一九二八）に播磨屋こと初世中村吉右衛門の許へ行った八世幸四郎はこう証言している。(23)

「私の場合は自分から言ひ出したのではありません。しかし、全然父の發意からばかりとも言えません。まだ子供でしたが、父から播磨屋の手許で修業しないかと言はれたときに即座に『行きます』と返辭しました。播磨屋とは遠い親類に當ります。子供時代の考へではしつかりした信念があつたわけではありません。それまでに播磨屋の芝居を見てゐないくらゐです」

(23) 市川海老蔵、市川染五郎、尾上松緑「父を語る」(『幕間別冊松本幸四郎追悼號』) 四二頁

「私が播磨屋へ預けられてずつと後に、六代目から兄も一緒に三人とも面倒を見てやるから来ないかといふ話があつたとか聞きました。……父が私たちを自分の膝下から離したのは、役者世界は門閥に願つてゐてはいけない、實力主義でやらなくてはいけないとつねに口癖に言つてゐましたが、それを實行したつもりだつたのかも知れません。父としても、子どもたちを離すのは淋しくないことはなかつたと思ひます。それに今一つ、それも私たちを他所へ預ける氣持ちにさせたのではないかと思ふのは、何度も母が變つたこしです。私たちの生母が死んでから不幸續きで、今の母は四人目に當ります」

二世松緑は昭和二年（一九二七）に音羽屋、つまり六世尾上菊五郎の許へと預けられているが、彼の証言はこうである。(24)

「父が私たちを他所へ預けたときには、もちろん漠然とでせうが、二人の将来について、それが一番いゝ方法だとわかつてゐたのではないかと思ひますが……父から『順次郎（染五郎の本名）を今度吉右衛門《はりまや》へ預けるが、同時にお前を菊五郎《ろくだいめ》へ預けやうと思ふ。お前、行く氣があるか』と言はれたときに、私は『直ぐに行きます』と答へました。帝劇に殘って父の膝下にゐれば氣樂だつたかも知れませんが、他所へ預けられればどうしても勉強しないわけにはゆきません。怠けてゐられません。父はちやんと、私たちに修業の途をつけておいてくれたわけです。有難いと思つてゐます」

「父は私たち三人の将来をちやァんと考へて、それぞれにまんべんなく落着けるやうにしておいてくれました。兄を市川宗家なり、二番目の兄を幸四郎を襲ぐやうに下地を

(24) 同右、四二〜四三頁

作つておき、私には松緑になつた上に勘右衛門を襲ぐといふやうに、さういふ點でも申し分のない處置だと思ひます。……ほんとうに私たちに大變に氣をつかつてゐました。早くに母が死んだので、一層氣をつかつてゐたのだらうと思ひます」

言うまでもない事だが、長男治雄が養子に入った市川宗家（堀越家）とは劇聖・九世市川團十郎の家であり、言わば歌舞伎界の頂点に君臨する家であり、また播磨屋（波野家）の初世中村吉右衛門と音羽屋（寺島家）の六世尾上菊五郎は七世幸四郎にとってはどちらも十五歳以上年下の後輩だが、團菊左時代にも匹敵する菊吉時代として大正時代から昭和の戦前・戦中、そして占領期に至る長きに亘って君臨していく歌舞伎界の二大主流である。その三つの潮流のトップにいずれの息子たちも立ったことは本人たちの才能、そして努力の賜物に他ならないが、その道筋を付け、そしていずれも大輪の花を咲かせるであろう直前のところまで見届けた上で、七世幸四郎は身罷ったのである。

こうして、三本の矢で知られる戦国時代の毛利三兄弟（毛利隆元、吉川元春、小早川隆景）にも例えられる、高麗屋三兄弟の快進撃、そして新しい時代における歌舞伎役者の生き方を模索する旅が始まるのである。

# 第二章　十一世市川團十郎

## 二―一　九世市川高麗蔵時代の東宝劇団への電撃移籍の顛末

「團十郎になっちまいなよ」という言葉がある。充分な実力を有しない下手な役者でも、市川團十郎になったつもりで演じれば自然とそう見えてくる、というような意味で、要は「地位が人を成長させる」ということだろう。筆者は九世市川海老蔵が五十九年振りの大名跡復活として十一世市川團十郎を襲名したまさにその年、その月（一九六二年四月）に生まれた若輩者故に、その僅か三年半後に亡くなった十一世團十郎の舞台を観る機会は無かった。従って、同時代を生きた多くの人たちが遺した証言、批評家に拠る評価、それらに基づいて執筆された評伝などを通じて、つまり文献上の知識のみによって追体験しているに過ぎない訳だが、十一世市川團十郎という人の生涯を考えるときに、この人ほど「地位が人を成長させる」という格言を体現した人はいないのではないか、という気がしてならない。何しろ、生前に本当に「團十郎になった」役者というのは明治維新からこの方たったの二人しかいない訳だが、九世高麗藏、九世海老藏、十一世團十郎とステップアップしていく度にその役者ぶりも人気も一つ上のステージへと加速度的に高まって行ったからである。

藤間治雄（十一世市川團十郎）が生を受けたのは明治四二年（一九〇九）一月六日、場所は日本橋浜町にあった藤間家においてである。父の八世高麗藏はこの時既に三十九歳になっていたが、母壽枝は前年に嫁いできたばかりでまだ二十一歳、父の養父である二世藤間勘右衛門夫妻もまだ健在で、五歳から始めさせられたという踊りの稽古、さらに長唄の稽古を終えて夕暮れ時に家に帰ると、家族もお弟子さん達もみな芝居に出掛けてしまっていて、一人でポツンと夕食をとって、その後また祖父の勘右衛門から厳しく稽古を附けられる、という少年時代だったようで、一つ下の弟順次郎（八世松本幸四郎）が一緒に稽古に行くようになると、二人で仲良く手をつないで通い、小学校は進歩的な考えを持っていた父の意向でミッション系の暁星へ通い、一年後には順次郎も入学し、やはり二人仲良く手をつないで登校していたという。幼少時より学校の後はお稽古事という生活故に、近所の子供たちと外で遊ぶこともなく、「兄弟同志が一番よい相棒」だったという。但し、四つ下の三男豊（二世尾上松緑）については、「まだ赤ン坊だつたので、遊び相手にはなりませんでしたが、彼につききりでいたばあやにせがんでは、順次郎と二人でかわる〴〵抱ッこさせて貰つて兄貴らしい気持になつてうれしがつていた」のだという(1)。

尤も、順次郎（八世松本幸四郎）に言わせれば「総領の甚六型の剽軽な兄でした。子供の頃、帝劇から、父の人力車で相乗りで帰って来た時、夜も遅いこととて私は眠くなるのですが、兄はつねったり擽ったりといういじわるをするのです。我慢に我慢を重ねて、家に帰って遂いに爆発して、癇癪まぎれに障子を破ったこともありました。子供のころは、三枚目の明るい性格で、喧嘩をしてもいきなりひっぱたくくせに、人前に出ると、自分は後の方にいて、僕を押し出してペコペコしているところがありました」という兄だったようだ(2)。

（1）仁村美津夫『市川海老藏』（第一書店、一九五三年）八～一九頁
（2）松本幸四郎「潔癖を貫いた兄」（『演劇界』一九六六年一月号臨時増刊「十一代目市川団十郎」）四一頁

初舞台は大正四年（一九一五）の正月、帝劇での『山姥』での怪童丸役で、父と同じく松本金太郎としての初舞台だった。高麗屋三兄弟はいずれも父が専属俳優を務めていた帝劇で初舞台を踏んでいるが、後年、八世松本幸四郎が一門を引き連れて東宝へ移籍することになったのも、帝劇をもう一度再建して新しい歌舞伎興行を構築したいという菊田一夫の誘いに、帝劇育ちとして心揺さぶられたからに他ならない。金太郎自身も、父が二世澤村宗之助、十三世守田勘彌と共に帝劇の本公演やそれ以外で行なっていた新歌舞伎研究会の舞台に立ったり、学校の夏休みには地方巡業の舞台に立って経験を積み、大正一二年（一九二三）九月の関東大震災で被災して一家で大阪に疎開していた一年三ヵ月の間にも、中座の舞台や四国中国地方の巡業などで研鑽を積み、帝劇の復興開場に合わせて一家で東京に戻ると、今度は同世代の十代半ばの者たちによる「つぼみ座」という試演会を始めたりした。メンバーは金太郎の他、二世松本純藏の名で初舞台を踏んでいた弟順次郎（八世幸四郎）、四世坂東玉三郎（十四世守田勘彌）ほかで、父七世幸四郎や十三世勘彌、六世尾上梅幸といった親たちの世代、つまり帝劇の幹部俳優たちが熱心に面倒を見てくれたのだという。

九世市川高麗藏を襲名したのは昭和四年（一九二九）四月、教えで二十一歳の時。演目は襲名披露興行のために特に高麗藏のために岡鬼太郎によって書き下ろされた『源氏烏帽子折』という狂言で、牛若丸を演じる新・高麗藏を父七世幸四郎、七世澤村宗十郎、十三世勘彌、六世尾上梅幸らが脇で支えるという豪華な初舞台だった。そこまでの役者人生は順風満帆そのものだったと言ってよい訳だが、その直後に運命は暗転する。兵役検査へ行った際に襲名興行での疲労がたたって倒れてしまい、そのお陰で第一乙種となって兵役は免れたものの、その後よく検査したところ肺結核に掛かっていたことが判り、箱根で療養生活を送ったりして丸四年間も舞台に復帰出来なかったのである。この療養生活は、弟順次郎（八世幸四郎）の観察では「明るい性格も、二十才頃に胸を患って五年（ママ）間療養して神経質な性格に変わり」、後の十一世團十郎を襲名してからの様々な対人トラブルの元になってしまったのである[3]。

舞台復帰は昭和八年（一九三三）四月の歌舞伎座で、父・幸四郎が『助六由縁江戸櫻』を演じる際の「口上」のみという慣らし運転のようなものだったが、これを朝日新聞で月替わりの劇評を担当していた東京帝国大学教授でフランス文学者の辰野隆が「この若造の弁舌甚だささわやかならず、大根の徴が見えた」と酷評した。それを見た高麗藏は朝日新聞気付で辰野に手紙を書き、「どういう風な台詞の言い回しがよいのか、自分の台詞のどんな点が特に悪いのか、はっきり具体的に教えて頂きたい」と教えを乞うた。一見すると喧嘩を吹っ掛けている手紙の様にも見えるが、そうではなくて真摯な気持ちから教えを乞うたことは間違いない。この生真面目な、そしてやや神経症的とも言える振る舞いは、しかしこの時点では辰野を驚かせはしたものの、辰野は高麗藏を自宅へ招いて、「自分はフランスにいる頃、あちらの俳優のしゃべり方を随分聞いたり、見たりしてきたが、台詞がリズミカルで非常に美しく聞こえてくる、そういう点を、日本の俳優はもっと研究する必要がある」と指摘し、参考にフランス語のレコードを掛けて聴かせた。すると高麗藏はフランス語を改めて勉強したいのだけれど、と相談し（暁星ではフランス語を習っていた）、結果的に辰野の弟子である今日出海を紹介され、鎌倉の今日出海の家に通って勉強を始めたのだという。疑問に感じた事に対してはとことんまで突き詰めて考え、自分が納得するま

（3）同右、四一頁

で取り組む、という高麗藏の性格をよく表したエピソードだと言えよう。[4]

さて、九世高麗藏時代の彼のエピソードとしてある意味最も重要だと思われるのは、昭和一一年（一九三六）四月に、二年前に結成されていた東宝劇団に移籍したことだと思われる。後の八世幸四郎による一門を引き連れての東宝移籍と比べると、高麗藏による第一次東宝劇団への移籍は梨園を揺るがす大事件とは少なくとも今日では位置付けられていないように思われるが、それでもこの移籍は歌舞伎興行をほぼ独占する体制を固めていた松竹に対して反旗を翻す行為だったから、移籍した六世坂東簑助（八世坂東三津五郎）、四世中村もしほ（十七世中村勘三郎）、五世片岡芦燕（十三世片岡我童／没後十四世片岡仁左衛門を追贈）らは全員親から勘当されているのである。高麗藏は三年間の契約だったが、その三年の間は一度も父の家に足を踏み入れることは無かった。尤も、父七世幸四郎は世話になっている松竹への建前から勘当という形をとっていたとはいえ、親子仲が決定的に悪くなっていた訳ではなかったから、契約期間を満了し、更に追加の一ヵ月、大阪の北野劇場での公演に参加して東宝と縁を切った九世高麗藏は、また父七世幸四郎の許へ、そして松竹の許へと戻ったのである。ちなみに、東宝劇団では東京では有楽座が本拠地で、六世市川壽美藏（三世市川壽海）や女優の夏川静江らが一足先の昭和九年（一九三四）から旗揚げしていたのだが、力不足は否めず、あえなく五年で幕切れとなったのであった。

高麗藏による東宝劇団への移籍がもうひとつ重要なのは、その動機である。高麗藏自身は「自分としても、お師匠さん筋の偉い人達の中でコツコツと修業を積んでゆく方針ではいたのですが、その頃一寸した問題もあつて、親爺の手を離れることになつたのです」と曖昧な書き方をしている。[5] 利根川裕は、その「一寸した問題」のことを次のように記して

（4）仁村美津夫『市川海老藏』四八〜五二頁
（5）同右、五四〜五五頁

いる。(6)

「東宝劇団時代に、いまの片岡我童（当時芦燕）さんの三千歳を相手に直侍をやっていますが、（中略）この濡れ場の海老さんと相手役は、演技という客観性を欠いて、つまりは二人でプライベートに愉しみ過ぎているのです。

舞台上の真実というのは、扮している真実でしょう。虚構の真実でしょう。虚構だから客観的な説得力をもつのでしょう。

それが二人で、楽屋でやっていてもいいような、あるいは、二人で一緒に帰ったねぐらでやっていればいいような、いわばそんな私生活をそのまま舞台でやってみせたって、誰が納得しましょう。（中略）

とにかく海老さんが東宝劇団へ走ったのは、どうしても、一人の女方俳優と、私生活はもとより、舞台生活までをともにしたかったからです。わたしの見るところ、彼が東宝劇団へ行った、これが最大の理由です」

二人の関係について、周囲の人間はどう見ていたのだろうか。利根川裕は、父七世幸四郎は「むろん困ったことだとは思っていたろうが、それを裁こうという意識はなかったでしょうね。その点は、なにしろあの人は自由主義でしたから」と推測しているが、確かに古い時代の歌舞伎役者にとっては妾の一人や二人いて当然というような価値観を持っていただろうし、「男同士で濡れ場めいた仕種をしたり、そんな気持ちの働かせかたをするというのは、そう珍しくない」ということもあったろう。(7) 一方、ノンフィクション作家の関

(6) 利根川裕『十一世市川團十郎』（筑摩書房、一九八〇年）八一～八二頁
(7) 同右、八四～八五頁

容子との会話の中で、高麗蔵（十一世團十郎）の忘れ形見である夏雄、即ち十二世市川團十郎は自らの海老蔵襲名（昭和四四年）の挨拶で片岡我童の家を訪ねた際の様子を語っている。(8)

「親父とは不思議な関係だった（笑）、ということは聞いていたんで、伺いました。（中略）うちの親父に惚れていたという片鱗は何となく感じられて、ぼくをいとおしそうにじいーっと見るんです（笑）。成駒屋（歌右衛門）のおじさんみたいに夏雄ちゃん、なんて名前は呼ばずに、よく来たわねぇ、ってただじいーっと見つめる。いとおしいのか口惜しいのか、よくわかりませんでしたけど（中略）

赤坂あたりにいたラブラブの時代、二階に我童さんが住んでて、下に親父とお袋がいたんですからね。戦前のことで、お袋はまだ奥さんじゃなかったんですけど。我童さんは東宝時代、親父の相手役だったのに、その後、歌右衛門さん、梅幸さんに取って替わられ、ただ一人、じいーっと耐え忍んで生きてきたんじゃないでしょうか。女方は、男なのに男に惚れて、一生それを貫き通す。今でも表面はドライな顔してて、結構そういうこともありますよ（笑）」

高麗蔵と十三世我童の関係は東宝時代に激しく燃え上がり、東宝劇団の頓挫の後もしばらくは続いたものの、高麗蔵の市川宗家への養子縁組の話が急浮上するに及んで終りを告げたという。十三世我童は、来世にこそきっと結ばれたいと願い、願掛けで好きなお茶を断って、生涯飲み物は水と白湯しか口にしなかったという。

（8）関容子『海老蔵そして団十郎』（文藝春秋、二〇〇四年）一二三〜一二四頁後に、高麗蔵は昭和三七年（一九六二）の團十郎襲名の翌年の『修学院物語』で演出も担当することになるが、これはお与津御料人という恋人がありながら政略結婚せざるを得ない後水尾天皇の話である。名実ともに梨園の頂点に君臨する立場となった團十郎の後水尾天皇の相手役のお与津は義弟の七世大谷友右衛門（四世中村雀右衛門）が演じているが、物語の最後に三世河原崎権十郎扮する林数馬と結ばれる早苗という役に十三世片岡我童を起用し、実生活では結ばれることの無かった元の恋女房、あるいは舞台上の糟糠の妻への労いの気持ちを表している。(9)

## 二―二　松竹への復帰、そして市川宗家の養子として九世市川海老蔵襲名

九世高麗蔵時代の彼が専ら一人の女方俳優とのみプライヴェート・ライフを楽しんでいたのかというとそうではない。東宝劇団への移籍に先立つ昭和一〇年（一九三五）の一〇月、九世高麗蔵は市川三升夫妻を媒酌人に、神田明神内の料亭開華楼の娘、清水幸子と結婚している。この結婚生活はしかし、僅か三ヵ月程で破綻し、幸子夫人は実家へ戻っている。また、別の女性との間に一男を授かったものの、その息子は夭折してしまった。後に十二世市川團十郎となる夏雄を生んだ千代夫人は、高麗蔵時代から彼の身の回りの世話をしていた松本幸四郎家の女中であり、入籍はしないままに一男一女を儲けていたが、戦後の昭和二八年（一九五三）になって「海老さまブーム」の真った中に新聞がその妻子の存在をスクープし、大騒ぎとなったが、それを機に正式なお披露目ということになり、夏雄は市川夏雄として一〇月の歌舞伎座で『大徳寺』の三法師役で初舞台を踏んでいる。

(9) 同右、一三一〜一三三頁

こうした、九世高麗蔵のプライヴェート・ライフについては宮尾登美子の小説『きのね』が、虚実織り交ぜた小説という形ではあるにせよ、多くの示唆を与えてくれる。

さて、話を昭和一四年（一九三九）、松竹への復帰時期に戻そう。父七世幸四郎からの勘当は元より本気での親子の断絶という訳ではなかったからすぐに解けたものの、東京の歌舞伎座の舞台は一〇月まで復帰出来なかった。その事は多分にクーデターを起こして東宝へ行った事への懲罰的な意味合いがあったと思われ、同じく東宝から出戻った四世中村もしほ（十七世中村勘三郎）、六世坂東簑助（八世坂東三津五郎）も復帰後しばらくは関西の舞台にしか立たせてもらえなかった。だが、九世高麗蔵の場合、そのことが逆に運命を大きく変えることとなった。東京の舞台に立てずに「一寸窮屈な思いでブラブラして」いた高麗蔵は、父七世幸四郎から北海道巡業に参加して『紅葉狩』の鬼女の役を務めるように言い渡され、最初は「旅へなんか行くのはいやだ」と抵抗したものの、結局は二世市川翠扇におどりの手ほどきを受けてから巡業に参加した。この二世市川翠扇こそが九世市川團十郎の長女実子で、婿養子として市川宗家（堀越家）に入った五世市川三升の夫人であった。北海道巡業にはこの五世市川三升、二世市川翠扇夫妻も参加している。……既に三升夫妻は四年前の高麗蔵の結婚の際に媒酌人を務めてはいたが、この北海道巡業のプロセスのどこかの時点で、夫妻は亡き父、九世團十郎以来途絶えていた市川團十郎という大名跡を継ぐ者、そして男子の無かった自分たちの後の堀越家を継ぐ者としての可能性を高麗蔵に見出したに違いない。巡業を終えた高麗蔵は一〇月、一一月と歌舞伎座に出演しているが、二世翠扇が七世幸四郎の家へ三度訪れて、その三度目に漸く養子として高麗蔵を貰いたいという話を切り出したのはちょうどその頃である。

正式に縁組の話が整ったのが翌年（一九四〇）四月一二日のことで、藤間治雄は戸籍の上で堀越治雄ということになり、翌五月の歌舞伎座で九世市川海老蔵を襲名した。市川海老蔵とは市川宗家における團十郎の前名（江戸歌舞伎の初期には團十郎の後に海老蔵になる方が多かったが四世海老蔵以降は逆になった）であるため、海老蔵を襲名したという事の意味は、いずれは十世團十郎を継ぐことになる、次の時代の梨園のリーダーとしての地位に名実共に就いた事に他ならなかった。当時の高麗蔵改め海老蔵は三十一歳（数えで三十二歳）である。

歌舞伎座での披露狂言は『ういらう』（『曽我対面』に歌舞伎十八番の『外郎売』を加えて構成したもの）で、十五世市村羽左衛門、六世尾上菊五郎、初世中村吉右衛門、七世澤村宗十郎、十二世片岡仁左衛門、七世坂東三津五郎、六世大谷友右衛門、三世中村時藏、そして実父七世松本幸四郎と養父五世市川三升という当時の幹部俳優が揃って舞台に上がって新海老蔵を盛りたてた。だが、それらのきら星の如き名優たちは言わば円熟の世代であり、一世代若い海老蔵はまだまだ大役や責任ある役を務めるには修業が必要だった。

そこで、次代を担う中堅クラスの若い俳優たちの修業の場として、「歌舞伎会」（当初は花形歌舞伎という仮称で呼ばれていた）が結成され、九世海老藏、五世染五郎、二世松緑の高麗屋三兄弟、七世市村家橘（十六世市村羽左衛門）、三世尾上菊之助（七世尾上梅幸）、六世中村福助（六世中村歌右衛門）らが親の世代の名優たちの指導の下、新橋演舞場や歌舞伎座の舞台で、普段はなかなか演じる機会の無い大役に挑戦して技を磨いた。ちょうど帝劇時代の「つぼみ座」のような役割の育成の場だった訳である。海老藏は第一回公演には旅に出ていて不参加だったが、第二回からは中心的役割を果たし、その第二回からは四世中村もしほ（十七世中村勘三郎）、二世尾上九朗右衛門、初世大谷廣太郎（七世大谷友右衛門、四世中村雀右衛門）七世坂東薪水（七世坂東彦三郎、十七世市村羽左衛門）も加わり、後の昭和戦後期の中心的な立場の役者たちが揃って研鑽を積むことになった。

この時期はしかし、日本が泥沼の日中戦争から太平洋戦争へと更に歩を進め、破局へ向かって突き進んでいった時期でもあった。敵性語の禁止運動が進むにつれて次第に翻訳ものの上演は出来なくなり、昭和一五年（一九四〇）一一月には十五世市村羽左衛門一座を中心とした「国粋大歌舞伎」の野外劇が日比谷公会堂で行われたり、紀元二千六百年を奉祝して大日本俳優協会の会員三百余名が歌舞伎座から皇居前まで行進して奉祝遥拝するなど、歌舞伎界もまた戦時色を強めていった。だが、ジェームズ・R・ブランドンの近年の研究に拠れば、天皇崇拝と国家主義的愛国主義を強要する社会情勢の中にあって、一九四〇年の時点で歌舞伎俳優たちが率先して、『出陣の朝』とか『敵国降伏』というような極めて国家主義的な芝居をいくつか上演した事は不思議でも何でもなく、思想的な転向をする者がいなかったのは歌舞伎界においては戦争に反対する者とて元からいなかったからだ、とされる。(10)

戦争の末期、昭和一八年（一九四三）二月に公布された「興行等取締規則」によって翌年三月からは全国十九の高級劇場が休場を命じられ、歌舞伎座、東劇、帝劇、新橋演舞場、有楽座、明治座、東京寶塚劇場、国際劇場、日劇の全ての灯が消えた。終戦の年の五月には歌舞伎座も新橋演舞場も空襲で焼失し、一時代を画した美男スターである十五世市村羽左衛門が疎開先の信州湯田中の旅館でひっそり亡くなっている。

若い歌舞伎俳優たちには次々と戦争に駆り出され、昭和一八年（一九四三）一二月には、

(10) James R. Brandon, KABUKI'S FORGOTTEN WAR 1931-1945, University of Hawaii Press, 2009, p.151

翌年の新春興行の稽古中の海老藏にも召集令が届くに至った。だが、またしても運命は海老藏を戦場へは行かせない選択をした。入隊の日である昭和一九年（一九四四）一月七日、年末からの高熱を押して高輪の招集事務所まで辿り着いた海老藏だったが、ひどい病人であるにも拘らず国のために尽くそうとする誠意を認められ、不合格として帰宅させられたのである。だが、そのまま高熱が続いて病名がチブスと判明、聖路加病院に入院すると、一時は生命の危険まで取り沙汰される状況に陥りながらも、二ヵ月ほどで退院となり、終戦までは観客もまばらな東京近郊や地方の慰問興行に身をやつし、時節の到来を待つ事になったのである。

## 二―三　『源氏物語』での爆発的な「海老さまブーム」、『若き日の信長』以降の大佛次郎とのコラボレーション

戦後になり、ＧＨＱの占領政策が始まると、歌舞伎界も焼け残った東劇や帝劇で市川猿之助一座や尾上菊五郎一座が興行を再開していたが、一一月一五日の東劇で、上演中の『菅原伝授手習鑑』の『寺子屋』が反民主主義的内容だとしてＧＨＱから上演中止に追い込まれる「寺子屋事件」が起こり、これをきっかけに封建主義的との烙印を押された歌舞伎の演目のうち、『假名手本忠臣藏』や『勧進帳』といった人気演目のほとんどが上演禁止となるに至った。東京寶塚劇場はＧＨＱに接収されて米軍専用のアーニー・パイル劇場と改称された。

こうした苦難の最中にあって、歌舞伎界が一丸となって困難を克服し、新たな時代を切

り開いていくという意気込みを以て、六世尾上菊五郎、初世中村吉右衛門、七世澤村宗十郎、七世松本幸四郎合同という戦後初の大一座による公演が、昭和二一年（一九四六）五月、六月の二ヵ月間、東劇で行なわれることになった。五月の公演では『助六由縁江戸櫻』と『六歌仙容彩』の『喜撰』で、七世幸四郎が七十六歳にして助六を演じ、外郎売倅昭吉役で五世染五郎の長男、つまり七世幸四郎の孫である二世松本金太郎（二世松本白鸚）が初舞台を踏み、また『喜撰』では河原崎薫が四世河原崎権三郎（のちの三世権十郎）を襲名している。六月の公演では『助六由縁江戸櫻』と『勧進帳』が上演され、七世幸四郎は弁慶を演じているのだが、この時に助六役に大抜擢されたのが九世市川海老藏だった。配役を決めたのは、海老藏自身の言葉に拠れば松竹ではなく六世尾上菊五郎だったようであり、彼としても大恩のある九世市川團十郎の堀越家へ後継ぎとして養子に入った海老藏を、何とか自分の生きているうちに次の時代の歌舞伎界の第一人者として育て上げたいという気持ちがあってのことではなかろうか。海老藏自身は、菊五郎から「今度はおまえに助六を演らせるから」と言われても、初めは若手の修行のための「歌舞伎会」を復活させるという話だろうと思ったところ、そうではなく本興行だと聞いてその責任の重さにじっとしていられなくなって、心を落ち着かせようと楽屋を飛び出して銀座へ向かったという。その時の気持ちを海老藏自身はこう語っている。[11]

「本当にあのときほど怖いような、またたまらなく苦しいような、そして責任の重大さを感じたことはありません。幸い私は父幸四郎の『助六』で、前月には福山のかつぎを勤めて、毎日毎日父の舞台を見ていましたので、大体の手順はのみこんでいました

(11) 仁村美津夫『市川海老藏』九五〜九六頁

が、さて自分が現実に、この大役を演るのかと思うと、不安になつて、ぼうつとしてしまうほどでした。さて、稽古にはいると、六代目さんは手を取って、大変熱心に指導して下さり、また父幸四郎も舞台稽古ではいろいろと細かい注意をして呉れたりして、どうやら恰好はついてきたのですが、初日があくまでは、もう活きた心地がないほど緊張して、身のちぢむような心持ちで過ごしました」

舞台上では台詞が流暢に出てこないときにくわんべら門兵衛役の六世菊五郎と朝顔仙平役の初世中村吉右衛門の二人、つまり菊吉時代を築き上げてきた二人の大スターが「一生懸命に私をかばつて下さつて、急所急所では、かわるがわるにソッと注意して下さつたり、助け舟を出して頂いて、私を出来るだけ引立てるように、そして拙い個所は隠すようにして、気を使つていて下さるのが痛い程良く判りました」と謙遜する海老藏だったが[12]、観客はこの新たな時代の「スター」の誕生に熱狂し、海老藏は文字通り戦後の歌舞伎新時代を象徴するスターの座に一夜にして躍り出たのである。この人気沸騰の背景として、劇評家の戸板康二は「それは昭和二十年五月六日に、疎開していた信州湯田中で、さびしく死んだ十五代目市村羽左衛門に対するファンの郷愁と深い関係があるだろう。羽左衛門をなつかしみ、その死を痛惜する人々が多くいて、その故人に似たタイプの俳優を求めていた風潮があり、そこに、忽然と海老藏が出現したのである」と分析している[13]。

この後、昭和二四年（一九四九）いっぱいまでの三年半の間に、海老藏は『鳴神』の鳴神上人、『天衣紛上野初花』の河内山宗俊と片岡直次郎、『与話情浮名横櫛』の切られ与三郎、『義経千本桜』の相模五郎、『勧進帳』の弁慶、『寺子屋』の松王丸、『盛綱陣屋』の

(12) 同右、九六～九七頁
(13) 戸板康二「評伝」（前田青邨、大佛次郎監修『市川團十郎』淡交社、一九七〇年）一三九頁

佐々木盛綱、『假名手本忠臣藏』の五・六段目の早野勘平といった大役を次々演じて、その人気に見合うだけの実力を身につけていくのだが、それと入れ替わるように昭和二四年（一九四九）一月に父七世幸四郎が、七月に六世尾上菊五郎が相次いで亡くなり、五年後の昭和二九年（一九五四）九月には初世中村吉右衛門も鬼籍に入る。

こうして名実共にスターとなった海老藏だが、彼は自分を座長とする海老藏一座のようなものを作ろうとはせず、ある種一匹狼のような立場を保っていた。戦後の最初のほぼ九年間、初世中村吉右衛門が亡くなる昭和二九年（一九五四）九月までの間、東京では菊五郎劇団と吉右衛門劇団、そして二世市川猿之助の猿之助劇団の三つが三大勢力となっていて、それは菊五郎が亡くなった後も菊五郎劇団がその名を変えることなく結束を固めていたことに拠り保たれていた。海老藏の二人の弟、順次郎と豊がそれぞれ吉右衛門劇団と菊五郎劇団の看板役者として活躍していたことは言うまでもない。そして海老藏自身はというと、順次郎（五世染五郎）が八世松本幸四郎を襲名した昭和二四年（一九四九）九月の東劇では『勧進帳』で幸四郎の弁慶、吉右衛門の富樫に義経役（但し、三日目から吉右衛門休演により富樫に回り、義経は四世中村もしほが勤めている）で、また『ひらかな盛衰記』の三段目『逆櫓』での幸四郎の樋口次郎に対して畠山重忠役で共演しているものの、基本的には「菊五郎劇団・市川海老藏参加」という形で菊五郎劇団の客分格であり、下の弟豊（二世尾上松緑）や七世尾上梅幸と共演する事が多かった。

その、ある意味で一匹狼的な立場の歌舞伎界のスターである海老藏が、今日的な意味で言えば元祖アイドル・スターとも言える「海老さまブーム」という新たな段階にまで人気を拡大していったのは、九世市川團十郎以降の先輩俳優たちが受け継ぎ、バトンタッチしてきた役々ではなく、そもそも海老藏を想定して劇化された、あるいは歌舞伎化を想定されずに書かれた、あるいは海老藏のために新たに書き下ろされた新作狂言に拠ってであった。……それが、谷崎潤一郎訳・監修、舟橋聖一脚色の『源氏物語』での光源氏役、加藤道夫による『なよたけ』での石ノ上ノ文麻呂役、そして大佛次郎による『若き日の信長』での織田信長役である。

『源氏物語』は昭和二六年（一九五一）一月に新築開場した歌舞伎座（四代目の建物）で三月に初演され、翌年五月には第二部が、昭和二九年（一九五四）五月には第三部が上演されている。『源氏物語』は日中戦争の最中の昭和八年（一九三三）に六世坂東簑助（八世坂東三津五郎）が自身の研究劇団で上演を計画したことがあったものの、皇室を扱う内容故に不敬であるとされ中止に追い込まれていた。谷崎潤一郎が昭和一〇年（一九三五）から現代語訳に取り組み、四年後に出版した『潤一郎訳源氏物語』も同じ理由で何箇所か削除を余儀なくされていたが、戦後の民主主義の時代になり、谷崎は昭和二六年（一九五一）に『潤一郎新訳源氏物語』を発表、これを元に舟橋聖一が脚色して、谷崎自身が監修し、久保田万太郎が演出するという最高の布陣で松竹が初めから海老藏の光源氏、七世尾上梅幸の藤壺女御を想定して企画した、と言われている。[14]尤も、舟橋聖一に拠るとそれより五年前に六世尾上菊五郎の光源氏で上演する構想があって、六代目自身が「源氏を早く書いて下さいよ」と作者に催促していたというが、実現しないまま昭和二四年（一九四九年）四月に眼底出血で倒れ、静養中の七月に亡くなった。最後に知人らと会食したのが七月三日で、その終り頃に具合が悪そうになり、同席していた海老藏が六代目宅に泊まって様子を見る事にしたが、その明け方に昏睡状態となり、そのまま一週間後の一〇日に亡くなっ

(14) 松井俊諭「戦後歌舞伎に花開いた源氏物語」（別冊太陽『歌舞伎源氏物語 十一代目市川團十郎・新之助―三代の光源氏―』二〇〇一年、平凡社）八八～九一頁

たのだという。[15]海老藏のことを事のほか目に掛けていた六代目の果しえなかった新作が、改めて海老藏を念頭において企画された、というのが現実のようである。因みに歌舞伎座での初演時、光源氏の親友頭中将役には海老藏の弟の二世尾上松緑がキャスティングされた他、その頭中将の若き日の役は初世中村錦之助、葵の上の役は二世大川橋藏、と後に映画界へ転身して東映で大スターとなっていく二人がそれぞれに主要な役で舞台に立っていたことが興味深い。

『源氏物語』は連日満員の大盛況となり、興行的に最高の成績を上げたが、当初は王朝文学であるにも拘らず現代語の台詞である点、あるいは和洋折衷の音楽が観客に受け入れられるかどうか懐疑的な見方もあった。だが、結果的にはむしろそのお陰で非常に判り易く、かつ豪華絢爛たる舞台となり、それ故にそれまで歌舞伎などには見向きもしなかった女子中高生などが歌舞伎座へ足繁く通うようになる、という現象を引き起こした。彼女らのお目当てこそ、眩いほどの光君を演じる「海老さま」だったのである。当時の市川海老藏後援会の会報『牡丹』第五号に掲載されていたあるエッセイには次のような一文が含まれていたことからもそういった一面が窺える。[16]

「今度の脚本は藤壺に重点を置いて書かれて有るとは云へ、話題の中心はやはり源氏の君であるらしく、学生さんの会話を聞いて居りましても、海老藏の光君とてもステキネー、昔の光君もあゝ云ふ人だつたのかしら……海老藏と云ふ人どんなに綺麗なのかしら素顔も色が白いのでせうねー　と云つて居るのを聞いて、私はいさゝかおかしくなつて笑つてしまひました。

(15) 舟橋聖一「追福団十郎」(『演劇界』一九六六年一月臨時増刊「十一代目市川團十郎」)七八頁
(16) 板谷広子「源氏物語によせて」(市川海老藏後援会『牡丹』会報第五號)一六〜一七頁

「これが動機できつと又歌舞伎が好きになる方も居られる事と思われます」

『なよたけ』は昭和二六年（一九五一）六月に『なよたけ抄』として新橋演舞場で初演されているが、正式には『なよたけ―竹取物語はこうして生まれた―』という副題付きの題名であり、昭和三一年（一九五六）三月の歌舞伎座で完全上演されている。内容はその副題の通りの訳だが、演出は新劇の岡倉士朗、美術監修は前田青邨という布陣であった。利根川裕はこの『なよたけ』の劇評でデビューしているが、「『なよたけ』は、歌舞伎の限界の問題を考えさせたのである」と指摘し、「歌舞伎のための脚本として旧来の歌舞伎的技法と妥協して書かれた新作歌舞伎より、純然たる新劇技法の本を消化してゆくほうが、出血も多い代りに、その意味はずっと大きいのである。『なよたけ』の上演は、歌舞伎の限界の前進のために、心から拍手を送りたい」と評価している。[17] この劇評は一般観客から募集し一等に選ばれたものだが、選者の利倉幸一は「『なよたけ』上演の企画に拍手をおくっているのは、応募者の若い年齢によるものというよりも、新しい歌舞伎の出現を待望している一般の希求を反映したものといえよう。歌舞伎俳優による現代語の発声法が予想外に多くの人に問題にされているのも注目された」と選評を述べている。[18]

現代語の台詞については『源氏物語』よりも一層斬新なものとなっていたようであり、海老藏自身の言に拠れば、「今度の場合は、序幕で私の文麻呂と清原（松緑）の会話などは、大学生同志が恋愛観を語り合う調子で「君」「僕」というような言葉で、相当自由に、ざつくばらんにと、演出の岡倉さんからも注意されているのですが、さて巧くいつていますかどうか」といったものだったというから、[19]「海老さま」に熱を上げる女子中高生に

(17) 利根川裕『十一世市川團十郎』一一六～一一九頁
(18) 同右、一二〇頁
(19) 仁村美津夫『市川海老藏』一二〇頁

とっても敷居の低いものだったろう。

『若き日の信長』は昭和二七年（一九五二）一〇月の歌舞伎座が初演で、里見弴演出、前田青邨美術・考証での上演だったが、何よりも大事な点は、これが海老藏と大佛次郎との本格的なコラボレーションとの始まりとなった作品だ、という点である。「本格的な」という形容詞を付けたのは、これ以前に昭和二六年（一九五一）一月の歌舞伎座の新築開場の月に、歌舞伎座には吉右衛門劇団が出演していたため、菊五郎劇団と海老藏は明治座に出ていて、そこでの演目の一つが大佛次郎による『おぼろ駕籠』だったからである。[20]松竹はこの年の正月映画として、伊藤大輔監督、阪東妻三郎主演でこの『おぼろ駕籠』を公開しており、言わば映画と歌舞伎との相乗効果を狙っての上演だったことになるが、原作者としての大佛次郎は当然ながら明治座の舞台を見ている筈で、それが大佛に海老藏という素材による新しい歌舞伎の可能性を強く意識させたであろうことは疑う余地はない。そして、その大佛次郎が初めから海老藏のために書き下ろした新作戯曲が『若き日の信長』だったのである。

大佛のこの新しい戯曲は「桶狭間の戦い」までの若き日の部分までしか描いてはいないものの、我々はみな、織田信長の人生というものをよく知っている。即ち、若い頃に奇矯な振る舞いをして周囲の眉を顰めさせるも、それは孤独故の魂の必死の抵抗なのであって、後には誰もが知るように混乱していた世の中をリーダーとして統一していく、というものである。この織田信長の物語は、九世高麗藏時代のプライヴェート・ライフ、そして勘当が解けてから急に道が開け、リーダーへの道をまっしぐらに突き進んできたという、これまで見てきた海老藏の物語と見事にオーヴァーラップしているのである。……そし

(20) 中川右介『十一代目團十郎と六代目歌右衛門―悲劇の「神」と孤高の「女帝」―』（幻冬舎新書、二〇〇九年）一二二頁

て、この時点ではまだ海老藏自身も、黄色い声で「海老さま」に歓声を送るファンの女性たちも知る由もない事だが、いよいよ国家統一（大名跡襲名）の大事業を成し遂げ、これから新時代の華を咲かせていこうというその矢先に悲劇的な死を迎えるという点でも、海老藏の物語は信長のそれと奇妙なほど符号が一致するのである。海老藏自身の言葉を確認してみよう。(21)

「乱世の英雄として強く活きた信長、しかし彼はまた若く鋭敏な、そして進歩的な人間として悩みを持ち続けて、あるいは反抗的にさえなり、またときには心弱くもなる。──こうした複雑な信長の心理なり、行動というものが周囲には理解されない。（中略）舞台に出ていて、信長の持つ悩みというものが、何かひしひしと理解されてくるような気がしました」

これほどまでのはまり役を海老藏のために提供し得たという事は、それだけ大佛次郎の海老藏という俳優への理解が的確なものだったという事である。海老藏にしてみれば、初めて裸の自分自身を曝け出して、その内に秘めた情熱を爆発させる機会でもあったろう。歌舞伎座での『若き日の信長』上演中の海老藏を徳川夢聲が訪問した対談があるが、そこで「今後も新しい本のものを手がけてやってみたいという気もちが大いにありますかね」との問いに対して、元来無口でインタビュアー泣かせで知られていた海老藏はきっぱりとこう応えている。(22)

(21) 仁村美津夫『市川海老藏』一五三〜一五四頁
(22) 徳川夢声連載対談「問答無用（第八十四回）市川海老藏」（『週刊朝日』一九五二年十一月九日号）二七頁

「そりゃ大いにあるほうなんでござんすよ。あるものをやつていくつていうことも、もちろん大事ですけども、新しいものをどうしても手がけてかなくつちやいけないと思つております。菊五郎劇団の連中なんかも、みんな新しいものに対する意欲を持つていますね」

『若き日の信長』の爆発的な成功を受けて、大佛次郎は次々と、海老藏のために新作戯曲を書いていくことになる。明治維新という時代の変化に抗って己の死に場所を求めて彷徨う旗本・本田小六を描いた『江戸の夕映』。謀反の疑いを掛けられて切腹に追い詰められていく徳川家康の嫡男、岡崎三郎信康を描いた『築山殿始末』。京から左遷され、大宰府で不遇のまま死んだ菅原道真が亡霊となって魂の叫びを語り続ける、という『魔界の道真』。こうした役々での海老藏は水を得た魚のごとく生き生きと輝きを増したに違いない。そして、二人の関係は江戸歌舞伎の河竹黙阿弥と四世市川小團次の関係、あるいは明治時代の岡本綺堂と二世市川左團次の関係にも匹敵するようなコラボレーションとして「海老さまブーム」という現象を越えて、一つの時代を形作って行ったのである。

## 二―四　映画『江戸の夕映』、『繪島生島』での主演

「海老さまブーム」華やかなりし頃、「海老さまに悪いから」という事で天婦羅の海老を食べずに「海老断ち」をする女性が多く出現した、とされる。事の真偽は定かではないが、あるいは花柳界の女性たちの中にはその様な他愛もない見栄を張る事で海老藏ファ

ンとしての忠誠心を競い合うような事はあったのであろう。ともあれ、「海老さまブーム」の最も重要なポイントとは、それまで歌舞伎とは無縁の存在であった女子中高生などの若い観客層にその魅力が伝わり、歌舞伎ファンのすそ野が広がった点にある。これは今日に至るまでの歌舞伎の隆盛振りを考える上で非常に大きな功績だったと言えよう。だが、一幕席を含めて二千席あった第四期の歌舞伎座が、昼・夜の興行で満席になったとしても観る事が出来る観客は四千名。それが一月に二十五日間続いたとしても十万人に過ぎない。これに対して、映画というメディアは、少なくもその黄金期だった一九五〇年代（映画人口のピークは一九五八年の十一億二千七百万人）にあっては舞台とは比べ物にならない数の観客が見る事の出来る娯楽であり、その影響力の大きさは舞台の比ではなかった。

勿論、松竹という興行会社は、その創業者である白井松次郎と大谷竹次郎の双子の兄弟が、歌舞伎を中心とする演劇と、映画という二つの領域を両輪として発展させてきた会社である。『おぼろ駕籠』がそうだったように、両者をシンクロさせることで相乗効果が生まれる事は明らかであり、歌舞伎界の人気スターを映画に出演させれば両方の領域にとってプラスになることは自明の理であったろう（その逆、つまり映画俳優を歌舞伎に進出させる事は普通はできない）。松竹が初めにこれを本格的に遂行しようとした時に選んだ「歌舞伎役者でありながら映画スターでもある看板役者」は、海老藏の弟である八世松本幸四郎なのだが、その詳細については次章で述べる。また、下の弟である二世尾上松緑もまた、師である六世尾上菊五郎亡き後の菊五郎劇団をより強固なものとしていくため、三兄弟の中で最も早い一九五〇年に新東宝で劇団総出演の形で『群盗南蛮船 ぎやまんの宿』に出演していた。松竹が、自らの傘下にある歌舞伎の領域で俄かにアイドル・スターのような絶大な人気を獲得するに至った九世市川海老蔵を、映画の領域にも進出させようと考えたのも当然の話である。

九世市川海老蔵は松竹の下で『江戸の夕映』、『繪島生島』の二本の映画に主演している。たった二本だけ、と言った方が良いかもしれない。どちらの場合も「菊五郎劇団・市川海老蔵参加」の形で舞台で演じたものをそのまま映画にしたもので、舞台では女方が演じたヒロインの役を、映画では女優たちが演じている。『江戸の夕映』（一九五四年）は前述のごとく大佛次郎が海老蔵のために書いた戯曲で、時代劇初演出の中村登が監督を務めている。キャストは主人公の旗本、本田小六に海老蔵、その親友で早々に武士に見切りをつける堂前大吉に二世尾上松緑と舞台と同じ役柄で、ほかに舞台では七世尾上梅幸が演じた芸者おりきに淡島千景、小六の許婚で彼を待ち続けるお登勢に嵯峨三智子、船宿の娘お蝶に草笛光子、お登勢の父松平掃部に三世市川左團次、そして七世尾上梅幸のためには新たに原作にはない参与醍醐光長という役が書き加えられている。また、舞台では憎まれ役の総督付参謀吉田逸平太を演じていた七世坂東彦三郎（十七世市村羽左衛門）は、『群盗南蛮船　ぎやまんの宿』を参考試写した中村監督が、敵役で使うのは惜

［図2-1］『江戸の夕映』で共演した市川海老蔵と尾上松緑

しいと考え、原作者の大佛次郎と相談の上、主人公の友人の中嶋恒次郎という役を創出、吉田逸平太にはヴェテラン剣戟スターの近衛十四郎が扮することになった。

徳川の治世が、そして武士の世が終るという事にどうしても納得がいかずに、許婚も打ち捨てて死に場所を求めて函館五稜郭に籠るものの、そこでも生き永らえて世捨て人のように世を拗ねて生きる本田小六役は海老蔵の柄に大変に合っていて、舞台を観るチャンスの無かった後の世の人間には大変に有難いが、海老蔵自身は映画出演に関しては大変に慎重で、『江戸の夕映』出演の前年に刊行された仁村美津夫に拠る聞き書きの自伝『市川海老蔵』では、次のように語っている。(23)

「映画出演のお話しも、大分前からときどきは出ていますし、色々と企画や作品のことなどまで心配して下さる方もあるのですが、結局は、自分の身体が舞台を休んで映画出演をお引受けするほどの余裕がないことが、まず第一の不適格というわけではないでしょうか。もつとも果して無理に出演したからといつて必ずしも成功するとも思われず、かえつて恥をかくぐらいのものかもしれませんが。

先年、カメラ・フェイスのテストというのでしょうか、あの映画向きなメーキャップをしてカメラに向つたこともありましたが、舞台の化粧とは違つてわれながらぎこちない顔をしていると思つたほどでした。(中略)

最近も、菊五郎劇団を中心にした映画製作の企画があるようですが、これも、舞台のスケジュールを巧くやりくりした上でなければ、殆んど主だつた人達が出演しなければならないだけに、さてとなると色々と難関が伴うのではないでしょうか。私の出演につ

(23) 仁村美津夫『市川海老蔵』一九二〜一九五頁

いては、まだ、どうとも具体的には考えていません。

私としては映画出演を毛ぎらいしているようなことは決してないのですが、今の気持としては、まだ積極的に、どうしても出てみたいというほどの熱意もないといつたところです。

理想的に言えば、十分に企画になり、脚本なりを検討した上で、自分なりの心構えや研究も納得のゆくまでやつた上で、そして、よい演出家に厳しい指導を受け、舞台のスケジュールにとらわれることなく、時間的にもたつぷり余裕を持つて、力いつぱいの仕事が出来るような環境になつたら、と、こんな風に考えますが、さあ、これは余りにも理想的で、虫のよすぎる考えでしようか」

［図2-2］『江戸の夕映』で共演した市川海老蔵と尾上松緑

この発言の中の、カメラ・テストについては、『江戸の夕映』に出演中の海老蔵と松緑、『忠臣蔵』に出演中の幸四郎の高麗屋三兄弟が勢揃いし、これに尾上鯉三郎と淡島千景を加えて清水千代太が司会した座談会での鯉三郎と松緑の発言に拠れば、『群盗南蛮船　ぎやまんの宿』とは別に撮影所にあった有り合わせの鬘を着けて、「捕物帖みたいな筋を、ここのところをこうやって下さい、ああやって下さい」と言われるがままに演じてカメラ映りをテストしたのだという。[24] いずれにしても、海老藏の慎重な姿勢が良く判る発言で、『江戸の夕映』への出演を決断したのも、この年の三月一九日に歌舞伎座での舞台が跳ねた後、築地「喜久よし」で松竹製作部と海老藏を含む菊五郎劇団の理事とで検討会議を行ない、前年舞台で演じて好評だった『江戸の夕映』ならば、ということで海老藏が出演を決意し、六月二九日に撮影所入り、七月一日クランクイン、八月四日海老藏撮影終了、一二日松緑終了、一三日クランクアップ、というスケジュールで舞台の予定に影響が出ない様に配慮がなされた。[25]

この『江戸の夕映』は、海老藏にとっては言わばまだ試運転ということで、白黒スタンダードの平均的な予算での作品だったが、舞台での当たり役だっただけに評判は良く、翌年にはイーストマン松竹カラー総天然色の松竹超大作として、同じく九世市川海老藏主演、松緑を含む菊五郎劇団総出演という形で『繪島生島』が製作された。

『繪島生島』は、海老藏にとって大佛次郎と並ぶもう一人のコラボレーション相手であった舟橋聖一が昭和二八年（一九五三）から翌年に掛けて東京新聞に連載した小説に基づいており、歌舞伎としては昭和二九年（一九五四）三月に久保田万太郎演出で歌舞伎座にて初演されている（一〇月に第二部、翌年三月に完結編が上演されている）。監督は大庭秀雄が務め、前作『江戸の夕映』同様、舞台で七世尾上梅幸が演じた絵島役には淡島千景が扮し、梅幸は劇中劇の『廓文章』での夕霧役として登場する。興味深いのは松緑の役で、舞台でも映画でも二世市川團十郎を演じているのだが、その團十郎に遠からずなるに違い

(24)「女の色気と女形の色気『江戸の夕映』『忠臣蔵』に因んで海老蔵、幸四郎、松緑、三兄弟座談会」（『キネマ旬報』一九五四年八月下旬号＝第九八号）二四頁

(25)『幕』江戸の夕映特集号（七月＝第九五号、八月＝第九六号合併）六頁、『江戸の夕映』／『えくぼ人生』（松竹映画ウィークリー第一三五号）六頁

ない海老藏を前にして堂々と團十郎役を演じる事が出来る役者など、遠慮会釈のいらない実弟の松緑くらいのものではなかったろうか。生島新五郎役は舞台同様海老藏が演じているが、やや意外なのは、この役に関しては当初は大映の長谷川一夫が名乗りを上げて衣装まで作っていたものの大映側が一枚看板を松竹に貸す訳にはいかない、と云う事で沙汰やみになり、[26]次に松竹が自社の俳優でやるという事になったものの、海老藏以外にも、十七世中村勘三郎、二世中村扇雀（三世中村鴈治郎、四世坂田藤十郎）も候補に挙がっていて、結局は振り出しに戻って海老藏に落ち着いたということである。[27]勿論、勘三郎や扇雀が選ばれたとしたらおそらくは菊五郎劇団総出演という形にはならなかった訳だが、兎にも角にも舞台と同じキャストでと決まったことで、海老藏としても「今年も引き続き夏休みを利用して映画へ出演する話が決った時は種々慎重に考えて見ましたが、昨年同様、劇団の方々も御一緒に出演されるのも大変心強く、作品の『絵島生島』は、最近特に興味を持って勤めた役なのでとうとう二度目の冒険を試みた次第です」と腹を決めたようである。[28]

海老藏はたった二本しか映画の主演作を残さなかったし、その後十一世團十郎になってからは余りにも呆気なく亡くなってしまったために、映画への出演は無く、舞台の映像が僅かに残っているにすぎない。だが、海老藏時代の二本だけとは言え、映画とはその時代時代の俳優たちの息遣いまでをも克明に記録したタイムカプセルのようなものだから、後世の観客にとっては疑似的にでこそあれ、九世市川海老蔵という歌舞伎役者のその時の姿を追体験出来る訳だから、それは幸せな事だと考えるべきであろう。

(26)「マクアイ・リレー対談　市川海老藏氏・舟橋聖一氏対談」（『幕間』一九五八年三月号）五四頁

(27) 囲みコラム「完璧の色彩美に輝く、素晴らしい劇中劇場面　原作者舟橋聖一氏と大いに語る大谷松竹会長」での舟橋聖一の発言（松竹発行『繪島生島』プレスシート）八頁

(28) 市川海老蔵「二度目の冒険」（『繪島生島』プレスシート）二頁

## 二―五　十一世市川團十郎襲名の一億円興行

海老藏の團十郎襲名については、ある意味では海老藏になった時からの既定路線として、何時、具体的にその件が動き出すのか、という事こそが問題だった。昭和二九年（一九五四）、週刊誌『サンデー毎日』で海老藏が「日本の十人」の一人に選ばれたことをきっかけに、六月六日号で七頁の特集が組まれ、劇評家の三宅周太郎が海老藏論を展開している。三宅はここで、肉体的条件として声、目、足、容貌が整っている点で八十点級の歌舞伎役者であり、『築山殿始末』の信康役のように、役に拠っては九十点にも成り得るとし、十五世市村羽左衛門と比較すると「十五世の二枚目は九十五点、海老藏は藝は八十、顔は八十五で平均八十二点半」とした上で、海老藏の強味は新作のうまい点である、としている。そして、将来團十郎を継ぐであろう彼のことを次のように評しているのである[29]。

「好敵手がないのは、大きな不幸と信じる。競争なく刺激なき世界に、芸術の花は原則としてひらかないからである。そこに彼の不安はある。現状の限り、興行政策的に、そのうち彼は団十郎となるであろう。そして二枚目の色男役者として八十二点半ながら、さりとてこれにこす《マヽ》美男の役者は当分はいないのだ。だから、この幸福のままに彼はおのずと歌舞伎界の首位に上がるかと思うがそうした「鳥なき里のこうもり」は恐るべきである。同時に、そうして、ぬれ手で粟の大成は、富くじで当ったようにあと味はわるい。この見方でゆくと、彼は幸福者でいて不幸者といえる」

(29) 三宅周太郎「日本の十人特集⑦〝ただひとり〟行く海老蔵——色彩で得をする80点級の俳優」（『サンデー毎日』一九五四年六月六日号）二八〜三一頁

同じ特集には、「海老蔵の人気を解剖する」と題した、戸板康二、尾上松緑、尾上梅幸の鼎談が載っている。その中で松緑は、「弟としていうわけじゃないけれど、海老蔵のきれいなところをファンがさわいでいる。しかしそれはそれだけではない人だと思う。『源氏』をやっても、若い、きれいなときの『源氏』を、若い女性ファンは尊重するけれど、ほんといったら四十をすぎた源氏という人ですよ。結局、座頭役者なんだから」と述べ、そこには現状のアイドル的人気の限界を述べ、つまりはその先にこそ團十郎を継ぐべき本当の人気、実力というものが待ち構えているのだ、との含意がある。(30)

こうした海老蔵のアイドル的な人気は、妻子の存在の公表に拠ってある程度の落ち着きを見せるに至った。そして、養父となっていた市川三升が昭和三一年（一九五六）の二月に亡くなった。海老蔵は市川宗家の当主としてこの三升に十世市川團十郎の名を追贈した。銀行員として九世團十郎の娘婿となり、九代目の死後に周囲の反対を押し切って役者に転じた三升は、芸の上では團十郎を継げるだけの力量には遂に到達しなかったというのが大方の観方だったのだろうが、本人は十世團十郎となることを目標としていたとも言われている。その養父が健在なうちには当然ながら海老蔵本人はもとより襲名興行をビジネスとして考える立場の松竹にとっても気兼ねがあっただろうことは容易に想像できる。逆に言うと三升が亡くなった後というのはそうした気兼ねという要素が消え、團十郎襲名待望論のようなものが自然と表面化してきた。

團十郎襲名時の雑誌『演劇界』のインタビューでは、周囲からやいやい言われて迷惑だったのではとの問いに対しても、團十郎の名前が重かったのかとの問いに対しても、「自分のことは自分が一番よく知っている」とか「重がってもしようがないものです」と

(30)「海老蔵の人気を解剖する　語る人：戸板康二、尾上松緑、尾上梅幸」（『サンデー毎日』一九五四年六月六日号）三二頁

か、特にプレッシャーがあったから延ばし延ばしにしていた訳ではなく、機が熟するのを待った結果に過ぎないという立場を強調しているが[31]、実際には石橋を叩いてもすぐには渡らないという様な慎重な性格ではあるものの、養父三升の死後から少しずつ、自身の團十郎襲名へ向けての布石を打ち始めている。先ず、それまでずっと菊五郎劇団の客分、準構成員という立場で「菊五郎劇団・市川海老藏参加」という触れ込みで舞台に立っていたのを、昭和三二年(一九五七)の八月に「フリー宣言」を行ない、どこの劇団にも属さない立場となったことが挙げられる。戸板康二は、これを「菊五郎劇団に海老藏参加ならおかしくないが、團十郎参加ではおかしいと考え始めたのではないか」と分析しているが、これはやはり状況証拠と言えるだろう。もう一点、昭和三三年(一九五八)五月には歌舞伎座の舞台で長男の夏雄に六世市川新之助を襲名させている。夏雄は既に昭和二八年(一九五三)には市川夏雄として初舞台を踏んでいたが、その時の役というのも父に抱かれての三法師公の役どころだった。将来、自分の後の海老藏を、そしてやがては團十郎を継ぐことになるかもしれない息子の初舞台が、子役とは云え丁稚小僧のような役柄では市川宗家の御曹司としては相応しくないという判断が海老藏にも松竹にもあってのことだったろう。新之助という名跡は七世團十郎、八世團十郎が海老藏の前に名乗っていた(厳密には、七世團十郎の場合は新之助、ゑび藏、團十郎、海老藏という順番で襲名している)名跡であり、九世團十郎の娘二世市川旭梅の入婿で昭和三一年(一九五六)に亡くなった二世市川小文次が五世新之助となっていたことからも、やはり夏雄の新之助襲名もまた自身の團十郎襲名への準備段階の一つとしての位置づけだったはずである。

ともあれ、何度かの松竹からの打診、そして辞退、あるいは延期を経て、いよいよ満を

(31)「インタビュー　団十郎に関する四十八章(聞き手:半田進康)」(『演劇界』一九六二年三月号臨時増刊「市川團十郎」)五八頁

持して海老藏の十一世市川團十郎襲名が行なわれたのは昭和三七年（一九六二）四月のことであり、九世團十郎が没した明治三六年（一九〇三）九月から五十九年振りの舞台の上での團十郎復活という一大イヴェントだった。利根川裕は、この世紀の大襲名のことを「空位は、長く続けば続くほど、やがてその名の権威性を増してくる。ある種の人にとっては追慕尊敬の念から、またある種の人にとっては利得商略の策から、團十郎の名をして容易に後継者を生みださないことが、価値の釣りあげとなる」と評しているが、[32]当の海老藏にとっては、長い熟成の期間を経て漸く「九代目は偉大だった、とよく皆さんがいわれますが、それはその通りですが、九代目だけが団十郎じゃなかった。その前には八代までの団十郎がいます。初代からそれぞれの時代にあった生き方をしながら江戸歌舞伎の伝統を背負ってきました。私も同じように昭和の時代に合った団十郎になるだけですし、特別な責任感を自分に押しつけることもないかと思いまして……」という心境になれたということだったのであろう。[33]だが、この「特別な責任感」を自分に課さなかったというのは言葉の綾であって、実際にはむしろ「特別な責任感」を強烈に感じているからこそ事更に、それを気取られないように、自分自身リラックス出来るようにという自己防衛的なところから出たコメントだったのではないだろうか。

「一億円興行」とも言われた十一世市川團十郎襲名披露興行は、四月、五月の歌舞伎座で『勧進帳』と『助六由縁江戸櫻』が上演され、海老藏改め團十郎は勿論前者で弁慶、後者で花川戸助六を演じている。前者では他に幸四郎の富樫、梅幸の義経、後者では他に松緑のくわんぺら門兵衛、歌右衛門の揚巻、勘三郎の白酒売新兵衛、簑助の意休、息子の新之助は福山のかつぎで出演した。一〇月には大阪の新歌舞伎座、昭和三八年（一九六三）

(32) 利根川裕『十一世市川團十郎』二〇五頁
(33) インタビュー 団十郎に関する四十八章（聞き手：半田進康）」五八頁

九月には名古屋の御園座の杮落し興行、同年一二月には京都の南座でそれぞれ同じ演目での襲名披露興行が行なわれたが、團十郎以外の配役は、例えば大阪だと市川壽海の富樫、市川左團次のくわんぺら門兵衛、片岡仁左衛門の白酒売新兵衛、名古屋だと幸四郎の富樫、梅幸の揚巻、左團次の白酒売新兵衛、幸四郎のくわんぺら門兵衛、という具合で歌舞伎界を挙げて新團十郎の襲名を盛りたてた。幸四郎が歌舞伎座や名古屋の御園座に出演したのは弟なので不思議はないように思えるが、次章で詳述していくように、幸四郎はこの時既に菊田一夫の招きで松竹を飛び出して東宝へ一門を引き連れての電撃移籍をしていた後だったから、松竹では一部の株主からの強硬な反対の声が上がったと言われている。

襲名後の團十郎は、明るくなったとも、よく喋るようになったとも言われる。無口でインタビュアー泣かせだった海老藏時代には考えられないほどに雄弁に、またサーヴィス精神旺盛に喋れるようになったのである。例えば、あるとき東京大学で講義を頼まれ、舞台では白塗りの二枚目を演じているけれども実物はこのように色黒で、と笑いをとったりしながら、頭のてっぺんからつま先まで包み隠さず役者の全てを講義したり、最晩年の亡父七世幸四郎の十七回忌の追善興行での挨拶では、連日十分近い長広舌で、しかも毎日話題を変えて、「松竹・東宝にちょっぴり皮肉を浴びせたり、女房に頭の上らぬ弟たちの家庭の事情を覗かせたり、山田五十鈴の彼氏のことやら、菊田一夫の彼女のことまでバラしたり、そうして時には息子の学校の成績をボヤいたり、タクシーの運ちゃんと喧嘩した話を持ち出したり……（中略）楽屋中の連中がこの御挨拶になると客席の後へ覗きに出かけるし、どうしても手の離せないものは楽屋のモニター・ラジオに耳をすませた」のだという。(34)

(34) 千谷道雄『幸四郎三国志―菊田一夫との四〇〇〇日―』（文藝春秋、一九八一年）一八〇～一八一頁

更には、昭和三八年（一九六三）四月には歌舞伎座で島村民藏の『修学院物語』の後水尾天皇を演じると共に演出にもチャレンジし、翌年一月の、吉川英治の長編を上林吾郎が脚色した『私本太平記』でも、楠正成を演じると共に二度目の演出を手掛けている。五月の『鳶油揚物語』は二九亭十八の脚本で主役の伊勢屋惣三郎役を演じているが、この二九亭十八もまた実は團十郎のペンネームであり、一歌舞伎役者という枠に留まらず、意欲的に新たな領域に進もうとしていたことが窺われる。まさに「地位が人を成長させる」を地で行っているごとく、歌舞伎界の屋台骨を背負っていくという自覚が團十郎襲名と共に形となって現われ始めたと見るべきであろう。

## 二—六　相次ぐトラブルと日本俳優協会脱退、そして無念の死

本章の最後に、海老藏の十一世市川團十郎襲名前後から、様々な形で顕在化した対人トラブルの実相、そして余りにも突然であったその死までを駆け足で整理してみたい。

晩年の團十郎のトラブルメーカーというイメージの最初の事例としては、昭和三三年（一九五八）一一月、大阪の新歌舞伎座の柿落し興行で当時の海老藏が初日のみ勤めただけで、二日目からの出演を拒否するという事件を起こしたことが挙げられる。その三年後の昭和三六年（一九六一）三月には、長年のコラボレーション相手であった大佛次郎の新作『大仏炎上』で、稽古に入る日になっての突然の辞退宣言により、同作品の上演を中止に追い込んでいる。どちらのケースでも様々な人が様々な憶測で事の真相を示そうとしてきたが、本当のところは勿論海老藏自身の心の内の問題なので知る由もない。だが、自

分が完全に納得いった台本でしか芝居をしない、あるいは出来ないという彼の神経質な性質、そして小道具一つとっても不本意な環境で不本意な気持ちで芝居するくらいなら、そんなものをお見せしない方が見物（お客さん）に対しては誠実な態度だと信じる一途さ、という彼の特質のなせる業だったと見るのが妥当ではないかと思う。然しながら、結果だけを見るならばそのために大佛次郎との良好な関係が壊れてしまったのだから、そうした海老蔵の気質というものを十二分に理解し、先回りしてトラブルを回避するべく動いてくれる番頭――例えるならば、曲がった事が大嫌いな一本気な性格の桃井若狭之助という殿様の蔭で密かに高師直に賄賂を贈って相手の矛先をかわし、予想されるトラブルを未然に防ぐ加古川本蔵のような存在――がいてくれれば、とは誰しもが思うところであろう。

十一世市川團十郎襲名後でいうと、東京、大阪での襲名興行が終った後の昭和三八年（一九六三）一月に大映との契約満了と共にフリー宣言していた山本富士子に対して、松竹が名乗りを上げて七月の歌舞伎座で武智鉄二のプロデュースによって團十郎と山本富士子との共演の話を進めたのを、團十郎が拒否したという一件がある。(35) 七月と八月は休むと既に伝えてあったのに断りもなく勝手に計画を立て、しかも自分の了承も得ずに発表するとは筋が違う、というのが團十郎側の論理だった。山本富士子に関して言えばこの後に彼女の窮地を救う事になるのは團十郎の弟である八世幸四郎なのだが、それは次章にて詳述する。

続いて、同年五月、三世市川猿之助の襲名興行の口上に市川宗家の立場にあったにも関わらず列席を拒否している。これには伏線があって、いつまでも幼名の市川團子のままだった彼が、いっそのこと新しい名跡を起こそうと考えて映画の『雪之丞変化』から採っ

(35) 同右、一四五頁

た市川雪之丞という名を襲名すると言いだし、これが團十郎の逆鱗に触れた。この時は團子の祖父である二世猿之助（初世市川猿翁）が市川宗家に飛んで行って詫びを入れたのだが、それがきっかけとなって二世猿之助は長孫である團子に猿之助を譲り、自らは猿翁を名乗る事にしたのだった。(36) 翌昭和三九年（一九六四）の一月には、四世坂東鶴之助（六世市川竹之丞、五世中村富十郎）が前年一〇月にオープンした日生劇場での初の歌舞伎公演で『勧進帳』を新演出で上演した際にクレームを付けた件がよく知られている。これらのトラブルの根本には、市川宗家を継いだ者としての責任感というものがあったろう。弟子筋の沢瀉屋（市川猿之助家）が、「猿之助十八番」として『義経千本桜』を自分の物であるかの如く発表したことや、鶴之助の場合だと團十郎家の元祖以来の家の芸の集大成である「歌舞伎十八番」を名乗った上でそれを勝手に新演出で上演することが問題なのだ、というロジックである。(37) こういった主張は筋が通っているし、決して無理難題を言っている訳でもないのだが、そういった自身の考え方を筋道立てて説明することなく、熟考の上とはいえ、到達した結論だけを相手に突き付ける不器用さというのが團十郎にいらぬ誤解を招く事に繋がっていたことは間違いなかろう。

その意味で、到達した結論だけに基づいて行動を起こした結果、最も大きな波紋を投げかけた事例というのが、昭和三九年（一九六四）三月四日の、日本俳優協会からの脱会という事件だった。日本俳優協会は前身である明治期の東京俳優協会が昭和三二年（一九五七）に再建された組織で、更に昭和二七年（一九五二）に誕生した関西歌舞伎俳優協会が昭和三五年（一九六〇）にこれと合併したことで、名実共に全ての歌舞伎俳優、新派、新国劇などの俳優が属することになった組織であり、俳優の著作隣接権と肖像権の確

(36) 同右、一四三頁
(37) 市川團十郎「私の立場と私の見解」（『中央公論』一九六四年七月特大号「特集・団十郎問題と歌舞伎の危機」）二八六～二八七頁。及び利根川裕『十一世市川團十郎』二二三～二二四頁

立などに取り組んで、昭和三四年（一九五九）には社団法人として認可されていた。その日本俳優協会から、事もあろうに歌舞伎界の頭領という立場である市川宗家の、市川團十郎が脱会するという事件は、だから正に演劇界のみならず世間一般の注目をも集める驚愕の行動だった。この件に関して、團十郎自身は『中央公論』誌上に発表した「私の立場と私の見解」にて、「理事ならびに事務局が、正しい運営をしているとは言いにくいし、その職責に責任をもった態度とも言えない（中略）これでは、協会の存在理由がない」と心情を吐露しているが、[38]一方で、当の協会が今日でもそのＨＰにて「（團十郎脱会の）理由は協会が親睦団体に甘んじて、俳優の税金対策などの経済的・社会的問題に真剣に取り組もうとしない、というものでした。その言い分自体はもっともと認められるものの、そのための改革を放棄して脱退という方法を選んだことへの疑問は残されたまま」と指摘している事もまたもっともな言い分だと感じる。[39]結局のところ、次弟である八世松本幸四郎が述懐した「もともと敵がない人だったのに、近頃は自分から求めて敵を作っていたのは、今から思えば病気のせいではなかったか」という分析こそが真実に近いのではないかと思われる。[40]

病気、即ち癌に冒されて團十郎が黄泉の国へ旅立ったのは、華やかな十一世市川團十郎襲名披露興行から僅か三年半後の昭和四〇年（一九六五）一一月一〇日の事だった。元々丈夫ではなかった身体に加えて、細やか過ぎる神経が慢性的な胃炎をもたらし、それが胃癌への引き金となり、開腹手術をした時には既に手の施しようもなかったのだという。日本俳優協会からの脱会以外にも、同じ年の三月、歌舞伎座での『源氏物語』の再演に際して、台詞のカットを巡って原作者の舟橋聖一と衝突したり、没年の五月には、六世尾上菊

(38) 市川團十郎「私の立場と私の見解」二八五頁
(39) 公益社団法人日本俳優協会ＨＰ（http://www.actors.or.jp/kyokai/enkaku.html）最終アクセス：二〇一八年四月二九日
(40) 松本幸四郎「潔癖を貫いた兄」四一頁

五郎追善興行で、市川宗家を無視したという理由で初日から八日目まで休演したり（以後は「口上」と「保名」に出演）と、周囲との軋轢が絶えなかった團十郎だが、心の奥底のどこかに、自らの寿命の長くない事を感じ取っていて、全てにおいて自分が理想とする通りに行かないもどかしさに何とか立ち向かって、寿命を縮めながら、自分が正しいと思う方向へと演劇界を導いて行こうと生き急ぎ、そして死に急いだのではなかったか。末弟である二世尾上松緑の次のような追悼文の一節が心に響く。(41)

「襲名以後の団十郎は、〝市川団十郎〟という名前を背負った責任感から、正しい主張をしようと強引にすすめるところに、無理が生じた点があることは否めません。舞台にみられるような大きさと力強さとで、ゆっくりと押し進めれば実現したことも、神経質な性質のために実現できずに終ったことは、返えす返えすも残念です」

（41）尾上松緑「技巧を超越した役者」（『演劇界』一九六六年一月号臨時増刊「十一代目市川団十郎」）四一頁

# 第三章　八世松本幸四郎

## 三—一　初世中村吉右衛門の許での修業時代

高麗屋三兄弟それぞれのことを、毛利三兄弟という例えとは別に、戦国時代の武将たちに例えると、長男の治雄（九世市川海老藏）は織田信長、二男の順次郎（八世松本幸四郎）は明智光秀、三男の豊（二世尾上松緑）は徳川家康だ、という人がいる。確かに、青年時代の孤独な魂から、天下人となって以降、比叡山延暦寺を焼き討ちしたり、裏切り者の浅井長政、浅井久政、朝倉義景の髑髏に箔濃を施したり、と周囲との軋轢をものともせずに性急に世の中を造り替えようとして、結果的に道半ばにして悲業の死を遂げた信長のイメージは、九世市川海老藏から十一世市川團十郎に上り詰めて悲運の死を迎えた治雄の生涯とダブるし、その天下人信長の年少の同盟者として人一倍の苦労も強いられながら、最終的には一番の高みと言える地位にまで上り詰めた家康のイメージも、長兄海老藏と菊五郎劇団で常に行動を共にしつつ、海老藏がトラブルを起こす度に尻拭い役としてその代役を務め続け、しかし芸の上では三兄弟で一番上とも評された松緑の軌跡と通ずる。

——では、戦国武将随一の文化人として知将の誉れ高かった光秀と八世松本幸四郎の場合はどうだろうか。

勿論、良く知られているように、幸四郎は舞台でも映画でも明智光秀を演じてきた。しかし、それと同時に、彼は映画に限って言っても、井伊直弼、大石内藏助、松平定信、織田信長、上杉謙信、大岡忠相、近藤勇といった歴史上の英雄をも演じてきた稀代の「英雄役者」である。役者の家に生まれながら役者ではなく画家志望だったというそもそもの気質、そして哲学者や大学教授のような佇まいでも知られた幸四郎は、確かに光秀の文化人的なイメージとは重なる。だが、光秀と言えば何といっても本能寺の変を起こした反逆者というイメージが付いて回る。その点、幸四郎もまた、一門を引き連れての東宝への電撃移籍という、松竹に対する反逆を行なった人でもある。その意味で、幸四郎は確かに劇界の光秀の役割を果たした人であったし、またそれだけ彼の東宝への移籍というのは戦後の歌舞伎役者の生き方そのものを根本的に変えてしまうほどのインパクトを持っていたとも言える。……だが、ここでは時計を巻き戻して、画家志望だった役者の家の二男坊が如何にして戦後歌舞伎界随一の立役という程の存在になって行ったのか、その原点の部分から振り返ってみたい。

藤間順次郎は父藤間金太郎（八世市川高麗藏、七世松本幸四郎）と母壽枝の二男として、明治四三年（一九一〇）七月七日に日本橋浜町で生を受けた。長男の治雄（九世市川海老藏、十一世市川團十郎）とは十六ヵ月違いの年子である。父は歌舞伎役者であると同時に藤間流の踊りの家元でもあったため、兄と同じように六歳からは自宅で祖父の勘翁（二世藤間勘右衛門）から踊りの手ほどきを受け始めたというが、余りにも嫌がっていたため、祖父は毎晩、子供たちが寝る前に「御休みなさい」と挨拶に行く際に宮様のお邸で頂戴した御菓子をつまんで出してくれながら「お前はどうして踊りが嫌いなのかい」と尋ねたのだという。(1) 踊りのみならず、役者になる事も気が進まず、本当は絵描きになりたかったと

（1）加賀山直三『八人の歌舞伎役者』（青蛙房、一九五九年）二二七頁

いう順次郎だが、父は「絵描きは自家にいても作の批評をされる。だが、役者や踊り手は、舞台に出て直接に自分の姿を曝さなければ批評されないものだ」とよく言っていたとのことだが、生来のはにかみ屋だった順次郎はその人前に出て自分の姿を曝すということが苦手だったようだ。(2)

学校は、進歩的な考え方を持っていた父の意向で、兄治雄と共にミッション系の暁星へ通ったが、二人より年長の劇評家で、同じ暁星出身の戸板康二が後年暁星の担任の先生に会って後輩に当たる高麗屋三兄弟のことを聞いたところ、「幸四郎君は實によく出来ました、といふことであつた。役者の子は放課後も、をどりや三味線を稽古するために、勉強の時間は少い筈で、成績を必ずしも學校では期待してゐないのにもかかはらず、優等に近い點をつねに保つてゐたので、特に印象がつよいのださうである」と驚いたのだという。(3)

歌舞伎役者の家の子供の初舞台というと、大抵は学齢期に掛かる前後あたりのものだが、踊りも芝居も好きではなさそうな順次郎に、父は無理やり初舞台を踏ませなかった。従って、順次郎が松本純藏の名前で、帝国劇場で初舞台を踏んだのは大正一四年（一九二五）一月、順次郎十四歳の時である。尤も、それは正式な初舞台ということであって、その前にも大正一二年（一九二三）九月の関東大震災で被災した結果、一家で大阪に疎開し、父と親交のあった初世中村鴈治郎の一座で、一年三ヵ月の間、中座や地方巡業にも出ていた。その折に、成駒屋一座の市川新升から聞えよがしに大根大根と云われて自信喪失し、このまま親の膝元にいたのでは駄目だと考えていたため、東京へ戻って復興した帝劇で初舞台を踏んで後、一七歳の時に親戚関係でもあった播磨屋、(4)つまり初世中村吉右衛門の一座に面倒を見て貰う話がまとまり、昭和三年（一九二八）一月から吉右衛門一座へ加入

(2) 同右、一二八頁
(3) 戸板康二「僕の演劇人素描・Y 松本幸四郎」（『演劇界』一九五四年一二月号）七〇～七一頁
(4) 加賀山直三『八人の歌舞伎役者』二三六頁

した。その前に六世尾上菊五郎からも三兄弟揃って面倒を見ようと言ってきていたというが、義太夫物を勉強したいという考えもあり、それならやはり播磨屋が専門と考えて初志貫徹したのだという。[5]「勉強したい」という発想自体が、やはり根が真面目な人物という気がするが、ともあれ、吉右衛門一座へ行ってからの純藏（順次郎）は、東京では主として明治座で様々な舞台を踏んで研鑽を積み、三年後の昭和六年（一九三一）四月には、「丁度兵隊検査を受ける時でもあり、まア、云って見れば、元服のしるしぐらいなつもりで」五世市川染五郎を襲名した。[6]

時代は丁度満洲事変から日中戦争、そして太平洋戦争へと戦火を拡大していく時期だったが、そんな中にあって二十代の染五郎は昭和八年（一九三三）以降、新宿の新歌舞伎座、後には新宿第一劇場での「青年歌舞伎」にもコンスタントに出演するようになり、後に本公演で演じていくようになる様々な役を学んでいった。但し、実父七世松本幸四郎も師匠初世中村吉右衛門も共に立役として同じ役を演じる事があり、『菅原伝授手習鑑』の宿禰太郎や『假名手本忠臣藏』の大星由良之助などだとその演じ方もそれぞれ特徴があったので、稽古場で二人が共に立ち合うような場合は両者の板挟みになって弱るというような事もあったという。芸の上では染五郎は主として師匠初世中村吉右衛門の型を忠実に学びとったと言われており、戸板康二などは「血縁よりも師弟の關係の方に、遺傳度が高いといふ事實を、この人ほどはつきり示した人はあるまい」と言っていたくらいだが、[7]それでも例えば昭和一三年（一九三八）一月の明治座での青年歌舞伎で『勧進帳』の弁慶を初役で演じたときなどは、父の指導を仰いだという。但し、手とり足とりという訳ではなく、次のような経緯だった。[8]

(5) 加賀山直三『八人の歌舞伎役者』二三五～二三七頁
(6) 同右、二三九頁
(7) 戸板康二「僕の演劇人素描・Y松本幸四郎」七〇頁
(8) 加賀山直三『八人の歌舞伎役者』二四五頁

「父は、「私は弁慶は団十郎から手をとっては教わらなかった。後見をしたり、見学などで覚えたのだ。団十郎は、手をとって教えたのでは悪く癖が付くからいけない、見て覚えろと云った」と云い、私にもその通りにして、教えてくれなかったので、私も父の後見をしたり、四天王や番卒に出ていたり、見学したりで覚えた通りにやりました。尤も、初役の時には、一応は教えてくれましたけれどね」

こうして、師匠初世中村吉右衛門と実父七世松本幸四郎それぞれの持ち味を吸収して、役者市川染五郎の基礎は固まって行った。そして、昭和一五年（一九四〇）一一月、私人としての藤間順次郎は師匠吉右衛門の長女波野正子と結婚し、名実共に吉右衛門劇団の中心的立場に立つに至った。因みに吉右衛門には男子がなく、そのため婿養子に入るという選択肢もあった筈だが、既に順次郎は幸四郎を継ぐことが既定路線となっていた事もあり（長兄の治雄が市川宗家の養子に入ったため）、正子は父に対して「必ず男の子を二人産んで、その一人に吉右衛門を継がせる」と誓ったと言われている。実際、正子は二人の男子と一人の女子を授かり、長男昭暁が九世松本幸四郎を、二男久信が二世中村吉右衛門を継いだ事は周知の通りである。

昭和一五年（一九四〇）当時の吉右衛門劇団には、吉右衛門の二人の弟、即ち女形の三世中村時藏、立役、女形共にこなす四世中村もしほ（十七世中村勘三郎）がいた他、翌年には父五世中村歌右衛門を亡くして後見役がいなくなっていた六世中村福助改め六世中村芝翫（六世中村歌右衛門）が加わる事になり、ある意味で皆がライバル関係にあった。だが、染五郎は吉右衛門の長女と結婚したとは云っても自分こそが後継者であるというような態度を採る事は無く、あくまでももしほや芝翫を立てて、どちらかと言うと劇団の運営面の責任者という立場に徹して、戦時色の濃くなる中での吉右衛門劇団の舵取りを担って行った。当時の染五郎の様子について、映画評論家の草壁久四郎は、吉右衛門劇団創立時からの親密な交渉を持ってきた根岸犍一の談話を紹介している(9)。

「當時の染五郎さんは年こそ若かったが、役者としては珍しいほど社會のことに明るく、ものごとを合理的にテキパキと處理し、政治的な折衝もできる人だつたので、劇團の運營についても、われわれもいろいろ相談するし、しぜん染五郎さんの發言ということが大きな效力をもつようになつていました。ことに當時は戰爭のため大劇場公演より軍關係の慰問公演が多く、そのため軍からしばしば呼び出しがあつて、誰か代表として軍の方と交渉をしなければならないようになつてきた。そうしたことにはみんな苦手なので結局染五郎にやつてもらおうということになつて、彼がこうした軍關係との交渉にあたることになつた。ところがあの通りテキパキとしているし、政治性もあるし態度もキチンとしていて立派なので、軍のおえら方もすつかり氣に入ってうけもよく、非常に軍から信任されていた。また内部的にも計數の念に明るいこともあつて劇團の經理についても、われわれが教えられることが多かつた。そして企畫の面でもちやんとした意見をもつて發言していたので、いろんな意味で劇團の中心になつていた」

染五郎はその後、いよいよ戦局の悪化してきた終戦の年の二月に召集され海兵団に入団しているが僅かな期間で除隊している。そして、戦後になり、当初はＧＨＱとの間で意思

(9) 草壁久四郎「オムニバス俳優論(10) 松本幸四郎」(『演劇界』一九五六年一一月号) 一一三頁

の疎通の問題もあって古典演目のほとんどが上演出来ない事態ともなったが、戦前からの歌舞伎ファンであったフォービアン・バワーズが演劇検閲官に志願してからは、禁止されていた演目も徐々に解禁となり、歌舞伎界も落ち着きを取り戻していった。染五郎や十七世中村勘三郎（昭和二五年（一九五〇）一月襲名）、六世中村歌右衛門（昭和二六年四月襲名）、そして菊五郎劇団の弟二世尾上松緑、七世尾上梅幸（昭和二二年二月襲名）らはバワーズと個人的にも友人となり、歌舞伎界の将来について話し合う機会もあったという[(10)]。

第一章で述べた通り、染五郎の父、七世松本幸四郎は昭和二四年（一九四九）一月二七日に満七十八歳の長寿を、しかも最後まで現役の役者として全うした。そしてその七ヵ月後の八月、東京劇場での『勧進帳』の弁慶役、『ひらかな盛衰記 逆櫓』の樋口次郎役で五世市川染五郎は八世松本幸四郎を襲名した。私生活では戦時中の昭和一七年（一九四二）八月に長男昭暁が、二年後の昭和一九年五月には二男久信が誕生し、昭暁は昭和二一年五月の東劇にて三歳にして二世松本金太郎として、また久信は昭和二三年六月に同じく東劇にて初世中村萬之助として初舞台を踏んでいる。戸籍上、約束通りに祖父初世中村吉右衛門の養子となった萬之助のことを、吉右衛門は目に入れても痛くないほど可愛がったというが、萬之助が満十歳の昭和二九年（一九五四）九月五日、「大播磨」の掛け声を受けることで知られた初世中村吉右衛門は満六十八歳で亡くなった。

(10) 加賀山直三『八人の歌舞伎役者』二四八頁

## 三―二　松竹の看板〝映画スター〟としての活躍
## ――『花の生涯』から『天下御免』まで

八世松本幸四郎が初めて映画に出演する事になったのは昭和二八年（一九五三）の事であった。作品は、舟橋聖一が昭和二七年から翌年にかけて毎日新聞に連載した歴史小説『花の生涯』の映画化で、松竹にとっては正しく社運を掛けて取り組む作品という位置付けだった。松竹の創業社長であり、本作で初めて製作総指揮を自ら務めた大谷竹次郎は、同作品の劇場用パンフレットの中で「今後春秋二季に各一本づゝの超大作映画を製作する大計画をたて、松竹が擁する映画演劇その他全部門の最大の総力を傾け、適材適所に総動員を行つて、松竹映画の真価を世界に問わんとするもので、この『花の生涯』はその第一作の栄誉を擔うものだからであります」と高らかに述べている。[11] その、松竹の演劇（歌舞伎）と並び立つ両輪としての映画の領域の勝負作である『花の生涯』に、松竹所属の映画俳優ではなく歌舞伎役者である幸四郎が抜擢された事の背景には、勿論、会社組織としての松竹の営業戦略的な目論見があったであろうことは疑う余地はないし、事実、幸四郎自身も後にその発案者は城戸四郎副社長（一九五四年から社長）だったと述べているが、[12] 同時にまた、数多の歌舞伎役者たちの中で幸四郎に白羽の矢が立ったという事は、それだけ幸四郎の持っていた潜在的な〝映画スター〟としての資質、歌舞伎界におけるポジションが他の歌舞伎役者たちを圧倒していた事実を物語ってもいるように思われる。そして何よりも、幸四郎自身に〝映画スター〟にもなってやろうじゃないか、と云う様な前向きな気持ちがあったからこそ実現したことだったに違いない。

(11) 大谷竹次郎「松竹映画の伝統を誇る」（松竹発行『花の生涯』劇場用パンフレット）三頁
(12) 松本幸四郎「映画出演の弁」（『キネマ旬報』一九五九年一一月上旬、第二四五号）一五頁歌舞伎役者が映画界に転身するという例であれば、過去にいくらでもあった訳だし、むしろ映画界における大スター、取り分け時代劇というジャンルにおける大スターと言われる人達のほとんどが元を辿れば歌舞伎界の出身だとさえ言う事できる。片岡千恵蔵は十一世片岡仁左衛門の許に、市川右太衛門は二世市川右團次の許にいた人だし、長谷川一夫もまた二世林又一郎の一座出身であり、嵐寛寿郎もまた元は二世中村鴈治郎の関西青年歌舞伎に加わっていた。戦後デビューのスターたちでも、三世中村時蔵の四男だった初世中村錦之助（萬屋錦之介）、五男だった中村賀津雄（中村嘉葎雄）、六世尾上菊五郎家の養子だった二世大川橋蔵、三世市川九團次の養子から三世市川壽海の養子となった後に映画界へ飛び込んだ市川雷蔵、長唄三味線方の杵屋勝東治の息子で自らも長唄の名取杵屋勝丸を名乗っていた勝新太郎、尾上鯉三郎の長男だった尾上鯉之助と枚挙に暇がない。だが、彼らの場合、いずれも花形役者の御曹司という立場でない、あるいは単に長男ではないなどの理由から大名跡は継げず、そのまま梨園にいても活躍の場が限定されるという立場の者たちで、彼らの家柄の良さや時代劇に於ける所作など基本的な部分が出来ている事からスター候補として映画会社側が触手を伸ばし、あるいは彼ら自身が新天地を求めて映画界に飛び込んだという形であった。

それに対して、幸四郎の場合は現役バリバリの、しかもこれからの歌舞伎界を背負っていくべき中心的な立場にあった歌舞伎役者であり、その立場を維持しつつ、尚且つ〝映画スター〟にもなってしまったという点で前代未聞だった。実際、戦後の幸四郎の舞台出演記録を見てみると、終戦後一、二年の混乱期は別として、昭和二二年（一九四七）から『花の生涯』に出演した昭和二八年（一九五三）までの七年間で舞台出演が休みだった月というのは六回しかなく、大体は年に一回、八月か九月に休みを取れるか取れないか、という感じであった事が判る。その、年に一回の一ヵ月間の休みを利用して映画に出る、と云うのが『花の生涯』以降、松竹時代の幸四郎のルーティンとなっていた訳で、これは超人的な体力、気力がなくては出来ない事である。それにも拘らず、幸四郎をして映画界へと一歩足を踏み出す決意をさせたものは何だったのであろうか。本人の言葉を紹介してみよう。[13]

「私は四十の手習のつもりで、これからはいろいろとやって行きたいと思っているんです。

映画に出たのも、一つには、その意味で、いろいろと経験をして見たいという気持ちがありました。初めて映画に出るとき、播磨屋もまだ生きていましたし、大谷さんからも、「映画に出て、これからどうするのだ」と云われましたし、幸四郎が今更映画に出るなんて、馬鹿野郎だと云われるかもしれませんが、馬鹿野郎と云われてもいいから、新しい経験なり冒険なりをして見たいというつもりで出たのでした」

映画出演第一作の『花の生涯』は昭和二八年(一九五三)九月の休みを利用して撮影、翌一〇月一四日に公開された。続いて翌昭和二九年になると、松竹は更なる大作として、オールスター・キャストによる『忠臣蔵〔花の巻・雪の巻〕』を計画、その超大作の主役の大石内藏助を演じて貰うとあって、松竹も幸四郎のスケジュールに相当な配慮を示しているると見え、終戦の年以来、初めて六月から八月までの三ヵ月間、幸四郎は舞台には立っ

(13) 加賀山直三『八人の歌舞伎役者』二六八頁

ていない。『忠臣蔵〈花の巻・雪の巻〉』の撮影はその間に行なわれたが、丁度兄の九世市川海老藏と弟の二世尾上松緑の二人が共演する『江戸の夕映』の撮影も同じく松竹の京都撮影所で行なわれたため、奇しくも高麗屋三兄弟が揃って映画の撮影で京都に集結する事になった。その機会をとらえて、映画雑誌『キネマ旬報』では「女の色気と女形の色気」と銘打った三兄弟プラス淡島千景、尾上鯉三郎の座談会を企画し、八月下旬号にて掲載している。この時点では幸四郎は『花の生涯』と『忠臣蔵〈花の巻・雪の巻〉』の二本、松緑は『群盗南蛮船 ぎやまんの宿』と『江戸の夕映』の二本、海老藏だけが『江戸の夕映』で初の映画出演というタイミングだった訳だが、映画評論家清水千代太司会に拠るこの座談会で、幸四郎と松緑はそれぞれに舞台の場合と映画の場合の演技の違いや戸惑いなどについてかなり雄弁に語っている。(14)

松緑　芝居では、舞台から観客に対する角度というものをいつも考えておりますから、何か後ろ向きなんて考えられない。観客に対する形ばかり考えますからね。

清水　そういうところは淡島さんどうですか。普段のいつもの映画俳優さん相手とでは。

淡島　別に何とも感じない。

清水　じゃあ皆さんがすっかり映画俳優になりきっていらっしゃる、そういう訳ですね。貴女が全然そういう感じを受けないということは。皆さん及第ですね。

淡島　それは本当に感じないですよ。別にね。

清水　しかし、それでも皆さんの個性が映画の上ではいい効果が出る訳ですね。

(14)「女の色気と女形の色気『江戸の夕映』『忠臣蔵』に因んで海老蔵、幸四郎、松緑、三兄弟座談会」(『キネマ旬報』一九五四年八月下旬号＝第九八号)二五頁

幸四郎　出てくれればいいですけれどもね。
清水　ラッシュをみて自分でいやだなということがありますか。
幸四郎　大変ですよ皆、一ぺん見ていやになってしまいました。
松緑　何と自分のまずく見えることは、ものすごいですね。
幸四郎　変な感じが受けますね。

他にも、幸四郎と松緑は共に相手役を務めた淡島千景に対して冗談を言ったりからかったりして、ある意味で余裕を感じさせるのだが、海老藏は元来のインタビュアー泣かせの口下手そのままで、時折無理やり質問を振られれば何とか喋るものの短い答えばかりで、議論にならない。幸四郎が気を利かせて「『源氏物語』なんか映画でしたらどうですかね」と振っても「映画では無理ですよ」と素っ気ない。(15) その辺りが海老藏らしいと言えば海老藏らしいのだが。

松緑と海老藏は翌年にも『繪島生島』を京都で撮るものの、松緑はその後昭和三五年（一九六〇）の『バナナ』に出たきり、海老藏は『繪島生島』を最後に映画とはプッツリ縁を切ってしまった。一方、幸四郎は、その後も昭和三〇年（一九五五）に『荒木又右衛門』のタイトルロール、昭和三一年（一九五六）に『京洛五人男』で近藤勇役、と四年続けて夏の京都での映画撮影に挑んでいるが、更に昭和三二年（一九五七）以降になるとゲスト出演的なものも含めてとはいえ、年に四〜五本もの映画に出演していく。具体的に言うと、昭和三二年（一九五七）は先ず四月公開の『大江戸風雪繪巻　天の眼』に松平定信役でゲスト出演（主役は業平小僧役の高田浩吉）、七月公開の『元禄忠臣藏・大石最後の一日

(15) 同右、二七頁

［図3-1］『大忠臣蔵』に立花左近役で特別出演した幸四郎

より　琴の爪』では東宝にレンタルされて再び大石内藏助を演じ、翌八月の『大忠臣蔵』では大石役は二世市川猿之助に譲り、自らは立花左近役で出演、更に同じ八月公開の『侍ニッポン』では再び井伊直弼役を演じる、という忙しさだった。

続く昭和三三年（一九五八）になると勢いは更に増す。先ず一月公開の東宝作品『柳生武芸帳　双龍秘剣』（実際には撮影は前年に行なわれた）に三船敏郎と鶴田浩二という二大スターに絡む尾州家の師範柳生兵庫介役でゲスト出演、夏になると七月公開の『太閤記』で高田浩吉の木下藤吉郎に対して織田信長を演じ、同じく七月公開の『大岡政談　謎の逢びき』で父七世幸四郎も舞台で演じた大岡越前守役を初めて演じ、九月公開の『大東京誕生　大江戸の鐘（風雲篇・開花篇）』では維新に散った悲劇の人小栗上野介役、同じく九月公開の『花の幡随院』では舞台でも何度演じてきた幡随院長兵衛役、さらに本来だとその後に一二月公開の黒澤明監督作品『隠し砦の三悪人』での田所兵衛という素晴らしい役で三度目の東宝映画に

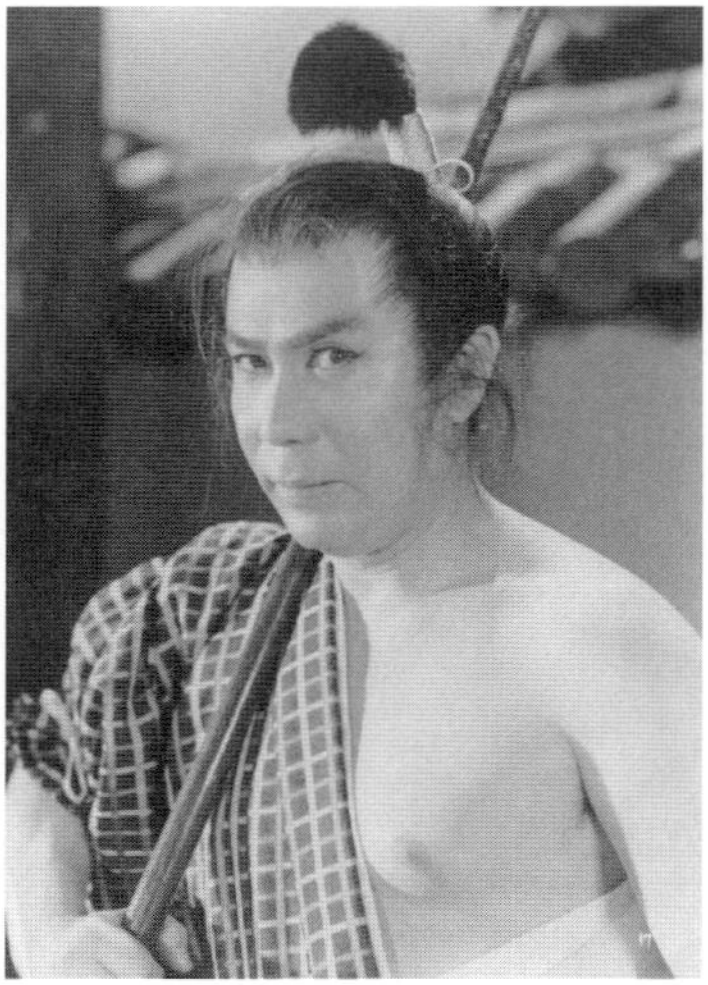

[図3-2]『太閤記』で
織田信長に扮した幸四郎

出演している筈であった。その件についてては第六節にて詳述する。

翌昭和三四年（一九五九）は映画への出演は無いが、昭和三五年（一九六〇）には再び夏の撮影で、九月公開の『敵は本能寺にあり』で舞台での持ち役明智光秀を演じ、一〇月公開の木下恵介監督作品『笛吹川』は二人の息子、即ち六世市川染五郎（昭和二四年九月に幸四郎と同時に襲名）と初世中村萬之助の二人がメインの作品故に、十七世中村勘三郎演じる武田信玄と共に上杉謙信役でゲスト出演している。更に一二月公開の『天下御免』は父七世幸四郎が生前最後の舞台で演じた「天一坊事件」の映画化作品で、映画では二度目の大岡越前守役を演じている。

ここまでで、八年間で出演した映画作品は実に十七本（後述する『隠し砦の三悪人』を含む）にも及ぶ。更に、年に平均して九ヵ月か十ヵ月は歌舞伎の舞台に立ち、次節で扱う様な新たな舞台の仕事においても精力的に新たなチャレンジをし続けていたのだから、正に驚異的な仕事量だと言えるだろう。勿論、現役バリバリの歌舞伎役者でこんなにも頻繁に映画に出演した者は過去に、あるいはその先にもいなかったのである。〝映画スター〟としての幸四郎のポジションというところに話を戻すと、前述の映画評論家、草壁久四郎の俳優論の中で、同じく映画評論家の南部圭之助の意見として紹介しているものが当時の映画界か

ら見た幸四郎という存在を理解する手掛かりを与えてくれる。少し長いが引用する。(16)

「これまでの映畫における役からみても幸四郎はヒーロー役者であるということがいえよう。井伊大老、大石内藏助、荒木又右衛門いずれも日本映畫でおなじみの英雄だが、これを本當に演じられる俳優が日本映畫にはいない。千恵藏、右太衛門、大河内傳次郎と時代劇のビッグスターは多いが、本當な意味での〝ヒーロー役者〟としては、なにか小さいという感じである。なにか重量感が足りないのだ。

[図3-3]『敵は本能寺にあり』では当たり役の明智光秀を演じる。右は信長役の田村高廣、左は森蘭丸役の次男中村萬之助(二世中村吉右衛門)

いまの世界の映畫界の傾向を見ると〝ヘビイ・ウェイト〟の時代といえる。ローレンス・オリヴィエにしろジャン・ギャバンにしろいずれもヘビイ・ウェイト級のスターである。どつしりした重量感、それがあの壓倒的な演技としてわれわれを感動させるわけだが、こうした重量感のあるスターというものが日本映畫にはいないのである。ところがこの幸四郎には、こうしたヘビイ・ウェイト級的な重量感がある。これはたしかに日本映畫にとつて大きなプラスだしじつに貴重な存在ともなるわけだ。

(16) 草壁久四郎「オムニバス俳優論(10)松本幸四郎」一一四頁

[図3-4]『笛吹川』では上杉謙信役で染五郎、萬之助を盛り立てた（左は武田信玄役の勘三郎）

戦後菊五郎劇團をはじめ、歌舞伎俳優の映畫出演が目立つて多くなつてはいるが、あまり成功したのはすくないようだ。おなじ高麗屋の兄弟でも海老藏はまずそのマスクからみても失格、松緑はとにかくやれるが、いかにも歌舞伎俳優の特別出演といつた感じである。幸四郎はその舞臺にもクセが少ない人だがこれが映畫の場合にも有利になつてくる。もちろんそのセリフや演技は、舞臺的ではあるがその中から引き出せる映畫的なものが多分にある。むかしの松之助も歌舞伎俳優の出だが、この松之助的な役割を、さらに新しい意味で果す人がこの幸四郎だと思う。「オセロー」や「リチャード三世」といつた外國映畫をみても、日本の歌舞伎を映畫にとり入れることが考えられてもいいし、その場合にもこの幸四郎という俳優のもつ役割は大きいし、その存在はいよいよ貴重になるわけだ」

個々の作品の詳細や筆者の評価については第二部「高麗屋三兄弟出演全映画・テレビドラマ主要作品総覧」に詳述しているのでここでは触れないが、主演の作品の場合、井伊直弼、大石内藏助、大岡忠相、明智光秀、幡随院長兵衛といった歌舞伎でも演じている人物が四分の三を占めている。それ以外の役は近藤勇、織田信長、小栗上野介だが、これも比較的知名度の低い小栗上野介以外は所謂英雄の役どころだし、ゲスト出演的な役柄というのも松平定信、立花左近、柳生兵庫介、上杉謙信であり、つまりは英雄役者がゲストとして演じるのに相応しい格式の、英雄役または主演俳優向けの役ばかりということになる。南部圭之助が言うように、長年の歌舞伎の舞台で獲得した圧倒的な存在感、そして重厚さというものが、派手な立ち回りとかではなく、ただそこに居るだけで醸し出される風格というような形で映画のフレームの中にぴたりとはまる感じとして映画界全体に広く認知され、余人を以て代えがたい英雄役者として引っ張りだことなっていたと推察できる。松竹の所属であるにも拘らず東宝からもオファーがあったのもそれ故であろうし、現役の歌舞伎役者であるという属性とは関係なく、ワン・アンド・オンリーの〝映画スター〟というポジションを着実に築いていったのである。

## 三―三　文学座での『明智光秀』への主演、『嬢景清八嶋日記』での文楽との史上初めての共演、そして『オセロー』への挑戦

幸四郎が映画の領域に進出したのは「いろいろと経験をして見たいという気持ち」からであったが、これは言葉を変えれば「チャレンジ精神」であり、父七世幸四郎がそうだったように、自分の可能性を広げるためにも常に何か新しい事にチャレンジするという高麗屋の「進取の気性」のなせる技であった。映画に出て見て、初めこそラッシュを見て「いやになってしまいました」と語っていたものの、気が付いて見れば引っ張りだこの人

気〝映画スター〟の座に収まっていた訳だから、その経験から得た自信や、未知なものへ取り組んでいく上での心構え、それを手なずけて我がものとしていくノウハウといったものは、当然ながら本業である舞台の仕事においてもプラスに作用したに違いないし、むしろ歌舞伎役者として一回り大きくなるためにこそ新しい事どもにチャレンジしたのだ、と言った方が正確なのかもしれない。映画の仕事によって本業の芝居の方にもプラスの効果が現われるようになったという見立ては、『花の幡随院』のプレスシートに寄せられた劇評家・演出家の安藤鶴夫の「映画の幸四郎」というエッセイに於いても述べられている。(17)

「特別、なにも芸術映画とかない《ママ》とかいう作品でなしに、所謂娯楽映画の中に出ていて、幸四郎は実にちゃんとした仕事をしている。たまに芸術映画に出て、どうだこうだといわれるのではなく、いつものような娯楽映画に出ていて、その中で幸四郎は全然妥協しない仕事ぶりで、松本幸四郎の存在を見事に示している。さも出来るようでいて、なか〳〵出来ないことである。

それどころか、実は映画へ出てからの幸四郎は、逆に芸の上でもいろ〳〵の変化をみせはじめた。これは当然なことで、映画という全く歌舞伎とは別の世界を知ったのだから、幸四郎の人間開眼にも新しい世界がひらけたことになる。またそうでなくてはおかしい。幸四郎がようやく意欲的になり、幸四郎の芸が動いてきたのは、ぼくはこの映画出演が一つのきっかけだと思っている。

　映画の場を、たゞ舞台よりも余計金がとれるなどということで考えていては、こういうことにはならない。映画の世界から、やっぱりそれだけの栄養を摂取した幸四郎のえ

(17) 安藤鶴夫「映画の幸四郎」(松竹発行『花の幡随院』プレスシート)四頁

らさだと思う」

映画の仕事で掴んだ自信を元に、幸四郎が舞台の仕事で取り組んだ最初の「新しいチャレンジ」の一つが、新劇の文学座に乗り込んでいっての『明智光秀』への主演だった。このコラボレーションが成立した経緯は、文学座が発行した同作品のパンフレットに寄せられた、作者福田恆存と、雑誌『文學界』編集者上林吾郎のそれぞれのエッセイに拠れば凡そ次のような事である。福田の書いた『ハムレット』を東横ホールで見た上林が、もっと大きな劇場で福田作品が上演されるのを見てみたいと当人に告げたところ、福田は実は明智光秀の話を『マクベス』で書いて見たい、そして出来ればそれを歌舞伎座の大舞台で上演し、幸四郎に光秀を演じてもらいたい、という夢を持っていた。それを幸四郎に話すと大いに乗り気になり、幸四郎から上林を通じて正式に福田に対して歌舞伎脚本執筆の依頼がなされた。それが昭和三〇年（一九五五）のことである。福田が実際に執筆したのは翌年末から翌々年一月にかけてで、出来上がった脚本が吉右衛門劇団に送られて上演が検討されたが、様々な理由で吉右衛門劇団による歌舞伎座での上演は出来ない、ということになった[18]。……その歌舞伎座で没になった脚本が文学座で取り上げられた背景までは福田と上林のエッセイでは触れられていないが、文学座で上演されるのであれば文学座へ行って演じさせてもらいたいと申し入れたのは幸四郎自身だったようである。佐貫百合人のインタビューに対して幸四郎自身は次のように語っている[19]。

「いや、恥をさらすようだが、人間四十をすぎるとあせってくるもんだ（笑）。なんと

(18) 福田恆存のエッセイ（文学座発行『明智光秀』公演パンフレット）六〜七頁。及び上林吾郎「『明智光秀』について」（同パンフレット）八〜九頁
(19) 佐貫百合人「訊きたい人・訊きたい事 その八 松本幸四郎氏に訊く」（『新劇』一九五七年一〇月号）八七頁

かしてここらでふんぎらねばならぬと思いながらも、なかなかつかないんだね。自分に対しても、それを期待してくれる人たちに対しても……。そうしたとき、僕がカブキで上演するためにお願いした福田さんの作品が、ちよつとした事情で上演の見透しがつかなかつたため、文学座で上演される話がもちあがつた。こうなると、責任においても、モヤモヤしていた仕事への気持のハケ場を求めることにおいても、ふんぎるチャンスはこの時をおいてないと思つて、福田さんにお願いしたんですよ。

反対する声も多かつたでしようね。光秀の初日の前だつたかな、松竹のある人が『明智光秀』が面白いという奴がいたら俺は芝居から手を引くよと力んでいたのをみかけたくらいですから……（笑）。

決心するまではね。輿論におもんねるのではないが、まあ、松本幸四郎という微弱でもカブキではある地位をもつわけだよね、これがみずしらずのところへでていくのだからそこにいろいろな制約もでてくるんだ。もちろん激励してくれる人も多い。味方千人とすれば敵も千人あるんですよ。僕としてはこの敵になる千人の人にはいきおい背水の陣のようなものをしかねばならない」

こうして、染五郎、萬之助の二人の息子、二世中村又五郎、二世中村吉十郎ら、自らの一門十一名を引き連れて文学座へ乗り込んだ幸四郎は、先ず三十日間みっちり稽古して芝居を作って行く新劇のスタイルに充実感を覚えたという。何故なら、歌舞伎の場合は三日とか五日とかの稽古で直ぐに初日を迎えるシステムであり、何度も演じている役であればセリフも頭に入っているが、初役などであれば二十五日間とかの上演期間の中で徐々に作り上げるのが定法なので、初日から暫くの間はトチリも多く、また楽日近くだともう翌月の役のことに半分は意識が行っているので、中盤くらいの日程で見るのが一番充実した演技が見られる、とされていたりするからだ。幸四郎の兄、九世市川海老藏（十一世市川團十郎）などは完ぺきに役を頭に入れてからでないと舞台に立てない性質で、そのため役に疑問を持ったり、初日に不本意な事が起きたりすると出演拒否の騒動を起こしたりしていた訳である。

シェイクスピアの『マクベス』に基づいたこの『明智光秀』は、作者福田恆存自身の演出の下、渋谷の東横ホールで昭和三二年（一九五七）八月二日から二八日まで上演され、圧倒的な好評のうちに賞賛され、幸四郎の新たなチャレンジは映画での仕事同様に実を結んだ。……文学座の若い俳優たちにとっては幸四郎は正しく「異境からの来演者」であり、シニカルな目で観察し、暫くの間「幸四郎ごっこ」という遊びをして楽しんだのだという。曰く、「誰か一人が幸四郎になる。すると、他の連中が後から団扇であおいだり、煙草をくわえるとマッチで火をつけたり、トイレに行くと手拭きを以て追駆けたり、「お茶」というと湯呑を差し出したり……。しばらくやって飽きて来ると、幸四郎役は交代する。今度は後であおいていたのが幸四郎になって、他のものがかしずく……そういう遊びである[20]」これは勿論、前近代的な歌舞伎の世界を揶揄して笑うというメンタリティから生まれた遊びという訳だが、それでもそうした若者たちと一緒になって毎日稽古に汗を流し、「いつとはなく親しく口をききだし、普通のお付合い[21]」をするようになった幸四郎に対して、それまでの歌舞伎役者に対するイメージとは異なる感覚を持ったであろうし、両者共に新しい刺激を受けるという事こそ、幸四郎の目指していた目的そのものであった筈

(20) 千谷道雄『幸四郎三国志―菊田一夫との四〇〇〇日―』（文藝春秋、一九八一年）八二頁
(21) 佐貫百合人「訊きたい人・訊きたい事（その八）松本幸四郎氏に訊く」八七頁

である。実際、杉村春子に拠れば「幸四郎ごっこ」は単に若手劇団員たちだけでなく、終いには加藤武や北村和夫のような文学座の重鎮たちまでもが、しかも幸四郎本人の目の前でやったりもしたのだという。(22)『明智光秀』はその後も昭和三八年（一九六三）一一月に明治座、一二月に大阪の新歌舞伎座、昭和四四年（一九六九）三月に帝国劇場で再演され、幸四郎のお家芸の一つとなった。

幸四郎にとっての第二の「新しいチャレンジ」だったのは、ありそうでいて一度もなかった、文楽との史上初めての共演である。演目は『嬢景清八嶋日記』の「花菱屋」と「日向嶋」で、当時の文楽の中心的ポジションにいた人間国宝八世竹本綱大夫、十世竹沢彌七（一九七二年に人間国宝）の二人との共演である。正式な公演名は『歌舞伎と文楽の提携による 嬢景清八嶋日記 花菱屋・日向嶋 試演会』というものであった。共に日本を代表する伝統芸能である歌舞伎と文楽だが、その共演というものがどれだけ画期的な事だったのか、よほどそれら伝統芸能の歴史に詳しい者でなければなかなかピンと来ない。その辺りについて、劇評家にして本公演の演出を幸四郎、綱大夫、桐竹紋十郎と共に務めた安藤鶴夫の言葉で示すならば、「幸四郎は代々の景清役者が最も望んで、遂に二百余年の間タブーとされて実現することの出来なかった人形浄瑠璃の太夫・三味線を歌舞伎の舞台に連れてきて、歌舞伎の役者がセリフをいう芝居の義太夫を、綱大夫・弥七に語らせるというかつてなかったことをはじめてやったのである」ということになる。文楽の世界では、歌舞伎の舞台で役者の背景で竹本を担当する太夫三味線はワンランク下という意識があったため、歌舞伎との共演は認めないという不文律があったのだという。(23)幸四郎はこの企画を『明智光秀』をやっている頃から考え始め、「やるべきか、やっちゃいけないことか、

(22) 杉村春子「近しい方」（『演劇界』一九八二年三月号「追悼松本白鸚」）八〇頁
(23) 安藤鶴夫「〝日向島〟あとがき―幸四郎の試演会から―」（『キネマ旬報』一九五九年六月上旬号、第二三四号）一一一頁

考えた挙句、二年間経って、どうしてもやる、というところへ来た」と語っているが[24]、興行も新橋演舞場を借りての自主興行だし、公演パンフレットも奥付を見ると「編集発行有限会社松本」とあるから、これもおそらくは自費出版であろう。一歌舞伎俳優にとっては大きな賭けである。

『嬢景清八嶋日記』はそもそも人形浄瑠璃の義太夫節として明和元年（一七六四）に大坂の豊竹座で初演されたもので、後に歌舞伎化されたという点で『假名手本忠臣藏』と同様の歴史を持つが、両眼を失って日向島へ流された悪七兵衛景清という主人公を示すのに、人形だとちりめん張りというこの役だけの特殊なかしら、餓鬼胴という胴体を用いて、「景清の赤目」という人形の瞼が開くと真っ赤な布が穴ぼこ状になっている。これを歌舞伎で上演する際には役者はその赤目が表現出来ずに結局目を瞑ったままで演じられていたのだという[25]。幸四郎の景清は赤目のコンタクトレンズを使用する事で人形と同様の赤目の効果を表現すると共に、義太夫の節の中の景清の言葉の部分のみをセリフとして幸四郎が喋り、義太夫との絶妙なコンビネーションで見事に文楽の世界と歌舞伎の生身の役者の演技の世界とを融合させた。『嬢景清八嶋日記』は新橋演舞場で昭和三四年（一九五九）四月二七日、二八日の昼夜計四回限りの公演だったが、評判は頗る良く、劇評家の戸板康二は次のように評価している[26]。

「綱大夫が敢然とふみきって、この公演を助けた勇気は、まさしく実を結んだ。正しい浄るりの足どりに合致させ、人形の型（紋十郎による）を体した上で、幸四郎の景清が、たった一人、孤独の英雄を演じる。この本行の義太夫と歌舞伎俳優の演技との、本

(24) 座談会「日向嶋について」（出席者　安藤鶴夫、吉田光三郎、篠原はる、松本幸四郎）（有限会社松本発行『嬢景清八嶋日記』公演パンフレット）一七頁
(25) 同右、一一一頁
(26) 戸板康二「語り草となるべき舞台」（『キネマ旬報』一九五九年六月上旬号、第二三四号）一一二～一一三頁

邦初演の組み合わせによって、舞台にあらわされた二十数分というものは、息のつまるような時間であった。（中略）「日向島」はいろいろな意味で、近頃の収穫である。永く語りぐさとなるべき舞台と呼ぶに、ぼくは少しのためらいも持たない」

幸四郎の二度目の「新しいチャレンジ」だったこの実験的公演は、その年に創設された毎日芸術賞と第五回テアトロン賞を幸四郎にもたらした。またしても、幸四郎は賭けに勝ったのだ。そしてその翌年、幸四郎にとっての更なる第三の「新しいチャレンジ」と言える公演が行なわれた。父七世幸四郎がかつて演じたシェイクスピアの『オセロー』への挑戦である。一言で言えば、この『オセロー』の公演は『明智光秀』で確立した幸四郎と福田恆存とのコラボレーションの第二弾、ということになるが、今回は二人の間を取り持ってこの公演を成立させたのは女性プロデューサー吉田史子であり、本公演は日本の演劇史上初めてのプロデューサーシステムによる公演として記録されている。吉田は、元々は吉本興業ラジオ部、ニッポン放送文芸部に勤務していたが、独立して演劇の仕事に携わるようになった。その吉田が産経会館から昭和三五年（一九六〇）夏の芝居の企画を依頼され、前年一一月に福田の許を訪ねて相談したところ幸四郎が『オセロー』をやりたがっていると聞き及び、早速幸四郎を訪ねて計画を相談し、同時に出演依頼した。イアゴー役には森雅之を得て一月には記者会見を行ない、それ以外の配役も東宝の新珠三千代を始めとして、文学座、俳優座、劇団四季などから協力を得て吉田主導でキャスティングしていった。因みに新珠が演じたデスデモーナ役は当初は幸四郎夫人であり故初世中村吉右衛門の娘でもある正子が演じるという案が検討されたが、これは残念ながら実現しなかった。[27]公演主体は吉田、幸四郎、森雅之、訳者兼演出の福田の四名からなる委員会である。劇評家の尾崎宏次は前年の『嬢景清八嶋日記』での毎日芸術賞授与式の日に幸四郎に会ったというが、「乾杯をして笑顔でいた幸四郎がちょっと「オセロー」の話になったら、急に目のすわった顔になった。その変わり方があまりに激しいので私はそのとき、ちょっと戸迷ったくらいであった。（中略）たぶん幸四郎という人は、なにかを腹のなかに隠しておくなどということのできない人なのであろう」と記している。[28]その頃から真剣に『オセロー』の公演を考えていたという事であろう。

実は丁度『オセロー』の話が浮上した昭和三四年（一九五九）末頃、翌年に行われる初の歌舞伎アメリカ公演に参加する役者たちの人選に関してちょっとした軋轢があった。結果的には六世中村歌右衛門、十七世中村勘三郎、そして弟の二世尾上松緑らが中心となって行なうことになった公演に幸四郎は参加しない事になった。週刊誌の報道などでは『オセロー』があるからという理由で幸四郎が再三の要請を断ったと報じているものもあるが、[29]端的に言うと松竹は当初座長として有力視されていた幸四郎を選ばなかったという事である。ところが、このアメリカ公演の斡旋をしていたのが占領期の梨園の大恩人にして初世吉右衛門の大ファン、そして幸四郎とも親交の深かったフォービアン・バワーズだったことから、バワーズは幸四郎座長案を堅持して譲らず大揉めになるという一幕もあったという。幸四郎にしてみれば、実力から云っても実績から云っても自分こそが座長に相応しいとの思いがあったであろうことは想像に難くないし、選ばなかった松竹に対する不信感も生じたであろう。アメリカ公演の一行が日本を出発したのは五月の歌舞伎座の楽日の夜、とあって、日本に残る事に決まった幸四郎は正にアメリカ公演が行なわれている真っ

(27)「ファニー・フェイスto フェイス　松竹を飛び出した松本幸四郎（きき手　芳村真理）」（『婦人公論』一九六一年四月号）二四九頁
(28) 尾崎宏次「四優素描」（『オセロー』公演パンフレット）二五頁
(29)「現代の顔　オセロー混成チーム」（『週刊新潮』一九六〇年六月二〇日号）六頁

只中の六月に『オセロー』の公演を行なうことになったという訳である。

亡父七世幸四郎が神戸聚楽館で『オセロオ』を初演したのが大正六年（一九一七）三月、更に歌舞伎座で上演したのは八年後の大正一四年（一九二五）九月だったが、同じ歌舞伎役者として父の挑戦するDNAを受け継いだ幸四郎にとって、四十年ほど前に今の自分と同年代だった父が挑戦した『オセロー』に自らも取り組むという事は、亡父への供養であると同時に自らを鼓舞して役者として次の段階へ進んでいく一歩と位置付けられていた事は間違いないであろう。八世松本幸四郎の『オセロー』は大手町産経ホールで昭和三五年（一九六〇）六月一日から一九日まで、その後二一日、二二日と大阪サンケイ会館、二三日に神戸国際会館、二四日に京都会館第二ホールで巡回上演され、幸四郎にとって新たな代表作となったのである。これら三つの「新しいチャレンジ」に関して、幸四郎自身は松竹の女優芳村真理のインタビューに応えて次のように総括している。[30]

「福田恆存さんが書いた「明智」の目的は、歌舞伎でいえば通し狂言ですね。事件があって経過があって結果が出るわけ。ところが、今の歌舞伎というのは、事件のところだとか、結果だけしかやらない。それじゃまずい。それでここではテンポの問題を研究してみた。

それから、シェークスピア劇はセリフ劇だ。歌舞伎もセリフ劇だが、そいつが今おろそかになっている。「日向島」の場合は、歌舞伎の根本は義太夫にあるんですが、それを研究したかったのであれをやった。いろいろ得ることがありました。「オセロ」はプロデューサーというものを立ててやったら、どういう結果になるかと云う経験になった

(30)「ファニー・フェイスｔｏフェイス　松竹を飛び出した松本幸四郎（きき手　芳村真理）」二四九頁

わけです」

だが、その次に幸四郎が行なった「新しいチャレンジ」は、一幸四郎の探究心、問題意識という部分を越えて大騒動を巻き起こす事となったのである。

## 三―四　歌舞伎界に激震を走らせた東宝への移籍

幸四郎が『オセロー』で成功を掴み、同じ頃松竹は歌舞伎のアメリカ公演で、アメリカ人観客に理解し易いように演目の色々な部分をカットしたりしていたという事実は、旧態依然とした興行システムで歌舞伎を浮世絵と同じ様な床の間の飾り物に留めてしまっている（そしてこの度はそれをアメリカの好事家に売り込む訳だが）松竹と、新しい演劇の在り方や歌舞伎役者の新しい生き方を模索して果敢に「新しいチャレンジ」をし続けている幸四郎との方向性の違いと云うものが次第に顕在化してきた表れでもあった。

歌舞伎界のみならず演劇界全般、もっと言えば一般の日本のジャーナリズムまでもが騒然となった、幸四郎による一門を引き連れての東宝への電撃移籍の事の顛末は次のような次第であった。先ず、昭和三六年（一九六一）二月、歌舞伎座で七世幸四郎十三回忌追善の興行が行なわれ、久し振りに九世市川海老藏、八世松本幸四郎、二世尾上松緑の高麗屋三兄弟が揃って父親所縁の演目を勤めていた。その七日目に当たる二月七日に東宝が記者会見を開き、幸四郎と菊田一夫に伴われた二人の息子、七世市川染五郎と初世中村萬之助の東宝との専属契約締結が発表された。実際には既に一月一日付で契約は済ませており、七世幸四郎十三回忌追善興行が無事始まって落ち着いてから発表する事にしていたとも言われるが、二月五日発売の『週刊公論』でのインタビューで菊田一夫が事前リークをしていたので、このタイミングでの公表が意図的だったのか偶然そうなったのかは定かではない。専属契約といっても、まだ若い二人に関する限りにおいては、修行のためいったんは他所の飯を食わせる、という考え方もあるし、現に昭和一〇年（一九三五）に旗揚げした第一次東宝劇団に六世坂東簑助（八世坂東三津五郎）、四世中村もしほ（十七世中村勘三郎）、そして九世市川高麗藏（九世市川海老藏、十一代市川團十郎）らが移籍し、四年後に揃って松竹に復帰したという前例もあった。だが、東宝への移籍は息子たち二人の話だけでは終らなかった。

幸四郎自身が、八世市川中車、二世中村芝鶴、二世中村又五郎、十世市川高麗藏、二世中村吉十郎など一門の歌舞伎役者二十五名（後から加わった者を入れると三十六名を数えた）を引き連れて東宝入りし専属契約を結んだお披露目の記者会見が新橋第一ホテルで行なわれたのは二月一七日、まだ七世幸四郎十三回忌追善興行が行なわれている最中だった。この記者会見で、幸四郎は「追善公演中にこんどのことが発表されてしまい、申しわけない。大谷会長ともお話しして、三月に発表のつもりでした」と語っているが[31]、この会見が急遽開かれたのは、幸四郎が連日菊田一夫や東宝の人間と会っている動向を密かに取材した読売新聞が一四日付の社会面トップで「大ゆれのカブキ大国松竹　幸四郎、東宝入り」とスクープしてしまったからである[32]。三月に発表予定と言っていた通り、実際の東宝劇団入りは四月からとなっていた。

発表時期が追善興行の最中だったというのはタイミングとして如何にも間が悪く、松竹

(31)「揺れる松竹王国と嵐の中のスターたち」（『週刊平凡』一九六一年三月一日号）七〇頁

(32) 千谷道雄『幸四郎三国志―菊田一夫との四〇〇〇日―』二三～二四頁

にしてみれば面子を潰された形だが、大事なのはむしろ移籍という決断を幸四郎が下し、あるいは東宝が一門丸ごと幸四郎を引き受ける決断を下した経緯である。幸四郎自身の根底にある考え方として、このままではいけない、という危機感が次第に強まってきていた事は既に述べた。後は東宝との、より具体的には東宝の演劇担当重役だった劇作家菊田一夫との間でどう移籍の話が具体化したのか、である。吉右衛門劇団の制作担当としてずっと幸四郎の近くにいた千谷道雄は、『幸四郎三国志』の中で次の様に整理している。(33)

「五十を過ぎて、もう残り少なくなった作家生命の最後の夢を、壮大な時代劇ロマンに懸けようとしていた菊田一夫が、歌舞伎の外でも福田恆存の「明智光秀」や「オセロ」で着実に新境地を切り拓いて行きつつあった幸四郎にめぐり会って、まるで子供のように前後の見境いもなく、立場や手にしている権力のすべてを賭けて、千金を惜しまずに突っ走って行ったのだ。そう見るべきではないのかと、私は思う。

幸四郎も、五十を過ぎて人生の岐路に立っていた。それは丁度、歌舞伎の岐路でもあった。

――このままではいけない。このまま行けば、おれは早晩博物館のガラス・ケースに、埃もたからず屁もひらずに納められてしまうのだ。

何事もなければ、月毎の狂言がきまり、些細なことで役揉めが起り、看板の後や先、柝頭一つでお互いに鎬を削る毎日が過ぎて行く。そうしている間に老化が進み、やがては自分の意思では何一つ思うままにならない寝たきり老人の日がやって来る。(中略)

――やるなら今だ。今よりない。

(33) 同右、三三一~三四頁

そう考えている眼前に、菊田一夫が向うから近づいて来た。

倅のことで立続けに何度か会ううちに、この二人の五十男は生涯最後の大冒険旅行へのそれぞれの夢をからみ合わせて行った」

この見立ては、かなり実相に近いのだろうと思える。だが、世間には歌舞伎＝松竹というイメージがあったから、幸四郎は歌舞伎を捨てたのだと誤解されたり、酷いのになると「子どもを東宝に売って、お前は守銭奴じゃないか」というような手紙が幸四郎の許に届いたりしたともいう。(34) だが、幸四郎の考え方の根本には、記者会見で述べた「私は長いこと松竹で歌舞伎をやってきましたが、いつも歌舞伎の生きかたを考えていました。ですが歌舞伎の衰退を考えると、とてもさびしく、また歌舞伎は松竹のものでもなく、東宝ものでもない、われわれのものだと思っておりますし、これはどうにかしなくてはと考え、これまでの温室から出てみたらと思ったようなわけです」という思いがあったのである。(35)

もう一点、幸四郎が菊田一夫の誘いに心を動かした大きな要因があった筈だ。それは、東宝が演劇を上演し得る東京宝塚劇場、芸術座に加えて、現在は映画の上映でお茶を濁している帝国劇場を近く改装して、再び歌舞伎を上演出来る劇場として整備する予定であると告げられた事だ。云うまでもないが、幸四郎の亡父七世幸四郎はそのキャリアの最盛期である明治四四年（一九一一）から昭和五年（一九三〇）にかけて、関東大震災に拠る上演不能時期を除いてずっと帝劇を本拠地としてきた俳優であり、高麗屋三兄弟もまた全員が帝劇で初舞台を踏んでいたのである。八世市川高麗藏時代の父は明治座への出演を理由に歌舞伎座幹部技芸員の座をはく奪されてしまい、新たに開場した帝国劇場の新しい興行

(34)「小島正雄 おしゃべりジャーナル 新しい花道 ゲスト松本幸四郎」（『週刊平凡』一九六一年三月八日号）四二頁

(35)「揺れる松竹王国と嵐の中のスターたち」七〇頁

形態に賛同して専属契約を結んだのだったが、今また自身も歌舞伎座を中心とする松竹の旧態依然とした興行形態に疑問を感じ、東宝傘下となっていた帝劇がリニューアルされた後にはそこで再び自分が理想とする歌舞伎の公演の形を作って行きたい、と幸四郎が考えたであろうことは疑う余地はない。この点については、弟二世尾上松緑も同じ見方をしている。[36]曰く「兄には少年期のノスタルジーがあったのではないでしょうか。父や梅幸のおじさん（先代）がいたころの帝劇の」——

こうして、あたかも幸四郎自身が文学座と一緒に演じた明智光秀が天下人織田信長の下で最も有能な家臣と目されて居ながら謀反を起こし、一転して天下の逆賊の汚名を着たのと同じ様に、幸四郎は永年禄を食んだ松竹にとっては青天の霹靂となる形で松竹にとっての最大のライバル会社である東宝の専属となったのである。

## 三—五　東宝での苦労と移籍の収支

だが、実際に東宝に来てみると、そんなセンチメンタルな思いとは裏腹に厳しい現実が待ち受けていた。東京宝塚劇場は戦後GHQに接収されてアーニー・パイル劇場となっていたものが昭和三〇年（一九五五）に接収解除となっていたが、そもそも宝塚歌劇が公演を行なうための劇場だったからそれだけで年に半分は塞がってしまい、残りの月についても既に長谷川一夫らの東宝歌舞伎（幸四郎らの東宝劇団とは別である）が使っていた。新たに加わった幸四郎らの一派はこの東宝歌舞伎とは別の形を想定していたから、東京宝塚劇場は使えたとしても年に一、二回程度。また日比谷の芸術座はキャパが少ないという難点

(36) 尾上松緑「追善の一休さん」（『演劇界』一九八二年三月号「追悼 松本白鸚」）七四頁

があった。主として松竹の公演を行なっていた明治座と名古屋の御園座とも提携されるという話ではあったが、御園座はそんな矢先の昭和三六年（一九六一）六月に火災で焼失してしまった。幸四郎と行動を共にした二世中村又五郎は、十七世中村勘三郎から引き留められた際に「和食食い飽きたから、しばらく洋食食ってくるよ」と笑って言ったとの逸話があるが、[37]何の事はない、洋食を食べるにも肝心のレストランが満足に用意されていないというのが現実だったのである。

幸四郎一派による東宝劇団としての公演は、東京宝塚劇場にて昭和三六年（一九六一）六月、菊田一夫書き下ろしの『野薔薇の城砦』で始まった。アイヌの人たちを主人公としたこの新作では、越路吹雪、浜木綿子、フランキー堺、榎本健一（エノケン）という東宝らしいゲストが特別参加したが、劇評は良いとは云えなかった。次の第二回公演は九月に芸術座で上演された福田恆存作、菊田一夫演出の『有馬皇子』で、共演は幸四郎とは映画で共演していた山田五十鈴、草笛光子の二人に、小泉博、加藤和夫、久慈あさみと云った顔ぶれだった。一二月の第三回公演で初めて古典歌舞伎として『一谷嫩軍記』、真山青果の『玄朴と長英』、そして『根元助六』を出したが、会場は産経ホール、立女形役は東宝劇団にはいなかったため、別途個別に東宝の専属俳優となっていた二世中村扇雀（三世中村鴈治郎、四世坂田藤十郎）に参加してもらっている。

翌昭三七年（一九六二）一月は再び菊田一夫の書き下ろしで『怪盗鼠小僧』を新珠三千代、三益愛子、浜木綿子、そして子役の中山千夏らとの共演で芸術座で演じている。四月は兄治雄の十一世市川團十郎襲名披露興行のため幸四郎は歌舞伎座へ戻って口上と『勧進帳』では富樫を演じたが、松竹では一部の株主の間で〝裏切り者〟の幸四郎を出演させ

(37) 千谷道雄『幸四郎三国志―菊田一夫との四〇〇〇日―』三五～三六頁

ることに強硬な反対意見もあったと言われており、幸四郎自身も「さあ、いよいよ敵地へ乗り込むか」などと身構えていたという。[38]六月には再び東京宝塚劇場にて『義経千本桜』、三木のり平をゲストに迎えた『仏陀と孫悟空』（幸四郎は出ていない）、山田五十鈴をたかまた女役に迎えての『花の生涯』という東宝劇団としては初めてと言える程の豪華な演目で注目され、また九月には明治座との提携により昼の部で山田五十鈴の皇后と一緒に『明治大帝』で明治天皇に扮した他、夜の部では北条秀司作・演出の『波の鼓』、中野実作・演出の『偽金作り』、そして『籠釣瓶花街酔醒』の三幕いずれにも幸四郎は出演している。

東宝へ移籍した昭和三六年（一九六一）四月からここまでの十八ヵ月間で、幸四郎が東宝劇団として（兄の團十郎襲名披露興行のため松竹の歌舞伎座へ出戻った時は勘定に入れない）舞台に立ったのは六ヵ月に過ぎない。三ヵ月に一回の割合という事になり、年額千八百万円だったという東宝のギャラを月数で割ると四百万円を越えてしまう。だが東宝にはそれまでの最高のギャラは長谷川一夫の月二百二十万円弱で表向きには幸四郎は長谷川一夫と同額という事にしていたため、差額分は東宝が負担する取り決めになっていたという。但し月二百二十万円弱のギャラというのはキャパの大きい東京宝塚劇場を基準にした金額であり、席数の少ない芸術座ではとてもではないが一俳優にそんなに払っては興行が成り立たない。東宝が幸四郎に支払う差額分と云うのもそれだけ大きくなる仕組みだったので、幸四郎らの東宝劇団が芸術座へ出演するのは結局『有馬皇子』と『怪盗鼠小僧』のみで打ち切られている。[39]その代わりに、高額な年間のギャラに見合う働きをしてもらう必要もあって、東宝は幸四郎を映画にも毎年のように出演させることになったのだが、東宝時代の映画については次節にて詳述する。

(38) 同右、九〇頁
(39) 同右、八九頁

昭和三七年（一九六二）一〇月は、東宝創立三十周年記念の「東宝演劇まつり」として、いつもの東宝劇団としてではなく、東京宝塚劇場にて東宝歌舞伎に出演した。つまり、長谷川一夫との共演である。演目は菊田一夫作・演出の『霧に消えた男』、舞踊『春夏秋冬』、そして北条秀司作・演出の『西陣息子』である。長谷川一夫とて、元は二世林又一郎の一座出身の歌舞伎由来の俳優だが、映画で一世を風靡した〝流し目〟で熱烈なファンを獲得した人であり、共に歌舞伎と映画の領域で活躍した俳優同士としてもその方向性はかなり異なっており、ある意味では文学座や文楽との共演にも等しい異色の顔合わせだった。この時は長谷川一夫が座長として君臨する一座に客演として迎えられた形だったので丁重に扱われたのだったが、その後もう一度、昭和三八年（一九六三）一〇月に再び東宝歌舞伎への出演を乞われ、川口松太郎作・演出の『明治の兄弟』と前回と同じ舞踊『春夏秋冬』に出演した。他に美空ひばりが出演していたこともあり、興行的には大変な好成績だったという。その舞台で、あるいは舞台裏で具体的に何が起こったのかは定かではないものの、千谷道雄に拠れば、その千秋楽の日、幸四郎は翌月の明治座の舞台の台本読み合わせに現われた際、怒りに顔をこわばらせ、台本の台詞以外には一言も口をきかなかったという。[40]長谷川一夫との共演はその後も後述の帝劇オープニング・フェスティバルと昭和四五年（一九七〇）一月の『雪之丞変化』の二度、機会があったものの、常に主役は長谷川一夫であり、引き立て役に過ぎない幸四郎はそれ以上の付き合いはしなかった。

幸四郎をして東宝移籍への決意を固めさせた一つの要因であった、帝国劇場の再開場は専属契約が開始されてから実に五年半も待たされた後の、昭和四一年（一九六六）九月の事であった。この再開場を記念して、東宝では非売品の『帝劇の五十年』を発行している

(40) 同右、一二二～一二四頁

が、その中で、幸四郎は「帝国劇場開場に際して」と題したエッセイを寄せ、次のように記している。(41)

「五年間の足跡を振返って見ると、様々の苦しみや困惑の跡を辿ることが出来ます。しかし又、終始変らぬ菊田専務の理解ある御庇護と、東宝歌舞伎委員会の諸先生方の御協力によって、漸々にして当初意図した新しい歌舞伎興行が軌道に乗りつゝあるとの確信を深めるものです。此度の開場披露の歌舞伎興行が、私共にとって、いわばその総仕上げのような意味を持っているという風に、考えております。十月に控えた柿葺落し興行こそ、私共三十六名が夢の間も忘れないで待ち望んだ公演でございます。(中略)

曾て、私は文学座と合同による「明智光秀」、網太夫・弥七両氏との「嬢景清八嶋日記(日向嶋)」、新珠三千代さん、森雅之さんとの「オセロ」を、一年一度の試みとして上演し、多くの評價を得て参りました。この様に、歴史劇、日本古典、西洋古典と手掛けて来た心も、此処に申しますような、歌舞伎俳優による演劇の領域開拓を企んでいたからに外なりません。息子達にもっと幅広い活動を要求するのは、むしろ時代の当然の成り行きと考えております。と同時に、私自身も息子達に負けずに、又時には息子達と一緒に、こういう新分野の開拓を心がけて行きたい所存でございます」

帝劇は、九月の「開場披露オール東宝スター オープニング・フェスティバル 開幕」で幕を開け、染五郎、萬之助改め吉右衛門による「序開きの式」の後、第一部の舞踊で幸四郎、長谷川一夫、天津乙女が「寿日月星」を踊り、他に「寿五人三番曳」、「西鶴五人女」、第二

(41) 松本幸四郎「帝国劇場開場に際して」(東宝株式会社『帝劇の五十年』一九六六年)一七頁

部は祝典曲の演奏、森繁久彌ナレーションによる帝劇の歴史、バレエ『眠れる森の美女』から「花のワルツ」、第三部は宝塚歌劇で「宝塚讃歌」、「歌のタカラジュンヌ」、「すみれの花咲く頃」、第四部はミュージカルで様々な名作ミュージカルのアンソロジー、第五部は「撮影所風景 スタジオ千一夜」という映画の上映、第六部は日劇ダンシングチームのダンス、と贅を尽くしたフェスティバルだった。

幸四郎はまた、前年の『週刊朝日』のインタビューで「新しい帝劇ができれば、年に三、四回、ぼくの責任で芝居ができると思うんです。そういうチャンスをつかまえて、本格的な歌舞伎をやりたい。松竹は松竹流の歌舞伎の育て方だし、東宝は東宝流で育てるでしょう。歌舞伎座の歌舞伎が純粋なものともいえませんし、一歩なり二歩なり進んだ、ちゃんとしたものを年に一回でもいいからやろうと思ってるんです」と述べていた[42]。だが、「本格的な歌舞伎」を古典歌舞伎と捉えるならば、結果的には帝劇開場から東宝との契約を完全に終えてフリーになるまでの五年三ヵ月の間で、古典歌舞伎の上演は次男久信の萬之助改め二世中村吉右衛門襲名披露興行であった昭和四一年（一九六六）一〇月の柿葺落し興行での『祇園祭礼信仰記 金閣寺』、『大仏炎上 平重衡』、『盲長屋梅加賀鳶』、昭和四五年（一九七〇）九月の『勧進帳』、昭和四六年（一九七一）三月の『菅原伝授手習鑑』、『助六曲輪江戸櫻』、一二月の『暫』、『假名手本忠臣藏』だけであり、その他の演目はノブロックの『キスメット』を本案した『朱雀門』（昭和四二年一〇月、一一月）が意欲的な公演だった他は、『明智光秀』の再演、『鬼平犯科帳』（昭和四五年九月）、『椿三十郎』（昭和四六五年三月）と、TVや映画のヒット作の舞台化など、比較的安全牌というか、御客に媚びているとさえ言える商業的な選択で、結局のところ古典歌舞伎については松竹の

(42)「荒垣秀雄連載対談 時の素顔 一族そろって芝居する 松本幸四郎」（『週刊朝日』一九六五年二月五日号）三四頁

やり方と同じコマ切れの人気演目のさわりだけ、その他は商業演劇というのが基本で新味は無かったと言える。加えて、幸四郎を弁護して言うならば、新たな帝劇では、客席数を目いっぱい取るために古典歌舞伎上演にとっては必須と言える花道がきちんとした形で設けられず、くの字型の歪な花道で、余りに使い勝手が悪くて弁慶の飛六法の引込みでもこれを使わずに脇花道で済ませる始末だったから、古典歌舞伎を上演しようにも出来なかったのである。(43)

幸四郎が理想としていた「一歩なり二歩なり進んだ、ちゃんとした」歌舞伎の上演の場として相応しかったのは、帝劇ではなくむしろ帝劇開幕の二ヵ月後の同年一一月に新たにオープンした国立劇場だった筈である。国立劇場は昭和四一年(一九六六)七月に成立した国立劇場法に基づいて、伝統芸能の保存及び振興を図る目的で設立された劇場(歌舞伎・日本舞踊・演劇のための大劇場、文楽。邦楽その他の小規模公演用の小劇場)で、同時に歌舞伎俳優や囃子方などの人材育成の機能も受け持っている。当初から、従来ほとんど上演されてこなかった作品を掘り起こしての公演や、通常では長さの関係で一挙上演が不可能とされている演目を二ヵ月連続の通しで上演したりと、つまりは幸四郎が松竹による歌舞伎座での興行形態では出来ないと考えていた様なスタイルでの上演を指向していたから、いきおい帝劇よりも国立劇場での歌舞伎公演の方が遣り甲斐のある舞台を務める事が出来た。実際のところ、両劇場のオープン(帝劇の杮葺落し興行の昭和四一年一〇月)から昭和四六年末までの六十三ヵ月の間で、幸四郎は帝劇には八ヵ月、国立劇場には十一ヵ月(小劇場で『假名手本忠臣藏』七段目に出た昭和四五年七月を含む)の出演が記録されている。

東宝劇団時代の幸四郎の公演で特筆すべきものを挙げるとすれば、昭和四二年

(43) 千谷道雄『幸四郎三国志―菊田一夫との四〇〇〇日―』一九三~一九五頁

（一九六七）六月に東京宝塚劇場で行なわれた『三国志』の公演だろう。吉川英治の原作を菊田一夫の脚本・演出で描いた本公演は「東宝創立三十五周年記念公演」と銘打たれ、新国劇との初の本格的共演だった。共演者は島田正吾、辰巳柳太郎の両巨頭、大山克巳、緒形拳など新国劇の主な役者に、平田昭彦、岡田茉莉子ら東宝の俳優、そして三国連太郎という顔ぶれで、スケールの大きい歴史劇だった。新国劇もまたこの年に創立五十周年を迎えたところで、また新国劇期待の緒形拳は二年前のＮＨＫ大河ドラマ『太閤記』で脚光を浴びており、色々な意味で注目の舞台だったが、月給制が歩合制に切り替わるなど新国劇の内情は火の車であり、この公演の翌年にはフジテレビに支援を求めて再起を図ったものの緒形拳は退団している(44)。

東宝劇団と銘打っての公演は、『三国志』の後も、翌年七月の『彌次喜多 東海道中膝栗毛』までは続けられたが、その後は「帝劇歌舞伎」なり、「松本幸四郎 山田五十鈴 特別公演」なりの名称での公演へと変わり、尻つぼみとなって行った感は否めない。昭和四六年（一九七一）四月に幸四郎は東宝との間の専属契約を年間二本の優先本数契約に改め、更に翌昭和四七年（一九七二）一月、完全にフリーとなり松竹に復帰した。

それでは、丸十一年に及んだ東宝時代と云うのは、幸四郎にとってどのような意味を持っていたのであろうか。……一般的には、成功だったとは言えない、という評価になるのだと思う。少なくとも幸四郎が歌舞伎役者としての資質を十二分に発揮出来るだけの環境に恵まれる事の無い月日だった事は間違いないだろう。劇評家の戸部銀作は幸四郎が亡くなった際の追悼文の中で「どうしても若手といっしょに演じねばならない東宝時代の白鸚は、たまに古典歌舞伎の時代物をやっても、あまり好くなかった。彼は自分自身を相手

(44)『新國劇七十年栄光の記録』（新国劇記録保存会、一九八八年）一四七〜一四八頁

に苦労していると思えた」と述べている。[45]弟二世尾上松緑は「兄の立場としては松竹にいたほうが得だったでしょう。ともかく古典歌舞伎の人なのですから。その証拠に菊田さん（一夫）も兄を使いきれずじまいでしたが、東宝としては、兄をだしにして染五郎、万之助を呼んだのだと思います」と述べている。[46]その菊田一夫自身は、幸四郎の丸十年の東宝との専属契約が終わった直後の昭和四六年（一九七一）三月のＴＶ番組「人に歴史あり」の幸四郎編にゲスト出演した際に「幸四郎さんを東宝へお招きしたのは、僕の誤りでした……」とハッキリ述べている。[47]

幸四郎自身は息子の六世市川染五郎に対して「東宝へ行ったのも、歌舞伎のために捨石になったのだ」と語っていたという。[48]確かに、幸四郎が東宝へ移籍した事で慌てた松竹は、東宝に習って幾つかの改革を断行した。例えば、年俸契約の東宝と違って松竹の役者は永年の慣行でその立場に応じて相応の給金を支払われてはいたが、きちんとした契約書などは交わしていなかった。しかし、幸四郎の一件の後は三百数十人いる歌舞伎俳優のうち、幹部俳優とは正式に契約し、残りの俳優たちとも覚書を交わして出演させる形に改めた。[49]あるいは、幸四郎加入後の東宝では新たに劇評家の戸板康二、安藤鶴夫、演劇学者の郡司正勝、松島栄一、広末保、文楽から野沢松之輔、そして幸四郎、中車、芝鶴、又五郎の当事者たちと菊田ら東宝の関係者で構成される東宝歌舞伎委員会という体制を作り、企画案を検討することにしたが、松竹も早速これに対抗して松竹歌舞伎審議会という、似たような組織を作ってより透明性のある運営へと舵を切った。[50]これらの松竹に拠る歌舞伎界全体に対する改革は、幸四郎が自ら〝捨て石〟となった事で初めて実現した事だと言って過言ではない筈である。

(45) 戸部銀作「岳父を越えた晩年の時代物」（『演劇界』一九八二年三月号「追悼　松本白鸚」）六三頁
(46) 尾上松緑「追善の一休さん」七四頁
(47) 千谷道雄『幸四郎三国志―菊田一夫との四〇〇〇日―』三〇五頁
(48) 松本幸四郎「父白鸚の思い出―きびしく、やさしいひと―」（『演劇界』一九八二年三月号「追悼 松本白鸚」）七二頁
(49) 吉岡範明『歌舞伎に生きる大御所編』（ＫＫダイナミックセラーズ、一九八一年）一二五頁
(50) 千谷道雄『幸四郎三国志―菊田一夫との四〇〇〇日―』五三～五五頁

あるいはまた、東宝への移籍三年目の昭和三八年（一九六三）七月の読売ホールでの『桑名屋徳蔵入船物語』では、三階出身の女形中村萬之丞が立女形役に大抜擢されているが、この様なドラスティックな配役は門閥主義、血統主義の松竹では考えられない事だった筈である。[51]……元来慎重派の幸四郎をして、明智光秀の本能寺の変にも匹敵する反逆とも受け取られた東宝への電撃移籍だが、長い目で見れば歌舞伎役者全体にとっての利益や歌舞伎興行の在り方そのものの近代化という観点では確かにある一定の役割を果たしたのである。

歌舞伎界にとっての幸四郎東宝入りの意味について、劇評家の渡辺保もまた、「歌舞伎界のみならず演劇界の体制の崩壊を象徴していた」ことと「それによって歌舞伎に新しい感性が付け加えられた」ことの二つの理由で重要な意味を持ったとし、東宝での女優たちとの共演こそが「幸四郎のなかの歌舞伎を相対化すると同時に歌舞伎の表現のもつ力を相対化した」と評価している。[52]筆者の考えも概ねそこにあるが、同時に〝映画スター〟としての幸四郎を考えたときには、やはり松竹時代だけでなく、東宝での〝映画スター〟時代が創出された事が大きな意味を持つと考えている。

## 三—六　東宝での看板〝映画スター〟としての活躍
## ——黒澤明監督作品、『忠臣蔵』、そして昭和天皇役への挑戦

東宝移籍後の幸四郎の映画での仕事を検証する前に、まだ松竹在籍中の昭和三三年（一九五八）に、東宝の、しかも黒澤明監督からのオファーがあって撮影に参加した『隠

（51）藤田洋「演劇人面接（Ⅷ）松本幸四郎」（『芸能』一九六三年八月号）三九頁
（52）渡辺保『戦後歌舞伎の精神史』（講談社、二〇一七年）九六～一〇三頁

し砦の三悪人』の顛末を記しておきたい。既に述べたように、幸四郎としては東宝作品には、大石内蔵助を演じた昭和三二年（一九五七）七月一三日公開の『元禄忠臣蔵 大石最後の一日』より『琴の爪』と、鶴田浩二と三船敏郎の共演作に尾州家の師範柳生兵庫介役でゲスト出演した昭和三三年（一九五八）一月三日公開の『柳生武芸帳 双龍秘剣』とがあった。どちらも梨園からは東宝の子会社宝塚映画の専属を経て昭和三二年（一九五七）に東宝と専属契約を結んでいた二世中村扇雀（三世中村鴈治郎、四世坂田藤十郎）が主要な役で出ていたことから、中村鴈治郎家とは父の代から縁が深かった幸四郎の出演に繋がったのではないかと思われる。前者では扇雀の磯貝十郎左衛門に対しての内藏助、後者ではシリーズ第一作『柳生武芸帳』（一九五七年）に引き続き柳生又十郎を演じた扇雀に対してその叔父に当たる柳生兵庫介ということで、年齢から言っても風格から言っても、そして映画スターとしての存在感から言っても幸四郎に御鉢が回ってきたのは当然と言えば当然のことだが、特に前者の堀川弘通監督は黒澤明監督の助監督で愛弟子だったから、その関係で黒澤監督が同作品を見ていて幸四郎に注目したという様な事だったのかもしれない。

昭和三三年（一九五八）一二月二八日公開の『隠し砦の三悪人』の製作がスタートしたのは同年五月末で、宝塚の白水峡、蓬莱峡で撮影を開始した。当初は一〇月二八日公開の予定で、七月三〇日からは御殿場から車で一時間ほど上った鉢巻山の明神峠でのロケ撮影が開始された。ロケ撮影と云っても、村木与四郎による本格的な関所のセットが組まれており、ここで苦労の甲斐無く敵の山名方に捉えられた真壁六郎太（三船敏郎）と雪姫（上原美佐）が、眼下には目指していた早川領を遥かに臨みながら、後ろ手に縛られて馬に乗せられ軍用金の金塊と共に山名の本陣へ曳かれていくというシーンが撮られた。そのシー

［図3-5］『隠し砦の三悪人』で田所兵衛役を演じた幸四郎

ンでは、直後に六郎太の永年に亘るライバルで、馬に乗り槍を手にした山名方の武将田所兵衛が、出し抜けに二人の綱を断ち切って逃がし、「兵衛！ 犬死は無用！ 志あらば続けッ！」と叫ぶ雪姫の言葉を受け、「裏切り御免！」と宣言して山名方の足軽、鉄砲組を蹴散らして六郎太と雪姫の後に続く——という、黒澤映画の中でも屈指の名シーンが展開されるのである。(53) その田所兵衛は最終的な映画では初期黒澤映画の主演スターであった藤田進が久々に黒澤組に復帰して溌溂と演じている訳だが、この田所兵衛役こそが本来は幸四郎が演じていた役の筈だった。

本作の製作途中段階で出版された雑誌『映画ストーリー』には田所兵衛に扮した幸四郎のスチールと共に、撮影余話として「スター面の話題は何といっても新星上原美佐のデビューでしょうが、もう一つ、松本幸四郎の黒澤映画初出演があります。幸四郎はもちろん松竹系の歌舞伎役者で、これまで松竹映画で、井伊直弼、大石良雄、荒木又右衛門、大岡越前守、織田信長などの武士を演じた他、東宝の『柳生武芸張』で柳生兵庫を演じましたが、『隠し砦』の田所兵衛役に、『三船敏郎と対等以上に張りあえる貫禄と演技力のある人』ということで、黒澤監督に懇願されて、同監督映画初出演となったのです」と記されている。(54) だが、明神峠でのロケ撮影は悪天候に拠っ

(53)『隠し砦の三悪人』シナリオ（『全集 黒澤明 第四巻』岩波書店、一九八八年）二六六頁

(54) 熱田巌「隠し砦の三悪人」撮影余話2（『映画ストーリー』一九五八年一〇月号）一七一頁

て延びに延びた。峠で曳かれていく三船らと、彼らの姿越しに眼下の平野（早川領）をくっきりと撮りたいというのが黒澤監督の狙いだったが、山の上と下では天候が異なり、峠が晴れていても下が曇っている、あるいは下が晴れていても峠が曇っているという具合で、十日間、毎日周到に準備して、幸四郎も顔に傷のある田所兵衛のメイキャップを整えて待機したものの一カットも撮れなかった。フォース助監督を務めていた松江陽一は「篭坂照る照る、明神曇る、隠し砦は雲の中」とよく言っていたといい(55)、黒澤監督は「どうも松本さんが来ると雲が多くなるね、松本雲右衛門だね」と笑っていたという(56)。幸四郎自身も、「あまり天気が思うようにならないんで、京都へ行って来ましたよ」と八月一一日辺りまでは余裕があったものの、結果的には十日間の予定だった明神峠でのロケ撮影は百日に及ぶ事となり、九月に歌舞伎座での舞台があった幸四郎は止む無く降板する事態となり、代役として藤田進が呼ばれたという次第だった。黒澤映画では後年の『影武者』での勝新太郎の降板劇が有名だが、幸四郎の降板劇も又それと匹敵するほどの大きな出来事であり、これがもし予定通りに撮影されていたとしたら、黒澤にとっても幸四郎にとっても、そして観客にとってももう一ランク上の満

[図3-6]『野盗風の中を走る』の田坂将監役は幸四郎にとっては幻の田所兵衛の延長上にある

(55)「製作余話 助監督フォースを担当した松江陽一氏談」（『全集 黒澤明 第四巻』岩波書店、一九八八年）四二三頁

(56)「『隠し砦の三悪人』富士山麓を行く」（『日刊スポーツ』一九五八年八月一一日）

［図3-7］『野盗風の中を走る』では長男染五郎の引き立て役に回った幸四郎

足が得られたであろうと思えてならない。

ロケ撮影の間中、スナップ写真を撮り続けていた衣装担当の池田誠のアルバムには、田所兵衛の衣装を身に付け、メイキャップを施した幸四郎のオフ・ショットが何点か納められており、そこには三船敏郎の運転するオープンカーの助手席で破顔一笑する写真などもある。二人の俳優は年齢では幸四郎が十歳ほど年長であるものの、その相性は抜群に良く、二年半後に幸四郎が東宝に移籍してからは、既に二度共演していた事もあり、ある種の東宝二枚看板の様な形で、東宝創立三十周年記念のオールスター映画『忠臣蔵〔花の巻・雪の巻〕』では幸四郎が三たび大石内蔵助を演じれば、三船は俵星玄蕃として登場し、キャンペーンなどでは二人で協力してメディアに登場、また三船が自らの三船プロを設立してからも、同プロ制作の昭和四六年（一九七一）の民放大河ドラマの最高峰『大忠臣蔵』では三船の大石内蔵助に対して幸四郎が立花左近でゲスト出演するなど、その良好な関係は幸四郎が松竹に復帰して舞台に専念するようになるまでずっと続いた。

さて、東宝へ移籍した直後の、最初の映画出演は、昭和三六年（一九六一）一一月二二日公開の『野盗風の中を走る』である。この作品は夏木陽介扮する独眼の太郎率いる野盗の一団の若者たちを染五郎・萬之助兄弟が演じた作品で、幸四郎は八世市川中車演じる明智源三郎と野盗との間を取り結ぶ武将、田坂将監役としてのゲスト出演であった。息子たち二人のキャリア・アップにひと肌脱いだ形だとは言え、この田坂将監役はイメージ的には田所兵衛役の延長上にある役柄で、「裏切り御免！」の間逆で明智に裏切られ討ち死にするという役どころだった。その次が前述の『忠臣蔵〈花の巻・雪の巻〉』で、ここでも二人の息子たちは、それぞれ矢頭衛門七（染五郎）、萱野三平（萬之助）という見せ場のある儲け役であり、吉良上野介役の八世市川中車等も含めて幸四郎一門に対する東宝の最大級の配慮が感じられるキャスティングだった。同作品は一九六二年一一月三日に東宝創立三十周年記念映画として公開されている。

［図3-8］『侍』で三度目の井伊直弼役を演じる幸四郎

次いで出演した三船プロ＝東宝の『侍』（一九六五年一月三日公開）では、幸四郎は映画としては三度目となる井伊直弼役を演じているのだが、同作品は郡司次郎正原作の

『侍ニッポン』のリメイクに当り、主役の新納鶴千代を三船敏郎が演じており、つまりはここでは二人は親子の役を演じた訳である。同作品は岡本喜八監督らしい大胆なアレンジで、松竹での『侍ニッポン』では最後の最後に親子の情が通い合う瞬間が訪れたものの二人とも死んでいくという形だったラストシーンを、三船鶴千代は最後まで大老が実の父親とは

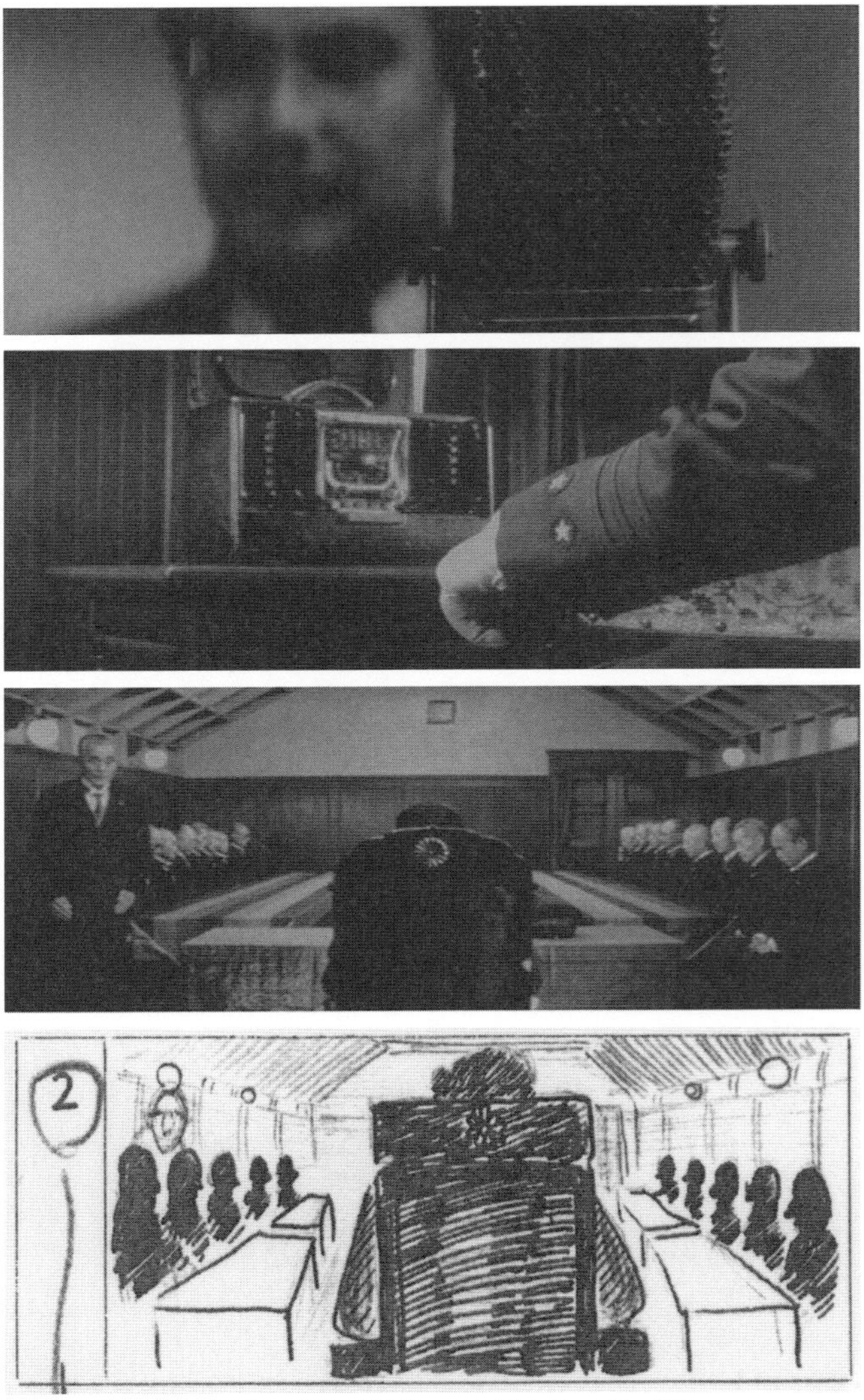

[図3-9-①〜④]『日本のいちばん長い日』では、
昭和天皇役の幸四郎は顔がよく判らない構図、
手元のアップ、肩ごしのショットのみの出演となった。
下は岡本喜八監督による絵コンテ

知らずにこれを討ち果し、跳ねた首を刀の先に突き刺して嬉々として「大老の首は、尾州浪人、新納鶴千代の手にあるッ！」と叫んで終るアイロニカルな終り方に改めている。(57)

その岡本喜八監督が、東宝創立三十五周年記念映画として任されたのが、一九六七年八月三日公開のオールスター映画『日本のいちばん長い日』だった。ここでは、三船は敗戦の責任を取って自刃する阿南陸軍大臣役だったが、幸四郎の方は前代未聞の今上天皇（昭和天皇）役ということで東宝は最大限の慎重な扱いにしている。……実は、三月一五日にクランクインしていた本作では、この今上天皇役だけは決まっておらず、漸く三月三〇日になって幸四郎と藤本真澄プロデューサーとで記者会見を行なって「今上天皇役は幸四郎」と発表だけはしていた。幸四郎は「なにしろ、これは演技以前の問題でして、お引き受けしたものの、さていまだにこれからどうしたらいいかわからないという状態でして……。ただ私は明治生まれの人間だということを、いまさらのように痛感している。それだけです」と語り、藤本プロデューサーは「現在の憲法では、現元首であっても劇にとりあつかってわるいという法律はないが、とにかく慎重の上にも慎重を期したいので、宣伝目的にはいっさい〝天皇陛下〟のお名前は出しません。ポスターに写真や配役ももちろん出しません。そのようなわけで〝天皇陛下〟は設定していますが、絵としてみせるかどうか、これもまったくわかりません。しかし、〝玉音放送〟もすべて幸四郎さんにやってもらうので、やはり〝天皇陛下〟という役は必要なのです」と語っている。(58) 実際のところ、劇中に登場するシーンでは、顔がよく判らない構図であったり、手元のアップ、肩越しのショットなどで一度も明確に幸四郎の顔を映す事は無かったし、ポスター上に幸四郎の名前はあるものの役名は伏せられたまま、フィルム上のラストにあるクレジットでは〝登場

(57) 東宝シナリオ選集『侍』（非売品）一三七頁
(58)「配役あって、配役がない〝今上天皇〟松本幸四郎」（『週刊漫画サンデー』一九六七年四月一九日号）七五頁

順〟となっているものの、実際には早い段階で登場している幸四郎＝今上天皇は出演俳優の最後、ナレーターの仲代達矢の前という位置に置かれ、今上天皇を演じたのが誰であるかについては徹底的に不明確な形に偽装された。尤も、今上天皇が喋るシーンの声を聞けば、それが幸四郎の声である事は明白ではあるのだが。

幸四郎自身は、「明治生まれの人間」としてたとえ映画の中で演じるだけなのだとしても畏れ多い事という意識があったと見えて、同作品で衣装を担当した池田誠の証言によれば、「天皇役で出演した松本幸四郎も撮影当日は冷水を浴びて身体を清めて演技をしていた」(59)のだという。だが、こうした最大限の配慮というものは東宝、あるいは藤本プロデューサーによって定められた方針であって、少なくとも監督の岡本喜八は戦後二十二年も経っているのにまだこんなに気を遣わなくてはならないのかという思いを持っていたようである。同作品について述べたコメントでは岡本は次のように述べている(60)。

「拙作〝日本のいちばん長い日〟では、松本幸四郎丈演ずる天皇を、ハッキリと写してはいけないという絶対条件がついた。大ロングまたはピンボカシまたは部分撮りと、一応手練手管は使ったのだが、どうしても二、三十年前垣間しか見られなくて、滅法もどかしかった奉安殿の御真影を思い出した。

撮った私がもどかしい以上、当然見る方ももどかしかったに違いない。あのようなもどかしさは、最早とっくに無くなってる筈なのだが……」

『日本のいちばん長い日』が大好評だったことを受けて東宝では毎年のこの時期に〝8・

(59) 池田誠『映画衣裳物語《ドキュメンタリー昭和映画》』(ダイナミックセラーズ出版、二〇一八年)一二三頁

(60) 岡本喜八「二十三年の寿命と踏んで」(『毎日グラフ別冊 天皇在位50年記念 昭和史のなかの天皇』一九七六年一二月)一五九頁

15シリーズ〟を継続することになり、翌昭和四三年（一九六八）は『連合艦隊司令長官 山本五十六』を、更に翌昭和四四年には『日本海大海戦』を制作した。どちらも主演は三船敏郎で、前者ではタイトルロールを、後者では東郷平八郎を演じている訳だが、幸四郎は前者では三船五十六の上官に当たる米内光政海軍大臣役、後者では今度は明治天皇役を演じた。三船と並んだ時のバランスとして、小さな役であっても三船と対等もしくはそれ以上の貫禄を示し、誰もが納得する役者というのは東宝においては幸四郎を置いて他にはいなかった訳だから、これらは当然とも言えるキャスティングではあった。映画というメディアで天皇が登場する場合にそれを歌舞伎役者が演じるケースが圧倒的に多い事実について、児玉竜一は映画『太陽』を巡る鼎談での島田雅彦の言を引いた上で「台詞を発することなくとも、絵になっていなくてはならない場面の多い天皇役では、後ろ姿であれ、遠景であれ、存在するだけで発する力を求められる。歌舞伎役者が、別ジャンルの舞台に出演した際に発する、若干の違和感に基づくある種の迫力、ないし身についた様式性は、

［図3-10］『激動の昭和史 軍閥』のスピードポスターには出演予定者として幸四郎の名前が記されている。

そうした場面で発揮される」と評しているが、ここではそうしたパターンを生みだした最初の具体例だったという指摘だけをしておきたい[61]。しかし、代わり映えもせずに天皇役ばかり東宝からオファーされる事にうんざりした幸四郎は、さすがに〝8・15シリーズ〟の次の作品『激動の昭和史 軍閥』（一九七〇年公開）では、既に東宝が天皇役として幸四郎の名前を印刷した仮のスピードポスターまで作っていたものの、「又ちゃん、代りにやっとくれよ」と云って、共に東宝入りした二世中村又五郎に代わってもらったのだという[62]。

映画に出始めた頃には「現代劇はやれない」と云っていた幸四郎だったが、昭和四四年（一九六九）五月一四日公開の『超高層のあけぼの』（日本技術映画社＝東映）では、はじめての東映マークの下での映画出演で、かつ三井不動産社長役での初の現代劇出演だった。そして、幸四郎にとっての映画出演の仕上げとなった作品は、池波正太郎の原作を五社英雄が監督した娯楽時代劇大作で、昭和五三年（一九七八）七月一日公開の『雲霧仁左衛門』（松竹・俳優座＝松竹）だった。この作品では、仲代達矢扮する仁左衛門一味を追い詰める火盗改め方長官を長男染五郎が演じ、幸四郎は仁左衛門の兄で弟一味を守るために自首する辻蔵之助役を演じた。

## 三―七　テレビドラマ『鬼平犯科帳』での新たな活躍と二人の息子たちへのバトンタッチ

八代目松本幸四郎は歌舞伎役者としての様々な新しい試みに取り組んできた。――文学座との共演、文楽との共演、西洋演劇への挑戦とプロデューサー制による演劇公演の試

(61) 児玉竜一「天皇を演じる歌舞伎役者」（岩本憲児編『映画のなかの天皇 禁断の肖像』森話社、二〇〇七年）二〇六～二〇七頁

(62) 千谷道雄『幸四郎三国志―菊田一夫との四〇〇〇日―』八三頁

み、そして現役バリバリの歌舞伎の立役の看板役者でありながら映画スターとしても稀有な存在にまで上り詰めたことも、過去の歌舞伎役者としては全く新しいスタイルの創出であったし、一門を引き連れての東宝への電撃移籍にしても新しい歌舞伎公演の在り方についての模索という側面が大きかった訳である。こうした、チャレンジするDNAはもちろん父である七世幸四郎譲りの気性であることは疑いないが、その気性からすれば、新しい時代の新しいメディアに対する取り組みというのもまた必然的なものであったろう。ここで言う新しいメディアとはテレビであるが、そのテレビという新しいメディアが日本で始まったのは昭和二八年（一九五三）のことである。まずは日本放送協会（NHK）が二月に本放送を開始し、八月には民放の日本テレビも続いた。……実は、テレビという新しいメディアへのコミットと云う点ではその初期においては歌舞伎役者というのは全般的にかなり関わりが深く、それはまだテレビ・タレントと呼べるような分野の人達が出てくる前の段階では、映画会社各社が自社のスターたちを供出してくれない以上、歌舞伎や新劇などの分野の俳優たちを重用せざるを得なかったという状況があったからである。拠って、幸四郎だけが特別にテレビというメディアに積極的に関わろうとしたという事ではなく、またテレビへのコミットの深さと云う点では幸四郎よりもむしろ次章で扱う弟の二世尾上松緑のほうが特筆すべき事例だったりする。だが、それでも幸四郎のテレビへのコミットもまた、決して過小評価すべきではないと考える。

先ず、松竹所属時代の幸四郎の初期のテレビ番組への出演としては、主なものとして次の様な作品が記録されている。なお、ここで言う〝主なテレビ番組〟とは、歌舞伎の舞台中継とかではなく、テレビドラマとして制作されたもの、その中でも映画や舞台との関係で重要であったり、息子たち、つまり染五郎と萬之助との共演など、俳優としての八世松本幸四郎にとって重要と思えるものという意味であり、日本のテレビ放送史において重要であるかどうかと云う事ではない。

昭和三〇年（一九五五）一一月『狐と笛吹き』NTV
昭和三三年（一九五八）一月~八月『池田大助捕物帖』NTV
昭和三三年（一九五八）一〇月~一一月『嘉納治五郎』NTV（『灯、今も消えず』）
昭和三四年（一九五九）一月『阿部一族』KR（現TBS）
昭和三四年（一九五九）二月『曾我兄弟』NTV
昭和三五年（一九六〇）四月『清盛と常盤　新平家物語より』（『ナショナルゴールデン劇場』）NTV
昭和三五年（一九六〇）九月『まぼろしの琴』（『東芝日曜劇場』第二〇〇回）TBS

これらの個々の作品については第二部「高麗屋三兄弟出演全映画・テレビドラマ主要作品総覧」に詳述しているのでそちらをご覧頂きたいが、残念ながら映画と違って初期のテレビ放送に関してはその資料や映像がほとんど残っておらず、検証する事は容易ではない。また、東宝への移籍後だと、次のような作品への出演が記録されている。

昭和三六年（一九六一）四月『滝山騒動』TBS
昭和三六年（一九六一）四月『野菊の武士』（『日曜観劇会』二百回記念ドラマ）TBS

昭和三八年（一九六三）一月『本陣蕎麦』（『近鉄金曜劇場』）ＴＢＳ
昭和三八年（一九六三）七月『明治の女』（『東芝日曜劇場』第三四四回）ＴＢＳ

これらのうち、『近鉄金曜劇場』枠で放送された『本陣蕎麦』は、実は十一世市川團十郎、八世松本幸四郎、二世尾上松緑、つまり本書の主役である高麗屋三兄弟の、歌舞伎の舞台を別として唯一の三人揃っての出演作品であり、これについては終章にて詳述したい。

最後に挙げた『東芝日曜劇場』枠での『明治の女』については少し詳しい解説が必要であろう。この番組は長谷川伸追悼番組として企画・放送されたものなのだが、共演は山本富士子であり、彼女とは三兄弟のうち團十郎と幸四郎には少なからぬ因縁があった。

ミス日本を経て大映入りしトップ女優として活躍していた山本富士子は、昭和三八年（一九六三）一月末で大映との契約が更新されるのを機に、他社作品へも出演できる契約内容への切り替えを主張したが受け入れられず、契約終了によってフリーになったと主張していた。大映の永田雅一社長は五社協定を盾に取って、彼女を解雇すると共に他社作品にも出演出来ないように圧力をかけたが、映画に出演できなくなっても構わない、と彼女自身は舞台での活躍に活路を見出そうと考えていた。その山本富士子に触手を伸ばした松竹では、襲名したばかりの十一世市川團十郎と舞台で共演させようと考え、山本側と交渉して七月の歌舞伎座での共演の話をまとめて発表した。ところが團十郎はこれを訊いていなかったために話がこじれ、結局話は流れた。

その後、東宝の菊田一夫が幸四郎と山本富士子の共演の企画を立てて山本と正式契約し、翌昭和三九年（一九六四）一月に東京宝塚劇場で幸四郎らの東宝劇団に山本富士子を客演させることとした。だがまたしてもこの舞台の話はキャンセルとなり、菊田一夫は山本富士子同席の下、一二月一四日に記者会見を開いて、「中止になった理由はわからないけど、富士子さん、ごめんなさい」と頭を下げ、五社協定の圧力が映画以外の領域にまで及んでいたことを匂わせた。こうした中で、山本富士子はTBSの石井ふく子プロデューサーから救いの手が差し伸べられて、『東芝日曜劇場』の枠で平岩弓枝の戯曲『明治の女』に主演する事になったのである[63]。こうして、フリー宣言後の初仕事として幸四郎との共演に拠るテレビでの『明治の女』を無事に終えた後、山本富士子は舞台でも大阪の新歌舞伎座で再び幸四郎との共演による『明治の女』で初舞台を踏んでいる。幸四郎は、初舞台の彼女に「初心忘るべからず」。「まず楷書の芝居をきちっと覚えなさい。崩すことはいつでもできる」という言葉を贈ったというが、その後の山本富士子の舞台女優としての活躍は周知の通りで、幸四郎ともその後、初の東京宝塚劇場出演となった昭和三九年（一九六四）六月の『新作国姓爺』、『花と匕首』など、何度も舞台で共演している。また、『東芝日曜劇場』には幸四郎はその後の昭和四一年（一九六六）五月放送の『惜春』（第四九二回）ほか、確認できただけでも十八回の出演が記録されている。

　その後の幸四郎のテレビでの仕事の概要をざっと記しておく。先ず特筆すべきものとして、昭和四二年（一九六七）三月から七月にかけて、CX（フジテレビ）の『おーい！わが家』に高麗屋一家総出で出演した事が挙げられる。内容は音楽好きの三人の兄妹とその両親を描くホームドラマだったが、『中央公論』に寄せられた幸四郎自身の出演への抱負のエッセイに拠ると「〝まっとうな一家〟を描いたホームドラマをやりたい。それについ

（63）山本富士子「大女優が語る昭和の映画 市川崑監督は強烈な役ばかりくれた」（『文藝春秋』二〇一七年二月号）二五六〜二五七頁

て、〝まっとうな〟お宅の一家にそのまま一家として出演してもらいたい」と暁星中学の後輩であるフジテレビの村上編成局長から依頼され、果して歌舞伎役者の一家が世間で言うところのまっとうな一家と言えるかどうか考えた挙句、普通の家庭ならサラリーマンになっている年頃の二人の息子は、俳優として成功も失敗もするし、腹の立つ事もしてくれるし、涙ぐむみたいなこともしてくれる、という点でやはり世間の家庭と何ら変わらないまっとうな家庭だと考えて出演を引き受けたのだという。(64)

因みに、幸四郎と正子夫人とは、勿論幸四郎にとっての師匠である初世中村吉右衛門の一人娘をもらった、という関係なのだが、歳の差は十三歳あり、正子が〝順兄ちゃん〟に淡い思いを抱き始めた十二、三歳の頃には既に二十五、六歳の男盛り、当然ながら色事の方も華やかな時期であり、三兄弟の中でも随一のモテ振りだったのだという。二人はよく師匠・父の目を盗んでよくデートで外国映画を見に行ったと言うが、結婚後もこうした夫婦でのデートは時折行なっていた。そんな中で、二人でゲイリー・クーパーとオードリー・ヘプバーン主演の『昼下りの情事』（一九五七年）を観に行ったとき、正子は「隣りで主人が涙を出して男泣きに泣いている」のにびっくりしたのだという。(65)同作品のクーパーは名うてのプレイボーイ役なのだが、軽くだましたつもりでいた純情な乙女アリアーヌが、一所懸命背伸びして遊び人を演じるその純情さにノックアウトされ、最後はプラットホームを追ってくるアリアーヌを汽車から手を伸ばして抱きあげてハッピーエンドになる。「よほど身につまされるところがありましたんでしょうね」とは正子夫人の弁である。(66)この夫婦の関係性、そして築き上げた家庭のまっとうな幸せ振りを彷彿とさせるエピソードである。

(64) 松本幸四郎「一家総出のテレビ出演」（『中央公論』一九六七年五月特大号）三〇五～三〇六頁
(65) 関容子『おもちゃの三味線　白鸚・勘三郎・芥川比呂志』（文藝春秋、一九八九年）二一一頁
(66) 同右、二一二頁

［図3-11］池波正太郎が幸四郎のために当て書きした長谷川平蔵役でTV『鬼平犯科帳』に主演した幸四郎と、竜崎勝、富士真奈美、黒川弥太郎らレギュラー出演陣。（©東宝）

そして、昭和四四年（一九六九）一〇月からはＮＥＴ（現テレビ朝日）で、幸四郎にとってのテレビでの最大の成功作、最大の遺産となった仕事が始まった。池波正太郎が幸四郎その人をモデルとしてあて書きした『鬼平犯科帳』での、主役の長谷川平蔵役である。今日では、『鬼平犯科帳』の長谷川平蔵と云えば二世中村吉右衛門の代名詞ともなっているが、長谷川平蔵とは池波正太郎と八世松本幸四郎という二人の男のコラボレーションで命を吹き込まれた人物だと言って過言ではない。というのも、池波正太郎は『鬼平犯科帳』の第一話「浅草・御厩河岸」が掲載された『オール讀物』が発売されると、「こういうものを書いたよ」と言ってすぐに東宝テレビ部を訪ね、テレビドラマ化の第一の条件として長谷川平蔵役は八世松本幸四郎と指名した。もちろん、幸四郎が東宝に移籍していたからこそ東宝のテレビ部に行ったのである。[67] 幸四郎の高額なギャラを負担していた東宝としても、舞台の休みの時に映画に出演してもらうのと同じ理由で喜んでテレビ部への貸し出しに同意し、幸四郎自身もまた「物語の持つ独創的な設定と鬼平の人間味に魅かれまして

(67) 高瀬昌弘『昭和千本のドラマたち』（廣済堂出版、二〇〇七年）九六頁

ね」とこの役に惚れ込んだことを公言し、[68] 撮影を進める傍らで原作が次々と執筆されるという形で鬼平という人物が形作られて行ったのである。ちなみに、後に四代目の長谷川平蔵役として自らの代表作にしていく事になる次男の二世中村吉右衛門もまた、昭和四六年（一九七一）一〇月からの第二シーズンでは平蔵の息子役として登場している。

幸四郎版『鬼平犯科帳』の演出を十一本担当した高瀬昌弘に拠れば、幸四郎は「この撮影の間中、迎えの車を一度も待たせず、ヅラをつけ、メイクを施し、衣装を着け、開始時間の三〇分前にセットの前に鬼平の姿となって床几に端座する白鸚には、やはりこの人をなんとかして立派な鬼平に仕上げなければという気持ちをスタッフ全員にもたせる、プロらしい雰囲気があった」といい、[69] また打ち上げでは幸四郎はスタッフを自宅に招いて歓待し、正子夫人と共に両手をつき、深く頭を下げて「女房と二人して、初めてハワイに行って参りました。ホテルのテレビで『鬼平』を放送しておりました。この作品あればこそ、こうして二人してハワイに参れました。総て皆様のお陰」と感謝の意を表したのだという。[70] この様な律儀な姿勢こそ、幸四郎その人の〝人としての魅力〟であり、また長谷川平蔵というキャラクターの魅力でもあったのだろう。

さて、『鬼平犯科帳』では次男久信を劇中でも自身の息子辰藏役として迎えていた幸四郎だったが、岳父初世中村吉右衛門との約束、即ち久信（萬之助）を二世中村吉右衛門とする襲名披露は昭和四〇年（一九六五）六月に東宝から発表され、昭和四一年（一九六六）一〇月の新帝劇の柿葺落し興行として行なわれた。演目は前述のごとく『祇園祭礼信仰記 金閣寺』、『積恋雪関扉』、『盲長屋梅加賀鳶』などだった。前年一一月には高麗屋三兄弟の長男で、歌舞伎界全体の総師とも言えるポジションにいた十一世市川團十郎が亡くなって

(68)「どうですこの打込みよう！〝鬼平〟にかける松本幸四郎の異常な情熱」（『週刊TVガイド』一九六九年一二月一九日）一七四～一七五頁

(69) 高瀬昌弘『昭和千本のドラマたち』一一〇頁

(70) 高瀬昌弘『鬼平犯科帳人情咄 私と「長谷川平蔵」の30年』（文春文庫、二〇〇三年）二一七頁

いたから、吉右衛門の大名跡の復活は時代が一世代若い世代へと切り替わっていく象徴ともなった襲名興行であった。襲名と同時に新吉右衛門は本名の方も久信から初世吉右衛門の本名である辰次郎へと改名したが、実父である幸四郎は、公私ともに岳父と同じ名前となった息子の事をそれ以降は「辰次郎さん」と敬称を付けて呼び始めたという。実子であるとはいえ、今では名実共に師匠の後を継いだ人なのだから、という事だったのだろう。(71)なお、この襲名に伴って、幸四郎一門の東宝入り後長らく休眠状態となっていた吉右衛門劇団は正式に解散となっている。

幸四郎は萬之助の二世吉右衛門襲名、新帝劇のオープンの年には五十六歳になっていて、『鬼平犯科帳』放送開始時の一九六九年で五十九歳、体力の限界を理由にこれを降板したのが昭和四七年（一九七二）三月で、はや六十一歳になっていた。この頃からの幸四郎は、如何にして自身が父七世幸四郎や岳父初世吉右衛門、あるいは彼らの同世代の六世尾上菊五郎といった先人達から受け継いできた芸の神髄を二人の息子や甥っ子である十世市川海老藏（一九六九年一一月襲名。後の十二世市川團十郎）、初世尾上辰之助（一九六五年二月襲名。死後に三世尾上松緑を追贈）らに引き継いでいくか、と云う事を課題として取り組んでいったように思われる。二人の息子に関しては若手の勉強会としての「木の芽会」で鍛えていったが、息子たちだけでなく、歌舞伎界全体としての後進の育成にも情熱を注いでいた。東宝劇団の若手に拠る研究会「青年歌舞伎祭」への温かい眼差しに満ちた、そして彼らへの支援の必要性を訴えるエッセイの中で、幸四郎はこう述べている。(72)

「いま必要なことは、若手のなかから一人でも多くのスターを盛り育てて、彼らに夢

(71) 小玉祥子「二代目 聞き書き中村吉右衛門」（毎日新聞社、二〇〇九年）一八六～一八七頁
(72) 松本幸四郎のエッセイ「新・役者論語3」（『季刊雑誌歌舞伎』一九六九年一〇月、第六号）七四～七五頁

と将来への期待を抱かせることでありましょう。

十年後、二十年後の歌舞伎が健在であるためには、若手のなかからスターを育み出すこと。そしてもう一つ、わたしたちの世代が、ほんとうに手をとりあって、最良の舞台成果をあげ得るような配役で、競演の実をあげることではないでしょうか」

昭和四三年（一九六八）年、舞台の無かった一月から二月にかけて、ＩＡＳＴＡという文化財団の招きで、ブロードウェイの若手俳優たちの講師として渡米した幸四郎は、盟友の二世中村又五郎と共に双方の夫人も伴ってニューヨークの演劇研究所を訪れ、若手に教える機会を持った。その講習の総仕上げに発表公演が行なわれたというが、又五郎に拠ると、その様子を見ていた幸四郎は、「喜怒哀楽を表に出さない人ですが、その人が眼にいっぱいの涙を溜めて見ていました。本当に嬉しかったのでしょう」という体だったそうだ。[73]この逸話なども、歌舞伎という狭い枠を超えて常に大きな目で物事を見ていた幸四郎ならではのエピソードと言えよう。

後進の育成という点では、勿論、完全にフリーとなり松竹に復帰した昭和四七年（一九七二）一月以降は本業の歌舞伎の舞台において心血を注いだ訳だが、同時に又前述のごとく昭和三五年（一九六〇）の『笛吹川』、昭和三六年（一九六一）の『野盗風の中を走る』、昭和五三年（一九七八）の『雲霧仁左衛門』などの映画の仕事でも息子たちの引き立て役に回ることが増えていった。同じ事は、テレビの仕事でも言える。昭和四八年（一九七三）二月には甥にあたる十世市川海老蔵（十二世市川團十郎）主演の単発物『月形半平太』に出演し、また。昭和五四年（一九七九）四月からのＡＮＢ（テレビ朝日）の七世尾上菊五郎主

(73) 中村又五郎「安らかな死顔」（『演劇界』一九八二年三月号「追悼 松本白鸚」）七八頁

演の『半七捕物帳』では、幸四郎は準レギュラーとして五世坂東八十助（十世坂東三津五郎）と共に脇で支えている。勿論、『鬼平犯科帳』で共演した萬之助だけでなく、長男の六世市川染五郎に対しても大きなアシストを行なっている。即ち、昭和五三年（一九七八）の染五郎主演のNHK大河ドラマ『黄金の日日』に於いて、染五郎演じる納屋助左衛門（助左）の生き分かれた父親らしき人物という役でゲスト出演（八月二〇日放送の第三十三回）したのである。因みに、染五郎の子・藤間照薫（七世市川染五郎、十世松本幸四郎）もまた同作品に助左と舟で乗り合わせる少年役で出演（一二月二四日放送の最終回）しており、高麗屋三代の共演を果たしたのである。

稀代の英雄役者であった八世松本幸四郎の、舞台を除いての最後のヒーロー役というのもまたテレビドラマだった。昭和四七年（一九七二）七月にNETの『ポーラ名作劇場』の五〇〇回記念作品として制作され、四回に亘って放送された中野実原作の『ふんどし医者』である。この物語は幕末から明治維新に掛けて、庶民の味方として自由に生きた蘭法医慶斎と、その博打好きの女房いくの物語で、権威主義に反抗した主人公慶斎の生き方と共に、現代の医学界の問題にも触れるという意欲作だった。女房いく役には舞台『オセロー』ではデスデモーナ役で幸四郎と共演していた新珠三千代が扮し、息のあったコンビ振りを発揮した。慶斎は幸四郎が映画で演じてきた歴史上の英雄たちとは異なり、歴史の表舞台で華々しく活躍したタイプの人物ではなかったが、庶民にとってのヒーローと云う役柄だった。

昭和五〇年（一九七五）三月には弟松緑より三年遅れて重要無形文化財保持者（人間国宝）に認定され、三年後の昭和五三年（一九七八）一一月には文化功労者に選ばれるなど、晩年の幸四郎には数々の栄誉がもたらされたが、その人生を締めくくるかの如く昭和五六年（一九八一）一〇月・一一月には歌舞伎座において高麗屋三代同時襲名披露興行を行なった。即ち、自らは八世幸四郎改め初世松本白鸚となり、長男の六世染五郎が九世松本幸四郎に、孫の三世金太郎が七世市川染五郎にそれぞれ襲名の運びとなり、史上初めて直系の親子三代での同時襲名という快挙を成し遂げたのである。ちなみに白鸚という名は亡き父七世幸四郎が松緑の長女が生まれたときのお祝いに描いたお雛様の絵の掛け軸に、七世市川團十郎の「白猿」をもじって、「七世松本幸四郎」の字の下に押した「白鸚」という印に由来している。松緑からそれを見せられた幸四郎は即座に「あっ、こりゃいいや」と即決したそうである。(74)

襲名披露興行で、一〇月には『假名手本忠臣藏』の七段目の由良之助（他に一四日までのみ『盲長屋梅加賀鳶』の松藏）、一一月には『井伊大老』の井伊直弼という映画でもそれぞれ三回ずつ演じた一世一代の当り役を務めて人生の総仕上げを行なった幸四郎改め白鸚は、一一月三日には文化勲章を受章してその授与式に姿を見せたものの、公の場に現われたのはそれが最後となり、翌昭和五七年（一九八二）一月一一日、持病のペーチェット病の悪化に拠る心不全で七十一歳の生涯を閉じたのだった。……幸四郎の名を長男に譲る事についても、病を得て急に決めたのではなく、三年ほど前から、七代目の三十三回忌に合わせて行なうと決めていたのだという。(75) 最近でこそ、「終活」などという言葉が流行るようになったが、八世松本幸四郎ほど自らの人生の終い方を完璧にやり遂げた人はいないのではなかろうか。

(74) 尾上松緑『松緑芸話』（講談社、一九八九年）六四〜六五頁
(75) 藤田洋「松本白鸚追悼 その拾足集」（『演劇界』一九八二年三月号「追悼 松本白鸚」）八一頁

# 第四章　二世尾上松緑

## 四―一　六世尾上菊五郎の許での修業時代

プロ・スポーツ選手として大成する者は圧倒的に末っ子が多いという説がある。確かに、兄たちに負けじ、と幼い頃から見よう見まねで追いかける中で揉まれ、加えて兄たちの失敗も見てきているから要領もよく、更に甘え上手の末っ子ならではの〝懐に入り込む力〟で指導者に可愛がられ、結果的に兄たちよりも早く、より高いレヴェルに到達するというようなイメージが思い浮かぶ。……高麗屋三兄弟の末っ子、二世尾上松緑の場合も、若い頃から「高麗屋三兄弟は金・銀・銅の宝だが、芸の上では松緑が一番上」というような評価があったのは事実だし、実際、早死にした長兄十一世市川團十郎は別としても、人間国宝（一九七二年）には次兄八世松本幸四郎よりも先んじて選ばれている。もちろん、早いか遅いかがそれほど重要だとは思えないし、次兄幸四郎もまた人間国宝に選ばれていることは、長兄團十郎が人気の上で戦後の梨園を引っぱって行ったリーダーに他ならなかった事と併せて、この三兄弟が三人とも、揃いも揃って如何に大きな、重要な存在だったかを雄弁に物語っている。だが、その上で三兄弟の中での松緑の立ち位置を考えてみると、やはり長兄團十郎が様々な対人トラブルで軋轢を生じさせたり、次兄幸四郎が一門を引き連れての東宝への移籍という大事件を引き起こしたりしたのと比べると如何にも上手に、誰からも愛されて敵のいない存在としてうまくやってきたことは間違いない。そして、長兄團十郎とは四歳、次兄幸四郎とは三歳違いという歳の差故に、伸び伸びと我が道を突き進んでいった人というイメージが強いのである。

七世松本幸四郎こと藤間金太郎の三男、藤間豊が誕生したのは大正二年（一九一三）三月二八日、二人の兄たちと同じく日本橋浜町においてである。たった三つ四つの違いとは云え、兄たちは明治の生まれ、豊は大正生まれである。次兄幸四郎は後に映画で今上天皇を演じる事になった時の戸惑いを「私は明治生まれの人間だということを、いまさらのように痛感している」[1]と語ったようにお上を敬い、父親を敬う昔気質の人だったが、豊は後に自著の中で父七世幸四郎を表して「偉大なる凡人」と言って憚らず、「親父はとにかく不器用な人でしたが、今思えば、不器用は不器用なりにもっと平然と、それはそれとして通していたら、もっと偉大な役者ができていたんじゃないでしょうか」と、口さがないというより、好い意味で歯切れが良い。[2]藤間の家には豊の後にも二年後に弘子、さらに翌年に浜子という二人の妹が年子で生まれているが、上の兄二人も年子だったことから、本人に言わせれば「兄二人はいつも仲よく遊び、下の妹二人も女同士でままごとなどしていて、家では私一人が何かのけ者にされたように孤独」という幼き日だったという。[3]

稽古ごとは兄二人と同じく六歳には踊りの稽古を祖父の勘翁らに受け始め、他にも長唄、三味線などを習っていたが、本人曰く「私は踊は嫌いではありませんでした。踊の家で育ち、役者の子どもだから、嫌々ながら、否応なく習わされたと云うのではなく、稽古しながら、「嫌だなァ」と思った事はなかったので、子ども心にも割合と好きで踊っていたと思います」[4]という側面と、一方で学校の方は兄二人と同じく九段の暁星へ通っていた

(1)「配役あって、配役がない〝今上天皇〟松本幸四郎」（『週刊漫画サンデー』一九六七年四月一九日号）七五頁
(2)尾上松緑『松緑芸話』（講談社、一九八九年）八〜一四頁
(3)尾上松緑『役者の子は役者』（日本経済新聞社、一九七六年）二二頁
(4)加賀山直三『八人の歌舞伎役者』（青蛙房、一九五九年）八一頁

ものの「どちらかといえばなまけ者で、授業中に教科書で囲いをつくっては弁当を食べ先生に白墨をぶつけられたことも一再にとどまらなかった」[5]というやんちゃな側面とを併せ持っていたようである。

初舞台はやはり兄二人と同じく父が専属で出ていた帝劇で、大正七年（一九一八）一〇月の『出世景清』（近松門左衛門作、福地桜痴改作）での一子石若だった。因みに、この景清とは、後に次兄幸四郎が史上初めて文楽と共演した『嬢景清八嶋日記』で演じた役柄で、ここでは父七世幸四郎が景清役を演じている。この初舞台の裏話として、松緑は次のようなエピソードを語っている。[6]

そのころ私は役者になるのがいやでしようがなかった。しかし父の方とすれば石若に当てはまる子役がいなかったのだ。二人の兄たちは一足先に初舞台を踏んだものの、大きくなりすぎ、他に適当な子役が見当たらなかったので私におはちが回ってきたわけだ。で、ちょうど前の月の九月なかごろ、家で父から舞台に出るようにいわれたところ、私は

「いやです、役者になんかならない」

とつっぱねたのである。このひとことに父はカチンときたらしく

「何をいうんだ、役者の子が役者になるのは当たりまえだ」

「いやです」

「なんでも出ろ」

だんだん父の声が大きくなる。それでも首をタテにふらないでいると、父もとうとう

（5）尾上松緑『役者の子は役者』三〇頁
（6）同右、二五〜二六頁

業を煮やし、奥から裁ちばさみを持ってきて
「どうしても出ないのならお前のおちんちんをちょん切ってしまうぞ」
そういいながら血相を変えて私をつかまえようと十畳の間を追っかけ回す。その恐ろしさに私はキモをつぶし、部屋のすみへ逃げ込み、とうとう観念して
「出ますからどうぞ切らないで」
と泣き叫んでこの一幕はチョンになった。

松緑は兄二人と違って自伝と言えるような本を三冊も出版している。勿論、それらは気の置けない編集者に対する語りが元になっていたりしているだろうから、三冊の本を出したからと言って額面通りにエッセイの達人だと決めつける事は出来ないのだが、長兄團十郎は死後に出版された評伝の類は別として、海老藏時代に仁村美津夫の聞き書きの形で一冊本が出ているだけであり、次兄幸四郎に至っては自伝も聞き書きもまとまったものは一冊もなく、評伝すら東宝時代に的を絞った千谷道雄による『幸四郎三国志』が一冊出ているだけである。それと比した時、松緑の自伝三冊というのは兄二人と比べると如何にも雄弁であり、また読者の心を掴むのに長けたサーヴィス精神というか、面白可笑しいエピソード満載で、その辺りにも万人に愛された敵のいない松緑の面目躍如たるものがある。だが一方で、それは、いくらかは話を盛っているであろうと割り引いて読まなければならない事も意味している。

ともあれ、松本豊として嫌々ながら初舞台を踏んだ後、豊少年は後に映画界へ進む坂東好太郎、伊藤雄之助、そして雄之助の兄澤村恵之助（二世澤村宗之助）らの子役と共に帝

劇の舞台に出るようになったが、その後五年生の時に関東大震災で焼け出されて一家揃って大阪へ逃れ、一年半の大阪生活を経て帝劇の再開場と共に東京へ戻り、赤坂伝馬町の借家から、転校した永田町小学校、京華中学校へと通い、中学三年になって勉強に身が入っていないのを見透かした父七世幸四郎から「学校を卒業するか、それともやめて役者になるか」を問われた時に、二学期の試験で答案用紙を全て白紙で提出してそのまま退学し、役者になることにしたのだという。(7)

その後、次兄順次郎（八世幸四郎）が初世中村吉右衛門の下で修業をすることになったのと相前後して六世尾上菊五郎の許に預けられる事になったのは有名な話だが、その経緯というのは同じ松緑自身の発言でも時期に拠って話が違ってくる。昭和三四年（一九五九）の加賀山直三による聞き書きでは「外で修業をした方がいいと考えたのは父の方で、誰を師匠に頼もうと決めたのは我々子供の方なのでした。どうして六代目さんをと思ったのか、その原因は、当時の私には、それ程しっかりとした信念みたいなものがあったわけではありません。（中略）唯、漠然とした憧れからとでも云った所が真相だったと思います」と語っているが、(8) 昭和五一年（一九七六）に刊行した自著では「昭和二年の末に六代目（菊五郎）おじさんに預けられ、歌舞伎俳優としての私に一大転機が訪れるのである。もちろんこれは父のさしがねである。これと相前後して上の兄高麗藏は堀越家（団十郎家）の養子となり、中の兄染五郎は先代吉右衛門おじさんにあずけられた。中の兄は吉右衛門、私は六代目と、父にない芸風を身につけさせようと考えたようである」という話になっている。(9) だが、これはどちらが正しくてどちらが嘘という様な事ではなく、「親父のほうから、「お前、どうだ」といわれて、こちらは得たりやかしこしで、有り難いとばか

(7) 同右、三七頁
(8) 加賀山直三『八人の歌舞伎役者』一四頁
(9) 尾上松緑『役者の子は役者』三八頁

りに学校を辞めてしまったというわけです」[10]という最晩年の自伝での記述のごとく、父七世幸四郎が息子たちの性格に応じて適切な師匠を選んだという側面と、順次郎（八世幸四郎）自身、豊自身がそれぞれ希望していたという側面の両方があったのだろう。

昭和二年（一九二七）の末から始まった六代目尾上菊五郎の許での修業は、先ず部屋子として三年、一日の大半を六代目の楽屋で過ごし、夜は夜とて芝の菊五郎邸で四世尾上丑之助（三世尾上菊之助、七世尾上梅幸）、初世尾上右近（二世尾上九朗右衛門）、三世坂東亀三郎（七世坂東薪水、七世坂東彦三郎、十七世市村羽左衛門）といった菊五郎一座の同世代の若者たちと一緒に芸談を聞き、日に拠っては明け方になって漸く解放されるというような毎日だったといい、住み込みでは無かったとはいえ当時赤坂にあった実家にはほとんどいる時間が無かったほど、修業に明け暮れる日々だった。更に、六代目は後進の育成と云う点では自らの手許にいる一座の若手、門人たちにとどまらず、昭和五年（一九三〇）には日本橋茅場町に日本俳優学校というものを創設し、自ら校長となって、講師にも一流の俳優、邦楽家、舞踏家、演劇評論家らを揃えて、様々な実技科目と一般教養とを身につけさせようとした。この日本俳優学校には菊五郎一座の若手のみならず、六世坂東簑助（八世坂東三津五郎）、後に杉村春子らと文学座を創設する三津田健、映画俳優として活躍する山形勲、植村謙二郎らが生徒として学んだという。

(10) 尾上松緑『松緑芸話』七三頁

## 四―二　菊五郎劇団を率いての活躍、映画『群盗南蛮船　ぎやまんの宿』、長兄海老蔵との映画での共演、『バナナ』での新境地

初舞台以来、松本豊の名前で舞台に立っていた豊だが、昭和一〇年（一九三五）三月の歌舞伎座で二世尾上松緑を襲名する運びとなった。松緑は菊五郎の弟子筋の名跡ではなく、元々は初世尾上菊五郎の門弟で三世尾上菊五郎の養父だった初世尾上松助が晩年に名乗っていた名跡だったから、単に高麗屋から音羽屋へ完全に移るという意味以上に六代目が掛けている期待の大きさを物語る襲名だった。だが、当時ある女性と密かに交際していたことが師匠である六代目の意に添わなかったこともあってか、襲名披露興行の演目『伽羅先代萩』の配役に実父七世幸四郎の名前はあれど菊五郎自身の名前が無く、さすがにそれでは襲名する意味がないと豊自身が抗議の直談判を行なった結果、非を認めた六代目は松本豊改め二世尾上松緑扮する荒獅子男之助に踏まえられて登場する鼠、実は修験者という役を考案して出てくれる事になったのだという。因みに、昨今の派手な襲名披露興行とは違って、この時の松緑襲名は五世菊五郎の追善興行の中で行なわれたものであり、更に同時に丑之助の三世尾上菊之助襲名、亀三郎の七世坂東薪水襲名、尾上伊三郎の五世尾上松助襲名も同時に行われる形の実に質素なものだった。

実は二世尾上松緑を襲名するにあたって、六代目は二つの名跡のどちらかを取れ、と選択肢を与えたという。そのもう一つの名跡が大川橋蔵で、この名跡は三代目菊五郎が一旦引退した後で舞台復帰した際に巡業先で洒落のような形で名乗った名前だったということで豊としてはそれよりは由緒ある松緑を選んだ次第だったが、後にこちらの名跡も菊五郎

一座の若手が襲名することになる。即ち、松緑襲名と同じ年の一〇月に歌舞伎座で初舞台を踏んだ市川男女丸（四世市川男女藏の部屋子だった）を、同じ舞台に出ていた六代目がその素質を見込んで、昭和一九年（一九四四）に妻・寺島千代の養子として迎え、同時に二世大川橋藏を襲名させたのである。……従って、もし松緑が大川橋藏の方を選んでいたら市川男女丸の方が尾上松緑となり、東映の若さま侍もテレビの銭形平次も尾上松緑の当り役となっていたのであろう、とは松緑自身の弁である。[11]

松緑襲名と相前後して、豊は軍隊に行っている。はじめは昭和八年（一九三三）に徴兵検査を受けて、その立派な体格故に甲種合格になった時に、外地へ行かされるのが嫌だったために選外志願といってわざと自分から国内の部隊への志願を行ない、赤坂の歩兵一連隊に入隊して八ヵ月で現役免除となった。その後、松緑襲名を経て昭和一三年（一九三八）八月には赤坂で芸者をしていた小きんこと愛子夫人と結婚しているが、新婚一ヵ月半で召集令状が来て南京へ向かい、永修を経て南昌を攻略する部隊に配属された。昭和一五年（一九四〇）一月には除隊となって帰国したものの、翌年七月に二度目の召集令状が来て満洲へ渡り、関東軍特別大演習のために北京からハルビンを経て孫家に二年半、藤間勘右衛門として慰問班で日本舞踊を踊って過ごし、戦闘には参加しなかったという。この間、菊五郎一座が親善使節として新京、奉天と巡行に来て、六代目自身がはるばるハルビン経由で松緑に会うために来てくれ、生活環境の酷さに心を痛めて涙ぐんでくれたという。[12]昭和一八年（一九四三）暮れに除隊となって一年ちょっとの間は国内にいたものの、全国の大劇場は閉鎖となっており、地方巡行や慰問興行の日々を過ごし、ほどなく昭和二〇年（一九四五）三月に三回目の召集令状が来て東部軍管区司令部の参謀部動員室へ配属され、

(11) 尾上松緑『役者の子は役者』六一～六二頁
(12) 同右、八五～八七頁

六本木の東洋英和女学校へ移動したところで終戦を迎えた。――高麗屋三兄弟の中で軍隊を経験したのは幸四郎と松緑だが、幸四郎の場合は終戦の年の二月に召集され海兵団に入団したものの僅かな期間で除隊しているし、海老藏に至ってはそもそもとても兵役が勤まる身体ではなかった。松緑ひとりが、持って生まれた頑丈、壮健な身体のお陰と云う事もあるが、梨園でも例外的な足かけ十二年、通算で丸五年もの期間を軍隊で過ごしたのである。その事もまた松緑をして二人の兄と自分との間の決定的な違いとして認識されていたようであり、後に松緑自身こう語っている。(13)

「兄弟三人、親父に似て几帳面なんですが、それから先になると、やはり兵隊生活が係わってきます。兄貴二人は、一生にたった一度も手を上げられた事がない人たちで、私一人なぐられました。人になぐられれば痛さも分かります。私だって腹を立てたことはずいぶんありますが、その痛さを忘れていませんから、ついつい我慢しますね。ですから、事件が三つあったとして、上の兄貴だったら三つぶんなぐりますね。中の兄貴だったら二つぶんなぐる。私は一つぶんなぐりかけてやめますね。」

この、二人の兄のほとんど経験していない軍隊生活の辛さを丸五年間も味わったことが、松緑の辛抱強さに繋がり、兄たちのように周囲との間に軋轢を生じたりする事もなく、三兄弟中で最も大成した歌舞伎役者という評価にも繋がったことは明白であろう。丁度、信長や秀吉、あるいは明智光秀のような天下人を目指した者たちの最後に、じっと耐え続けてきた徳川家康が最終的に天下を取ったように……。

(13) 尾上松緑『松緑芸話』六二頁

さて、戦後の復興期は焼け残った東劇、帝劇や有楽座などで細々と興行を行なっていく中で、三兄弟は揃って梨園の次代を担う若手のホープというポジションで注目を集め始めていた。それはちょうど、世代交代の時期に差し掛かっていたことを意味していた。既に見てきたように、三兄弟の父、七世松本幸四郎は昭和二三年（一九四八）一二月、新橋演舞場で『大岡政談天一坊』の大岡越前守役を演じたのを最後に、翌昭和二四年（一九四九）の一月二七日に満七十八歳で亡くなった。そしてその後を追うが如くに、四月には東劇で『盲長屋梅加賀鳶』で道玄役を演じていた六世尾上菊五郎が眼底出血で倒れ、そのまま舞台復帰することなく静養中だった築地の竹心庵で七月一〇日に亡くなった。

六代目が亡くなった翌日の通夜の席で行なわれたのが、世に名高い「菊五郎劇団の物干場会議」である。これは、遺された菊五郎劇団の幹部俳優たち、即ち七世尾上梅幸、松緑、四世市川男女藏（三世市川左團次）、七世坂東彦三郎（十七世市村羽左衛門）、二世尾上九朗右衛門、三世尾上鯉三郎、三世尾上多賀之亟の七名が今後の劇団の在り方について相談したのである。通夜が行われていた築地の竹心庵は戦後急造した小さな家だったため打ち合わせする部屋がなく、七人は階上の物干場に集まって、菊五郎亡きあとも菊五郎劇団の名前のまま結束して活動していくことを決めたのである。(14)

翌昭和二五年（一九五〇）、菊五郎劇団は劇団丸ごとのユニットの形で新東宝映画『群盗南蛮船　ぎやまんの宿』に出演する。それまでにも、歌舞伎俳優が映画界へ転身した例は数多あるし、個別の歌舞伎俳優が請われて映画に出演した例はあったが、本作のように菊五郎劇団所属の俳優たちが丸ごと全員で映画に出演するというような例はなかった。稲垣浩監督によるこの作品は娯楽一辺倒のごくごく普通の作品で、映画史に残るような作品

(14) 尾上梅幸「苦あり楽あり菊五郎劇団◇創立三十年、今思いも新たに◇」日本経済新聞、一九七八年一月九日、文化面

では全然ないものの、クライマックスで海賊たちが歌って踊るミュージカル的なシーンは圧巻で（振付は藤間勘右衛門こと松緑である）、菊五郎劇団の二枚看板とも言える七世尾上梅幸と二世尾上松緑とが、それぞれ女たらしのプレイボーイと三枚目のコミックリリーフと云う役どころで登場するのが歌舞伎ファンには楽しい趣向だし、逆に映画と云うメディアの圧倒的な影響力故にそれまで歌舞伎に興味の無かった観客に菊五郎劇団の存在をアピールする上では大変に大きな意味を持つ作品だったと言えるだろう。

実は松緑には、『群盗南蛮船　ぎやまんの宿』の前にも映画に出演しないかと云う話が舞い込んでいた。それは最初の軍隊生活を終えて帰国した昭和一五年（一九四〇）のことで、興行で大阪へ行っていた折に、宿屋へ松竹の白井松次郎会長から使いが来て、会ってみたら「映画に出ろ」という話だったのだという。この時は「いやぁ、ちょっとそれは、六代目のおじさんが承知なさらんでしょう」と丁重に断ったのだというが[15]、確かに六代目は修業時代の弟子たちには映画を見に行くことですら「活動なんか見るんじゃねえ」とどやしていたというから、その在命中に映画に出たりしてたらいくら愛弟子の松緑とは言え二度と歌舞伎の舞台は踏ませてもらえなかったかもしれない[16]。

六代目が健在な頃から、菊五郎劇団では市川宗家に養子に入り九世市川海老蔵となっていた長兄治雄を客分として迎えていたが、既に第二章で述べてきたように、昭和二六年（一九五一）の『源氏物語』、昭和二六年（一九五一）の『なよたけ』、昭和二七年（一九五二）の『若き日の信長』で空前の「海老さまブーム」が沸き起こり、菊五郎劇団の運営上の要請から言っても「菊五郎劇団・市川海老蔵参加」でなくては菊五郎劇団が成り立たないほどの状況が生じていた。その流れで、菊五郎劇団としてのユニットでの映画出演に関して

(15) 尾上松緑『踊りの心』（毎日新聞社、一九七一年）一一七頁
(16) 尾上松緑『役者の子は役者』五四頁

［図4−1］『絵島生島』より
生島新五郎役の市川海老蔵（右）と
市川團十郎役の尾上松緑（左）

も、市川海老蔵の主演という形が取られる事となった。作品は『江戸の夕映』（一九五四年）と『繪島生島』（一九五五年）である。どちらも菊五郎劇団で上演した舞台をそのまま映画化したものだが、舞台では女形を梅幸が演じていた訳だが、映画ではその役を女優が演じるため、梅幸の出番を作ることに腐心した節がある。

ともあれ、これら二作品では九世市川海老蔵と二世尾上松緑、つまり長兄治雄と末っ子の豊とが、どちらの作品でも主人公とその親友という役どころで共演——前者では死に場所を探して彷徨う元幕臣の本田小六とその親友で早々に武士に見切りをつけた堂前大吉、後者では歌舞伎役者の地位向上を夢見て大奥に出入りするうちに年寄絵島との禁断の恋に身を焦がす事になる生島新五郎と彼を見守る座頭で江戸歌舞伎の第一人者二世市川團十郎——している。特に、後者での松緑の役どころである二世市川團十郎というのは、生島役の長兄海老蔵がいずれは襲名することになる大名跡である訳で、末の弟である松緑だからこそ、その兄の前で堂々と遠慮なく團十郎を演じ、劇中劇の『花舘愛護櫻』で助六を演じられたのである。

今日、『群盗南蛮船 ぎやまんの宿』や『江戸の夕映』を見ても松緑の芝居は実に自然で、映画俳優として十年選手と見紛うばかりの存在感や滋味、あるいは男の色気のようなものを感じさせるが、実際には舞台との違いにかなりまごついていたのだという。(17)

「いちばんやりにくかったのは、なんといってもクローズアップの場面である。当時はまだ現在のようなズームレンズがなく、カメラも一台きりである。クローズアップで酒をのむ場面になると、カメラが目の前へくる。カチンという合図があると、セットのなかは水を打ったようにシーンとなる。スタッフがいっせいに私に注目する。そこで酒をのむわけだが、あの時はカメラが怖く、周囲の静けさに圧倒されてブルブルふるえたものである。

演技が小間切れになるのも困った。たとえば人を斬って振り返るとそこでカットになる。そうすると、次の演技とのつながりをどうしていいのかわからないのである。また舞台では目ばたき一つするにしても、三階のお客を意識しながらやるわけだが、映画でそんなことしたらオーバーな演技になってしまう。だからすべて監督の指示に従うわけだが、とにかくめんくらった。しかし、舞台と違ったこういう演技もあるのだということがわかり、いい勉強になった。」

松緑が次に映画に出演したのは『繪島生島』から五年後の一九六〇年、作品は獅子文六原作、澁谷実監督による現代物のコメディ、『バナナ』である。物語は、成功した在日華僑の一家を巡り、中華民国（台湾）からのバナナ輸入の利権や非合法ギャンブルといった

(17) 同右、一一六～一一八頁

当時の風俗をふんだんに取り入れ、スポーツカーが欲しくてたまらない華僑のドラ息子役の津川雅彦と、突然シャンソン歌手になると言いだしたそのガールフレンドの岡田茉莉子らがトラブルに巻き込まれる、というもの。松緑の役は一代で財を築いた在日華僑の呉天童という人物で、美味しいものを食べる事にのみ情熱を傾け、自分でも凝った中華料理を作る美食家なのだが、そのセレブ妻を演じる杉村春子とのやりとりや、ブルース・リーばりにカンフーのポーズを決めて見せたりするのがその脂の乗った体型とすっかり禿げ上がった頭とで絶妙のユーモア感覚を醸し出している一方で、ダメな息子ほど可愛いという例えを地で行ったように、息子の窮地を救うため自らが身代わりに警察に出頭しようとするというしんみりとさせるシーンもあり、舞台とはまた違った魅力が大いに発揮された作品だった。

この『バナナ』での経験についても、松緑は「渋谷さんは、親切に映画の面ということで、よく教えて下さるんですが、私にとってはそうではなくて、実は芝居のなかに深く深く私たちも考えさせられることを、ずいぶん教えていただきました」[18]とし、次のように述懐している。[19]

「バナナ」で一つ思いだされるのは、監督の渋谷実さんがひととおり撮影を終ったあと

「松緑さん、最初のシーンをもう一度撮りましょう」

という。私は何のことかわけのわからぬまま、もう一度はじめの部分を撮ってもらった。試写があり、はじめ撮ったものと、あとで撮ったものをくらべながら渋谷さんはいう。

「どうです。最初のとあとのとずいぶん違うでしょう。最初の時、あなたはカメラか

(18) 尾上松緑『踊りの心』一一八〜一一九頁

(19) 尾上松緑『役者の子は役者』一一八〜一一九頁

ら逃げよう逃げようとしているでしょう。それにひきかえ、あとの方はカメラを怖れず悠々としていますね」。

なるほどと思った。自分ではもう映画に相当なれてきたつもりだったが、それでもまだカメラ恐怖症が残っているということがわかった。私はここの部分を「すしや」のいがみの権太の演技に応用した。権太がのれん口へ引込むところで六代目はサラリと引込み、たいへんイキに見えたので私もそのとおりマネをしていた。しかしあれは六代目の中年以降、芸が完成されたからあれでいいので、若い時はもっと何か思い入れをしていたのではないかと想像して、次にやった時は一度ホッと客席を見込んで引込むようにした。「バナナ」の最初のシーンはなんとなくスカスカしてカメラから逃げていたが、あとで撮り直した時はかなりゆったりした自分を発見したからである。私は渋谷さんから思いもよらないことを学んだわけである。

［図4-2］『バナナ』でコメディに挑戦した尾上松緑

こうした現代物コメディ映画という分野での経験は、本業の歌舞伎の舞台においてもプラスに作用したということがよく判る証言だが、勿論もっと直接的には、松緑は現代物のコメディもこなせる役者なのだという評価につながり、後の数々のテレビのホームドラマでの活躍に繋がったであろうことは想像に難くない。

## 四―三　初期のテレビ番組とNHK大河ドラマ第一作『花の生涯』等での活躍

初期の日本のテレビ番組には、松緑に限らず歌舞伎俳優や新劇の俳優たちの出演が圧倒的に多いが、それはもちろん映画会社が自社のスターをテレビに出演させなかったからである。従って、松緑一人だけがテレビという新しいメディアに専ら活躍の場を求めていたという様な話ではないのだが、それでも日本のテレビドラマ史を考えた時に二世尾上松緑という存在が無かったらどうなっていただろうかと思うほど、彼の活躍は目立っている。

先ず、何といっても日本のテレビジョン本放送の最初の番組、即ち昭和二八年（一九五三）二月一日の『NHK東京テレビジョン開局に当たって』において、古垣鐵郎NHK会長、国務大臣、郵政大臣、東京都知事ら来賓らの挨拶に続いてスタジオからオンエアされたのが、菊五郎劇団の松緑、尾上梅幸らによる『道行初音旅・吉野山の場』だった。同様に、民放のNET（現テレビ朝日）が昭和三四年（一九五九）二月一日に開局した際の開局記念ドラマ『初木遣調子春風』もまた、映像が残っておらず詳細は不明だが、九世市川海老蔵（十一世市川團十郎）、二世尾上松緑、花柳章太郎、尾上梅幸、水谷八重子などが出演したと記録に残っている。

その後も、一九五〇年代の初期のテレビ番組としては、テレビ向けの名作舞台を単発または前後編の形で放送したアンソロジー『ウロコ座』（KR）、今日も続くTBS（当時のKR）の看板番組『東芝日曜劇場』、NTVの『ゴールデン劇場』（読売テレビでは『ナショナルゴールデン劇場』、日本テレビでは『ヤシカゴールデン劇場』として放送）、NETのドラマ・アンソロジー『NECサンデー劇場』には松緑はしょっちゅう出演していたほか、吉永小百合がラジオドラマ版に続いてテレビドラマ・デビューした作品で元旦放送の際にゲスト出演したKRの『赤胴鈴之助』（一九五七年）、NHKの単発ドラマで円地文子の原作に基づく『変化女房』（一九五八年）、CX（フジテレビ）『東芝土曜劇場』枠での山本周五郎原作の『百足ちがい』（一九五九年）、NETの『ホリデー・イン・トーキョー』枠で放送された山本周五郎原作の『その木戸を通って』（一九五九年）、KRの『ナショナル日曜観劇会』枠での村上元三原作の『鬼念仏』（一九五九年）といった作品に次々と出演している。

一九六〇年代に入ると、先ず昭和三五年（一九六〇）一〇月からはNETで菊五郎劇団の俳優たちが、歌舞伎の名作それぞれの当たり役を演じるアンソロジー番組『名作菊五郎劇場』が始まってこれが翌年の三月まで続いている。こうした番組が企画されたこと自体、菊五郎劇団の結束の固さの表れだと見る事が出来るだろう。その後の一九六〇年代の単発のドラマだけ挙げても松緑の出演したものには次のような作品が並ぶ。

昭和三五年（一九六〇）一月『赤西蛎太』（『文芸劇場』）NET
昭和三五年（一九六〇）三月『ミュージカル　壁画の女』NHK
昭和三五年（一九六〇）四月『夜霧』（『スチール・スター劇場』）KR
昭和三五年（一九六〇）五月『花環』（『百万人の劇場』）CX

昭和三五年（一九六〇）八月『彦六大いに笑う』（『東レ　サンデーステージ』）ＮＴＶ
※昭和三五年（一九六〇）九月『まぼろしの琴』（『東芝日曜劇場』）ＫＲ
昭和三六年（一九六一）四月『彦市ばなし』（『テレビ劇場』）ＮＥＴ
昭和三六年（一九六一）四月『ひょう六とそばの花』ＮＨＫ
昭和三六年（一九六一）七月『大出世物語』（『サンヨーテレビ劇場』）ＴＢＳ
昭和三六年（一九六一）八月『雨あがる』（『山本周五郎アワー』）ＴＢＳ
昭和三六年（一九六一）八月『蝉しぐれ』（『日立劇場』）ＴＢＳ
昭和三六年（一九六一）九月『祭』（『東レ　サンデーステージ』）ＮＴＶ
昭和三七年（一九六二）一月『寅春三組盃』（『ファミリースコープ』）ＭＢＳ、ＮＥＴ
昭和三七年（一九六二）二月『破れ太鼓』（『グランド劇場』）ＮＥＴ
昭和三七年（一九六二）七月『俺は愛国者』（『グランド劇場』）ＮＥＴ
昭和三七年（一九六二）七月『勝負師』（『シャープ火曜劇場』）ＣＸ
昭和三七年（一九六二）九月『蚊柱』（『グランド劇場』）ＮＥＴ
※昭和三八年（一九六三）一月『本陣蕎麦』（『近鉄金曜劇場』）ＴＢＳ
昭和三八年（一九六三）八月『家康無情』（『ポーラ名作劇場』）ＮＥＴ
昭和三八年（一九六三）一〇月『みんなが見ている』（『東芝土曜劇場』）ＣＸ
昭和三八年（一九六三）一一月『進軍歌、前へ！』（『日産スター劇場』）ＮＴＶ
昭和三九年（一九六四）一月『奴凧』（『近鉄金曜劇場』）ＴＢＳ
昭和三九年（一九六四）一月『権三と助十』（『日産スター劇場』）ＮＴＶ
昭和四〇年（一九六五）六月『六月の花嫁』（『おかあさん』）ＴＢＳ

昭和四〇年（一九六五）七月『破れ太鼓』NHK
昭和四〇年（一九六五）九月『素晴らしきかな再婚』（『日産スター劇場』）NTV
昭和四一年（一九六六）三月『春の淡雪』（『おかあさん』）TBS
昭和四二年（一九六七）三月『花嫁のお父つあん』（『日産スター劇場』）NTV
昭和四三年（一九六八）三月『泥棒志願』（『スター推理劇場』）CX
昭和四三年（一九六八）四月『親父よあなたは強かった』（『日産スター劇場』）NTV

※印を付けた二作品は、前者は次兄八世幸四郎との共演、後者は前述のごとく唯一の高麗屋三兄弟の共演作品であるが、この内、後者については終章にて扱う事とする。ここに挙げたリストの作品群というのはテレビ用に作られた単発のドラマのみであって、それ以外にも前述の『ウロコ座』、初期の『東芝日曜劇場』、『ゴールデン劇場』、『NECサンデー劇場』といった番組枠でも歌舞伎の舞台をテレビ用に収録（舞台中継ではなく、その番組のために舞台で演じた）する番組にコンスタントに出演していた訳である。更に加えて、連続テレビドラマにも松緑は引っ張りだこだった。民放での連続ドラマとしては、先ずNTVが昭和三六年（一九六一）一一月から翌年の六月まで放送した『半七捕物帳』に主演した。この作品の第十七話では息子の初世尾上左近（初世尾上辰之助）も出演している。次にTBSで昭和三七年（一九六二）四月から翌年六月まで久世光彦他が演出したホームドラマ『パパだまってて』に出演、ここではママ役に木暮実千代、二人の娘役には寺島清江（七世尾上梅幸の娘）と中尾ミエという顔ぶれで一家のパパ役を演じた。その後も弁護士事務所を舞台にしたNETの社会派ドラマ『判決』では、佐分利信が演じていた所長の

後任として第四シーズンの途中の一九六四年から松緑がレギュラーの新所長として加わった。この作品は一九六五年度テレビ記者会奨励賞を受賞し、また日本弁護士連合会表彰作品でもある。ＮＨＫでは息子の初世尾上辰之助が演じる池田大助を主人公とした『大岡政談 池田大助捕物帳』が昭和四一年（一九六六）四月から一年間続き、松緑は大岡越前守忠相役として息子をサポートした。

そして、ＮＨＫ大河ドラマである。――ＮＨＫが一年間の長丁場での歴史ドラマをオールスター・キャストによってじっくりと描いていく大河ドラマというフォーマットをスタートさせたのは昭和三八年（一九六三）からで、その記念すべき第一作目として選ばれたのが舟橋聖一原作の『花の生涯』である。このＮＨＫ大河ドラマの第一作において、先に作られていた映画版で八世松本幸四郎が演じていた井伊直弼役を演じたのが松緑である。松緑の出演に際しては、松竹演劇部は歌舞伎の舞台を一切休まないことを条件に松緑の主演を認めたと言われており、そのため松緑の出演シーンは専ら深夜に撮影が行われたという。相手役のたか女には原作者舟橋聖一の希望で映画版と同じく淡島千景が扮し、映画版で高田浩吉が演じていた長野主膳役には松竹の佐田啓二が扮している。この佐田の出演に拠って五社協定が崩れて各映画会社所属のスターたちもテレビに出演出来るようになった訳であり、その意味でもこの作品はテレビ史上において非常に重要な作品である。因みに、本作の収録と並行して大阪新歌舞伎座の舞台で、テレビと同じく北条誠の脚色、冨田勲の音楽に拠る『花の生涯』が今日出海の演出で上演されており、松緑はここでもたか女役の淡島千景と共に主役の井伊直弼を演じており、その間はＮＨＫの撮影も大阪のスタジオで行なっている。舞台化としては既に二世市川猿之助（初世猿翁）と水谷八重子のコンビに拠り新橋演舞場で昭和二八年（一九五三）一〇月に上演されたのを皮切りに、映画版の幸四郎に山田五十鈴の顔合わせでも昭和三七年（一九六二）六月に東京宝塚劇場で上演されているが、この松緑版のテレビとの同時の公演以降は専ら松緑の持ち役としてその後も一九七〇年代後半に明治座や中日劇場にて上演されている。

大河ドラマでの主役に松緑が選ばれた経緯というのは、「主役の井伊直弼にはどうしても松本幸四郎というイメージが残っていて、その殻を破る意味からも新しい直弼を創造しょうと、ＮＨＫのドラマ関係者が智恵をしぼって考えたのが尾上松緑の起用だった」ということだが、それはマスコミ向けの表向きのストーリーで、実際には幸四郎に打診して不調だったので松緑に御鉢が回ったという様なストーリーもあり得なくは無い。ともあれ、これを引き受けた松緑は次のような抱負を語っていた[20]。

> 沢瀉屋の舞台はもちろん、中の兄貴（幸四郎）の映画も舞台も見ていない、それがかえって自分なりの井伊直弼が創造出来る。埋木舎（うもれぎのや）で自適していた井伊直弼が時の世相の波に押し流されて、老中という大役に望むと望ざるとにかかわらず就任しなければならなくなった、人間の運命という心理的な悩みが、どこまで表現出来るか……むつかしいね。

この松緑主演による大河ドラマ第一作は大成功した。その結果として、大河ドラマ自体が継続的に制作されていくことになったのに加えて、その後の大河ドラマでも歌舞伎役者が主人公を演じるパターンが確立されたとも言える。実際のところ、松緑のあと、大河ド

(20)「花の生涯」スタジオ便り（「大阪新歌舞伎座 五月特別公演」パンフレット）二五頁

ラマの主役・準主役を演じた歌舞伎役者としては、四世尾上菊之助（七世尾上菊五郎）、四世中村梅之助、六世市川染五郎（九世松本幸四郎、二世松本白鸚）、十二世市川團十郎、三世中村橋之助（八世中村芝翫）、五世中村勘九郎（十八世中村勘三郎）、七世市川新之助（十一世市川海老蔵）、二世市川亀治郎（四世市川猿之助）といった名前が並び、それぞれに大河ドラマでの主演をきっかけに一回り大きな役者へと脱皮した感がある。

その後も、昭和三九年（一九六四）の第二作『赤穂浪士』は大河ドラマ史上最も視聴率の高かった作品だが、ここでも松緑は大石内蔵助役の長谷川一夫以下の数多のスターたちの中の一人として新井白石役を演じている。また伊達家のお家騒動を描いた昭和四五年（一九七〇）の『樅ノ木は残った』でも、松緑は伊達政宗役のゲスト出演の形で全五十二回のうち第十回のみに出演し、主役の原田甲斐を演じた平幹二朗をサポートしている。こうした大河ドラマでの活躍、民放の様々なドラマでの活躍に対して演劇評論家の安藤鶴夫などは松緑のことを「テレビタレントではないか」と苦言を呈したりしていたというが、[21]こうした活躍が認められて昭和四二年（一九六七）にはＮＨＫ放送文化賞を受章している。

一九七〇年代に入ってからも、松緑は大河ドラマの常連俳優の一人として二先品において非常に重要な役で出演している。先ずは昭和四九年（一九七四）の『勝海舟』で、ここでは前半の主役とも言うべき勝小吉役（一九六三年のテレビドラマ『父子鷹』では長兄十一世市川團十郎も演じている役）でその存在感を示し、その演技に拠ってギャラクシー賞第二八回期間選奨を受賞している。更に昭和五四年（一九七九）の『草燃える』もまた、物語上の主人公は源頼朝（石坂浩二）と北条政子（岩下志麻）だったが、松緑の演じる後白河法皇と、その孫・後鳥羽上皇を演じた初世尾上辰之助の親子共演による骨肉の争いもま

(21)「話の招待席〈道行初音旅〉から〈草燃える〉まで 歌舞伎俳優尾上松緑さん 聞き手山川静夫アナウンサー」（『グラフＮＨＫ』一九七九年四月号）六〇頁

た見どころの一つだった。

テレビ出演に関しては、松緑はそれほど多くの言葉は遺していないが、基本的な考え方と云う部分について次のような発言がある。(22)

テレビはテレビなりの演技というものがありますし、私は、一時テレビタレントなんていわれたこともありますけれども、実際、好きだから、なんでもテレビに出りゃいいんだっていって、出たわけじゃないんです。私は私なりの考えがあって、出たんですけれども、そんなこといちいちいうべきものではありませんしね。しかし、テレビにも出、映画にも出てみれば、何かそこに吸収するべきものが必ずあります。

一九七〇年代後半以降は年齢的な問題もあって松緑のテレビ出演の機会はそれほど多くはなくなっていったが、それでもいくつか特筆すべき作品に出演している。昭和五〇年（一九七五）には、平岩弓枝脚本、石井ふく子プロデュースの『ありがとう』のチームによる、神楽坂の老舗串料理屋の一家を描いたＴＢＳのホームドラマ『明日がござる』で主役の水前寺清子の父親役で出演している。また、同年には単発のドラマでも、ＴＢＳ開局二十周年記念番組『寿の日』という傑作があった。これは松緑演じる挿絵画家の畑亮太郎とその隠し子（音無美紀子）、先妻との子（若尾文子）、その異母妹（吉永小百合）を巡る物語で、男の色気というものを若い頃から発揮し続けてきた松緑だからこそ説得力を持つ役どころだったと言えよう。

松緑にとって最後のテレビ・シリーズへの出演となったのが、昭和五六年（一九八一）

(22) 尾上松緑『踊りの心』一一九頁

のKTVの時代劇『闇を斬れ』である。この作品は田沼意次（三國連太郎）とその息子田沼意知（原田大二郎）の悪政に立ち向かう松平定信（沖雅也）という明確な時代背景の中で、松緑演じる定信の家老・兼子八郎左衛門が闇の組織を作り、そのリーダーである天知茂らのチームが活躍するという〝必殺シリーズ〟に似たスタイルのドラマで、松緑は言わば『スパイ大作戦』で主人公に毎回テープによって指令を発する上司と同様の役どころだが、シリーズ半ばの第一七話で非業の死を遂げている。それが元々の設定だったのか、それとも松緑の健康面その他の状況から途中で降板と云う事になったのかは定かではないが、映像で見る限りにおいては松緑は頬がこけてややつれた感じで痛々しい。この頃には持病の足痛もかなりの負担になっていたのではないかと推察する。

## 四―四 『シラノ・ド・ベルジュラック』、『悪魔と神』、『オセロー』等での成功

次兄幸四郎が現役の歌舞伎役者でありながらにして〝映画スター〟になったのに対抗するかのように、松緑は立役として菊五郎劇団を率いていく傍らで〝テレビタレント〟として八面六臂の活躍を示していた。この様に新しい事にチャレンジする精神というのは、父である七世松本幸四郎から三兄弟が受け継いだDNAとも言うべきものである。その父七世幸四郎が実際に取り組んだ〝新しいチャレンジ〟としては、オペラ『露営の夢』（一九〇五年）、そして『オセロオ』（一九一七年）や『ジュリヤス・シーザー』（一九二五年）といった西洋演劇への取り組みがあった訳だが、父の名を継いだ次兄の八世幸四郎もまた

父に習って、新劇の文学座に乗り込んでの『マクベス』に基づいた『明智光秀』への出演(一九五七年)、文楽との史上初めての共演としての『嬢景清八嶋日記』(一九五九年)、そして父と同じく『オセロー』(一九六〇年)と、〝新しいチャレンジ〟を試み続けた。二人の兄に対してこれを凌駕してやろうという強烈なライバル意識を持っていた松緑は、長兄治雄に対しては、共に菊五郎劇団で舞台を務め、特に〝海老さまブーム〟の只中にあっては常に兄を引き立てる役どころ――例えば『源氏物語』では海老藏の光源氏に対して頭中将、『江戸の夕映』では海老藏がペシミストの本田小六ならその親友でリアリストの堂前大吉、『若き日の信長』では兄のタイトルロールに対してこれを諌める老臣平手中務政秀――をずっと演じてきた訳で、舞台に立っているだけで華のある上の兄貴には対抗しようと思ったって対抗のしようがないと思っていた節があるが、中の兄貴、つまり次兄幸四郎に対しては並々ならぬライバル心を持っていたに違いない。その証拠に、幸四郎が〝新しいチャレンジ〟へと踏み出すと、数年遅れで松緑もまた同様の試みを開始するのである。

初めのチャレンジは『シラノ・ド・ベルジュラック』である。このエドモン・ロスタン作の人気戯曲は日本でも古くは大正一五年(一九二六)一月に邦楽座で額田六副の翻案に拠る『白野弁十郎』として新国劇の澤田正二郎がタイトルロールを演じ、その後も澤正の愛弟子島田正吾を経て昭和六年(一九三一)二月の帝劇で二世市川左團次のシラノ、ロクサーヌにはその義弟で女形の二世市川松蔦が扮していたが、松緑はこの戯曲を昭和三五年(一九六〇)一〇月に歌舞伎座の本舞台で取り上げ、松浦竹夫の演出、ロクサーヌには女優の山田五十鈴を配している。更には四年後の昭和三九年(一九六四)四月にも、今度はまさしく新劇俳優・映画俳優らの中に飛び込む形で、日生劇場にて同じく松浦竹夫の演出、久我美子のロクサーヌで再演している。この『シラノ・ド・ベルジュラック』への出演について、松緑は後に「あの時は尾上松緑を捨てて裸になり、いっさい演出の松浦竹夫さんにまかせてかかったところ、悪評ではなかったようだ。「シラノ」は新国劇でも島田正吾さんが翻案物の「白野弁十郎」をやっており、島田さんにいろいろ聞いたが、「あんな気持ちのいい役はない」といっておられた。事実、ラストで頭に包帯して杖をついてあるせりふをいうところはたいへん詩的で、歌舞伎に通ずるところがあった」と述べている。(23) 評価に関して言えば、「悪評ではなかった」どころか、大佛次郎に拠れば日生劇場での再演の際に、たまたま来日中だったパリはソルボンヌ大学の比較文学の教授で作家でもあるルネ・エチアンブルが観劇して大いに感心し、帰国後に文芸誌『エヌエルエフ』に長文の記事を書いたというくらいなので、(24) 逆に言えば日本の劇評家が海外でたまたま現地の外国人が演じる歌舞伎を見て絶賛したというようなケースに匹敵する位の快挙だったと言えよう。

第二のチャレンジはジャン＝ポール・サルトル原作の『悪魔と神』でのゲッツ役である。これは劇団四季の浅利慶太からの出演オファーがあり、初めは松緑も哲学者サルトルの戯曲故にさぞむずかしい芝居だろうとためらっていたというが、愛子夫人がそんな松緑を励まし、本を読んでどんな話かを語って聞かせてくれたり、また浅利慶太からも説明をよく聞くうちに出演を決意したのだというが、浅利慶太曰く「世界演劇史上一番せりふの多い芝居」故に、松緑も「ノイローゼの一歩手前まで行きまして、氷をアタマへのせてけいこしました」という具合だったという。(25) 公演は昭和四〇年（一九六五）一〇月に日生劇場で行なわれ、入りもさほどよくなく、また週刊誌などでは「松緑がサルトルを歌舞伎調でやっている」と書かれたりしたのだというが、(26) 一年後にも再演している。その再演時の

(23) 尾上松緑『役者の子は役者』一二三～一二四頁
(24) 大佛次郎「松緑父子」（『悪魔と神』公演パンフレット、一九六五年）一九頁
(25)「「オセロー」での試み 対談 尾上松緑 浅利慶太」（『オセロー』公演パンフレット、一九六九年）六頁
(26) 尾上松緑『役者の子は役者』一二四頁

稽古の事について松緑は次のように証言している。(27)

せりふが全部で五百いくつもあり、初演の際はたいへん苦労して神経衰弱になりかかったほどである。元来新作なんかは一たん覚えたせりふは早く忘れないと、次の芝居をやる時せりふが入りにくいのだが、初演の時に強烈に覚えたので一年たって稽古したらまだ頭からぬけず、五百いくつのせりふがスラスラ出たのには驚いた。

新劇での勉強は決して無意味ではなかった。第一には自分の意欲が満たされたこと、第二には改めて歌舞伎を振り返ってみることができたことだ。新劇の稽古は普通一カ月はやるが、歌舞伎は四、五日ですます場合がある。だから新劇で猛稽古をしたあと、歌舞伎へ戻ると、これでいいのかと改めて見直すことができ、一つの勉強になった。

この、新劇での一ヵ月間の稽古の効用については幸四郎もまた述べているところだが、加えて、松緑に言わせると歌舞伎界において幹部俳優として上の人がいなくなってくると、「自分のいうことはなんでも通るような状態になって頭の押え手がない」状態になってしまうので、新劇なりへ行って若い人たちと一緒に日々の苦労を積み重ねて芝居を作り上げていくところに身を置いて「自分なりに叩いてもらおう」という意識もあったのだという。(28) 浅利慶太が松緑をゲッツ役に欲したのは、サルトルの思想やモラルを身体でとらえなければならない難役であるため「新劇にだってそれができる人はいやしない」と考えての事だったというが、実際には松緑と仕事がしたいという事が先にあったようであり、最初の仕事としてサルトルをやるか、それともシェイクスピアをやるかを検討した上で「一

(27) 同右、一二五頁
(28) 尾上松緑『踊りの心』一二〇〜一二三頁

番冒険からとりかかりましょうということでサルトルをおすすめした」のだという。[29]そして、『悪魔と神』という冒険を成功裏に終えた後、改めて二人で取り組む事になったのが『オセロー』だった。

松緑にとっての第三のチャレンジである『オセロー』は、次兄幸四郎の時と同じく福田恆存の翻訳を用い、演出は『悪魔と神』に引き続いて浅利慶太、共演はデスデモーナ役に岩下志麻、イアーゴー役に日下武史という顔ぶれで、昭和四四年（一九六九）三月に三たび日生劇場にて上演された。サルトルの創造したゲッツという複雑な人物と比べると、オセローという人物は歌舞伎的な人物だと云え、松緑にとってはすんなり入って行かれる役柄だったに違いない。この『オセロー』の公演パンフレットに、松緑と浅利慶太との対談が載っており、父七世幸四郎や次兄八世幸四郎も演じてきたこの役を演じるに至った経緯と演じるに際しての気持ちを述べているので、少々長文だが採録したい。[30]

浅利　（前略）松緑さんという俳優さんはいつも感心するんだけど、珍しい方で、だれが体当たりでぶつかっていっても合うんですよ。合うというのは妙な言い方ですけれど、ふつう脇の人が大きな芝居をすると主役はやりにくいものでしょう。ところが松緑さんの場合は、脇も生きるし松緑さんも生きるという風になる。相撲でいえば横綱の相撲ですね。日下君の方は熱演型ですが、松緑さんがうまく受けて下さった。ですから成果があがって面白い舞台になりました。あのとき、亡くなった杉山（誠）さんが楽屋へいらして、成功を大変喜んで下さって、こんどは日下君のイアーゴーでオセローをやったらいいじゃないかと松緑さんにすすめら

(29)「『オセロー』での試み　対談　尾上松緑　浅利慶太」六頁
(30) 同右、六～七頁

れていらした。その時たまたまぼくもいあわせていまして、いいですね、いつかやりましょうというようなことでしたね。その間に、ぼくはロンドンへ行ってオリヴィエの『オセロー』を見まして、これがまた大変なものなんですよ。いろいろ研究しまして、こんどやっと松緑さん独自のイメージで『オセロー』を出来るなと思ったんです。

松緑　この『オセロー』という芝居は、どうしてか、たいへんぼくの家にとって因縁が深い芝居でしてね。父（先代幸四郎）がやり、兄（幸四郎）がやり、こんどはぼくがやるというわけです。もっとも父や兄がやったからということではないんですけどね。いろいろな意味で興味はありましたし、杉山さんが、あの人はもともと歌舞伎役者は歌舞伎しかやっちゃいかんと言ってた人なんですがね、どういう風の吹きまわしか、『悪魔と神』の頃からすすめるようになりまして、とくに『オセロー』は是非おやんなさいと、本まで買ってきてくれましてね。

浅利　お父様がおやりになったのはいつごろでいらっしゃいますか。

松緑　それはね、ぼくが六代目（菊五郎）のところへあずけられてからでしょうね。家にいませんでしたから。ぼくが十六、七の頃じゃないでしょうかね。写真の様子など見ますと。父はあのころ高島屋さん（左団次）と『オセロー』もそうですが、『シーザー』なんかもやっておりますね。二人とも新しいものが好きな人でしたから。

浅利　幸四郎さんの舞台はごらんでいらっしゃいますか。

松緑　いや、兄貴のも見ていないんです。話だけは聞きましたがね。

浅利　九年前ですね。一九六〇年のちょうど安保騒ぎのときです。
松緑　そうでしたかね。

松緑が兄幸四郎の舞台を見ていないというのは、前章で見てきたように、ちょうどその公演中に自身はアメリカ公演の真っただ中だったという事情に拠る訳であり、『シラノ・ド・ベルジュラック』の時には島田正吾にアドヴァイスを求めていたのに対して実兄故のライバル心から敢えて無視したという様な事ではないかもしれない。だが、対抗心は当然持っていたと見るべきであろう。『オセロー』については自分のものとしたという自負心もあったのであろう、後に昭和五二年（一九七七）四月にも新橋演舞場にて、今度は小田島雄志訳、増見利清演出により、デスデモーナに坂東玉三郎、イアーゴーに息子の尾上辰之助という顔ぶれで再演している。また、その再演の際のパンフレットに掲載された戸板康二との対談では、松緑の『リア王』を見たいという戸板の発言に対して、「それは染五郎がやっちゃった（笑）」と応えている。[31] これは勿論、その二年前の昭和五〇年（一九七五）に次兄八世幸四郎の長男六世市川染五郎が蜷川幸雄の演出で『リア王』に挑戦したことを踏まえている発言だが、甥っ子と云えどもライバルと見ていたような側面もあったのではないだろうか。

因みに、浅利慶太は松緑と仕事をしての印象を尋ねた筆者の問いに対して、「もう半世紀も前のことなので」と多くを語らなかったものの、ただ「チャーミングな人でしたよ」と答えている。[32] 浅利自身、その父である浅利鶴雄が二世市川左團次の甥であったという出自から言っても歌舞伎役者との縁は浅からぬものがあり、事実、松緑の父七世松本幸四郎

(31)「歌舞伎・シェイクスピア対談　尾上松緑　戸板康二　聞き手プロデューサー寺川知男」（『オセロー』公演パンフレット、一九七七年）二二頁
(32)『夢から醒めた夢』上演後の自由劇場で交わした筆者と浅利慶太氏との会話（二〇一七年六月二〇日）

が大正一四年（一九二五）九月に歌舞伎座で『オセロオ』を演じた際のイアーゴー役が二世市川左團次だった縁もある。また、劇団四季を退いたのちに現在の浅利演出事務所での企画・公演の拠点としているのが、小規模の「自由劇場」であるという点も、二世市川左團次が小山内薫と共に演劇革新運動の拠点として翻訳劇を中心に展開した「自由劇場」――上演自体は有楽座や帝劇で行ない、常設の小屋があった訳ではない――への想い故の事であろうと思われる。

さて、『シラノ・ド・ベルジュラック』、『悪魔と神』、『オセロー』といった西洋演劇は、実はいずれの場合も〝時代もの〟だとも言えるので、歌舞伎との親和性は意外と高いものだったりもする。だが、同じ西洋演劇でも〝現代もの〟となると歌舞伎役者にとってはもうワンランク敷居の高いものとなることは当然のことだろう。……しかし、既に映画の領域でも獅子文六原作、澁谷実監督の『バナナ』に出演し、テレビドラマでも『パパだまってて』や『判決』のような〝現代もの〟において、それがコメディであれシリアスドラマであれ演じてきた松緑である、西洋演劇の〝現代もの〟に挑戦するのはある意味で当然だったとさえ言えるだろう。松緑は、昭和五四年（一九七九）三月に、池袋サンシャイン劇場の開場記念公演として、杉村春子との二人芝居である『ターリン行きの船』に出演し、好評を博している。これは、ソ連の現代作家としては「チェーホフに一番近くまでいった[33]」と演出の和田豊に言わせしめたアレクセイ・アルブーゾフに拠る戯曲で、気難しがり屋のサナトリウム院長ロジオンとそこへやってきた誇張癖のある六十女リージャとの、始めは互いに反発し合いながらも次第に心を通わせていくという小品だが、初めて二人でレストランで食事しての帰り、子供のようにはしゃいでチャールストンを踊るシーン

(33) 和田豊「ターリン行きの船に乗ろう」(『ターリン行きの船』公演パンフレット、一九八〇年再演時）二頁

などもあり、当時六十六歳になっていて脚も悪くしていた松緑にとってはやはりチャレンジであったろう。この作品は、共演の杉村春子共々大変な好評をもって迎え入れられ、翌年には大坂、静岡、そしてサンシャイン劇場でも再演されるヒットとなった。ロンドンやアメリカのワシントンDCでは英国の名優アンソニー・クウェイルが演じたこの主人公を日本で松緑が演じる様を自ら視察した作者アルブーゾフは絶賛し、すぐに「彼にやって貰うとぴったりの芝居がある」と言って、プロデューサーの寺川知男に『古いアルバート街の物語』の日本での上演を提案し、昭和五六年（一九八一）九月に、再びサンシャイン劇場にて公演の運びとなった。今度の劇では、老いを意識するようになった人形つくりのバリャースニコフが二十歳の若い女性ヴィクトーシャとの出会いによって青春の輝きを取り戻すが、彼女は同じく優秀な人形つくりでありながら偉大な父への劣等感を持つ息子クジマーと恋仲になる、というほろ苦い物語である。妖精のようなヴィクトーシャ役には大竹しのぶが、そして父への劣等感に苦しむ息子クジマー役には五世坂東八十助（十世坂東三津五郎）が扮した。齢七十に手の届くところまで来た松緑は、嘗て長兄九世海老藏が大佛次郎や舟橋聖一と、あるいは次兄八世幸四郎が福田恆存との間に築いたようなコラボレーションを、漸くにしてロシアの劇作家アルブーゾフとの間に築いたのである。

### 四―五　四世藤間勘右衛門として、二人の兄のスーパーサブとしての立ち位置

日本俳優協会のホームページ上にある「歌舞伎俳優名鑑 思い出の名優篇」での二世尾

上松緑の紹介ページには、次のようなエピソードが紹介されている。[34]「ひところ羽子板市でどの役者かわからない羽子板の顔を聞かれたら「尾上松緑」と答えれば十中八九は売れたという。兄十一代目團十郎のようにブームを起こす質（たち）の人気ではなかったが、万人に愛される役者だったのである」——これは、プロ野球で言えば、所謂ユーティリティ・プレイヤーとして、レギュラー選手の誰が故障で離脱してもその代役として見事に守備をこなし、地味だが堅実にプレイする万能型の選手、つまりスーパーサブのイメージである。菊五郎劇団を牽引した立役の松緑をプロ野球の控え選手に例えるのはあまりにも失礼かもしれないが、松緑自身、「平均点役者」と云われていたことを自覚し、たまたま赤坂のバーで知り合った小津安二郎監督から「あなたの舞台をよく見ているが、ああまっとうなやり方ばかししていては損じゃないですか」と融通の利かなさを指摘されても、「私としては奇をてらったりワクを外すことはどうもできない。へたに奇をてらったり、器用に要領よく立ち回ったりすれば、芝居がぶちこわれるのが眼に見えている。それよりは古い型を身につけて習得していく方が得策だと考え、ひたすらバカ正直に修業をつづけた訳である」とあくまでも自然体である。[35]

スーパーサブというイメージが松緑について回るのは、実際に彼が長兄十一世團十郎がトラブルを起こして役を降りたりする度にその代役を務めたりしていたこと、あるいは次兄八世幸四郎が映画『花の生涯』（一九五三年）で井伊直弼を演じれば松緑はNHK大河ドラマ第一作『花の生涯』（一九六三年）で井伊直弼を演じ、八世幸四郎が舞台で『オセロー』（一九六〇年）を演じれば松緑も同じく舞台で『オセロー』（一九六九年、一九七七年）を演じるという具合に、あるいは八世幸四郎が洋酒のカティサークスコッチウィスキーのCM

(34) 日本俳優協会のホームページ上にある「歌舞伎俳優名鑑　思い出の名優篇」尾上松緑（二代目）（https://www.kabuki.ne.jp/meikandb/omoide/actor/405）最終アクセス：二〇一八年四月三〇日
(35) 尾上松緑『役者の子は役者』九～一一頁

に出れば、松緑はサッポロビールのＣＭに出るという具合に、あたかも「兄貴たちのやっている事ならオレにだって全部出来るさ」とでも言うが如く、何でもそつなくこなしてしまうような器用さを示し続けた事と大いに関係がある。それはやはり、二人の兄のことをそれぞれに不器用な生き方しかできない兄貴たちだと冷静な眼で見つめつつも、しかしそれぞれの持つ華やかさ、英雄役者としての大きさといった自分とは異なる持ち味への畏敬の念をも持ち、その二人の兄へのライバル心を自身のモチベーションにして精進してきたという事だったのではないかと思うのである。

その最たる例というのが、三兄弟の中で踊りの領域では二人の兄とて及ばない高みにまで到達した事である。松緑がまた京華中学に通っていた頃に、三兄弟揃って師事していた藤間勘次（藤間松柏）という父の踊りの弟子がおり、その藤間勘次の会において三兄弟が踊りを披露する事になった。長兄治雄が「松島」を、次兄順次郎と豊とが「子宝三番叟」を踊ることになり、すっかり稽古も仕上がった頃に次のような経緯があったのだという。[36]

「私が学校から帰ってきて、自分の部屋に行こうとして二階の階段を上がろうとすると、階下で上の兄と中の兄とで「豊がどうの」って話しているのを、小耳にはさんだものですから聞いていると、上の兄が

「ともかくもあんなみっともない踊りを会へ出せないから、豊はこんどの勘次さんの会はやめさせろ。俺からはいえないからお前からそう言え。『子宝』はお前と俺とで踊るから、あれは休ませちゃえ。」

と、こういう話をしてたんです。

(36) 尾上松緑『踊りの心』二一一～二一三頁

そのままトントン、トントンと二階へ上がって行きますと、追っかけるようにして中の兄がきて
「まあお前は学校も忙しいことだから、こんどの会はやめたほうがいいんじゃないか。勉強もあることだから……。」

というわけですよ。ところが、こっちは内容を聞いているもんですから、さすがに癪にさわりましたね。

この癪にさわったということが、踊りをやる運命になった一つの決定的な動機になったんだと思います。あのときになって、そんなことといわれてなければ、やはり当時いくら踊りが嫌いだったからとはいえ、何かそこには自分なりの自尊心がありましたからね。それを根底からくつがえされちゃったもんですから、むかっとして、それから間もなく学校をやめて六代目のところにつくという、こういうことになるわけです。順序としては、それから何年かたって舞踏協会で父と一緒に「子宝」やりましたがね、衣装をつけて、その時は、上の兄のいった言葉に対して内心、「ざまあみやがれ」みたいな気がしました。そういう闘志はあったんです」

後には、三兄弟の事を評して、「華ある團十郎、踊りの紀尾井町、芝居の幸四郎」と云われるほどに、踊りというのは松緑の代名詞ともなっていった訳だが、そのきっかけとなったのが兄二人に対して見返してやりたいというモチベーションがあった訳である。

こうして、父七世幸四郎のもう一つの顔であった、藤間流の家元三世藤間勘右衛門の後継者には三男の豊——もうその時には二世尾上松緑になっていたが——を四世藤間勘右衛

門として継がせる、という事になった。時に昭和一二年（一九三七）、松緑が二五歳の時の事である。但し、さすがに父七世幸四郎も、二人の兄を差し置いて三男豊に継がせる事については相当に気を遣ったと見えて、「舞台で、ただ四代目藤間流家元をつがせる、といっただけです。襲名披露の踊りをやったわけでもなく、相も変わらず兄弟三人で、踊りを踊ったりして、これも実に簡素なものでした」[37]という地味な形での襲名だった。そんな事もあってか、父七世幸四郎が亡くなって後の昭和二六年（一九五一）四月になって新橋演舞場で改めて藤間勘右衛門襲名披露の大会を行なっている。

もう一点、藤間流家元四世藤間勘右衛門にして踊りの名手であるという二世尾上松緑の面目躍如たる仕事として記しておく必要があると考えられるものに、宝塚歌劇の演出・振付が挙げられる。具体的には、昭和四三年（一九六八）九月、宝塚大劇場での花組公演、宝塚グランド・ミュージカル『メナムに赤い花が散る』、その姉妹編で昭和四三年（一九六七〇）九月、宝塚大劇場での月組公演、宝塚グランド・ミュージカル『鷗よ波濤を超えて―「メナムに赤い花が散る」姉妹編―』、そして昭和四八年（一九七三）七月から八月（宝塚大劇場）の花組公演、引き続き八月から九月（宝塚大劇場）の星組公演、及び一一月（東京宝塚劇場）の星組公演、宝塚グランド・ロマン『この恋は雲の涯まで』での演出・振付である。『メナムに赤い花が散る』に関して、松緑自身は次のように語っている。[38]

「五、六年前「メナムに赤い花が散る」演出を引き受けたことがある。これは山田長政のロマンスを題材としたもので、長政は春日野八千代君、その他黒木ひかる、南悠子、神代錦といったベテランぞろいだったから、全体の構成に主眼をおき、演技については

(37) 同右、一一三頁
(38) 尾上松緑『役者の子は役者』一三二頁

とやかくいわず、「芝居にのれ」とだけ注意したが、春日野君は長政そのものだったし、神代君の敵役も堂に入って好評だった。

宝塚には私ども藤間流の名取も多く、私のことをパパと呼んでくれる人もいるので、だんだん私の意図がわかってもらえたようであり、私自身も生徒のみなさんから教えられることさえあった」

芝居の演出という事に関しては、長兄海老藏は團十郎襲名の翌年の昭和三八年（一九六三）に『修学院物語』で後水尾天皇を演じると共に演出にも挑戦、また翌年一月にも吉川英治原作・上林吾郎脚色の『私本太平記』で、楠正成を演じると共に二度目の演出を手掛けている。あるいは次兄幸四郎もまた、文楽との史上初めての共演であった『嬢景清八嶋日記』では主役の悪七兵衛景清を演じるのに加えて、八世竹本綱大夫、桐竹紋十郎、劇評家安藤鶴夫と共に演出も務めている。二世尾上松緑の場合の宝塚歌劇の演出というのは、昭和二五年（一九五〇）に菊五郎劇団としてユニット出演した映画『群盗南蛮船　ぎやまんの宿』でのミュージカル・シークエンスを振付した事と併せて、二人の兄たちの演出の領域の仕事に匹敵する、あるいはそれ以上に大きな仕事だったと言えるだろう。自身役者である立場で、こうした他流試合の演出を手掛けることについて、松緑は次のように述べている。(39)

「自分が演出したりなんかするのも、やはりこれも一にも二にも自分の勉強になります。宝塚の演出の時でも、私自身が役者としての立場で演出するもんですから、すぐ役

(39) 尾上松緑『踊りの心』一二七～一二九頁

者に同情しちゃって、あんまり文句いえないんです。自分が役者だから、こういう時には、さぞたいへんだろうとか、こうだろうな、ああだろうな、と思ってしまいます。ですから、なかなか文句いわないし、それからなんといっても自分がやることなんだから、あんまり人大事にすることは役の個性が生きなくなってしまうというようなことになるんです。

普通の演出家の方は、どう芝居をなさったって、これは素人の方だから、その感じをおっしゃるだけでもって、演技的なことはおそらくおっしゃらないわけです。ところが、演出だからといって、まして私が役者でなまじ芝居をやりますから、こっちが芝居してみせてしまうと、それを生徒さんたちがまねたりして、まるっきり松緑のおばけみたいなものになって出てきたんでは、これはお粗末なことになりますから、いっさい演技の仕方にはふれないようにしています。その代わり個々の個性をまず出すこと、それでわからないことがあったら、役者の立場の私の解釈を話す。と、またそういうふうにしてこそ、私が演出に行く意味があるんです。そして、また宝塚の生徒さんたちも、いつもと違った感じの演出を受けるんじゃないか、というつもりでやってみたんです。ところが、最初は、どうもだいぶもの足りなかったようで、なぜなんにもいってくれないんだと、不満の声があったんですけれども、だんだんわかってもらえたようです。

まあ、人物の出はいりだとかなんとかぐらいは決めますけれども、自分の身にひき比べてみて、いちいちここは右へ歩いてとか、そこは左へ歩いてなんていうことは、かりにも、宝塚という伝統ある学校教育を受けてきた以上、ある程度の演技は自分で、それをこしらえるくらいの気がなくてはだめだと思うんです。それで、それを強調したんですけども、まあ、しまいには、だんだんわかってもらえたようなんで、私としても、まことにありがたいと思いました。

私自身もそうやって、その生徒さんたちを見て、学ぶところも多々ありました」

他人を演出することで役者としての自分の引き出しに何がしかの要素を吸収していく、ということの二世尾上松緑の姿勢というものは、役者は生涯勉強で、ここまで来たら完成ということはない、という彼自身の人生哲学をそのまま表す姿勢だったとみて良いだろう。

因みに、二世尾上松緑の孫である四世松緑は元タカラジュンヌの珠希かほと結婚していた（後に離婚）が、これについても祖父と同様の藤間流の家元という立場での出会いだったのであろうか。

## 四―六　悲劇の晩年

昭和三五年（一九六〇）四月一九日号の『週刊公論』に五頁に亘る松緑のグラビアが掲載されている。歌舞伎の楽屋での様子、映画『バナナ』での岡田茉利子とのオフ・ショットと共に、一家三人で散歩をしているカットが見開きで大きく扱われているのだが、そのキャプション部分には「うちのセガレは歌舞伎界のピースですよ」という松緑の謎かけが記されている。その心は「兄貴（松本幸四郎）のところのムスコ達（市川染五郎、中村萬之助兄弟）は歌舞伎の〝ホープ〟だけれど、我が家のはのうのうと平和に育ったから〝ピース〟です」ということで、煙草の銘柄にひっかけての謙遜なのだが、勿論これは謙遜のようでいて実は「逆説的ムスコ自慢」に他ならず、それだけ次兄幸四郎に対する強烈なライバル心が背景にあると見てよいだろう。[40]

実際、兄幸四郎の二人の息子たち、つまり生まれながらしてスター扱いされてきたように思える九世市川染五郎と二世中村吉右衛門と比べてみた場合に、松緑の息子、初世尾上辰之助もまた昭和四〇年（一九六五）五月の歌舞伎座で初世尾上左近改め初世辰之助となってから、当時の四世尾上菊之助（七世尾上菊五郎）、六世市川新之助（十世市川海老藏、十二世市川團十郎）という同世代の二人と共に「三之助」の一人として注目されてきた訳だし、昭和四一年（一九六六）には早くもNHKの連続ドラマ『大岡政談 池田大助捕物帳』で主役の池田大助を演じ、昭和四七年（一九七二）には本業の歌舞伎の舞台の方でも十世市川海老藏（十二世市川團十郎）、二世中村吉右衛門との、三人で『勧進帳』の弁慶、富樫、義経の三役を日替わりで演じるという、三人それぞれの父である高麗屋三兄弟による七世松本幸四郎の追善興行での日替わりでの三役の入れ替わりを彷彿とさせる趣向で見物を唸らせてもいる。

加えて、歌舞伎以外の演劇においても、こちらも父譲りの活躍を早くから示し、昭和五〇年（一九七五）六月には紀伊國屋ホールにて三島由紀夫原作、青年座の石沢秀二演出に拠る『わが友ヒットラー』でレーム役を演じ、父と共演の『オセロー』（一九七七年）ではイアーゴーを演じ、更には昭和五五年（一九八〇）には池袋サンシャイン劇場で『リチャード三世』のタイトルロールを演じるなど、着々と実績を積み重ね、NHK大河ドラマでも、昭和五四年（一九七九）の『草燃える』では父松緑の演じる後白河法皇と対立す

(40)「映画出演・渡米歌舞伎と多忙の尾上松緑さん」(『週刊公論』一九六〇年四月一九日号) 三一〜七頁

る、その孫後鳥羽上皇を演じたほか、昭和五八年（一九八三）の『徳川家康』での伊達政宗役を演じるなど、父松緑としては自分の歩んできたのと同じ道を着実に歩んできている息子として、芸の上ではまだまだと厳しい見方をしていたにせよ、親としては頼もしい後継者として期待を寄せていたことに疑う余地はない。

その初世尾上辰之助が、昭和六二年（一九八七）三月に、まだ僅か四十歳の若さで突然亡くなってしまったのだから、松緑の哀しみ、失望たるやどれほどのものであったか、想像するまでもない。松緑の立場からすると、長兄團十郎は若くして亡くしていた訳だが、自身が六八歳の時に次兄八世幸四郎が亡くなり、その五年後の七十三歳の時、実際には七十四歳の誕生日の十日前に、今度は自身の芸を引き継いでもらうべき息子を失ってしまった訳である。松緑には三冊の著書があるが、その最後にあたる『松緑芸話』は平成元年（一九八九年）の五月、尾上松緑自身が亡くなる直前に刊行されている。これは所謂「芸談」と言われるジャンルの本で、その本の企画が国立劇場の織田紘二から持ち込まれた際に、直ちには承諾を与えなかったという。その心について織田は「「芸のことが文字で分かってたまるものか」という、お気持ちだったと思います。しかし、いま辰之助さんなく、孫の左近さんもまだ小さいとなれば、六代目菊五郎から伝えられた芸の数々を、こういう形ででも残しておこうと考えられたのだと思います」と推察し、「この本で語られているすべては、わが子辰之助さんに聞かせたかったことであり、そして辰之助さんを通じて孫の左近さんに伝えてもらいたかったことなのだと思います」とあとがきに記している。(41) 松緑自身もまた、同書のはしがきに当たる「ひとこと」の中で次のように述べている。(42)

(41) 尾上松緑『松緑芸話』三七二頁
(42) 同右、四～五頁

「私にはおこがましくてとても諸先輩に肩を並べるような、いわゆる「芸談」などできっこありません。また、芸についてなぞ、聞いたり読んだりして分かるはずがありません。先輩の舞台を見て、そして実際に舞台に立ってみて、初めて身につくものです。そう辰之助たち若い者にも言い続けてきましたが、そうして渡すべき辰之助を一昨年突然なくし、孫の左近もまだ小さく、実のところ茫然自失の態でした。加えて私自身の体の不調です。眠られない幾夜かがありました。そんな折に、この本についてのお話をいただきました。役を譲る相手を失った痛手もあり、昭和二年以来二十二年もの間お世話になった六代目の小父さんへのわずかながらの恩報じとも思い、お引き受けした次第です」

ことほど左様に、逆縁の衝撃、辛さは二年もの間、豪放磊落なイメージの強かった松緑の最晩年を悲劇の色に染めてしまっていたのである。既に松緑は最愛の妻愛子夫人を、兄團十郎を失って間もなくの昭和四二年（一九六七）二月に癌で亡くしていた。それまでは、「喧嘩するほど仲が良い」の例えの通り、愛子夫人のことを「竹を割ったような」と題したエッセイの中で「一口に云へば竹を割ったような気性、それだけに曲った事は大嫌ひ、お腹の中へ何もためてをけなひ人です。晴天忽ち大雨、カラリと晴れて日本晴れといふ様な……。エ？　雷が落ちるかって？　え、落ちますとも大きなのがね。だが亭主たるもの負けてはゐませんよ。何しろ役者よりは、国技館にむいてゐる身体ですからね。喧嘩は当家の名物です」とのろけている。[43]こうした健康的で、どこかユーモラスな家庭での愛妻家振りというものが、早い時期に失われてしまったのに加えて、それでも所帯を持って独立し

(43) 尾上松緑「竹を割ったような」（古書店にて入手した自筆の原稿。掲載誌名は不明）

着実に自分の後を継いでくれる存在として成長していた息子辰之助を突然失ってしまったのである。「茫然自失の態」も無理からぬ話である。

作家で高麗屋三兄弟との縁も深かった村上元三は、辰之助が亡くなった時に初めて松緑に、というよりも役者に対して初めての手紙を書いたのだという。曰く、孫の左近のためにも身体を大事にしなくてはいけない、と。その後しばらくして、若い役者の結婚披露宴に出席した際に、村上は車いすに乗り、傍に孫の左近が付き添った形で披露宴に出席していた松緑と顔を合わせ、次のような会話を交わしたのだという。(44)

松緑は車いすで、そばに左近が立っていた。わたしと顔が合うと、にこりと松緑は笑った。久しぶりに見る松緑の笑顔であった。

そばへ行って、わたしは声をかけた。

「元気にならなくちゃあいけないよ」

松緑は、左近の手を叩きながら答えた。

「うん、こういうのがいるからね」

孫の成長を楽しみに、生甲斐にしている祖父の笑顔であった。

あの顔も、もう見られない。口惜しい。

二世尾上松緑は平成元年(一九八九)六月二五日に急性肺炎で満七十六歳の生涯を閉じ、それを以て高麗屋三兄弟の全てが鬼籍に入った。尾上松緑という名跡は、初世尾上菊五郎の門弟の初世尾上松助が初め俳号として用い、後に名跡として晩年の六年間に名乗ったも

(44) 村上元三「あの笑顔」(『演劇界』一九八九年八月号=特集・追悼 尾上松緑)一四七頁

のだという。その意味では音羽屋一門にとって由緒正しき名跡には違いないものの、同じく江戸時代から綿々と続いてきた市川團十郎や松本幸四郎といった大名跡と比較すると、けっして人々に知られていた名跡という訳ではなかった。長兄治雄が高麗藏から海老藏、そして團十郎へと出世魚の如くより大きな名跡へと階段を駆け上がり、また次兄順次郎が父の死後すぐにその名を継いで幸四郎となったのと比べると、尾上松緑という名跡の大きさは彼自身が弛まぬ努力で役者として大きくなることによって名跡それ自体が大きなものとなったという点で兄たちとは異なると言える。

松緑自身が舞台で演じ、好評につき続編も上演された戯曲に、山岡荘八原作、村上元三脚色・演出の『徳川家康』（一九六三年一二月、歌舞伎座）、『続・徳川家康』（一九六四年、歌舞伎座）がある。それら二度の舞台の間にはNETの『ポーラ名作劇場』の枠で大佛次郎原作に基づいた『家康無情』でも同じ徳川家康役を演じている。織田信長、豊臣秀吉が天下人となっても腐らず、力を蓄えて、長生きして最後に天下を取った家康の軌跡は、二人の兄とのある種のライバル関係を経て、昭和四七年（一九七二）に人間国宝、昭和四八年（一九七三）に日本芸術院会員、昭和五九年（一九八四）に文化功労者、昭和六二年（一九八七）に文化勲章、と晩年になって最高の栄誉の数々を得て歌舞伎界の天下人となった二世尾上松緑の軌跡に通ずる。だが、長生きして天下人となった藤間豊は、長生きした代償して、人生の最後の最後に悲劇を味わって、世を去っていったのである。

# 第五章　義弟四世中村雀右衛門、そして高麗屋三兄弟の息子たち

## 五—一　七世松本幸四郎の娘婿としての四世中村雀右衛門

戦国時代の毛利元就と毛利三兄弟にも例えられる七世松本幸四郎と高麗屋三兄弟だが、その毛利三兄弟を扱った三世中村橋之助（八世中村芝翫）主演の一九九七年のＮＨＫ大河ドラマ『毛利元就』では、〝三本の矢〟のエピソードを描くのに際して、毛利隆元（上川達也）、吉川元春（松重豊）、小早川隆景（恵俊彰）の三兄弟に対して父毛利元就が〝三本の矢〟の話をしているところへ、娘の可愛（高橋由美子）が「娘の私は加えて貰えぬのでございますか」としゃしゃり出て、元就は苦笑しながら「誰か、矢を四本持ってきてくれ」と叫ぶ、というアレンジにしていた。戦国武将は男子のみが跡取りとなったり、他家へ養子に入って勢力拡大に寄与したりすることを期待され、女子に関しては政略結婚の道具として使われるものの、織田信長の妹お市の方に代表されるように婚家との同盟関係は儚いものである。——では、歌舞伎俳優の家の場合はどうか。七世松本幸四郎にも、治雄（十一世市川團十郎）、順次郎（八世松本幸四郎）、豊（二世尾上松緑）の三兄弟の他に、弘子、浜子の年子の娘二人、そして更に晃子がいた。この藤間晃子と結婚し、高麗屋三兄弟の

義弟となったのが、七世大谷友右衛門（四世中村雀右衛門）である。七世大谷友右衛門は、高麗屋三兄弟とほぼ同時期に女形の歌舞伎俳優として活躍した人だが、そのキャリアの前半、三十歳から六年余りの期間、東宝、新東宝、そして松竹の映画スターとして活躍した事で知られている。本節では、この高麗屋三兄弟の義弟、七世大谷友右衛門の足跡を振り返ってみたい。

後に七世大谷友右衛門（四世中村雀右衛門）となる青木清治は、大正九年（一九二〇）に六世大谷友右衛門の二男として生まれている。高麗屋三兄弟は長男治雄が明治四二年（一九〇九）、次男順次郎が明治四三年（一九一〇）、三男豊が大正二年（一九一三）の生まれだから、三兄弟とは十一～七歳年下ということになる。初舞台は父や六世尾上菊五郎が出ていた市村座で昭和二年（一九二七）に六歳の時に出た『幼写劇書初』で、これは『菅原伝授手習鑑』の桜丸、梅王丸、松王丸を幼い子役が出来るように八重丸、春王、千代童という名前に置き換え、八重丸を清治が大谷廣太郎として、また春王、千代童をそれぞれ六代目の子どもである尾上右近（二世尾上九朗右衛門）、尾上丑之助（七世尾上梅幸）が演じたという。

徴兵検査では甲乙丙のうち第一乙という、甲種に次ぐクラスに分類され、車の運転免許を持っていたことから昭和一五年（一九四〇）暮れに召集され、サイゴン、バンコクを経てスマトラほかの戦地で野戦病院のトラック運転手として六年間勤務し、昭和二一年（一九四六）になって漸く復員した。トラック運転手だから負傷者を病院へ運ぶのが主な仕事で、最前線で敵と対峙する事は無かったというが、デング熱に罹って二ヵ月くらいバッタリ倒れたままだったというから、映画監督の山中貞雄のように異国の地で戦病死していてもおかしくはなかったのである。[1]

軍隊にいる間に父六世大谷友右衛門が巡業先の鳥取の旅館で鳥取地震に遭遇して家屋の下敷きになって亡くなってしまい、[2]復員しても頼る者がない心細い境遇だったものの、亡父の友人であり、その葬式の手配を廣太郎が復員してきてから万端引き受けてくれていた七世松本幸四郎が面倒を見てくれることとなった。実際には、高麗屋の番頭であった堀倉吉が間に入って根回ししてくれたのだというが、一年ほど七世幸四郎の付き人を勤めているうちに、七世幸四郎から「女形になるよう」に言われたのだという。[3]もっとも、後に岳父になった七世幸四郎だけでなく、松緑からも同じアドバイスを受けていたという。[4]

「兵隊から帰ってまいりました時、「いま女形が少ないから、女形になれよ」と、言ってくれたのが松緑の兄でした。私の俳優人生の岐路を示唆してくれたようなものです。その時はまだ、本当のお兄さんではなかったのですが、その後、私が家内（七世幸四郎の娘・故晃子夫人）と結婚しましてからは、本当の義兄さんになったわけです」

青春時代のほとんどを戦地で過ごし、二十七歳にして女形の修業を始めた廣太郎だが、七世幸四郎や、その長男九世市川海老蔵（十一世團十郎）らと共に戦後の混乱期に地方巡業などで着実に力を付け、昭和二三年（一九四八）三月には東京劇場での『源平魁躑躅』などで七世大谷友右衛門を襲名し、またプライヴェートでも女形への転身を打診されるのに先立って七世幸四郎の娘晃子と結婚しているから、戦後の再スタートに関して言えば全てにおいてレールを敷かれた形での再出発だったと言えるだろう。

（1）中村雀右衛門『女形無限』（三陽社、一九九八年）三〇頁
（2）中村雀右衛門『私事―死んだつもりで生きている―』（岩波書店、二〇〇五年）四五頁
（3）同右、三〜一〇頁
（4）中村雀右衛門「女形を示唆」（『演劇界』一九八九年八月号「特集 追悼・尾上松緑」）一五三頁

［図5-1］『佐々木小次郎』パンフレット

この七世幸四郎の娘晃子との結婚に関して、その当時は政略結婚云々といろいろと口さがない悪口も叩かれたというが、[5]少なくとも当人同士の気持ちが互いに惹かれ合っていなければ結婚にまで至る事はないものの、きっかけとしては「七代目幸四郎の意向もあって、お付き合いが始まりましたが、お兄さんたちには「今日はデートだろう」とずいぶんとからかわれました[6]」ということなので、ともかくもプライヴェートでも仕事の上でも七世幸四郎の描いた青写真の通りに女形歌舞伎俳優七世大谷友右衛門の戦後が始まったと言って過言ではないだろう。実際、七世幸四郎は亡くなる直前のインタビューで、「友右衛門がうちの娘と結婚しましたが、あの子も永い間應召してゐて蛇やとかげを食つてゐた。それが帰つて来て一番にうちへ来た（中略）うちへ来てゐる中に、どうやら娘も好きらしい（につこりしつゝ）ので、これはいいと思つてゐると、縁談がまとまつて、又一人倅がふえたやうなわけ」と友右衛門を身内に迎えた喜びを語っている。[7]

その順風満帆に思えた七世大谷友右衛門の運命が思わぬ形で大きく変わってしまったのが、七世幸四郎が昭和二四年（一九四九年）一月に亡くなる直前の、前年一二月の東劇の舞台の最中に東宝からあった映画『佐々木小次郎』への出演依頼だった。実際には、それ

（5）中村雀右衛門『私事―死んだつもりで生きている―』四五頁
（6）中村雀右衛門『女形無限』三五頁
（7）三宅周太郎「松本幸四郎對談」一八～一九頁

よりも前に劇場へ通う友右衛門の姿を見て東宝の関係者が直接打診していたのだが、次のような経緯で一旦は断っていたのだという。(8)

「小次郎の話は少年時代に講談社の立川文庫でおなじみでしたが、その本の挿絵は金棒を持った大男として描かれていたのです。そのイメージがあまりに強かったので、自分はとてもその任ではないと思いました。

「わたしは友右衛門ですが、ほかのなんとか衛門さんとお間違えなのではないですか」

わたしが確認すると、「間違いありません」とおっしゃる。

「わたしは女形の修業をしている身で、映画の事はまったく知りません。小次郎を演じるなど想像もつきかねます」

［図5-2］『続・佐々木小次郎』パンフレット

徹頭徹尾、お断りしたのですが、

「何もできないからいいんです」

と、相手の方も、なかなか引き下がりません。

「できることは歌舞伎の舞台でやっていただければいいんです。こちらは、あなたの姿を映したいんです。失礼ではありますが、ご自分を素材のひとつとして考えていただけませんか」とおっしゃる。

(8) 中村雀右衛門『私事―死んだつもりで生きている―』一三三〜一三六頁

## 大谷友右衛門　映画出演作品一覧

| |
|---|
| **東宝時代　1950 年** |
| 12/19『佐々木小次郎』(監督：稲垣浩／共演：月形龍之介) 佐々木小次郎役 |
| **東宝時代　1951 年** |
| 3/31『続佐々木小次郎』(監督：稲垣浩／共演：月形龍之介) 佐々木小次郎役 |
| 7/13『海賊船』(監督：稲垣浩／共演：三船敏郎) 二の字役 |
| 10/26『完結 佐々木小次郎 巖流島決闘』(監督：稲垣浩／共演：三船敏郎) 佐々木小次郎役 |
| **東宝時代　1952 年** |
| 1/10『慶安秘帖』(監督：千葉泰樹／共演：市川段四郎、山村 聰) 苅谷三郎役 |
| 4/10『お国と五平』(監督：成瀬巳喜男／共演：木暮実千代、山村 聰) 五平役 |
| 6/26『四十八人目の男』(監督：佐伯清／共演：大河内傳次郎) 小山田庄左右衛門役 |
| 12/16『風雲千両船』(監督：稲垣浩／共演：市川段四郎、長谷川一夫) 黛三五郎役 |
| **東宝時代　1953 年** |
| 2/ 5『江戸ッ子判官』(監督：中川信夫／共演：加東大助、柳家金語楼) 遠山金四郎役 |
| 5/ 7『旅はそよ風』(監督：稲垣浩／共演：八千草薫、堤康久) おりゃんこ文次役 |
| 7/29『金さん捕物帖 謎の人形師』(監督：中川信夫／共演：八千草薫、柳家金語楼) 遠山金四郎役／人形師甚五郎役 |
| 8/19『天晴れ一番手柄 青春銭形平次』(監督：市川崑／共演：伊藤雄之助) 銭形平次役 |
| 10/ 2『喧嘩駕篭』(監督：冬島泰三／共演：八千草薫、森繁久彌) 松平麟太郎役 |
| 10/ 7『誘蛾燈』(監督：山本嘉次郎／共演：池部良、上原謙) 清吉役 |
| **新東宝時代　1954 年** |
| 1/15『鯉名の銀平』(監督：森一生／共演：乙羽信子、田崎潤) 鯉名の銀平役 |
| 3/ 8『股旅わらじ　恋慕笠』(監督：田坂勝彦／共演：三浦光子) 免鳥の富五郎役 |
| 5/10『剣侠江戸紫』(監督：並木鏡太郎／共演：大河内傳次郎、嵐寛壽郎) 白井権八役 |
| 6/20『噂の女』(監督：溝口健二／共演：田中絹代、久我美子) 的場謙三役 (大映) |
| 8/10『大岡政談・妖棋伝 (前篇) 白蝋の仮面』(監督：並木鏡太郎／共演：堀雄二、藤田進) 青江俊之助役 |
| 8/17『大岡政談・妖棋伝 (後篇) 地獄谷の対決』(監督：並木鏡太郎／共演：堀雄二、藤田進) 青江俊之助役 |
| 10/ 5『悲恋まむろ川』(監督：萩原章／共演：花井蘭子、天知茂) 岡崎の清吉役 |
| 10/19『和蘭囃子』(監督：若杉光夫／共演：南風洋子、水島道太郎) 柳小路蘭平役 |
| **新東宝時代　1955 年** |
| 1/ 3『忍術児雷也』(監督：萩原遼／共演：田崎潤、市川男女之助) 尾形周馬弘行役 |
| 1/ 9『神州天馬侠 第三部 火ごま水ごま』(監督：萩原章／共演：藤間城太郎) 特別出演 |
| 1/15『神州天馬侠 第四部 天動地変』(監督：萩原章／共演：藤間城太郎) 特別出演 |
| 1/29『忍術児雷也 逆襲大蛇丸』(監督：萩原遼、加藤泰／共演：田崎潤、市川男女之助) 尾形周馬弘行役 |
| **松竹時代　1955 年** |
| 5/11『風雲日月双紙』(監督：酒井辰雄／共演：近衛十四郎、南光明) 左近役 |
| 8/10『お役者小僧 江戸千両幟』(監督：福田晴一／共演：高田浩吉、近衛十四郎) 中村歌右衛門役 |
| 9/21『荒木又右衛門』(監督：堀内真直／共演：松本幸四郎、大木実) 渡辺数馬役 |
| **松竹時代　1956 年** |
| 6/29『黒姫秘帖・奪われた鬼面 (前篇)・不知火の美女 (後篇)』(監督：芦原正／共演：中村賀津雄、宮城千賀子) 中村吉之助役 |
| 9/12『文七元結より 泣き笑い五十両』(監督：倉橋良介／共演：紫千代) 辺見七郎太役 |
| 12/12『酔いどれ牡丹　前後篇』(監督：荒井良平／共演：近衛十四郎、雪代敬子) 豊田義介役 |
| **松竹時代　1957 年** |
| 1/29『伝七捕物帳　美女蝙蝠』(監督：福田晴一／共演：高田浩吉、嵯峨三智子) 政吉役 |

そのあいだに東宝のストライキがあり、一度はその話は立ち消えになりました」

劇場へ通う友右衛門をスカウトしたということは彼が舞台復帰した昭和二二年（一九四七）三月以降ということになるから、これはその時点から同年一二月の第三次東宝争議に入るまでの間の出来事ということになる。つまり、争議で映画製作がストップしていたという事情はあるにせよ、丸二年以上経っても東宝はまだあきらめていなかったということになる。結果的には、村上元三の原作を稲垣浩監督が演出した東宝期待の新作映画『佐々木小次郎』は、昭和二五年（一九五〇）一二月に公開された東京の日本劇場を始めとして地方都市でも驚くほどの超大入りとなり、争議に依って製作機能を失い、また「十人の旗の会」で数多くのスターが抜けて新東宝が設立されるなど、屋台骨のぐらついていた東宝が息を吹き返すきっかけとなった。そして、友右衛門自身もまた一躍人気映画スターの仲間入りすることとなり、翌年には同じ稲垣浩監督、新たな共演者に宮本武蔵役の三船敏郎を得て二本の続編が相次いで製作されたほか、昭和二八年（一九五三）いっぱいまでに十一本の作品に主演、赤穂浪士から脱落する主人公を演じた『四十八人目の男』の小山田庄左衛門役、お馴染みの遠山金四郎役、銭形平次役などを演じ、最多の五作品で組んだ稲垣浩監督のほか、成瀬巳喜男監督、市川崑監督、山本嘉次郎監督ら一流監督の作品で主役を張った。

しかし、好事魔多し。昭和二九年（一九五四）から新東宝へ移籍すると、移籍第一作こそ森一生監督による『鯉名の銀平』のタイトルロールという素晴らしい役だったものの、後は大映に貸し出されて出演した溝口健二監督の現代劇『噂の女』が俳優として演じ甲斐のある役だったであろう以外は、基本的に新東宝と云う会社の辿った方向性そのままに、『忍術児雷也』のような子供だましの忍術物などが多くなり、昭和三〇年（一九五五）以降は松竹に活躍の場を移したものの、近衛十四郎演じる右近と兄弟の左近役を演じた『風雲日月双紙』と、義兄となった八世松本幸四郎が主演の『荒木又右衛門』でその甥の渡辺数馬役を演じたのがまあいい役だった位で、当初の東宝時代の降って湧いたような映画スターというポジションからすると、気が付いた時には線が細くあまり印象に残らない脇役俳優へと変わってしまっていた。大谷友右衛門の映画出演作品一覧について別表にまとめたが、たとえ作品数が三十三本と八世幸四郎を上回っていたとしても、映画スターとしての格で言うならば横綱と前頭くらいの違いがある。

そもそも本人は足掛け八年間も映画俳優として働くなどとは思ってもおらず、一本映画を撮るたびにこれで終りにして歌舞伎に戻りたいと思っていたものの、映画出演で大金が転がり込むと莫大な税金を払う事になり、その税金を払うためにまた映画に出るという悪循環に陥り、一方でスケジュール的にも歌舞伎の舞台にはなかなか立つ事が出来ず、漸く映画の世界から足を洗って歌舞伎の世界に戻ってくる事の出来た昭和三〇年（一九五五）には東京には居場所が全くない状況となっていた[9]。

結局、友右衛門は松竹の大谷竹次郎会長の判断で、ほとぼりが冷めるまで大阪へ行って主として三世市川壽海の相手役として舞台を務めた。壽海は元々は六世市川壽美藏として東京で活躍した人であり、かつ友右衛門の岳父七世幸四郎とは因縁浅からぬ人だったから、これは復帰する友右衛門が頼りに出来る先輩として、慣れない大阪だとしても壽海に預けるのがいいだろうと大谷会長が判断しての事と思われる。因みに、壽海が養子にして

（9）同右、一三七〜一五四頁

いた八世市川雷藏は、元々三世市川九團次の養子だったものの、彼の素質を見込んで大名跡の四世中村雀右衛門を継がせたいと考えていた武智鉄二が、名門の出ではない九團次の養子のままではそれが叶わないと考えて自ら斡旋して子供の無かった壽海の養子となるように取り計らっていた。だが、周知の如く、雷藏はその後たった三年で歌舞伎に見切りをつけて、昭和二九年（一九五四）に大映と契約して映画界へ行かれてしまった。従って、壽海にしてみれば期待を掛けていた養子に映画界へ行かれてしまい、代りに映画界から歌舞伎界へ復帰したい友右衛門を引き受ける事となった訳である。そしてその友右衛門が、雷藏に代わって昭和三九年（一九六四）に四世中村雀右衛門になったという事も何やら因縁めいている。

友右衛門が雀右衛門を襲名したというのも、普通ではちょっと考えられない偶然が重なっての事である。と云うのも、両家には市川團十郎家と松本幸四郎家のような何代にも亘る強い結びつきがあった訳では全然なく、たまたま先代雀右衛門の忘れ形見の息子である二歳年上の中村章景と友右衛門が修業時代に同世代と云う事でとても親しくしていたものの、その章景は友右衛門同様召集されて歩兵として戦地で亡くなってしまい、ひとり生き残って帰って来た友右衛門のことを、章景の母親、即ち三世雀右衛門の未亡人が亡き息子の代わりとして可愛がり、息子に代わっていつか女形の大名跡である雀右衛門を継いでほしいと願って遺言に残し、その死後に三世雀右衛門の位牌養子となって雀右衛門を襲名したのである。(10)

四世中村雀右衛門は昭和三五年（一九六〇）の秋からは再び本拠地を東京に戻し、平成二四年（二〇一二）に九一歳で大往生を遂げるまでの永きに亘り女形の大御所として舞

(10) 同右、六九～七一頁、一六六～一六七頁

台に立った。その晩年には人間国宝（一九九一年）、文化功労者（二〇〇一年）、文化勲章（二〇〇四年）と数々の栄誉にも輝き、二人の息子をそれぞれ八世大谷友右衛門と五世中村雀右衛門とすることで、二つの名跡を次代へと引き継いで自らの役割を全うしたのである。

## 五―二　十二世市川團十郎――大名跡襲名、テレビドラマでの活躍、そして白血病との戦い

後に十二世市川團十郎となる堀越夏雄は、昭和二一年（一九四六）八月六日、広島に原子爆弾が投下された日のちょうど一年後に生を受けた。原爆症などとは全く関連は無いものの、今日における平均寿命からすると余りにも早く、僅か六十六歳にして白血病で亡くなってしまった事実を鑑みると、彼が生まれた日というのが、人類が人為的に生みだした兵器に拠って多くの人が瞬時に命を失い、生き残った人の多くも放射能の影響に拠る癌や白血病で命を落とす起点となった日の丁度一年後だったということも何か因縁めいている。

夏に生まれたので夏雄というのが命名の理由だそうだが、彼の父・九世市川海老藏（十一世市川團十郎）は若い頃に神田明神内の料亭開華楼の娘、清水幸子と結婚して僅か三ヵ月程で破綻したり、別の女性とも事実婚のような関係を持っていた時期があり、実はその女性との間に一男を授かって字画などをいろいろと研究して名前を付けたものの、その息子が夭折してしまったため、同じ轍を踏まないように出来るだけ単純な名前にしたと

いうことのようである。これは、ある意味では子供の無事な成長を願う親としてのゲン担ぎだったと言えるだろうか。

既に第二章にて述べたように、九世市川海老藏は息子である堀越夏雄の存在を、息子が小学校に入学する年齢になるまでごく近しい身内——父・七世松本幸四郎や弟の五世市川染五郎（後の八世松本幸四郎）と二世尾上松緑とその家族——以外には一切知らせていなかった。海老藏は、当時「海老さまブーム」の真っただ中にあったこともあり、高麗藏時代から彼の身の回りの世話をしていた松本幸四郎家の女中であった後の千代夫人と、一男一女を儲けていたものの入籍はしないままでいたことを、ファンの女性たちはおろか、演劇ジャーナリズムの担い手であった記者たちにも、成田屋の一門の身近な者にすら秘密にしていたのである。そして昭和二八年（一九五三）になって新聞がその妻子の存在をスクープし、大騒ぎとなったが、それを機に正式に千代夫人とも籍を入れ、メディアにもお披露目ということになり、夏雄は市川夏雄としてこの年の十月の歌舞伎座で『大徳寺』の三法師役で初舞台を踏むことになった。この三法師役というのは、秀吉が清洲会議で亡き主君織田信長の後継者としてその直系の孫である三法師を抱いて登場し、自らはその後見人として事実上の天下人であることを示すという有名な場面を劇化したもので、将来、自分の後の海老藏を、そしてやがては團十郎を継ぐことになるであろう息子の初舞台として、子役とは云え市川宗家の御曹司として相応しい役柄を考えてのものであった筈である。

その後、夏雄は子役として父の舞台『源氏物語』や『なよたけ』などに出演し、昭和三三年（一九五八）五月には歌舞伎座の『風薫鞍馬彩』の舞台で牛若丸を演じて六世市川新之助を襲名している。時に夏雄十一歳である。新之助となってからは、『大森彦七』の家来久太、『盲長屋梅加賀鳶』の追分清造、『假名手本忠臣藏』の力彌といった役で経験を積んでいき、昭和三七年（一九六二）四月、五月の父の十一世市川團十郎襲名披露興行では『助六由縁江戸櫻』の福山のかつぎを演じたほか、この年の松竹映画『義士始末記』では将軍綱吉の役で映画にも初出演している。

この頃、父十一世團十郎が次代の育成のために自前で始めた若手勉強会に「荒磯会」という会があった。これはちょうど十一世團十郎自身や弟の順次郎（八世幸四郎）、四世坂東玉三郎（十四世守田勘彌）らが十代半ばの頃に行なっていた「つぼみ座」という試演会の再現といってよい会だったが、昭和三八年（一九六三）七月に行なわれたこの荒磯会の第一回公演では、新之助は父の指導の許で初めて『勧進帳』の弁慶を演じている。また二年後の第二回公演（三越劇場）では『鏡獅子』で、弥生後に獅子の精という役どころで再び父の指導を受けた。

その後、昭和四〇年（一九六五）になると七世尾上梅幸の息子で一歳年下の五世尾上丑之助が四世尾上菊之助を襲名、二世尾上松緑の息子で従兄弟にあたる初世尾上左近が同じく初世尾上辰之助を襲名すると、新之助、菊之助、辰之助の「三之助ブーム」が俄かに沸き起こり、梨園の新世代の期待のホープとして主として東横ホールの観客やメディアを騒がせた。三之助は個人的にもみな仲が良く、時には三人で連れ立って京都の街を酔っぱらって歩いたりしたという。その頃の有名なエピソードを、関容子が後に十二世團十郎になった本人から直接説明してもらっている。曰く「あのときは菊五郎さん（註：当時菊之助）がアベックをからかったんです。口論になって、まず辰之助君が手を出した。それからしばらく歩いたら、いつの間にか怖い男たちに囲まれていて、ぼくが最初にガツーンと一発、鼻のつけ根に見舞われて、気が付いたら交番の洗面器一杯、鼻血が出てました」[11]。いなせな江戸っ子気質の菊之助、血の気の多い辰之助、おっとりしている新之助という、三人三様の個性がよく判るエピソードだと言えるだろう。取り分け、新之助は同い年の従兄弟であった初世尾上辰之助とは仲が良かったと言われている。これは、どちらかというと気性も激しく、酒を豪快に飲んだ――それが原因で早世したのだが――辰之助と、優しい性格でおおらかなイメージの新之助という、性格が間逆なところが却って二人の距離を縮めていたと言えるのかもしれない。

自ら始めた荒磯会において、時に鉄拳を振るいながら息子を含む若手俳優たちを熱血指導したと言われている父・十一世市川團十郎は、その華やかな襲名披露興行から僅か三年半後の昭和四〇年（一九六五）、胃癌が全身に転移して手の施しようがなくなり、一一月一〇日に惜しまれつつ亡くなった。その時、息子である新之助はまだ十九歳である。普通の歌舞伎役者であれば、ちょうど現在の二世市川猿翁がそうだったように、後ろ盾となるべき父や祖父が亡くなってしまった途端に周囲からの陰湿ないじめに遭ったり、役が付かなくなったりして人一倍の苦労を強いられるのが梨園における常識とも言える中、新之助がそのような事にならず、周囲の皆からサポートされ、帝王学を学んでいった背景には、敵を作らない本人の性格の良さも勿論あったろうが、やはり八世松本幸四郎、二世尾上松緑という立役として当代随一の二人の叔父の存在があった故の事であろうことは容易に推察が付く。実際、十一世團十郎の追悼特集を組んだ雑誌『演劇界』の随想集の中で、松緑は自身の文章を「この上は、新之助を指導して海老蔵への道を開かせることが、弟たちに

(11) 関容子『海老蔵そして団十郎』（文藝春秋、二〇〇四年）一一頁

課せられた任務であろうかと、存じております」と結んでいる。[12] 勿論、海老蔵の先には團十郎という大名跡がある事は誰にとっても明らかなのだが、ここで松緑が敢えて團十郎という名跡に触れていない事は、それは本人の努力次第、という芸の道の厳しさを、語らぬ事で示していると見るべきだろう。

その後、荒磯会は新之助が亡父の意思を継いで継続させ、第三回を三越劇場で、更に昭和四七年（一九七二）の第七回までは国立劇場小劇場にて公演を続けた。それらの演目の中には、昭和四二年（一九六七）八月に行われた第四回公演での『櫓太鼓成田仇討』の様な、市川宗家所縁の不動明王が登場する芝居の復活上演もあった。勿論、不動明王を演じたのは新之助である。[13] これなども父の遺志を受け継いで自らが市川宗家の跡取りとしてこれからの時代の歌舞伎を担っていくのだという新之助の決意を示していたと言えるだろう。

そして新之助が日本大学芸術学部演劇科を卒業し、二十二歳になった昭和四四年（一九六九）一一月には、歌舞伎座において六世市川新之助改め十世市川海老蔵の襲名披露興行が行われた。演目は父が團十郎を襲名した時と同じく『助六由縁江戸櫻』、『勧進帳』（富樫左衛門）という、ともに市川宗家の大事なお家芸である。因みに、高麗屋三兄弟の息子たち、即ち四人の従兄同士の中では、幸四郎の二男・初世中村萬之助が最も早く、昭和四一年（一九六六）に祖父にして養父である故中村吉右衛門の名を二代目として継いでいるが、父の時代の「海老さまブーム」の記憶がまだ人々の中に残っていたこの時期での新之助の海老蔵襲名は同世代の歌舞伎役者たちの中ではそれに次ぐ大きな名跡の復活という位置づけだった。

(12) 尾上松緑「技巧を超越した役者」（『演劇界』一九六六年一月号臨時増刊「十一代目市川団十郎」）四一頁
(13) 江宮隆之『團十郎と海老蔵―歌舞伎界随一の大名跡はこうして継承されてきた―』（学研新書、二〇一一年）二六二頁新海老藏となった頃の彼には、克服しなければならないと度々指摘されていた大きな課題があった。それは、「発声に難あり」、あるいは「口跡に難あり」という玄人筋からの指摘である。幼少時にはすぐに扁桃腺をはらせてしまう虚弱体質だったという彼に対して、父・十一世市川團十郎がアデノイドの手術をさせたという辺りに、この声の問題の遠因があったとする指摘がある。(14)筆者は彼が十二世團十郎になって以降の舞台は度々見ているが、「発声に難あり」と言われ続けていたイメージが強くあったため、当初はそういう色眼鏡で観てしまっていたことを、反省を込めて述べておかなければならない。だが、團十郎という名に相応しい貫禄が出てきてからは、最早そういった欠点を指摘する声は自然に聞かれなくなった。その背景には、人知れず、義太夫を熱心に稽古するなどの本人の努力があった事は言うまでもない。

團十郎襲名は昭和六〇年（一九八五）四月から六月に掛けての歌舞伎座での三ヵ月連続の襲名披露興行で行われ、四月には海老藏襲名の時と同じ歌舞伎十八番『助六由縁江戸櫻』と『勧進帳』（武蔵坊弁慶）、五月には『暫』と『勧進帳』、六月には『鳴神』、『助六由縁江戸櫻』、そして父のために書かれた大佛次郎の『若き日の信長』というもので、ほとんど全ての歌舞伎俳優が揃っての口上なども前代未聞の事だった。また、この襲名興行を行なう発表記者会見をしたのが二年も前の昭和五八年（一九八三）の六月であり、その際には松竹の永山武臣社長のほか、後見役の叔父二世尾上松緑、前月の歌舞伎座で初お目見えとなった長男の堀越孝俊（十一世市川海老蔵）、そして亡き両親に代わって後援者として亡父十一世團十郎と親しかった前田青邨夫妻が列席するという力の入れようであり、更に襲名披露パーティでは新團十郎親子、松緑に加えて政界から中曽根康弘首相、田中角栄

(14) 同右、二六三頁

元首相、財界から五島昇、今里広記が応援団として来客を出迎えるという、いち梨園の枠を遥かに超えた国民的一大イヴェントだったと言えるだろう。(15) 六月の歌舞伎座を終えた後の七月・八月は、これも史上初めての試みとして、ニューヨーク、ワシントンDC、ロサンゼルスでの二ヵ月に及ぶ襲名披露海外公演が行なわれ、座頭で芸術監督を兼ねた松緑以下、総勢九十四名での一行が全三十八回の公演を行なった(16)。

そうした中、團十郎襲名を記念した雑誌『演劇界』の昭和六〇年一月臨時増刊号では、「新・團十郎さんへ」と題した数多くの歌舞伎俳優仲間からの激励のコメントが収録されているのだが、それらの中で同世代に当たる従兄弟二人、即ち初世尾上辰之助と九世松本幸四郎のコメントというのが、新團十郎の人柄というものを良く示している。辰之助曰く「彼は人徳があるし、ぎすぎすしていない、まあるい人だから大丈夫だと思うけれど、歌舞伎の本流として、どーんと構えてやっていって欲しいと思います」。そして幸四郎曰く「舞台には必ず、役を通して俳優そのものの人間性がでますから、一生、生き抜いたあとでその評価が決まるようなところもあるわけです。夏雄ちゃんは人間的にも素直ですし、純朴なところを持ったひとですから、そういう純粋な面を生かして、芸の修業と一緒に、他の俳優さんに対して常に、優しさ、愛情をそそげるようなひとであってほしいと思います」。——歌舞伎界最大の名跡を継ぐことのプレッシャーに負けるな、とか、襲名をきっかけに更なる飛躍を!、という様なお決まりの激励ではなく、「人徳」「まあるい人」「素直」「純朴」といったキーワードでその人となりを示し、彼ならきっと大丈夫、とエールを送るような激励である。そして、その周囲の評価、期待の通りに、十二世市川團十郎は歌舞伎役者として大きく成って行ったと言えるだろう。

(15)「新團十郎誕生までの数々の行事」(『演劇界』一月号臨時増刊「市川團十郎」)一一四〜一一六頁

(16)『歌舞伎海外公演の記録』(松竹株式会社、一九九二年)三三一〜三五〇頁、中川右介『悲劇の名門 團十郎十二代』(文春新書、二〇一一年)二九一頁

ここで、本書の主旨に鑑み、彼の歌舞伎以外の領域での活躍を振り返っておきたい。父・十一世市川團十郎は二人の弟と比べると映画やテレビドラマへの出演は――舞台での持ち役をテレビ放送用に収録した様なものは別として――さほど多い方ではなかったが、息子である十二世市川團十郎は、映画界で活躍した叔父八世松本幸四郎、テレビドラマで活躍した叔父二世尾上松緑の築いた歌舞伎役者としての舞台以外での活躍の場というものを、三人の従兄たちと同様にしっかりと受け継いでいる。

新之助から海老藏時代を経て團十郎襲名以後に至るまでの彼のテレビドラマへの出演をざっくりと整理してみると、凡そ次のような流れとなる。[17]先ず、昭和三八年（一九六三）一月には、父十一世市川團十郎が主役の勝小吉を演じる『父子鷹』（NET）において男谷精一郎役で出演している。これは、本来であれば息子の勝麟太郎役こそが相応しかった筈なのだが、当時十六歳の新之助にはまだちょっと荷が重いと見做されて脇に回ったということであろうか、麟太郎役は石崎吉嗣が演じている。そして、昭和四二年（一九六七）には一年間出ずっぱりでテレビドラマの主演を勤めている。即ち、一月から五月に掛けては『若さま侍捕物帖』（NTV）、そして六月から一〇月に掛けては『遠山の金さん』（NTV）の二作品に主演、どちらも演出には映画界のヴェテラン渡辺邦男が当っている。因みに、この年には新之助は三月から五月に掛けての三ヵ月間を除いて毎月舞台にも出演しているから、テレビの仕事の方もVTRで撮りだめしていたのでなければ――この時代にはそれはほとんど考えられないが――特に年の後半のスケジュールは相当にタイトだったと思われる。

海老藏時代にも、舞台での活躍は当然として、梨園の若手のホープとして、様々なテレ

（17）allcinema Movie & DVD Database（http://www.allcinema.net/prog/index2.php）及びテレビドラマデータベース（http://www.tvdrama-db.com/）での検索結果を中心に筆者の記憶も交えてリストアップした。

ビドラマでも活躍している。先ず昭和四五年（一九七〇）二月から四月『春の雪』（CX）では吉永小百合、山本富士子との共演、昭和四七年（一九七二）一〇月には父の当たり役であった『若き日の信長』（NHK）を舞台中継ではなくテレビ用の収録で演じ、また翌年の二月にはやはり単発のドラマで、NET「ご存知時代劇」枠で叔父の八世松本幸四郎共演に拠る『月形半平太』のタイトルロールを演じている。その後も、昭和五一年（一九七六）一〇月から翌年三月に掛けては『宮本武蔵』（KTV）のタイトルロールを演じた。これは放送批評家懇談会の賞を取るなど評価も高い作品となったのだが[18]、この撮影を京都周辺で行なっていた最中に母千代が五十八歳の若さで亡くなり、弱冠三十歳にして頼るべき両親ともになしという現実に直面する事になった。昭和五四年（一九七九）五月から九月に掛けてはCX「平岩弓枝ドラマシリーズ」枠の『午後の恋人』で若尾文子と共演している。

『宮本武蔵』に関して補足しておくならば、ずっと後の平成一五年（二〇〇三）のNHK大河ドラマで息子の七世新之助（十一世市川海老蔵）主演で『武蔵 MUSASHI』が放送されている。親子二代で宮本武蔵役をテレビシリーズで演じることになった訳だが、同年一一月の新橋演舞場でも歌舞伎版の『宮本武蔵』が上演され、こちらではテレビと同じく息子の新之助が武蔵を演じ、父である十二世團十郎はその導師である沢庵和尚を演じると共に演出も担当していたから、単なる役柄の継承以上の、父としての息子への無言のアシスト――自分の場合は父が早くに亡くなったためにそれが得られなかった――であったと見る事が出来よう[19]。

團十郎襲名に際しては四月から六月に掛けての襲名披露興行に先駆けて三月二八日にN

(18) 関容子『海老蔵そして団十郎』三八頁
(19) 同右、一二七～一二九頁

TV「木曜ゴールデンドラマ」枠で十二代目市川團十郎襲名記念スペシャルドラマとして、江戸歌舞伎の始祖、初世市川團十郎の生涯を、叔父二世尾上松緑を始めとする梨園の幹部俳優たち、そして父と二本の映画で共演した淡島千景ら豪華配役による『花道は炎のごとく』が制作・放送され、これに主演している。

團十郎襲名後には、平成四年（一九九二）のテレビ東京の正月恒例「12時間超ワイドドラマ」枠にて『天下の副将軍水戸光圀 徳川御三家の激闘』でタイトルロールを演じたほか、平成九年（一九九七）にも同枠にて『炎の奉行 大岡越前守』のタイトルロールを演じているが、その少年時代を息子である七世新之助（十一世市川海老藏）が演じた事が評判となった。また息子とは他にも平成一二年（二〇〇〇）一二月のABCの単発ドラマ『忠臣蔵うら話・仲蔵狂乱』でも共演している。更に平成二〇年（二〇〇八）にはビートたけしがタイトルロールを演じたTBSの単発ドラマ『あの戦争は何だったのか 日米開戦と東條英機』で山本五十六役を演じたことが話題となった。

そして、叔父二世松緑以来歌舞伎役者が主役を務めるケースの多いNHK大河ドラマでも、海老藏時代の昭和四六年（一九七一）『春の坂道』での徳川家光役を皮切りに、團十郎になってからは平成六年（一九九四）の『花の乱』でヒロイン日野富子役の三田佳子とのコンビでその夫足利義政役を演じている。ここでも二人の青春期を従兄九世松本幸四郎の娘である松たか子と自身の息子新之助が演じていた。更に平成一一年（一九九九）の『元禄繚乱』では劇中劇『暫』のシテを勤める歌舞伎役者役で特別出演している。

新作の芝居としては、昭和六三年（一九八八）六月の、「歌舞伎座百年」記念イヴェントの一環として行なわれた『武田信玄』の公演が特筆すべきものとして挙げられる。新田次郎の原作を元に、幕間を含めて四時間という長丁場のこの舞台で、團十郎は勿論信玄役を演じたのだが、ラストの川中島の合戦の場面では従兄弟の九世松本幸四郎（二世松本白鸚）演じる上杉謙信との一騎打ちのシーンが話題を呼んだ。[20] 因みに九世幸四郎の父・八世幸四郎もまた映画『笛吹川』では上杉謙信役でカメオ出演しており、この時の信玄は十七世中村勘三郎が扮していた。

映画に関しては、最初に出た『義士始末記』の後はしばらく間が空いたものの、その後昭和四九年（一九七四）公開の松竹の大作『流れの譜（第一部「動乱」、第二部「夜明け」）』で軍人一家の六人兄弟の二男で戦死する役を演じた。また、團十郎襲名以降にも、平成一〇年（一九九八）には人気シリーズを江戸時代の幕末に置き換えた『花のお江戸の釣りバカ日誌』に、庄内藩主役で出演しているが、ずっと以前の昭和四六年（一九七一）にも盟友の一人である四世尾上菊之助（七世尾上菊五郎）と目黒祐樹主演の『弥次喜多隠密道中』にゲスト出演した際は高須藩主という役どころであり、その家柄の良さとおおらかな個性というものが藩主役にぴったりだったのである。

おおらかさ、という点に関して印象深いエピソードとしては、平成一五年（二〇〇三）一一月一〇日、ちょうど新橋演舞場にて親子で『宮本武蔵』の舞台を勤めていた時に、七世新之助の十一世市川海老藏襲名の記者会見が行われた。この時の團十郎の司会振りというのが、この人の暖かくおおらかな持ち味を象徴していたように思う。この時、團十郎は「この度、倅新之助が来年、十一代目團十郎を襲名する事に……」と間違えてしまい、すぐに気が付いて訂正したのだが、「えらいこっちゃ。それでは私はどうなっちゃうのか……」とアドリブでフォローして会場の記者たちや当の新之助に笑いの渦をもたらした。

(20) 江宮隆之『團十郎と海老蔵―歌舞伎界随一の大名跡はこうして継承されてきた―』二八一頁

勿論、いずれ彼は團十郎を継ぐことになる訳だが、自分の父と自分の息子がまるで隔世遺伝のお手本のようにそっくりな二枚目である事も含めて、繋ぎ役としての自身の役割を自覚していたからこその言い間違いであろうし、そんなに重大な言い間違いをしてもそれを笑いの渦に変えてしまう暖かさ、おおらかさというものがこの人の生来の持ち味だったのではないだろうか。

平成一六年（二〇〇四）五月、息子・七世新之助の十一世市川海老藏襲名披露興行が歌舞伎座で行われた。その披露興行の最中、九日目の舞台を終えた團十郎は体調不良で医師の診察を受け、M3型白血病と診断された。翌日からは休演を余儀なくされ、治療のための長い戦いが始まった。この時はM3型白血病に良く効く薬の効果が上がり一時的に良くなって秋のフランス・シャイヨ宮での十一世市川海老藏襲名披露興行で復帰することが出来たものの、翌平成一七年（二〇〇五）の夏に再発、砒素を土台とした新薬で〝毒〟をもって制していく。その毒でなんとかまた直すことができた[21]」とは本人の弁である。その後の東京・虎の門病院での闘病生活のことを後に自身「七段目の無間地獄」と表現した團十郎だが、その心はおかるに父親の死を告げた後の平右衛門が悲観にくれるおかるに対して言う台詞「こりゃこりゃ、まだまだそんなことじゃねえ。後にはどえらいのがある。びっくりするな」と勘平の死を告げる『假名手本忠臣藏』七段目同様に、「これまでも十分すぎるほど大変だったわけだが、最後にどえらいのが控えていた」という、自家移植後の想像を越える苦しみのことである。[22]……因みに、筆者がこれまでに見た七段目の舞台で、平右衛門役を演じた俳優は十五世片岡仁左衛門、二世尾上辰之助（四世尾上松緑）、四世中村梅玉、十一世市川海老藏と沢山いるが、個人的に一番好きだったのが十二世團十郎

(21) 十二代目市川團十郎『團十郎の歌舞伎案内』（PHP新書、二〇〇八年）一二一～一二三頁
(22) 市川團十郎『團十郎復活―六十兆の細胞に生かされて―』（文藝春秋、二〇一〇年）一一四～一一五頁

の平右衛門であった。その後も、平成一八年（二〇〇六）五月の歌舞伎座での團菊祭で復帰し、翌年三月にはパリのオペラ座での歌舞伎公演を成功させるなど病魔を克服したかに思えた團十郎は、平成一九年（二〇〇七）七月に妹の治代（二世市川紅梅）からの骨髄移植を受けて以降容体も安定し、平成二一年（二〇〇九）九月にもモナコ公国のオペラ座での公演を行なうなど精力的に舞台に立ったが、その四年後の平成二五年（二〇一三）二月三日、肺炎のために六十六歳というまだまだ働き盛りの最中で世を去った。

その死後の同年一二月、息子・十一世市川海老藏主演の映画『利休にたずねよ』が公開された。この作品で、息子・海老藏の演じる千利休の師匠武野紹鷗役を演じ、生前にその撮影を完了していた故團十郎は、死して尚、市川宗家、そして歌舞伎界の将来を含めて後を託す息子のアシスト役を務めて逝ったのである。

## 五―三　二世松本白鸚――ミュージカル、シェイクスピア、そしてＮＨＫ大河ドラマでの活躍

平成二八年（二〇一六）一二月八日、松竹は高麗屋三代同時襲名の披露記者会見を行なった。即ち、九世松本幸四郎が二世松本白鸚を、その長男七世市川染五郎が十世松本幸四郎を、そして更にその長男四世松本金太郎が八世市川染五郎を、平成三〇年（二〇一八）一月・二月の歌舞伎座開場一三〇年記念の年の幕開けを飾る襲名披露興行で襲名する事となったのである。平成二九年（二〇一七）八月三日からは、歌舞伎座にほど近い銀座四丁目の和光にて「高麗屋三代襲名記念展」が開催され、そのオープニング・セレモニーでは

襲名披露興行の演目も発表され、一月が『菅原伝授手習鑑』の「車引」と「寺子屋」、『勧進帳』、二月は『一條大蔵譚』の「檜垣・奥殿」、『熊谷陣屋』、『假名手本忠臣藏』の「七段目」と、『一條大蔵譚』以外は三十七年前の高麗屋三代同時襲名興行とほぼ同じということになったのである。長い歌舞伎の歴史の中でも、実は直系の親子孫による三代同時襲名披露興行というのは昭和五六年(一九八一)一〇月・一一月に行なわれた前回の高麗屋三代同時襲名興行に次いで今回が史上二回目の快挙であり、それを同じ高麗屋が達成するというのも正しく奇跡に近い慶事であった。因みに、和光での「高麗屋三代襲名記念展」も三十六年前の同じ八月に行なわれている。

初世松本白鸚は襲名の二年前から体の不調と向き合い、幸四郎の名跡を息子昭暁に譲るための事実上の隠居名としての白鸚襲名だったたし、実際にその名で舞台に立ったのは襲名披露興行での一〇月の『盲長屋梅加賀鳶』と『假名手本忠臣藏』の「一力茶屋」、一一月の『井伊大老』、そして両月の「口上」のみで、既に病が悪化していたため何れの役も途中で十七世市村羽左衛門や息子の二世中村吉右衛門が代役を務めるなどしたため、白鸚としての活躍は実質的にはほとんどなかった。だが、二世白鸚となった九世松本幸四郎は、まだまだ意気盛ん、幸四郎の名を息子に譲った後も白鸚としてこれからどんどん新しい試みを行なって行くであろうし、白鸚時代をどう形作っていくのかが楽しみなところである。従って、現役バリバリの歌舞伎幹部俳優のことをこの短い一つの節にまとめることは甚だ不適当極まりないし、歌舞伎役者の歌舞伎以外の領域での活躍にフォーカスした本書の立ち位置からすると本来は二世松本白鸚だけで一冊の本にまとめるべきだとの思いもあるのだが、それはまた将来への課題として、ここでは高麗屋三兄弟の切り拓いて来た道を受け継いだ息子世代の四人の従兄弟同士たちの一人としての九世幸四郎が、二世白鸚を襲名した現時点までどのような歩みを示してきたかについて、そのほんの一端を紹介しておくということにしたい。

　後に九世松本幸四郎を経て二世松本白鸚となる藤間昭暁が生を受けたのは太平洋戦争真っ只中の昭和一七年（一九四二）八月三〇日の事である。父藤間順次郎（当時五世市川染五郎。後の八世松本幸四郎）と妻正子は生まれてくる子の名前に就いて毎日毎晩相談したといい、順次郎の父（七世幸四郎）の名である金太郎をもらおうかという案もあったという事だが、結局それは芸名の方で用いさせる事とし、易者の考えた昭暁の名にしたのだという。[23] その後悪化する戦局に鑑みて日光に疎開して終戦を迎え、昭和二〇年（一九四五）一〇月に東京に戻り、翌年の五月に焼け残った東京劇場にて初舞台を踏んでいる。演目は『助六曲輪江戸櫻』で外郎売りの倅役を勤めたが、外郎売りが父染五郎、助六は祖父七世幸四郎、意休が外祖父の初世吉右衛門、揚巻が六世尾上菊五郎、福山のかつぎが伯父九世市川海老藏、朝顔仙平が叔父二世尾上松緑という超豪華な顔触れで、その様子を吉右衛門の俳句の師であった高濱虚子が「幼きを助け二本《ふたき》の老桜」という句に詠んでいる。

　祖父七世幸四郎の死去を受けて昭和二四年（一九四九）九月には父が八世松本幸四郎を襲名するのに合わせて、自らは六世市川染五郎となった。父が『勧進帳』の弁慶と『ひらかな盛衰記 逆櫓』の樋口次郎、新染五郎は富樫の太刀持ちと遠見の樋口での襲名披露だった。この歳の四月には小学校へ入学し、三年生からは父や伯父たちが通った暁星へと転校、中学生になるとはや歌舞伎の舞台以外の領域へも進出し始めている。先ずラジオでの連続放送劇への声の出演で、ニッポン放送の『空手小僧の冒険』および『ひとよぎ

(23) 松本幸四郎『松本幸四郎 私の履歴書』（日本経済新聞社、二〇一二年）一七頁

りの秘密』で、後者では桑野みゆきや浅丘ルリ子と共演している。こうした放送劇で学んだ「喋り方」が後の舞台での現代劇に「どれくらい役だったかはわからない」とは本人の弁である。[24]初めての映画出演も昭和三〇年（一九五五）、五所平之助監督の『たけくらべ』（新東宝）で果たしている。共演は美空ひばり、岸恵子、そして山田五十鈴であった。この映画デビュー作の撮影スナップで、我が子の映画初出演を陣中見舞いしている父幸四郎の写真が残っているが、やはり親としては我が子が巧く現場でやっているか、気掛かりで居ても立っても居られなかったのであろう。映画にはその後も松竹在籍中は同年の父主演の『荒木又右衛門』での、結果的に大勢の者たちの運命を左右する事になる仇討ちのきっかけをつくる、高慢ちきなエリート少年武士渡部源太夫役、そして昭和三二年（一九五七）には松竹オールスター・キャストに拠る歌舞伎の『假名手本忠臣藏』の映画化作品『大忠臣藏』に矢頭右衛門七役で出演（父幸四郎は立花左近役）、そして昭和三三年（一九五八）に同じく父主演の『大東京誕生　大江戸の鐘』では明治幼帝役を演じ、更に昭和三四年（一九五九）には大映京都に招かれて森一生監督、市川雷藏主演の『若き日の信長』で信長暗殺を企てる小萩（青山京子）にそそのかされる平手甚三郎役、そして再び松竹で弟萬之助と兄弟役を演じた木下惠介監督作品『笛吹川』（父幸四郎と十七世中村勘三郎が上杉謙信、武田信玄役でカメオ出演）と続いている。

染五郎が弟萬之助と共に東宝入りする事になったのは、丁度早稲田大学文学部演劇学科への入学前の時期で、受験が無事に終わってから発表する予定だったものが事前にマスコミに漏れてしまい、入学試験の会場まで記者が詰め掛ける騒ぎとなった。この東宝入りによって染五郎はミュージカルとの出会いを果すことになるが、その件に触れる前に東宝移

(24) 市川染五郎『見果てぬ夢　染五郎から幸四郎へ』（コンパニオン出版、一九八一年）九五〜九六頁

籍後の映画出演に就いて簡単に整理しておきたい。

先ずは移籍してすぐの昭和三六年（一九六一）に父と弟と共に出演した稲垣浩監督作品『夜盗風の中を走る』があるが、ここではまだ『笛吹川』同様に弟萬之助とのセットという扱いだったが、続く翌昭和三七年（一九六二）公開の石川達三原作に拠る『僕たちの失敗』では、かつてラジオで共演していた桑野みゆき扮するヒロインとの恋愛、親への反発と自立、予め敷かれたレールに乗って進む人生への反乱と自由な生き方の模索、といったテーマで、若き藤間昭暁自身の悩みとも重ね合わせる事が出来る役柄で注目を浴びた。続いて同年に出演した稲垣浩監督作品『忠臣蔵（花の巻・雪の巻）』は東宝創立三十周年記念映画として製作されたオールスター超大作で、父の演じる大石内藏助に対して染五郎は再び矢頭右衛門七役を演じている。昭和三八年（一九六三）には三たび稲垣浩監督の下で『秘剣』に出演しているが、これは自身も、好きだった映画出演作品として唯一挙げている作品だ(25)。五味康祐原作に拠るこの作品は、太平の世に生まれついた剣の達人早川典膳が、宮本武蔵との出会いを通じて人生を大きく狂わせていく物語で、武蔵役には戦前からのヴェテラン剣豪スター月形龍之介が扮し、理不尽な切腹に抵抗してラストに大立ち回りを演じる主人公の魂の叫びを描いたハードボイルドな時代劇であった。続く昭和三九年（一九六四）の『士魂魔道 大龍巻』と『がらくた』もまた稲垣浩監督作品だが、前者は染五郎演じる主人公深見重兵衛が窮地に陥るとどこからともなく現われてピンチを救ってくれる虚無僧姿の謎の剣豪役に三船敏郎が扮しており、円谷英二に拠るラストの大龍巻シーンも大きな見どころとなっていた。後者は堺の豪商黄旗屋の下に身を寄せた風来坊の主人公鴉の勘三郎が、嵐で黄旗屋やその美しい娘二人らと共に南海の孤島に流され、島の

(25) 同右、一八二〜一八三頁

暮らしの中で勘三郎がリーダーになっていく、というもので、後のＮＨＫ大河ドラマ『黄金の日日』に繋がるような題材の作品だった。東宝時代の映画出演はここまでで、染五郎の出演作品を合計で五本も演出した稲垣浩監督は、当時の染五郎のことを「基本がしっかりしている上に理解力、表現力が豊かだ。彼に肉体的な幅が出てきたら、映画、舞台の両方がこなせる俳優になるだろう」と述べている。[26] 可能性としては、現役の歌舞伎役者として第一線にありながら映画スターとしても二十本以上の作品に出演した父八世松本幸四郎に匹敵する〝映画スター〟となる道も有り得たかもしれないが、その後は映画業界自体が斜陽の道を辿って行った事もあり、染五郎も暫くの間映画からは遠ざかることになる。だが、運命は染五郎に別の道を用意していた。〝映画スター〟ではなく、花形歌舞伎役者としての活躍の一方で〝ミュージカル・スター〟として空前絶後の活躍を示すという道を……。

昭和三六年（一九六一）春に十八歳で東宝へと移籍した際に、この移籍の仕掛け人でもあった劇作家にして東宝常務の菊田一夫は、染五郎に対して「染五郎君には、これからの東宝演劇で、三つの柱の仕事をしてもらいたいと思っている。一つの柱はもちろん古典歌舞伎。もう一本の柱は現代劇――これはシェイクスピアなんかも含めてなんだけどね。そして最後の柱はミュージカル。日本にミュージカルを定着させるのが、ぼくの永年のねがいなんでね」と語ったのだという。[27] 最初の機会は二二歳の時、昭和四〇年（一九六五）四月、大阪の梅田コマ劇場で開幕した『王様と私』の主役だった。実は、映画版ではユル・ブリンナーが演じたこのシャム王役には相当な数の候補者がいて、その中には染五郎の叔父に当たる二世尾上松緑も含まれていたのだというが、最終的にはアンナを演じた越路吹

(26) 同右、二二一頁
(27) 同右、六〇頁

雪の推薦もあって染五郎に決まったのだという。[28] 声楽家の立川清登について歌の特訓を受けた染五郎のキングは絶賛され、一二月には東京宝塚劇場でも再演された。続いて翌昭和四一年（一九六六）七月には芸術座で『心を繋ぐ6ペンス』のアーサー・キップス役、これも好評で翌昭和四二年（一九六七）四月に帝国劇場で再演され、その年のテアトロン賞を受賞した。また、その年の九月には帝国劇場で森繁久彌主演の『屋根の上のヴァイオリン弾き』の初演において臆病な仕立屋モーテル役で出演している。

『王様と私』はその後も帝国劇場、日生劇場と昭和五五年（一九八〇）一一月までの合計七公演、通算で二七一回の公演を重ね、途中の昭和四八年（一九七三）にはトニー賞国際特別賞を受賞した後にキング役が松平健へと変更になって染五郎はこの役から卒業したかに思えたが、平成元年（一九八九）の秋になって、本場英国での巡回公演への出演依頼が舞い込んだ。当時既に九世幸四郎を襲名していた彼は、翌平成二年（一九九〇）八月に渡英して約一ヵ月の稽古を行ない、九月下旬から平成三年（一九九一）二月までの期間、エディンバラ、バーミンガム、ブラッドフォード、グラスゴーで一四六公演を行なった後、ロンドンのサドラーズウェルズ劇場で三月末まで六十一公演を行なうという快挙をやってのけている。[29] 公演は勿論全編英語で行われたが、シャム王の初めはぎこちない英語が最後には見事なキングス・イングリッシュに変わって行く様子を見事に表現し、現地でも好意的な批評をものにした。バーミンガムでは大雪で公演が中止となった日にホテルに戻るためタクシーに乗ると、その運転手が幸四郎に気づき、「昨日見たよ。素晴らしかった。感動したよ」と言い、「感動したから料金はいらない」と言ってタクシー料金を受け取ろうとしなかったという。[30] 英語の本場の舞台で日本人俳優が英語で主役を務めてネイティヴの

(28) 松本幸四郎・水落潔『幸四郎の見果てぬ夢』（毎日新聞社、一九九六年）四九頁
(29) 安達英一『ファミリー・ブレイク 幸四郎 染五郎 紀保 たか子』（報知新聞社、一九九九年）一二四頁
(30) 松本幸四郎『幸四郎的奇跡のはなし』（東京新聞、二〇一一年）七三頁

人たちを感動させるというのは並大抵の事ではないが、それを可能にしたのは、遡ること二十年前、『ラ・マンチャの男』の本場アメリカのブロードウェイでの英語での公演を成功させたという実績、そして自信があったからに他ならない。

『ラ・マンチャの男』の初演は昭和四四年（一九六九）四月の帝国劇場で、染五郎にとっては四本目のミュージカルへの出演だった。実はこの作品を日本で染五郎にやらせたい、と考えたのは父八世幸四郎と母正子だった。父幸四郎は二世中村又五郎と共に前年にＩＡＳＴＡという文化財団の招きで、ニューヨークの演劇研究所でブロードウェイの若手俳優たちの講師としてニューヨークに双方の夫人共々滞在し、その際に幸四郎夫妻はこの舞台を観て感動し、帰国後、菊田一夫に対してぜひ染五郎にやらせたいと懇願したのだという。[31]たとえ傍から見たら滑稽な道化に見えたとしても、自分の信念に従って只ひたすら真直ぐに進み、その生き様に拠って、自身の肉体は滅びようとも周りの人たちの生き方を変えていく、というこの劇の主人公の在り方は、不器用だが只ひたすらに歌舞伎界の将来や後に続く人達の事を考え、周囲から誤解されようとも思い切った行動をとり続けてきた八世松本幸四郎という人自身の生き方に通ずる。因みにブロードウェイの『ラ・マンチャの男』は昭和四〇年（一九六五）に開幕しており、昭和四七年（一九七二）にはアーサー・ヒラー監督、ピーター・オトゥール主演で映画化され、日本でも公開されている。

帝国劇場での『ラ・マンチャの男』初演はこの年の芸術選奨新人賞を染五郎にもたらしたものの、明るく歌って陽気に踊ってという類のミュージカルではなく、入れ子構造で哲学的なテーマ故にやや難解と目されていたため興行的には不入りだった。……だが、九月から一二月までの長丁場で芸術座にて『春の雪』という芝居に出ていた染五郎の楽屋

(31) 同右、八〇～八一頁

に、九月一八日にサンケイ新聞から一本の電話が掛かってきた。それに拠ると、ブロードウェイのマーチンベック劇場で『ラ・マンチャの男』を上演しているプロダクション「ラ・マンチャ・カンパニー」がインターナショナル・ドン・キホーテ・フェスティヴァルを開催する事になり、世界のドン・キホーテ役者を招く予定なのだが、その候補者の中に日本の市川染五郎の名前がある、という。染五郎には寝耳に水だったものの、翌日には正式に東宝ニューヨーク支社に対して招聘の申し入れがあった。予てより「東京で歌舞伎を、ニューヨークでミュージカルを、そしてロンドンでシェイクスピアをやりたい」という密かな夢[32]を抱いていた染五郎にとってこれは千載一遇のチャンスだと言えた。こうして本場ブロードウェイの舞台での英語に拠るミュージカルへの主演という染五郎の舞台人生最大の挑戦が始まる事となった。最大の難関だったのは全編英語に拠る台詞や歌を覚える事だったが、ここでも父幸四郎のニューヨークでの経験が物を言った。前年に講師を務めた演劇研究所の生徒の一人で、その時に『勧進帳』の弁慶を勤めたドン・ボトムという俳優が、たまたま日本に来ていたので早速宿泊先のホテルに電話したところ、英語の台詞のコーチを快諾してくれた。こうして、昼は『春の雪』の舞台を務め、夜は『ラ・マンチャの男』の英語の台詞の特訓という日々が始まったが、同時にこの時染五郎は『さぶ』の舞台出演時に知り合った紀子（同作で共演していた香川京子の遠縁に当たる）との結婚を控えていて、舞台の合間の一二月五日に式を挙げ、八日に披露宴を行なっている。年が明けて一月末から、事実上の新婚旅行として二人してニューヨークへ渡った染五郎は、三月二日の初日へ向けて昼間は舞台稽古、夜は更に舞台英語の特訓に明け暮れたという。――そして無事に開幕し、五月九日まで十週間続いた公演は大成功に終わり、染五郎は史上初め

(32) 市川染五郎『見果てぬ夢 染五郎から幸四郎へ』七四頁

て本場ブロードウェイのミュージカルで主演を務めた歌舞伎俳優と相成ったのである。この後は、このブロードウェイでの成功を引っ提げて日本での度々再演が行なわれ、年を経るごとにその評価は不変のものとなって行き、平成二七年（二〇一五）の帝国劇場の再演では第七〇回文化庁芸術祭賞演劇部門関東参加公演の部で大賞を受賞し、上演回数も一二六九回を数えるに至っている。

もう一つ、染五郎時代の大きな仕事としては、昭和五三年（一九七八）のＮＨＫ大河ドラマ『黄金の日日』主人公、呂宋助左衛門役としての丸一年間のテレビドラマ出演が挙げられる。共演者も今井宗久役の丹波哲郎、その養女役の栗原小巻、千利休役の鶴田浩二、織田信長役の高橋幸治、豊臣秀吉役の緒形拳を始めとして大河ドラマならではの豪華な顔触れで、更に大河ドラマ初出演となる父八世松本幸四郎が助左衛門の実父と思しき役でゲスト出演し、最終回には当時五歳の長男照薫（後の七世市川染五郎、十世松本幸四郎）も出演するなど、高麗屋三代の競演となった。

ここで少し時間を巻き戻して、染五郎のシェイクスピア劇への取り組みの歴史を振り返っておきたい。最初は十七歳の時の昭和三五年（一九六〇）一月に、日本テレビで『ハムレット』の主役を演じている。これは、父と共に文学座へ行って出演した『明智光秀』の時の作者兼演出家の福田恆存に拠る翻訳・演出で、やはり文学座の加藤治子がオフィーリア、北村和夫がクローディアスを演じている。染五郎は当初主演予定だった芥川比呂志の降板に拠って急遽主役に抜擢されたのだが、これは当時のハムレット役の最年少記録で、後に昭和六二年（一九八七）に、当時一四歳の息子である七世染五郎に破られる事になる。『ハムレット』は後に染五郎自身も昭和四七年（一九七二）に日生劇場で英国の若手演出家ジョン・デイヴィッドの演出に拠り演じているが、それに先だってロンドンを訪れた染五郎は、現地でローレンス・オリヴィエ、ジョン・ギールグッド、アレック・ギネスという名優たちに会ってシェイクスピア劇に取り組むに当たっての心構えについてアドヴァイスを受けている。(33) 続いて出演したのは『ロミオとジュリエット』で、昭和四九年（一九七四）五月、日生劇場であった。この時の演出が、かつて昭和三一年（一九五六）一二月にＮＨＫで放送された連続四回のドラマ『江戸の小鼠たち』で共演した事のある元役者、蜷川幸雄だった。この出会いは更なるコラボレーションを生み出していくきっかけとなったのだが、先ずは翌昭和五〇年（一九七五）の七月、再び日生劇場で、今度は『リア王』に取り組んだ。この時染五郎はまだ三二歳、リア王を演じるにはやや若すぎると本人も思ったというが、蜷川は「エネルギッシュなリアを描くには逆に若い俳優でなければダメだ」と主張したのだという。(34) 染五郎は九世幸四郎を襲名してからの平成五年（一九九三）一月、五十歳になって、英国のジャイルス・ブロックの演出で二度目の『リア王』を銀座セゾン劇場で演じている。その後も、蜷川幸雄とは昭和五一年（一九七六）六月には三たび日生劇場で『オイディプス王』を、そして平成六年（一九九四）には『オセロー』で四たび組んでいるが、この公演に際して行なわれた、訳者小田島雄志、プロデューサー寺川知男、デスデモーナ役の黒木瞳、そして九世幸四郎による座談会で、幸四郎は「ムーア人として生まれ育って頂点へ登りつめた人間がふと足元を観たら、自分の肌の色の黒さを改めて思い知らされた、そんな、白人社会の中における異物という宿命を背負ったオセローの姿を演じたい」と語っている。これはまさしく、『ラ・マンチャの男』のブロードウェイ公演の或る日のカーテンコールで、神父役の白人の俳優から握手を求められた時に、

(33) 松本幸四郎・水落潔『幸四郎の見果てぬ夢』七九〜八〇頁
(34) 松本幸四郎『松本幸四郎 私の履歴書』七〇頁

「ああ、自分の肌は黄色かったんだな」と思い、「日本人は世界に出たら黄色人種なんだっていうことを久しぶりに思い出しました」という、幸四郎自身の体験を踏まえての発言である。[35]そして勿論、この公演に拠り、七世幸四郎、八世幸四郎に続いての高麗屋三代による同一のシェイクスピア劇の上演が成ったのである。更に、平成八年(一九九六)九月には銀座セゾン劇場で英国のデイヴィッド・ルヴォー演出に拠る『マクベス』にも主演した幸四郎は、これでシェイクスピアの四大悲劇の全てに主演したことになる。

話は前後するが、幸四郎襲名興行について改めて触れておかなければなるまい。高麗屋三代同時襲名興行は昭和五六年(一九八一)一〇月・一一月に歌舞伎座で行なわれた。八世松本幸四郎は翌昭和五七年(一九八二)一月一一日に、持病であるペーチェット病悪化に拠る心不全で七十一歳で亡くなっているので、死期を悟って急遽幸四郎の名跡を息子に譲る事になったかの如く誤解され易いが、実際にはその三年ほど前から、七世幸四郎の三十三回忌に合わせて行なうと決めていたというから、昭和五三年(一九七八)の『黄金の日日』で共演した頃には決めていたという事であろうか。新幸四郎となった当時の染五郎の許には、「これでもうあなたのミュージカルは見られなくなるのか?」というファンレターが沢山届いたという。[36]それは、松本幸四郎という江戸時代からの大名跡を継ぐ事＝古典歌舞伎に専念する事と誤解されたという事だが、高麗屋の血がそんなに柔なものではないという事は本書でこれまで述べてきた通りである。現に、新幸四郎は染五郎時代にミュージカルに主演する事になった時点では「染五郎は、これで歌舞伎がだめになる」と陰口を叩かれながらも、自らの力でそういった周囲の雑音を封じ込め、結果で自らの選択の正しさを証明し続けてきたのである。既に見てきたように、幸四郎になっても常に新し

(35) 小田島雄志・松本幸四郎・黒木瞳・寺川知男「『オセロー』を語る」(『オセロー』公演パンフレット)四四～四五頁
(36) 市川染五郎『見果てぬ夢 染五郎から幸四郎へ』七七頁

いチャレンジをし続けてきている彼が、二世白鸚となってからも新たな領域に挑み続けていくであろうことは疑う余地は無い。

その後の九世幸四郎の歌舞伎以外の領域での仕事に就いて駆け足で紹介しておきたい。先ず映画の仕事に就いては、昭和五三年（一九七八）に、父八世幸四郎との最後の共演となった『雲霧仁左衛門』に主演している。この作品では、染五郎（当時）が父の当たり役長谷川平蔵を彷彿とさせる火付盗賊改方の頭、安部式部を演じ、その式部たちが追う雲霧仁左衛門こと辻伊織の兄で、弟を助ける為に自分が仁左衛門だと名乗り出て磔の刑に処される辻蔵之助役を八世幸四郎が演じている。つまりは嘗ての鬼平が今度は盗賊として火付盗賊改方長官の息子に自首するような展開になっていて、観る者にある種の感慨を呼び起させる。その後も萬屋錦之介主演の『日蓮』（一九七九年）での北条時頼役、『遥かなる走路』（一九八〇年）での豊田喜一郎役、『キネマの天地』（一九八六年）での城戸四郎をモデルとしている城田撮影所長役、勅使河原宏監督に拠る戦国時代の茶人を描いた二作品、『利休』（一九八九年）及び『豪姫』（一九九二年）ではそれぞれ織田信長役と高山右近役、『良寛』（一九九七年）でのタイトルロール、といった役柄を演じている。また、テレビドラマへの出演に関しては、昭和五九年（一九八四）に『山河燃ゆ』で二度目のＮＨＫ大河ドラマ主演を果したのに加え、民放ではテレビ東京の12時間超ワイドドラマ『大忠臣蔵』（一九八八年）での大石内蔵助役、息子七世染五郎が主役の勝麟太郎を演じた日本テレビ『父子鷹』（一九九四年）での父勝小吉役、三谷幸喜の脚本に拠るフジテレビの『王様のレストラン』（一九九五年）でのギャルソン役、再びのテレビ東京の12時間超ワイドドラマ『徳川武芸帳　柳生三代の剣』（一九九三年）での柳生宗矩役、と時代劇から現代物のドラマまで幅広く様々な役を演じている。

九世幸四郎襲名後の代表的な仕事としては、何よりも『アマデウス』が重要であろう。襲名直後の昭和五七年（一九八二）六月、池袋のサンシャイン劇場で初演されたピーター・シェーファー作のこの戯曲では、九世幸四郎は宮廷音楽家サリエーリを演じている。二年後に製作された映画版ではF・マーリー・エイブラハムズが演じてアカデミー賞主演男優賞を受賞した役柄だ。芸術家としての自らへの誇り、そして神の寵児モーツァルトへの嫉妬というこの作品のテーマは普遍的なもので、幸四郎自身「サリエーリが持つ苦悩や嫉妬は、これまで自分が生きてきた役者の世界にも通じ、我が姿を観るような芝居だ」と語っている。[37] 本作では第二四回毎日芸術賞を受賞し、その後も再演を重ねつつ現在に至っており、平成一六年（二〇〇四）からは演出も幸四郎自身が手掛けるようになり、平成二九年（二〇一七）の再演では上演回数四五〇回を数えるなど、まさしく幸四郎の代表作の一つにして日本で上演された現代戯曲としても代表的なものとなったのである。

九世幸四郎自身がもう一本、「手応えを感じた舞台」として挙げているのが、昭和六二年（一九八七）に上演された山崎正和作・末木利文演出に拠る『世阿弥』である。これは、元々は昭和三八年（一九六三）に俳優座の千田是也主演で上演された戯曲で、日本新劇団協議会三〇周年記念公演として再演が企画された時に、福田恆存の指名と、作者山崎正和の「松本幸四郎以外は上演を認めない」という意向とで引き受ける事にしたのだという。[38] 秀吉と利休のように、権力者と芸の道を極める者との関係性、そして避けがたい対立とを描いた本作の事を、幸四郎は「世阿弥が権力者足利義満に翻弄される姿は、歌舞伎役者である自分の姿が反映されているようであり、古典演劇に生きている自分がやることに意義がある」

(37) 松本幸四郎『松本幸四郎 私の履歴書』八八頁
(38) 安達英一『ファミリー・ブレイク 幸四郎 染五郎 紀保 たか子』一八〇頁

と捉えている[39]。文化庁の日米舞台文化交流事業として昭和六三年（一九八八）秋に米国のセントポール、ミルウォーキー、シカゴで巡回上演された『世阿弥』は、その後平成二年（一九九〇）には山崎正和監修・梶賀千鶴子演出に拠るミュージカル『ZEAMI』となって、新神戸オリエンタル劇場、次いで翌年に東京・青山劇場で上演されている。

脚本家三谷幸喜とは『王様のレストラン』の成功でコラボレーションが始まり、それは平成九年（一九九七）に幸四郎が始めた新たな現代劇の演劇集団シアター・ナインス（幸四郎の九代目に由来する）の旗揚げ公演『バイ・マイセルフ』、二年後の『マトリョーシカ』へと結実した。因みに三谷幸喜に拠る『王様のレストラン』の脚本は『勧進帳』をベースとしており、幸四郎の演じた千石武が弁慶、彼が助ける主人公禄郎（筒井道隆）が義経、その腹違いの兄規朝（西村雅彦）が頼朝という構成になっている[40]。

平成一六年（二〇〇四）夏に、身体の具合が悪く県外には出られない父親に弁慶を見せてあげたい、という沖縄県の女性からの葉書を受け取った幸四郎は、その『勧進帳』を引っ提げて日本全国を行脚するという試みに取り組み始めた。それは亡祖父七世幸四郎が敗戦後の混乱期、都内の主要な大劇場などがほとんど戦災で焼け落ちてしまった中で、日本全国を回って『勧進帳』を演じ、敗戦国民を勇気づけた事の再現でもあった。幸四郎は、『オセロオ』など西洋演劇にも取り組みつつ生涯に一六〇〇回も弁慶を演じた祖父の事を「僕の一種の理想像です。こういう役者を先祖に持つと「お祖父さんよくぞやってくれたわい」という半面、大変な先祖を持ってしまったという思いもします」と述べている[41]が、自身も一六歳で初めて弁慶を演じてから五〇年の節目となる平成二〇年（二〇〇八）に奈良の東大寺で一〇〇〇回上演を果し、平成二二年（二〇一〇）七月二九日の茨城県

(39) 松本幸四郎『松本幸四郎 私の履歴書』八八〜八九頁
(40) 松本幸四郎『ギャルソンになった王様』（廣済堂出版、一九九六年）二一頁
(41) 小田島雄志・松本幸四郎・黒木瞳・寺川知男「『オセロー』を語る」（『オセロー』公演パンフレット）四七頁

土浦市民会館での公演で全国四十七都道府県の全てでの上演を達成した。現在までに一一〇〇回を超えなおも記録を更新中だが、平成二六年（二〇一四）一一月の歌舞伎座では亡父初世松本白鸚三十三回忌追善吉例顔見世大歌舞伎の興行では弁慶役を息子の七世市川染五郎に譲り、自らは富樫に回り、義経には実弟二世中村吉右衛門、そして太刀持音若に孫である四世松本金太郎が務めるという高麗屋三代での『勧進帳』同一舞台出演も果たしている。

その他、二十一世紀に入ってからの映画やテレビドラマでの活躍も枚挙に暇がない。劇映画では木村拓哉と次女松たか子主演の人気テレビドラマの映画版に当たる『ＨＥＲＯ』（二〇〇七年）、そして『十三人の刺客』（二〇一〇年）、『天地明察』（二〇一二年）といった時代劇、テレビドラマでは黒澤明の名作のリメイクに当たるテレビ朝日での『生きる』（二〇〇七年）の渡辺勘治役、そして平成二八年（二〇一六）のＮＨＫ大河ドラマ『真田丸』では、脚本を担当した三谷幸喜に請われて三十八年振りに呂宋助左衛門役でゲスト出演して話題となった。

## 五―四　二世中村吉右衛門――落ちこぼれの〝さぶ〟から〝鬼の平蔵〟へ、そして人間国宝への軌跡

前節で提示した二世白鸚（九世松本幸四郎）のケースと同様、現役バリバリの歌舞伎幹部俳優であり、重要無形文化財保持者（人間国宝）に認定されている二世中村吉右衛門ほどの人物の経歴を、僅かな字数で紹介しようというのは無謀な試みであることは論を俟た

ない。だが、本書のテーマとしての、高麗屋三兄弟の進取の気性、歌舞伎役者の生き方についての模索というものが、如何に次の世代に受け継がれていったのかを確認する上で、高麗屋三兄弟の息子世代の四人の従兄弟たちのそれぞれについて、映画やテレビ、そして歌舞伎以外の演劇の領域で彼らが如何に活動の幅を広げてきたのかを簡潔に示す事はやはり必要であろう。

何といっても、吉右衛門と言えば、生まれる前から播磨屋の二代目になることが定められていた、その宿命というものがよく知られている。母・藤間正子は初世中村吉右衛門の一人娘であり、息子のいなかった初代としては普通であれば婿を取らないと跡取りを確保できない訳で、現に正子を嫁に出すことについてはなかなか首を縦に振らなかったと言われている。正子の選んだ結婚相手である藤間順次郎こと五世市川染五郎（後の八世松本幸四郎）は次男だったものの、長兄である治雄（当時九世市川高麗藏。後の九世市川海老藏、十一世市川團十郎）が昭和一五年（一九四〇）四月に市川宗家へと養子に入る事になったため、次男である順次郎が父の名を継いで八世松本幸四郎となる事が既定事実となっていた。五世染五郎は初世吉右衛門にとっては懐刀とも言うべき愛弟子であり、経営面においても吉右衛門劇団の中心的立場に立つ存在であったため娘の結婚相手としては理想的だったものの、正子が藤間家に嫁に行ってしまえば跡取りの問題が残る。そこで、正子は父初世吉右衛門に対して「必ず男の子を二人産んで、その一人に吉右衛門を継がせる」と誓ったと言われており、その宣言通りに順次郎との間に二人の男子を授かったのである。昭和一七年（一九四二）八月に誕生した昭暁は長男として松本幸四郎家を継ぐ事とされ、次に授かった子を正子は里に帰り父初世吉右衛門の家で生んだのである。この見事な有言実行が父初代吉右衛門を大いに喜ばせた事は言うまでもない。昭和一九年（一九四四）五月二二日に生まれ、久信と名付けられたこの次男こそが後の二世吉右衛門となる訳だが、こうした経緯について本人は「私はつくづく、ついているものがついていてよかったと思います。もしも母の胎内に忘れてきたならば、周りの人々の反応はどうであったか。それを考えるとぞっとします」と後年語っている。[42]

藤間の家から祖父である波野の家の養子として戸籍の変わった久信は昭和二三年（一九四八）六月、四歳の時に東京劇場の『御存俎板長兵衛』の長松役、『ひらかな盛衰記』の槌松実は駒若丸の役にて初世中村萬之助として初舞台を踏んでいる。萬之助の名前は初世吉右衛門がつけたが、その由来は初世吉右衛門の母親が市村座の芝居茶屋・萬屋吉右衛門の娘だった事に拠り、つまりは萬屋の萬を採った訳である。勿論、初世吉右衛門の弟である三世中村時藏の四男初世中村錦之助が後年使い始めた芸名・萬屋錦之介もここに由来する。その中村錦之助は昭和二八年（一九五三）をもって梨園を離れ、翌年からは新芸術プロからの誘いを受けて映画界へ転身し、東映と契約して出演した『笛吹童子』三部作（一九五四年）で一躍若手トップスターの座に就くが、その錦之助ブームの真っ只中で製作された、村上元三原作に拠る『源義経』（一九五五年）の続編『続・源義経』（一九五六年）では、錦之助演じる義経の異父弟（常盤御前の子）役として萬之助も映画デビューを果たしている。萬之助にとっては〝錦之助兄さん〟は戸籍の上では歳の近い従兄弟という事になる訳で、京都での撮影中は錦之助の自宅に泊めてもらっていたということだが、[43]後年、実父八世松本幸四郎主演のテレビシリーズ『鬼平犯科帳』が、丹波哲郎を経て萬屋錦之介に鬼平役が交代となり、その後を二世吉右衛門が継いだというのも浅からぬ縁なのである。

(42) 中村吉右衛門『半ズボンをはいた播磨屋』（淡交社、一九九三年）一六～一七頁
(43) 同右、一二〇～一二四頁

大播磨と言われた祖父、そして養父の初世中村吉右衛門は、昭和二六年（一九五一）に存命中の俳優として史上初めて文化勲章を受章、また昭和二八年（一九五三）一一月一〇日には歌舞伎座で第一部に天皇・皇后両陛下ご臨席の天覧歌舞伎、第二部は秩父宮妃殿下、吉田茂首相の観劇という栄誉に浴するなど、晩年には栄耀栄華の極みにまで達したが、昭和二九年（一九五四）九月五日、萬之助の十歳の誕生日の直前に六十八歳でこの世を去った。萬之助は再び実父八世松本幸四郎の許で子役として研鑽を積む事となった。先代の養子とはいえまだ小学生の萬之助にとって、この時期は自らのアイデンティティ確立にもがき苦しんだ時期でもあった。曰く「芸名を中村萬之助といい、父の家の松本とか市川と違うのです。本名も父の藤間と違い、一家で私だけが波野姓なのです。そんなわけで戸籍の上では母が私の姉になり、祖母が私の母で、兄は甥っ子……しかしてその実態は、「いったい私は誰でしょう?」ということになります[44]」――だが、萬之助は子役として舞台で結果を出していく事に拠って己というものを次第に確立して行った。昭和三〇年（一九五五）九月の初世吉右衛門一周忌の追善興行において『足柄山紅葉色時 山姥』で後の坂田金時となる怪童丸を演じた萬之助は、この年の第八回毎日演劇賞演技特別賞を受賞している。五年後の昭和三五年（一九六〇）三月には、兄染五郎らと共に幸四郎一門――高麗屋の元々の弟子たちと、初世吉右衛門亡き後に引き取った播磨屋の弟子たちに拠るかなりの大所帯だった――の若手俳優たちの勉強会としての「木の芽会」が発足し、その第一回公演が文京公会堂で開催された。これは丁度、父八世幸四郎を含む高麗屋三兄弟がまだ修業中の若手俳優だった頃に「歌舞伎会」という勉強会があったのと同じで、それより前には帝劇時代の「つぼみ座」という育成の場があったのを再現したようなもの

(44) 同右、一一頁

である。「木の芽会」は後に彼らの移籍先である東宝が興行として引き受けてくれる事となる。

萬之助時代の映画出演は、その後も松竹の許で今井正監督の『夜の鼓』（一九五八年）、木下惠介監督の『笛吹川』（一九六〇年）、父の主演に拠る大曾根辰保監督の『敵は本能寺にあり』（一九六〇年）と続き、その後父や兄と共に東宝へ移籍してからの稲垣浩監督に拠る二作品、即ち『夜盗風の中を走る』（一九六一年）と『忠臣蔵（花の巻・雪の巻）』（一九六二年）があるが、『夜の鼓』を除くと何れも父八世幸四郎や兄六世市川染五郎との共演であり、『敵は本能寺にあり』での森蘭丸役や『忠臣蔵』での萱野三平役などは強い印象を残す大変な儲け役ではあるものの、やはり父や兄の存在があっての〝七光り〟的なニュアンスは否めない。映画雑誌「キネマ旬報」のベストテン第六位に輝いた『夜の鼓』は不義の廉で夫に斬られる有馬稲子演じるヒロインの弟役だったが、今井正監督は既に舞台で毎日演劇賞演技特別賞というような賞を受賞していた萬之助のことを、天才子役だという触れ込みで起用したのだったが、後年吉右衛門本人が実際はどうだったかと今井監督に尋ねたところ「ただの子役だったよ」との答えが返ってきたという[45]。

二世吉右衛門にとっての萬之助時代というのは、日本のテレビ界の黎明期でもあり、映画初出演の昭和三一年（一九五六）一一月から一年間続いたKR（現TBS）の『忠臣蔵の人々』に父や兄と共に出演したのを皮切りに、父や兄と共に数多くの番組に出演しているが、重要と思われるものとしては、NETの「ポーラ名作劇場」枠で昭和三八年（一九六三）八月に放送された単発ドラマ『家康無情』での、自死に追い込まれた岡崎三郎信康役（父・徳川家康役は叔父の二世尾上松緑が演じた）、芸術祭奨励賞受賞作品でNHK

(45) 小玉祥子『二代目 聞き書き中村吉右衛門』（毎日新聞社、二〇〇九年）七〇～七三頁

の『約束』での、借りたお金を返すために罪を犯してでも約束を守ろうとする若者役（演出は和田勉）辺りが代表作と言えよう。また、CXで昭和四一年（一九六六）三月に「シオノギテレビ劇場」枠で全四回に亘って放送された山本周五郎原作の『さぶ』は、元々は舞台で東宝に移籍してからの昭和三九年（一九六四）九月に明治座で菊田一夫脚本・演出で出演しているが、これは腕のいい優等生的な職人だが生一本な性格故に不幸な境遇に落ちる栄二と、何事にも要領が悪く愚図でのろまのお人好しだが栄二にとってと誰よりも大切な友達のさぶという二人の若者の友情を描いた物語で、栄二を兄染五郎、さぶを萬之助が演じて大評判となったものである。テレビ版の『さぶ』も、この菊田一夫の脚色に基づいている。

東宝への移籍の詳細については既に第三章にて詳述したのでここでは繰り返しは避けるが、事の起こりは昭和三五年（一九六〇）一一月に井上靖原作、菊田一夫脚本・演出の『敦煌』の舞台化が東京宝塚劇場で計画され、この舞台にて尉襲光という野心家の商人の役で萬之助の出演が決まった事である。初めは兄染五郎への出演オファーだったものの大学受験専念のために断りを入れ、それではと萬之助に御鉢が回ってきたという経緯だったが、既に父や兄と共に文学座で『明智光秀』の舞台に出演して歌舞伎以外の演劇も経験していた萬之助は懸命に役を務めあげ、批評も良かった。この『敦煌』への萬之助の出演がきっかけとなり、先ず染五郎、萬之助兄弟の東宝への移籍が発表され、その詳細を詰めるやり取りの中で、父八世幸四郎自身も一門の俳優たちを引き連れて東宝入りする事が決まったというのが事の成り行きだった。

東宝入りしてからは本格的な古典歌舞伎を上演できる機会はなかなか無く、東京宝塚劇場での『野薔薇の城砦』（一九六一年六月）、芸術座での『有間皇子』（一九六一年一〇月）、読売ホールでの『蒼き狼』（一九六三年九月）のような新作物、あるいは父の当たり役『明智光秀』の明治座での再演（一九六三年一一月）や前述の『さぶ』（一九六四年九月）といった企画物の芝居が中心だったから、初世吉右衛門に負けない偉大な歌舞伎役者になろうという意欲はあれど、古典歌舞伎の大役を物にしていく上での環境としてはやはり物足りなかった筈である。だが、それでも明治座での『明智光秀』再演では、映画『敵は本能寺にあり』（一九六〇年）でも演じた森蘭丸役に抜擢される（東横ホールでの文学座との初演時は森力丸役だった）など、常に一歩先を歩んでいた兄染五郎に対して次第にライバルとして伍していけるだけの実力を蓄えて行った。そんな若き兄弟のライバルティ、競争意識といったものを背景に企画されたのが、昭和四一年（一九六六）五月から六月にかけて芸術座で上演されたスタンダール原作の『赤と黒』である。クロード・オータン＝ララ監督に拠る映画版ではジェラール・フィリップが演じた主人公ジュリアン・ソレル役を萬之助が、その恋敵であるクロアズノア伯爵を兄染五郎が演じたこの舞台では、観客席に若い女性たちが詰めかけ、「フェンシングのけいこをする場面で、萬之助や染五郎が互いに入れかわり、それぞれの顔がよくわかるようになると、とたんにキャーッ」という具合で黄色い歓声が飛び交ったという。(46)

二世中村吉右衛門への襲名は、昭和四一年（一九六六）六月に発表が行われ、東宝劇団として初めての襲名披露興行が新装相成った帝劇で同年一〇月の柿葺落し興行で行なわれた。新吉右衛門が出演した演目は『祇園祭礼信仰記 金閣寺』の此下東吉役、『積恋雪関扉』の義峯少将宗貞役、『盲長屋梅加賀鳶』の加賀鳶竹五郎役であった。この襲名に拠って、

(46) 同右、一二一頁

新吉右衛門は戸籍名の方も波野久信から先代と同じ波野辰次郎へと改名、また既に六世中村歌右衛門、十七世中村勘三郎が抜けて休眠状態となっていた吉右衛門劇団の方も正式に解散ということになった。高麗屋三兄弟の息子たち世代の四人の従兄弟同士の中では、所謂大名跡を継いだのは吉右衛門が最初だったが、当時二十二歳の本人には「吉右衛門」という年寄り臭い名前故に悩みもあったようだ。四十代の頃に書いた自伝では吉右衛門はこう述べている。(47)

「不惑を過ぎた現在ならともかく、色気盛りの頃の「吉右衛門」は辛いものがありました。兄の名前の「染五郎」。三之助ブームの「菊之助、辰之助、新之助」。それぞれに色っぽい芸名です。その他「福助」とか「玉三郎」とか。女性ファンが手紙を書くにも「恋しい恋しい染五郎さま」とか「愛しい菊之助さま」とかすんなり書けるでしょうが、「吉右衛門さま」とくるとそうはいきません。「その後ギックリ腰はいかがですか？心を込めて腹巻を送ります」ということになります」

面白おかしく記してはいるものの、二十二歳の若者の本音としてはよく判る。当時の吉右衛門のイメージを決定づけた（少なくとも筆者にとっては吉右衛門の名前を強烈にインプットした）のは、一九七二年から放送されたネスレ日本の「ネスカフェ・ゴールドブレンド」での三代目〝違いのわかる男〟のテレビCMである。初代の松山善三（映画監督）、二代目の黛敏郎（作曲家）、四代目の遠藤周作（作家）、五代目の池坊専永、六代目の北杜夫（作家）、七代目の岩城宏之（作曲家）と続いて行く歴代の〝違いのわかる男〟の中でも吉右衛

(47) 中村吉右衛門『半ズボンをはいた播磨屋』三二一頁

門は図抜けて若い。それ故に、若くして超一流の芸術家になった人物というイメージがこのCMによってもたらされた事は間違いない。

その後の歌舞伎界での活躍、数々の古典歌舞伎の役柄を物にしてきた精進、そしてその到達した高みに就いては、きちんと紹介していくにはやはり一冊の本の分量にならざるを得ないと思うし、本書の立ち位置として歌舞伎役者の歌舞伎以外の領域の活躍にフォーカスするという基本方針もあるので、吉右衛門襲名以後の本業での仕事について、特に古典歌舞伎の舞台に立つ機会を求めて父や兄に先だって東宝との契約を更新せずに松竹に復帰して以降の歌舞伎での仕事に就いては敢えて触れない事としたい。

吉右衛門になってからの映画出演には、先ず一九六〇年代の新藤兼人脚本・監督による『藪の中の黒猫』（一九六八年）、近松門左衛門の原作を大胆に映像化した篠田正浩監督の『心中天網島』（一九六九年）という二本のインディペンデント作品、そして大映の永田雅一製作による海軍航空士官学校物の『あゝ海軍』（一九六九年）がある。前の二本に関して吉右衛門自身は「僕に声がかかるのは、スター性を必要としない芸術映画ばかりでした」と謙遜しているが[48]、確かにどちらも近代映画協会や表現社・アートシアターギルド（ATG）といった独立プロダクション故の低予算作品ながら、今日でも高い評価を維持している名作である。特に、無残に殺された母と妻の怨霊である黒猫の化身に対する恐れや未練の入り混じった複雑な感情を表現した前者における藪銀時、妻子がある身でありながら遊女小春への想いに身を焦がし、心中を図る後者での治兵衛という正反対な役柄を演じきった吉右衛門の演技力は高く評価されている。一方の『あゝ海軍』は吉右衛門にとってはこれまでのところ出演した唯一の現代物（戦争物）になるが、本人は「あとはみな時

(48) 同右、一三九頁

代劇でしたから、現代劇って、やってみたかったですね。それもフランス映画みたいな、しゃれたのを。当時の日本人の生活というのは、今と違って、まだまだ戦争を引きずった、みすぼらしくかっこ悪いものでしたから、かっこいい、都会的なものをやってみたかったんですよね」と語っている。(49) 父を含む高麗屋三兄弟や兄と同じく小学校の途中から高校卒業まで暁星に通っていたためフランス語が堪能で、兄と同じ早稲田大学の、しかも演劇科ではなく仏文に入学していた彼は、吉右衛門襲名前の昭和三七年（一九六〇）頃にフランス人の彼女に入れあげていた時期があり、帰国する彼女の後を追おうと考え、父八世幸四郎に「役者やめてフランス語を勉強に行きたい」と話したところ、父は「何にでもなっちまいな」と吐き捨ててぷいっと背を向けたのだという。「その時の後ろ姿のさみしかったこと。ああ、おやじは僕に期待してくれていたんだなと思いました。双肩に波野家（播磨屋）と藤間家（高麗屋）を担い、片方を兄、片方を僕に譲るために努力してくれていたんだと初めて気付いた」と毎日新聞の演劇担当記者小玉祥子に語る吉右衛門だが、(50) 渡仏して現地でもアラン・ドロンの向うを張って映画で活躍し、その後帰国して歌舞伎に復帰する吉右衛門というのもちょっと想像を掻き立てられるイメージではある。

映画では、その後も熊井啓監督の『お吟さま』（一九七八年）、勅使河原宏監督の『利休』（一九八九年）という二本の千利休を扱った作品で、それぞれ高山右近役、徳川家康役を演じている。だが、もうこの頃となると歌舞伎界の重鎮としての立場もあり積極的に映画に出演したという感じではなく、どちらもさほどの負担の無い、逆に言うとそれほど重要な役として描かれている訳ではない役ながら、吉右衛門の存在感が役柄を大きく見せ、作品自体に華やかさをもたらすことを期待されての出演に過ぎないように思える。

(49) 中村吉右衛門『物語り』（マガジンハウス、一九九六年）七五頁
(50) 小玉祥子『二代目 聞き書き中村吉右衛門』一〇二〜一〇四頁

テレビシリーズでは、ポーラ化粧品創立四〇周年記念・NET開局一〇周年記念の山本周五郎原作『ながい坂』（一九六九年）での主人公阿部主水正役では第二回テレビ大賞の優秀タレント賞を受賞している。また、『右門捕物帖』での主人公むっつり右門役、父八世幸四郎主演の『鬼平犯科帳』第二シリーズ（一九七一年）での長谷川平蔵のダメ息子辰蔵役、そして『斬り捨て御免！』（一九八〇〜一九八二年）の主人公花房出雲役、『武蔵坊弁慶』（一九八六年）でのタイトルロールなど、けっして数は多くないものの着実に実績を積み上げてきた。

そして平成元年（一九八九）から平成二八年（二〇一六）に掛けては、スペシャル版や劇場版（一九九五年）などを挟みつつ第九シーズンまで続いたライフワーク『鬼平犯科帳』での長谷川平蔵役に取り組んでいる。勿論、長谷川平蔵という人物は作家池波正太郎が吉右衛門の父八世幸四郎をモデルに、言わば当て書きした作品であり、テレビシリーズ化というのも幸四郎ありきでスタートした企画だった訳だし、その父の主演シリーズでは父へのコンプレックスの塊とも言える辰蔵役を演じてきた訳だから、その長谷川平蔵役を演じるに当たっては、本当に自分でいいのだろうかという葛藤もあっただろうし、実際のところ最初に平蔵役のオファーがあった時は時期尚早として断っており、首を縦に振ったのは実在の平蔵が火付盗賊改方長官の職に就いたのと同じ四十五歳になった時で、最初のオファーから五年も経って後の事だった。だが、吉右衛門の平蔵役を誰よりも望んでいたのは他ならない池波正太郎だった。幸四郎版と吉右衛門版の両方の『鬼平犯科帳』で演出を手掛けた高瀬昌弘は、吉右衛門の平蔵が成功した背景には、父平蔵にはとてもじゃないが叶わないという息子辰蔵の屈折した思いを演じ、そしてまた実際の幸四郎と吉右衛門の関係にも少なからずそうした関係性があったことを挙げている。つまり、長谷川平蔵という人物自体が、若い頃は出世の望みもなく世を拗ねて〝本所の銕〟と呼ばれる不良だったものの、巡り巡って火付盗賊改方長官という高い地位に就いた人物だった訳であり、そんな若い頃の平蔵の屈折した想いを「父以上に理解出来たに違いない」からなのだと[51]。吉右衛門自身はこの役との出会いに就いてこう述べている[52]。

「現在たまたまテレビで鬼平役をやらせていただいているだけで、鬼平イコール吉右衛門であるなどとは、断じて思っておりません。それでも、お蔭さまでこのテレビ時代劇のシリーズがご好評をいただいていますので、「吉右衛門といえば鬼平」とお考えの方も多いようです。そうしたイメージがマイナスになるのではというご意見もちょうだいしますが、まあ、役者なんて、たいがいそういうものだと思いますよ。（中略）ですから、こういうチャンスを与えていただいた僕は、ありがたいと思っています」

二十一世紀に入ってからの吉右衛門は、テレビ東京の新春ワイド時代劇『忠臣蔵～決断の時』（二〇〇三年）での大石内蔵助役、そして松竹の映画『柘榴坂の仇討』（二〇一四年）での井伊直弼役、と父八世幸四郎の当り役だった二役をそれぞれテレビや映画で演じるなど、本業の歌舞伎の舞台以外でもその演技力云々以前の段階で、只そこに居るだけで画になるという抜群の存在感を示し続けている。更に、亡父八世幸四郎がそうだったように、吉右衛門は自分自身だけではなく、歌舞伎界全体の将来を見据えての活動にも力を入れている。具体的には、文化庁主催の「次代を担う子どもの文化芸術体験事業（派遣事

(51) 高瀬昌弘『鬼平犯科帳人情咄 私と「長谷川平蔵」の30年』（文春文庫、二〇〇三年）一三七頁
(52) 中村吉右衛門『物語り』一三四～一三五頁

業）」に積極的に協力し、平成一八年（二〇〇六）から自身が構成・演出そして出演する巡回公演事業ワークショップ「歌舞伎の世界で遊ぼう」で全国の小学校を訪れるという地道な、しかし重要な活動である。特に、平成一四年（二〇〇二）には日本芸術院会員に、平成二三年（二〇一一）には人間国宝になっている栄華の極みにありながらの、「実るほど頭を垂れる稲穂かな」を地で行った活動の実践は吉右衛門という人間の人柄そのものがにじみ出ていると言えるだろう。

さて、歴史は繰り返すというが、名優の誉れ高かった初世吉右衛門が、唯一跡取りとなる男子を儲ける事だけが叶わなかったように、二世吉右衛門もまた昭和五〇年（一九七五）に結婚した知佐夫人との間に四人の子供を儲けたものの、その全てが女子であった。だが、吉右衛門が六十八歳となった平成二五年（二〇一三）二月、四女瓔子が七世尾上菊五郎の長男、五世尾上菊之助と結婚することが発表され、世間をあっと言わせた。明治の終わり頃から戦後にかけての歌舞伎界を人気・実力ともに二分した菊吉それぞれの跡取りが、その子供たちの結婚によってまさかの姻戚関係となったのである。七世菊五郎は、長女で女優の寺島しのぶの結婚を引き合いに出して「娘がフランス人と結婚すると言ってきたとき以上にびっくりした。まさかこの歳になって播磨屋さんと親戚になろうとは」と居合わせた新聞記者たちを笑わせたが、その後平成二九年（二〇一七）現在、二人の間には男子と女子の二人の子供が生まれており、もしもう一人男子が生まれたならば二世吉右衛門の養子になるのではないかとの憶測も生まれている。

## 五―五　初世尾上辰之助――三之助ブームから独自の境地への到達、そして惜しまれる早世

若くして惜しまれつつ世を去った俳優というのは、無限の可能性を想像させつつも、その大成が叶わなかったからこその〝哀れ〟が人の心を打つものである。ジェームズ・ディーンの二十四歳は余りにも早すぎて多くの仕事を残す事は出来なかった。尾上辰之助と松田優作は共に四十歳で亡くなっているが、一般的には四十歳と言えば働き盛りの世代であり、働き過ぎに拠ってもたらされた〝殉職〟のイメージと共に死んだ当人の無念さや遺された家族への同情の気持ちが喚起されるものの、しかしすぐに忘れ去られてしまうもの。――だが、俳優の四十歳というのはまさしくこれから花開く円熟の時期を目前にした年齢であり、周囲の期待もいや増している最中での痛恨事に他ならない。月並みな表現だが、初世尾上辰之助の早すぎる死というものは、その後に展開される筈であった充実した舞台の数々の機会が永遠に失われてしまったというだけでなく、歌舞伎界の在り方そのものが軌道修正を迫られるほどの大きな痛手だったのだと思えてならない。二〇一三年の新生歌舞伎座のオープン前後に十八世中村勘三郎、十世坂東三津五郎が相次いで、共にまだ五十歳代で亡くなってしまった事も歌舞伎界にとっては大きすぎる痛手であった事は間違いないが、彼らの場合は既に芸の上では円熟期にあったと言ってよいのに比べて、辰之助の場合はその円熟期の訪れる前の時点だったのである。

後の初世尾上辰之助こと藤間亨は、二世尾上松緑、母愛子の長男として昭和二一年（一九四六）一〇月二六日に東京に生まれた。異母弟に樋口光、後の藤間流の舞踊家藤間

勘左がいる。松緑と愛子夫人は昭和一三年（一九三八）八月の結婚で松緑の次兄順次郎（八世幸四郎）よりも先だったが、新婚直後に召集令状が来て終戦までの間に三度、丸五年間も兵役に就いていたため、順次郎のところの長男昭暁（後の九世松本幸四郎）よりも四年、次男久信（後の二世中村吉右衛門）よりも二年遅れての誕生であり、亨（初世辰之助）は同じく従兄弟である堀越夏雄（後の十二世市川團十郎）と同い年ということになる。舞台デビューは五歳の時、昭和二七年（一九五二年）二月の歌舞伎座での『伽羅先代萩』の鶴千代、『江戸育お祭佐七』の丁稚長太役で尾上左近を名乗ってのデビューだった。後に三之助の一人として辰之助と共にブームを牽引する夏雄は、亨よりも二ヵ月早い八月の生まれだが、舞台デビューは昭和二八年（一九五三）一〇月のことで、その一ヵ月前に明治座で『蘭平物狂』の舞台を観客席から観ていて、自分と同い年くらいの子供が舞台で颯爽と見得を切るのを見てびっくりはしたものの、「あれがぼくの従兄弟だなんて、思ってもみなかった。まったくよその世界だと思って芝居を観ていたんです」と語っている。[53] その後は父松緑を始めとする菊五郎劇団の許で、七世尾上梅幸の息子・四世尾上丑之助、そして従兄弟である夏雄、つまり六世市川新之助（後の十世市川海老蔵、十二世市川團十郎）らと共に研鑽を積み、昭和四〇年（一九六五）五月の歌舞伎座で、『寿曾我対面』の曾我五郎、『君が代松竹梅』の松の君によって初世尾上辰之助を襲名した。この時、同じく『寿曾我対面』の曾我十郎、『君が代松竹梅』の松の君で丑之助が四世尾上菊之助を、また『寿曾我対面』の小林朝比奈、『君が代松竹梅』の竹の君で四世坂東亀三郎が八世坂東薪水を同時に襲名している。これにより、一足先の昭和三三年（一九五八）五月に六世市川新之助となっていた夏雄と共に、「新之助、菊之助、辰之助」の所謂〝三之助〟ブームで、

(53) 関容子『海老蔵そして団十郎』二一一頁

梨園のみならず一般の芸能マスコミを席巻する大ブームを巻き起こすこととなった。その背景として、やはり同世代の従兄弟たちである六世市川染五郎（九世松本幸四郎、二世松本白鸚）、初世中村萬之助（二世中村吉右衛門）の兄弟がその父八世松本幸四郎と共に東宝劇団へと移籍していたため、歌舞伎座の経営母体である松竹として、高麗屋の染五郎・吉右衛門兄弟の人気に対抗する形で意図的に〝三之助〟ブームを盛り上げようとしていたという側面はあったであろう。だが、昭和四〇年（一九六五）五月時点の〝三之助〟は菊之助が二十二歳、辰之助と新之助が十八歳という正にフレッシュな顔ぶれであったから、松竹がパッケージ化して売り出す戦略を立てていたかどうかに拠らず、〝三之助〟ブームは必然的なものだったと観る事が出来よう。

辰之助は、本業の歌舞伎では早くからその口跡の良さが絶賛され――この点では口跡の悪さを常々指摘されていた新之助とは好対照であった――、また歌舞伎以外の領域でも父松緑譲りのテレビでの活躍を早くから見せている。先ずは左近時代の昭和三四年（一九五九）三月から七月に掛けてＫＴＶで制作された『天兵童子』に十三歳の時に主演している。これは東映で伏見扇太郎主演の三部作として公開されたもののテレビドラマ化作品で、後に同時襲名する四世亀三郎が共演していた。その二年後の昭和三六年（一九六一）一一月からＮＴＶで放送が始まった父松緑主演の『半七捕物帳』では、全二十七話のうちの第十七話にゲストとして出演している。そして、辰之助襲名の翌昭和四一年（一九六六）四月からの一年間は、ＮＨＫで毎週金曜日の午後八時からのゴールデンタイムに放送された『大岡政談 池田大助捕物帳』で、いきなりのタイトルロールでの主演を勤めている。野村胡堂原作のこの作品は、享保年間の江戸を舞台に、名奉行大岡越前守に見出され、内与力に取り建てられた主人公池田大助が次々と難事件を解決していくというシリーズで、ほかにレギュラーとして歌手の坂本九が出演していたほか、大岡越前守には父松緑が扮してドラマをギュっと引き締めていた。

松緑は、この『大岡政談 池田大助捕物張』撮影中に受けたインタビューで、息子辰之助との共演の感想を尋ねられてこう応えている。(54)

「亨は人一倍負けずぎらいだから、ひとりで私のノートやメモなどをのぞいてみたりしているようだ。自分から私に聞くようなことはあまりない。

テレビも私が大先輩だが、年相応の演技があるので、亨の芝居についてはスタッフの方々にまかせている。

こういうわけで、スタジオにはいれば私は亨をただ若い相手役としか考えていないし、亨もちょっとめんどうな先輩ぐらいにしか考えていないようだ」

昭和四二年（一九六七）にはまた、八月から一〇月にNTVで放送された京マチ子主演の明治時代の女一代記『喜劇 はいから鯉さん』に、中村賀津雄（現・中村嘉葎雄）らと共に出演、またその二年後の昭和四四年（一九六九）一〇月からの一年間は再びNHKの金曜時代劇の枠で高橋英樹主演の『鞍馬天狗』にも五世坂東八十助（十世坂東三津五郎）らと共に出演している。

そして、父同様のNHK大河ドラマへの出演も三回に及ぶ。最初は昭和四三年（一九六八）の『竜馬がゆく』での十五代将軍徳川慶喜役である。そしてその十一年後の昭和五四年

(54) 尾上松緑「息子と私」（『グラフNHK』「大岡政談 池田大助捕物帳」一九六六年五月一日）四頁

（一九七九）には『草燃える』で父松緑演じる後白河法皇との熾烈な権力争いを繰り広げる孫の後鳥羽天皇（後に上皇）を演じ、親子対決として話題となった。更にその四年後に当たる昭和五八年（一九八三）の『徳川家康』では伊達正宗役で登場、後半の数回のみの出演だったが強い印象を残している。

本業の歌舞伎の方では、昭和四七年（一九七二）一〇月の歌舞伎座で行なわれた芸術祭十月大歌舞伎での『勧進帳』が、辰之助、海老藏、そして東宝との契約を打ち切って松竹に戻ってきた吉右衛門の従兄弟同士の三人が弁慶、富樫、義経の三役を四日ずつ交代で勤めるという企画で注目を集めた。勿論、これはその七年前に七世松本幸四郎追善興行で高麗屋三兄弟が弁慶、富樫を交代で演じて大評判となった企画を、その息子たち、つまり七世幸四郎の孫たちが再現するという企画であり、それはそれだけ三兄弟の息子たちの世代が一人前になったと見做された証だと言えるだろう。因みに弁慶の役については八日間ずつで交代して行き、順番は辰之助、吉右衛門、海老藏の順だったというが、吉右衛門に拠れば、「年上の僕が後になったものだから、亨（辰之助）が気を使い、『大変なものは先にやった方がいいんだよ』なんてわざと言っていた。こっちが気を悪くしているんじゃないかと心配していた。そういう気の優しい男でした」という[55]。

歌舞伎以外の舞台の仕事に関しても辰之助は精力的な仕事をしている。先ずは昭和四七年（一九七二）一二月の日生劇場で三島由紀夫の代表的戯曲『鹿鳴館』に、ヒロインである元新橋芸者で影山伯爵夫人となった朝子の息子で、朝子が芸者時代に自由民権活動家清原永之輔との間にもうけた久雄役で出演している。この役は云わばこの戯曲の鍵となる人

(55) 小玉祥子『二代目 聞き書き中村吉右衛門』一六六頁

物で、実父にわざと撃たれて死んでいくというドラマチックな役である。朝子に初世水谷八重子、実父清原に池部良というキャスティングの中で辰之助がその存在感を示したこの作品は、二年後にも中日劇場で実父清原役が菅原謙次に代わった以外はほぼ同じキャストで再演された。この三島戯曲での好演が、昭和五〇年（一九七五）六月の新宿紀伊國屋ホールでの『わが友ヒットラー』への出演に繋がった。ここでの辰之助は、平幹二朗演じるヒットラーの良き友人として、また絶対的にヒットラーへの忠誠を示す人物でありながら粛清の対象となって行くレームという難役を、平幹二朗とのがっぷり四つの共演で自らの舞台における代表作の一つにまで到達させたのである。このレーム役について、辰之助自身は「一筋の純粋な男だから、あまり考え過ぎないで演じたい。そのほうが魅力も出せると思う」と述べているのだが、(56)三島戯曲における〝滅びゆく者の美学〟を体現するような人物を二作品で演じ、それぞれに絶賛されたという事実が、後付けの知恵ではあるものの、辰之助自身の人生の軌跡と奇妙にリンクしているように感じられるのである。

シェイクスピア作品その他の西洋演劇では、辰之助は父松緑のチャレンジに常に付き添う形で共演してきた。初めは昭和四〇年一〇月に日生劇場で行なわれた『悪魔と神』の公演で、ここでは主役であるゲッツ役の父に対してキャスト順位十五位のヘルマンという小さな役であったが、昭和四四年（一九六九）三月に日生劇場にて上演された『オセロー』の時にはイアーゴーの術中にはまって窮地に陥れられるキャシオー役で存在感を見せつけ、更に昭和五二年（一九七七）四月に新橋演舞場で上演された再演時には、とうとう松緑のオセローとがっぷり四つに対決するイアーゴーの役を任されるまでに至っている。

――そして、こうした西洋演劇への取り組みにおける辰之助の到達点と言えるものが、昭

(56)「歌舞伎役者の可能性　尾上辰之助（レーム）」（『わが友ヒットラー』公演パンフレット）一九頁

和五五年（一九八〇）九月にサンシャイン劇場で上演された『リチャード三世』のタイトルロールへの挑戦である。ヨーロッパで演出家として活躍し、サンシャイン劇場の開場記念公演であった父松緑と杉村春子との二人芝居『ターリン行きの船』の演出で凱旋演出を手掛けた和田豊の演出に拠るこの『リチャード三世』での、よくあるせむしで跛行のイメージを強調しない演出は、プロデューサーの寺川知男と辰之助と和田豊とで公演の一年前の時点で既にイメージとして共有していたというが、そもそもこの企画は『オセロー』の再演のラストを飾った名古屋中日劇場での千秋楽の際に辰之助自身がぜひ演ってみたいと寺川に希望を出したところから企画がスタートしたのだという。[57]『リチャード三世』は絶賛され、辰之助は完全に父松緑の庇護下から離れて一人の注目すべきシェイクスピア役者としての評価を獲得したのである。

こうして、テレビ番組、三島戯曲、そしてシェイクスピアなどの西洋演劇といった領域で、初めは父松緑の庇護の許で、しかし次第に松緑をも脅かす存在としてマルチな活躍を示し始めるようになった辰之助だが、勿論、それを可能にするのは本業である歌舞伎の舞台の充実なのであって、他流試合以前に歌舞伎の舞台での著しい新境地の獲得があった。劇評家の渡辺保は、『蘭平物狂』での辰之助に立役の古径な美しさと父松緑以上の芸境を見てとっている。[58]

「七代目市川中車の写真を見ると、歌舞伎の美しさというものは、必ずしも女形や二枚目だけにあるのではないということがよくわかる。スケールの大きい、古風で、幻想的な美しさが、松王丸の写真にも、光秀の写真にも、実によく出ていて、みるものを打

(57) 寺川知男「制作メモ」（『リチャード三世』公演パンフレット）二〇頁

(58) 渡辺保「立役の花について（辰之助）」（『歌舞伎の役者たち』駸々堂、一九八三年）二五〇～二六三頁

たずにはおかない。（中略）
現代で、こういう立役の古径な美しさをみようとすれば、まず幸四郎の舞台のほかにはない。ごく最近では五月の歌舞伎座の『妹背山』の御殿の鱶七がそうであった。ことに後半の金輪五郎になってからの、舞台の大きさ、四天の衣装に合った体の色気、替えの立派さ、というものは、まことに立派なものであった。（中略）
むろんいまの若手花形のなかには、こういう芸風はあまり継承されていない。吉右衛門はリアルな人間描写と芝居のうまさに抜群であり、美しいという点では、海老藏、菊五郎、玉三郎は、いずれも今がさかりであるが、さて時代ものの立役の古径な美しさなど身につけつつある人はどこにもいない。幸四郎の次の世代になれば、ああいう美しさはなくなってしまうのかも知れないという気がする。
しかしただ一人だけ、ああいう美しさを継承しそうな人がいる。
尾上辰之助である。（中略）
（『蘭平物狂』での辰之助は）リアルな感情のたかまりがそのまま様式をつくり、体全体からまるで花が咲くように様式の花が咲く。その持続とたかまりが松緑にはない辰之助の花である。
むろんこの花は、綺麗な女形や二枚目の花とは違う。木の幹のような若くて、きりっと締った芸風のもとに、樹紋のようにあらわれた花である。（中略）
この蘭平の硬質な美しさ、芝居の運びと体の動きからくる美しさこそ、歌舞伎の時代ものの、立役の美しさであろう」

このエッセイが書かれたのは昭和五三年（一九七八）のことであり、当時辰之助は三十一歳の心身ともに充実した時期である。そして、この『蘭平物狂』は従兄弟の夏雄（後の新之助）がまだ舞台デビューする前の時点で観客席から見ていた演目であり、辰之助はまだ左近を名乗っていたその当時から父の蘭平の舞台に出て、間近でこの役を観て皮膚感覚で身体に吸収していったのに相違ない。

これに先立つ昭和五〇年（一九七五）九月には、当時二十八歳の辰之助は日本舞踊藤間流の家元の座を父松緑から譲られ、歌舞伎座にて五世藤間勘右衛門襲名披露を行なっている。この時、辰之助はある劇評家に「僕が勘右衛門になってよいのだろうか」とその心情を漏らしたとも伝えられている。(59) この襲名披露では、辰之助の異母弟である勘左も披露されたというから、あるいは自身が歌舞伎俳優としての父を継承して行くのだから、日本舞踊の家元のほうは異母弟の勘左が継ぐべきなのではないかと思っていたのかもしれない。豪放磊落に見えて実は細やかな神経をもつ辰之助らしいエピソードである。

一世を風靡した〝三之助〟ブームは、そのうちの一人であった六世市川新之助が十世市川海老藏を襲名した昭和四四年（一九六九）一一月をもって人の言の葉から消え、世間では海老藏と五世坂東玉三郎とによる〝海老・玉〟コンビのブームが沸き起こっていた。もう一人の菊之助もまた昭和四八年（一九七三）には七世尾上菊五郎を襲名した。そして、もう二人の従兄弟たち、即ち八世幸四郎の子供たちというのも、次男の初世中村萬之助は東宝在籍中の昭和四一年（一九六六）に二世中村吉右衛門を継いでおり、長男である六世市川染五郎もまた昭和五六年（一九八一）には九世松本幸四郎を襲名、と何れも次代の歌舞伎界を名実共に支えていく幹部俳優への道を着々と歩み始めていた。だが、従兄弟たち

(59) 如月青子「尾上辰之助を偲ぶ」（『演劇界』一九八七年五月号「特集 追悼・尾上辰之助」）一三〇頁

を中心とする同世代の俳優たちが次々と大名跡を継いでいったのに対して、辰之助のみ、辰之助のまま充実期を迎えていた。実は、父松緑が別の名になって自身が松緑を継いではどうかという話が出たときに、辰之助は「役者の名をよくするも悪くするも本人次第だから自分はこのままでいい」と固辞したのだという。(60)

このこだわりは、やはりある意味では父松緑へのライバル心と見る事が出来よう。即ち、尾上松緑の名跡は元々三世尾上菊五郎の養父初世尾上松助が名乗っていた名跡だったので格の上では立派なものだが、その没年は文化一二年(一八一五)であり、実態としては昭和一〇年(一九三五)三月の二世尾上松緑襲名からこの方、観客も松緑自身も先代の舞台姿やイメージなどは全く持っていないまっさらな名前と言った方が適切であり、松緑の名前を大きなものにしていったのはひとえに彼自身のたゆまぬ努力の賜物だったからである。――だから、初世尾上辰之助のままで、自分自身の力によってその名前を大名跡にまで高めていきたいという辰之助自身の決意は、その裏に次々と大名跡を継承していく同世代の花形役者たちに対する羨みや、自分だけが取り残されていくような焦燥感といった気持の裏返しでもあったに違いないし、父松緑もまたその厳しい試練を息子に与える事で、その反発心を原動力に伸びていってほしいと欲したのであろう。

昭和六〇年(一九八五)四月から六月に掛けて、従兄弟にして〝三之助〟ブーム時代からの盟友でもあった十世市川海老藏の十二世市川團十郎の襲名披露興行が歌舞伎座にて三ヵ月連続で行なわれた。四月・五月の「口上」では、松緑、梅幸、歌右衛門、羽左衛門、仁左衛門、勘三郎といった綺羅星の如き幹部俳優たち、つまり新團十郎の亡父十一世團十郎と同世代の重鎮たちの前にやや畏まっている感のあった中堅世代の花形俳優たち、

(60)同右、一三〇頁

つまり新團十郎の従兄弟たちだったが、三ヵ月目の六月になると彼ら中堅世代の「口上」もやや余裕が出てきたのだろうか、辰之助は次のような「口上」で一際大きな喝采を浴びている。(61)

「尾上辰之助にございます。この度海老藏さんが十二代目市川團十郎を襲名なされ、この様な嬉しい事は御座りません。こののちは益々成田屋さん御贔屓頂きますと共に、何とぞ音羽屋もお忘れなきようご声援賜りますよう、ひとえにお願い申し上げ奉ります」

この、ややユーモラスに、しかし強烈な自負心をも感じさせる形で行なった「口上」から僅か八ヵ月後の昭和六一年（一九八六）二月に、辰之助はアルコール性肝炎による大量の吐血で入院、四ヵ月後に退院して一一月には国立劇場の通し狂言『假名手本忠臣藏』の斧定九郎役で十ヵ月振りの舞台復帰を果たしたものの、翌昭和六二年（一九八七）一月の国立劇場『雷神不動北山櫻 毛抜』の粂寺弾正役を最後に、三月一八日に再び自宅で倒れて緊急入院し、僅か十日後の三月二八日に肝硬変に拠る食道静脈瘤破裂のため四十歳でこの世を去ったのである。――「辰之助は父親に似て神経質だった。そのくせ、おもてむきは豪放と見せた。ツッパリだったのである」(62)といった捉えられ方が多くの者になされていた辰之助は、繊細な内実を覆い隠す武装として豪快に浴びるように酒を飲んでいたという。だが、そもそも酒に強い性質ではなかったのであろう、その酒が彼の寿命を縮めたことは間違いない。従って、辰之助の死はある意味で緩やかな自殺とも捉えられる訳だが、

(61) VHSビデオ『十二代目市川團十郎襲名披露』（松竹株式会社、一九八五年）に収録された辰之助の「口上」
(62) 山川静夫「思い出の俳優たちがいる……懐かしい顔、そして芸」（『歌舞伎俳優名鑑 演劇界増刊』一九八九年一一月増刊号）七七頁

本当のところはやはり本人にしか分からない。いや、本人すら判らないのかも知れない。

その死に際して、嘗ての〝三之助〟だった菊五郎は、葬儀の際の映像では車の中で嗚咽をこらえている姿が記録されているものの、雑誌『演劇界』からの追悼の談話を求める依頼には「いいよ、よそうよ、いいたくないよ」と答え、同じく團十郎も「話といわれても、何をどういっていいか……」と語りたがらなかったという。[63] 喪失感の大きさは、永遠に失われた歌舞伎界の未来の一つの可能性への痛切な悼みの感情と共に、多くの者をして雄弁である事よりも黙して語らない事を選ばせたに違いない。——唯一の慰めは、辰之助逝去当時十二歳で、既に二世尾上左近として舞台に立っていた長男のあらしが、その後、祖父二世尾上松緑や、團十郎、菊五郎ら菊五郎劇団の幹部俳優たちの薫陶を受けて成長し、平成三年（一九九一）五月に二世尾上辰之助を襲名したことである。二世辰之助は、團十郎の長男七世市川新之助、菊五郎の長男五世尾上菊之助と共に〝平成の三之助〟としてブレイクし、平成一四年（二〇〇二）には松緑を襲名する事となった。その襲名に際して、二世辰之助は亡父初世辰之助に三世尾上松緑の名を追贈し、自らは四世尾上松緑となったのである。

(63) 土岐迪子「僚友黙して語らず」（『演劇界』一九八七年五月号「特集 追悼・尾上辰之助」）一三二頁

# 終章

## 六―一　三兄弟唯一の共演作としてのテレビドラマ『本陣蕎麦』

日本のテレビジョン本放送は、昭和二八年（一九五三）二月一日の『NHK東京テレビジョン開局に当たって』で始まった。この特番で、古垣鐵郎NHK会長、国務大臣、郵政大臣、東京都知事ら来賓らの挨拶に続いてスタジオからオンエアされたのが、菊五郎劇団の二世尾上松緑、七世尾上梅幸らによる『道行初音旅 吉野山の場』だった。つまり、日本のテレビ放送は歌舞伎と共に始まったのである。また、民放に関しても、例えば昭和三四年（一九五九年）二月一日のNET開局記念ドラマ『初木遣調子春風』もまた、九世市川海老蔵（十一世市川團十郎）、松緑、梅幸、花柳章太郎、水谷八重子などが出演したと記録に残っている。

初期のテレビ放送ではスタジオでの制作能力も高くなく、それでもともかくも毎日の時間を何がしかのコンテンツで埋めていかなくてはならなかったため、当然の帰結として外国製のテレビドラマの放送と舞台中継番組、そしてスポーツ中継番組というのが最も確実かつ便利なコンテンツとして機能した。NHKに続き、昭和二八年（一九五三）八月二八日には日本テレビ放送網（NTV）が、昭和三〇年（一九五五）四月一日にはラジオ東京テレビ（KR。現在のTBS）が、それぞれ本放送を開始したが、コンテンツが不足がちなのはどこの局とて同じだった。そんな中、ＮＨＫは歌舞伎座の中継を独占の形で獲得しており、ＮＴＶは巨人軍の野球試合中継と、新たに力道山の活躍するプロレス中継というキラー・コンテンツを持っていた。開局にやや後れを取ったＫＲは、舞台中継も含んだ「ドラマ」に活路を見出すしかなかった形だが、ＮＨＫが独占していた歌舞伎座の中継の門戸を開かせるという重責を担ったのが、岸井良衞プロデューサーであった。岸井は大学時代に岡本綺堂の門下生となって戯曲を書いていたが、卒業後は松竹に職を得て大阪歌舞伎座の企画課に在籍、次いで東京の新興キネマの企画課を経て東宝映画の計画課に勤務し、戦後は東宝芸能事業株式会社の常務となっていたが、ラジオ東京がテレビ放送を始める事になった際に演劇評論家・安藤鶴夫の紹介でＫＲテレビに入社していた。岸井は元々舞台畑の人間であり、歌舞伎界にも知己が多かったことから、ＫＲテレビにおける歌舞伎関係の番組を専ら担当する事になった訳である。因みに、岸井良衞の弟・岸井明は戦前のＰＣＬ、戦後の東宝を中心に各映画会社で活躍した唄う映画スター（やや太めの体形でコミカルな役が多かった）である。

　ＫＲテレビが歌舞伎座の中継に初めて成功したのが松緑の『土蜘』で、この時にＮＨＫに気兼ねして逃げ回っていた当時の歌舞伎座支配人に対して、「出演者に話もしないで無断で中継を断わるとは何事だ」と岸井の肩を持ってくれたのが他ならぬ松緑だったのだという。[1] その後も古巣の大阪歌舞伎座からの中継をまたしても松緑の『加賀鳶』で成功させた岸井は、昭和三一年（一九五六）八月からは、歌舞伎または新派の幹部俳優たちが毎週かわるがわるに出演して名作戯曲を単発または前後編として放送する番組の企画を立て、スポンサーに決まった武田薬品工業のマークから採った『ウロコ座』という番組として、

（1）岸井良衞『ひとつの劇界放浪記』（青蛙房、一九八一年）二三八頁

昭和三三年（一九五八）一一月の第一一九回までの二年三ヵ月、毎週月曜日の夜九時一五分から一〇時三〇分まで（昭和三一年一二月一三日以降は夜九時一五分から九時四五分まで）放送を続けた。この『ウロコ座』では、松緑、そして八世松本幸四郎は頻繁に登場する事になったのだが、特に第六十六回として昭和三二年（一九五七）一一月一八日の午後八時四五分から九時四五分の枠で放送された幸四郎・山田五十鈴主演に拠る『姫重態』は、同局の他の二番組（『ぶっつけ本番』『人命』）と共に第一二回芸術祭賞放送部門テレビジョンの部を受賞し、「ドラマのＫＲ（ドラマのＴＢＳ）」の基礎を作ったものとなった。因みに、文化庁（当時文部省）の資料に拠れば、第十二回芸術祭賞受賞理由は「極めて意欲的な三作品を発表しその企画の新鮮さ演出スタッフの技術的制約の克服、演技陣の、拡充強化等の努力によってテレビ芸術の可能性の限界を拡げた点、テレビドラマ制作に寄与するところの大なるものがある」とされている。[2]

その岸井良衞が昭和三八年（一九六三）三月に定年退職を迎える事となり、定年前の最後の正月特別番組としてドラマを企画する事となった。そして企画したのが、「近鉄金曜劇場」枠での高麗屋三兄弟揃って出演のドラマ『本陣蕎麦』だった。第二章から第四章に掛けて観てきたように、高麗屋三兄弟はそれぞれに本業の歌舞伎の舞台以外の仕事もしてきたが、長兄の團十郎は二本の映画主演作を残した以外は、海老藏時代に菊五郎劇団の客分として末弟松緑とともに初期のテレビにも出ていたというくらいである。次兄幸四郎は本業以外では専ら映画スターとして活躍、そして松緑は第一回ＮＨＫ大河ドラマ『花の生涯』の主演を始めとしてテレビスターとして引っ張りだこだった。その三者三様の高麗屋三兄弟が、しかも昭和三八年の正月番組という事は前年暮れに収録するということであ

（2）「文化庁芸術祭総覧」（提供：文化庁文化部芸術文化課）

り、その昭和三七年（一九六二年）というのは幸四郎が一門を引き連れた東宝へ電撃移籍した直後であり、かつ海老藏が五九年振りの大名跡復活としての團十郎襲名を果たして年内いっぱい全国各地で襲名披露興行を行なっていた最中でのことだったから、この時期での三兄弟の共演の実現はかなり奇跡的な事だったと言うほかない。

この高麗屋三兄弟の初共演、そして歌舞伎の舞台以外での唯一の共演が実現した背景には、三兄弟のそれぞれが岸井とは仕事上の接点があり、個人的にも親しかったことが挙げられ、岸井の定年退職への餞《はなむけ》としてスケジュールを調整し、実現させたのだった。とは言え、放送日は昭和三八年一月四日と決まっており、三人三様に忙しい中で、唯一可能なスケジュールとしては、前年一二月二四日に本読みに入って、二八日にＶＴＲ撮りということだったという。(3) 書き下ろしの脚本は、岸井の青山学院中等学校時代の同窓生で、これまた三兄弟の、特に幸四郎と松緑とは何度もテレビドラマの原作者または脚本担当として仕事をしてきた村上元三が担当し、演出は岸井とはこれまた中村竹弥の出世作となった昭和三〇年（一九五五）の『江戸の影法師』というスタジオ時代劇以来のコンビである石川甫が担当する事になった。

『本陣蕎麦』のストーリーは、年貢を取り立てに来たある土地の領主である旗本が、農民たちの一揆という事態に直面する。腰を痛めて本陣に医師を呼んで鍼治療を行なう旗本に対して、その医師が農民たちの窮状を知り、領主を説得して和解させる、という内容だったという。残念ながらＴＢＳや毎日放送にはＶＴＲは残っておらず、また岸井良衞の遺族にも照会したのだが映像を見つける事は出来なかった。当時は初期の生放送オンリーの状況から、漸くＶＴＲが導入され始めた時期だが、まだまだＶＴＲはテープの値段

（3）岸井良衞『ひとつの劇界放浪記』二六一頁

が高く、使い終わったものは再び別の番組用に使い回されるのが通例だったため、たまたま関係者が録画していたというケース以外は先ず残っていないのである。ともあれ、この高麗屋三兄弟の夢の共演は数多くのメディアで大きく報じられ、それらの記事から推察すると、領主役が團十郎、総髪の医師役が幸四郎、そして本陣の亭主役が松緑である。他に團十郎の長男である六世市川新之助（後の十世市川海老藏、十二世市川團十郎）、六世片岡芦燕、三世市川子團次、二世中村又五郎といった歌舞伎役者、そして花柳武始、元タカラジュンヌの南悠子や黛ひかるといった出演者の名前が確認できるが、それぞれの役名などは確認できていない。

『アサヒグラフ』ではこの番組の収録の様子を「高麗屋ブラザーズ」と題して見開き二頁の特集で紹介しているが、リハーサルで医師役の幸四郎の手当ての動きと、治療を受けている旗本役の團十郎の苦痛の表現をうまくシンクロさせるタイミングの取り方を調整していると、傍で観ていた本陣の亭主役の松緑が「ほんとに針でツけばいいんだ」と無責任な迷案を披露し思わず三兄弟揃って破顔一笑という一幕もあったという。[4] また、『週刊新潮』の記事では、「スタジオでの三人は、本番直前まで脚本に目を通してセリフ覚えに懸命な團十郎、天の一角をにらんで考えこむ幸四郎、カメラ・マンのそばへ行って自分でカメラを動かしたり、スタッフをつかまえてゲラゲラ笑う松緑と三者三様の性格が現われた録画ぶり」だったという。[5]

脚本を書いた村上元三への注文は、「台詞の数、出演カットが三人とも同じであること」という条件が付けられたとも言われるが、[6] 東映の全盛期における片岡千恵藏と市川右太衛門の競演の際のルールを彷彿とさせるこうした配慮がなされた（本当に台詞の数やカット数

（4）「高麗屋ブラザーズ　団十郎・幸四郎・松緑―顔合わせ―」（『アサヒグラフ』一九六二年一二月一四日号）五〇～五一頁
（5）岸井良衞『ひとつの劇界放浪記』二六一頁
（6）中川友介『十一代目團十郎と六代目歌右衛門―悲劇の「神」と孤高の「女帝」―』（幻冬社新書、二〇〇九年）二六四頁

が同じになるように調整されたのかどうかは別として）背景には、この三兄弟というのが揃いも揃って歌舞伎の立役の座頭役者としてまさしく全盛期の真っ只中にあったという紛れもない事実がある。実際のところ、『本陣蕎麦』が放送された翌月の昭和三八年（一九六三）二月を例に取ると、團十郎は新橋演舞場で『信長とお市の方』で水谷八重子のお市の方を相手に当たり役の信長を演じ、松緑は歌舞伎座で十七世中村勘三郎の秀吉を相手役に山岡荘八原作の『徳川家康』でタイトルロールを演じ、幸四郎は東京宝塚劇場で吉川英治原作、川口松太郎脚色の『宮本武蔵』でタイトルロールを演じていた。つまり、三兄弟が東京の三つの大劇場でそれぞれに主役を演じていたのである。幸四郎の舞台が『明智光秀』であったならばこの三兄弟のそれぞれが最も似合う戦国武将役で競い合っていたところだったが、それにしても如何にこの三兄弟の実力が伯仲していたかを如実に物語るエピソードだと言えよう(7)。

この高麗屋三兄弟の奇跡の競演を実現させたプロデューサーの岸井良衞は、TBS定年後も菊田一夫の誘いで東宝の演劇部で帝劇や芸術座の仕事をしているので、取り分け幸四郎とは長い付き合いとなったことになる。

## 六―二　七世幸四郎十七回忌追善特別公演での三兄弟

子供の頃は別として、歌舞伎役者となってからの高麗屋三兄弟は、長兄九世市川海老藏（十一世市川團十郎）は客分格で末弟二世尾上松緑と同じ菊五郎劇団、次兄八世松本幸四郎は吉右衛門劇団と所属する劇団が異なっていたため、舞台上で顔を合わせる事は基本的に

（7）同右、二六三頁

はなかった。菊吉合同公演というのも戦後すぐの占領期などにはあったが、三兄弟がそれぞれ立役の座頭役者として頭角を現してきた一九五〇年代以降には、それぞれが舞台に、映画に、テレビにと忙しく、たまたま映画『江戸の夕映』に出演中の海老蔵と松緑、同じく映画『忠臣蔵』に出演中の幸四郎が京都で勢揃いし、映画雑誌『キネマ旬報』で「三兄弟座談会」が組まれたりすることはあったものの、後は昭和三六年（一九六一）二月、歌舞伎座で七世幸四郎十三回忌追善の興行が行なわた際に父所縁の演目『勧進帳』（海老蔵の富樫、松緑の後見、幸四郎の弁慶）、『賀の祝』（海老蔵の桜丸、松緑の梅王丸、幸四郎の松王丸）などで共演したくらいで、特別な場合以外には別々の舞台に上がっていた。そして、正にその七世幸四郎十三回忌追善興行の最中に幸四郎の東宝への電撃移籍が発表されたため、松竹の海老蔵・松緑、東宝の幸四郎と所属会社まで変わってしまう事態となり、益々三兄弟の共演は難しい事となっていた。前節で紹介した昭和三八年一月四日放送の『本陣蕎麦』が奇跡的だというのはこうした背景に拠る。

昭和三七年（一九六二）四月には海老蔵の十一世市川團十郎襲名披露興行のために、幸四郎が東宝からの出戻りの形で歌舞伎座に出演したものの、松竹の株主の間には〝裏切り者〟幸四郎の出演に対して強硬な反対意見もあったと言われている。また、この時は新團十郎の弁慶と幸四郎の富樫による『勧進帳』、新團十郎の助六と松緑のくわんぺら門兵衛による『助六由縁江戸櫻』で、『口上』を除くと三兄弟揃っての演目は設定されなかった。

こうした状況の中、四年振りの、そして結果的には最後の高麗屋三兄弟の舞台での共演となったのが、昭和四〇年（一九六五）二月の東京宝塚劇場、三月の歌舞伎座、四月の大阪・新歌舞伎座の三ヵ月連続での七世幸四郎十七回忌追善特別公演であった。この三ヵ月に亘る十七回忌追善興行の企画立案者、つまり実質的なプロデューサーというのは團十郎その人であった。これには伏線があって、前の十三回忌追善興行の時に、高麗屋の追善興行なのだから高麗屋を継いだ次兄八世幸四郎が中心になるのが当たり前だと考えた松緑が、幸四郎と二人で狂言を決め、堀越家へ養子に行った長兄の海老蔵は「団十郎になる人ですから、別格ということにしてそうっと上へ奉っておいて、実務などの矢面には中の兄貴が立つように」したところ、海老蔵はへそを曲げてしまったのだという。(8) そしてその後海老蔵は團十郎となり、十七回忌追善興行を計画する事になった時に、次のような経緯があったのだと松緑は回想している。(9)

「どうしても二十三回忌《(ママ)》をやらなくちゃならないが、上の兄貴がちょいと難しいから、どうしたもんだろう」

と中の兄貴と相談しました。

「話を持って行っても、何と言っても駄目だろうから、どうしよう」

なんて考え込んでしまいました。すると、中の兄貴が、

「上の兄貴が嫌だと言うのを無理に出てくれってのも、かえって具合が悪いから、いっそ幸四郎の追善は止めて、藤間勘斎の追善にしろ」

と言うんです。

「事のついでに、お前が主催でやれ。それだったら三日間ぐらいのものだから、上の兄貴だって文句は言えないし、出ないわけにもいかない。少々我慢してもらえばいいんだから」

(8) 尾上松緑『松緑芸話』(講談社、一九八九年)五四~五五頁
(9) 同右、五五~五六頁

「じゃあ、そうしましょう」

と二人で話し合って、上の兄貴に、

「一応、追善のことで相談したいから」

と言いましたら、

「じゃあ、お前のところへ行くよ」

となって三人で集まりました。中の兄貴が、

「兄さんは大変だから、いっそのこと藤間でやるようにしたらどうですか」

と口を切ったんです。そうしたら、

「そんなみっともねえことはできねえ。やるんならばちゃんとやって……」

と帳面を出すんです。そこには何をやるか、誰が何の役をやるか、自分ですっかり書いてありましたよ。それで前回のご機嫌斜めの原因が初めて判ったんです」


因みに、藤間勘斎とは七世幸四郎の藤間流家元としての隠居名で、藤間勘右衛門の名跡を三男の松緑に譲った後に名乗っていた名前である。なお、松緑は十三回忌追善興行と十七回忌追善興行のことをそれぞれ十七回忌追善興行と二十三回忌追善興行と勘違いしているのだが、團十郎は七世幸四郎十七回忌追善興行から僅か七ヵ月後、團十郎襲名から僅か三年半後の昭和四〇年(一九六五)一一月一〇日に亡くなっており、二十三回忌追善興行は昭和四六年(一九七一)三月に帝国劇場で行なわれているので明らかな間違いである。

ともあれ、こうして成田屋である團十郎が仕切る形での七世幸四郎十七回忌追善興行が動き出し、幸四郎の所属する東宝と、團十郎・松緑が所属する松竹の両方に対して協力要請

がなされた。東宝の窓口であった専務取締役の菊田一夫はこの追善興行の公演パンフレットの「御挨拶」にこう記している。(10)

「いままでは、およそ、追善公演とか襲名披露公演とかには縁のない東宝劇場でございましたが、故松本幸四郎丈の三人の御子息である、市川團十郎、松本幸四郎、尾上松緑という三大名優の内、しかもその名を継いでおいでになる松本幸四郎さんが東宝専属として御在社になっている以上は、いかに慣れないこととは云っても、やはり……その慣れない追善公演を立派に盛大に成功させなくてはならないのが、東宝のつとめでございます。

御兄弟三人から、七世松本幸四郎の追善公演をやりたいのだがとお話しがありましたとき、私は喜んでお引受けいたしましょうと、お答えした次第。

いずれは松竹さんでも、これと同じ公演をお持ちになるだろうと思いましたので、こちらは、新作物がお好きであった故人のお気持を汲んで、歌舞伎狂言には一切触れずに新作三本立といたしました」

こうした経緯で、二月の東京宝塚劇場での演目は人気作家三名がそれぞれに新作を書き下ろす形となり、中野實作『伊達政宗』、北条秀司作の舞踊劇『三人業平』、川口松太郎作『むさし野兄弟』（演出はいずれも菊田一夫）のタイトルが、「人間三欲」の上中下の巻（それぞれ権勢欲、名誉欲、金銭欲）として発表された。東宝が前年一一月に出した新聞広告では「三兄弟競演の舞台 明春2月に実現！ 12月7日〈月〉前売り開始」の惹句と共に

(10) 菊田一夫「御挨拶」（『七世松本幸四郎追善特別公演』公演パンフレット、一九六五年）一頁

右記の三タイトルが告知されたが、最終的には北条秀司の舞踊劇は『鬼の少将夜長話』というタイトルに変わり、三兄弟の従兄弟になる今藤長十郎らが音楽を担当し、振付は藤間勘右衛門、つまり松緑が担当することになった。また、前景気を煽る意味で、一月二〇日から二四日にかけて、日本橋三越七階展示会場にて「七世松本幸四郎展」が開催され、三兄弟が揃ってこれを見に出かけるなど、パブリシティにも万全の態勢が取られた。

さて、個々の演目に関してだが、中野實の『伊達政宗』は政宗の小田原への参陣の遅れに怒った秀吉が最後には政宗の母思いの気持ちに心を動かされ、政宗の命を助けるという物語で、タイトルロールの政宗役を團十郎、秀吉を松緑、伊達家の家臣で政宗が最も頼りにする片倉小十郎が幸四郎、そして政宗の母保春院には山田五十鈴という配役であった。史実としても知られている通り、伊達政宗の母保春院は同じく我が子である政宗の弟小次郎を新たな当主にしようと企み、我が子政宗を毒殺しようとした人物であり、この権勢欲に対して、秀吉の詮議でも「母の陰謀など知らぬ」とあくまでも母を庇おうとした政宗の徳が描かれている。

『鬼の少将夜長話』では、実は事前に大きなトラブルがあった。と言うのも、北条秀司との打ち合わせが設定されていた日に、音楽担当の今藤長十郎がイイノホールでの演奏会が予定外に長引いて姿を見せる事が出来ず、すっぽかされた形の北条秀司がへそを曲げて文楽の野沢喜左衛門に音楽担当を変えると言いだし、間に入った幸四郎付きのプロデューサー千谷道雄が調整に難航した揚句、音楽担当は二人の名前が併記される事で落ち着いたというドタバタ劇だった。(11) 内容の方は主人公である源春雅（松緑）が美しい姉妹の踊っている姿に遭遇し、その父親である盲目の笛師月麻呂（幸四郎）から澄月という名笛を強引

(11) 千谷道雄『幸四郎三国志―菊田一夫との四〇〇〇日―』（文藝春秋、一九八一年）一七七～一七八頁

に奪ってしまったところ、大江山の鬼の司智元（團十郎）が春雅の名誉欲を諌め、心を入れ替えた春雅は智元から秘曲「雲井の舞」を伝授される……という物語である。勿論、中学生の頃には二人の兄から「あんなみっともない踊りを会へ出せない」と踊りの会への参加を強引に止めされられた悔しい思い出もあって、その後踊りの領域では兄二人を遥かに引き離して藤間流の家元四世藤間勘右衛門を継ぐ事になった松緑の面目躍如たる舞踊劇だったと思われる。

川口松太郎の『むさし野兄弟』でも、松緑に拠ればキャスティングを巡ってひと悶着あったという。物語は、明治新政府に恭順の意を示し上野寛永寺に籠っていた徳川慶喜を警護する江戸見廻りの相模屋政五郎一家を題材に、その政五郎一家の身内である色男の磯吉と、その弟で別の一家の身内の者である文次郎とが、欲に目が眩んで官軍方に寝返って五十両の大金をせしめ、それを病に伏せる老父次郎藏に持って行ったところ、次郎藏は筋の通らぬ金は受け取れぬと叱りつけ、水戸へ向かう慶喜一行を襲うつもりでいた兄弟は、逆に薩摩の刺客らを倒して慶喜の警護に加わる、という内容。元々の予定では、磯吉に團十郎、文次郎に松緑、老父次郎藏に幸四郎という予定だったものの、團十郎はどうしても磯吉役は嫌だと主張して譲らず、結果的には幸四郎が磯吉役を務め、次郎藏には八世市川中車が扮し、團十郎は最後の最後に徳川慶喜役で登場する形に落ち着いた。(12) 確かに、「海老さまブーム」のころから圧倒的に女性の人気があった團十郎が色男役というのが普通に考えれば順当なのだが、映画や舞台の『江戸の夕映』で徳川幕府に殉じて上野から函館まで行って意地を貫き通した本田小六を演じた自分が、例え芝居の中であっても慶喜を簡単に裏切るような役は演じたくないというのが團十郎の胸の内だったのではあるまいか。と

(12) 尾上松緑『松緑芸話』五四頁

もあれ、三幕目の『むさし野兄弟』の最後になって慶喜役の團十郎が登場すると三兄弟が勢ぞろいする形となり、それがそのまま「追善口上」代りの御挨拶に繋がるというのがこの舞台での趣向だった(13)。

口上と言えば、この三ヵ月連続での十七回忌追善興行の実質的なプロデューサーであった十一世市川團十郎は、元来口下手でインタビュアー泣かせとして知られていた。それが、十一世團十郎襲名披露興行辺りから見違えて饒舌になり、口上においてもサーヴィス精神旺盛に喋るようになったと言われている。例えば、九世團十郎の孫で十一世團十郎とは義理の従兄妹の関係にある三世市川翠扇に拠れば、十一世團十郎襲名披露興行の際に、ある時、口上の開幕間際に慌てて着替えた翠扇が間違えて袴の片方に両足を入れてしまったことに気が付いたものの、そのまま幕が開いてしまい、何とか見物に気づかれないように冷や汗をかいていたところ、その様子を笑って見ていた新團十郎が、居並ぶ幹部俳優たちの口上が全て終わって最後に「睨み」を披露する段になって、「吉例により、こゝでにらんで御覧に入れるのでございますが、本日は、特に、三代目市川翠扇が、にらみをごらんに入れます」と茶目っけたっぷりに振ってきて、翠扇が「御勘弁の程、お願い致します!」と平伏すると、「あ、やって、あやまっておりますから、では改めて、私が変わって、にらんでごらんにいれます!」と笑いながら後を決まり通りの柝頭へ持って行ったのだという(14)。

東京宝塚劇場での公演は、最後の『むさし野兄弟』の扮装のまま、三兄弟を含む出演者が舞台に居並び、追善口上の代わりの「御挨拶」を披露する段取りだったが、團十郎はここでも連日十分近い長広舌で、しかも毎日話題を変えて、観客は勿論の事、舞台裏のス

(13) 千谷道雄『幸四郎三国志―菊田一夫との四〇〇〇日―』一七五~一七六頁
(14) 市川翠扇『九代目團十郎と私』(六芸書房、一九六六年)二〇三~二〇五頁

タッフたちにまで大受けの「御挨拶」を行なって評判となり、ミキサーの係などは毎日その「御挨拶」だけを記念に録音していたのだという。[15] 因みに、毎日のその話題としては、松竹や東宝に対する辛口のコメント、幸四郎・松緑それぞれの家庭での恐妻家振り、共演の山田五十鈴の浮いた噂、菊田一夫の愛人についての暴露話、息子夏雄の学校の成績へのボヤき、タクシーの運ちゃんと喧嘩した話等々、ある意味で三つの演目以上に大受けで、この公演の白眉とも言えるものだったという。[16]

二月の東京宝塚劇場での「人間三欲」の新作に拠る追善興行が終り、翌三月は歌舞伎座に場所を移しての亡父七世幸四郎所縁の古典歌舞伎の上演に拠る追善興行だった。演目は三兄弟出演のもので言うと昼の部が先ず『勧進帳』、そして團十郎の河内山宗俊、幸四郎の片岡直次郎、松緑の松江出雲守に拠る『天衣紛上野初花』、夜の部が團十郎の酒井左衛門尉忠継、幸四郎の鳥井彦右衛門、松緑の徳川家康に拠る『世響太鼓功』、『口上』、松緑に拠る『大森彦七』、そして幸四郎の大星由良之助、松緑の寺岡平右衛門、尾上梅幸のお軽に拠る『假名手本忠臣藏』七段目といったお馴染みの演目が並んだ。因みに途中の三月一四日からは昼の部と夜の部の入れ替えが行われた他、初日のみ午後四時開演で『名和長年』、『勧進帳』、『口上』、『大森彦七』、『假名手本忠臣藏』が上演された。

さて、それらの中でも取り分け注目を浴びたのが、やはり亡父七世幸四郎が生涯に一六〇〇回も弁慶を演じたという『勧進帳』で、高麗屋三兄弟が弁慶を日替わり、富樫を二日交替で演じたほか、義経についても三世實川延若、四世中村雀右衛門、七世中村福助（七世中村芝翫）が日替わりで演じるという趣向で、実に十八通りの組み合わせでの舞台が日替わりで観られるというのが呼び物となった。更に、亀井六郎に六世市川染五郎、片岡

(15) 千谷道雄『幸四郎三国志―菊田一夫との四〇〇〇日―』一七九～一八一頁
(16) 同右、一八〇～一八一頁

八郎に初世中村萬之助、駿河次郎に初世尾上左近という幸四郎、松緑の御曹司たちが脇を固めていたのだからメディアもこぞってこの企画を採りあげ、歌舞伎座でもこの一幕の立見場料金を初めて二〇〇円という設定にした（大卒初任給が二万四千円の時代なので今ならば二千円に近い金額という事になる）という。更に、所作舞台も新しく作り、長唄、囃子方が着る肩衣、前掛けも全て新調、弁慶・富樫・義経の衣装も演じる六名のために計九着を全て新調し、この一幕のために費やした費用が三千万円とも五千万円とも宣伝された一大イヴェントに仕立て上げたのである。(17)

劇評に関しては、概ね弁慶は場数を踏んでいる幸四郎が一番、松緑が二番、富樫は團十郎だが松緑も意外と悪くない、といった評価が多かった。例えば雑誌『演劇界』に劇評を記した三宅三郎は、プロ野球の巨人軍の三遊間コンビをもじって「長島が三塁で広岡が遊撃なら最上だが、長島や広岡ほどの名手になれば、どこのポジションでもやれるからといって、広岡を三塁に長島を遊撃にしては、最上とはいえないのと同じ」と例え、團十郎の富樫は現代最高だが弁慶だと長島が遊撃手を勤めた場合に相当する、と論じている。(18)

ともあれ、この高麗屋三兄弟に拠る日替わりでの弁慶の企画は興行的には大成功を収め、翌四月の大阪・新歌舞伎座でも引き続いて同じ趣向で、但し義経役は七世尾上梅幸に固定し、御曹司たちも外れた形で、弁慶の日替わり、富樫の二日交替のみで継続された。

なお、歌舞伎座での『口上』では、團十郎の親代わりとも言える前田青邨画伯が舞台背景の道具帳を淡彩で描いた。普通の口上だと柿裃にまさかりの鬘というのがお決まりの衣装だが、淡彩の絵の前に濃い柿裃などの色を配したくないとの理由で、青邨画伯は黒紋付の着付袴で素のままやってほしいとの注文を付けた。これには幸四郎、松緑から反対の声が

(17) 秋山安三郎「ツボを心得た幸四郎」（『アサヒグラフ』一九六五年三月一九日号）七頁

(18) 三宅三郎「三人の秀才兄弟」（『演劇界』一九六五年四月号「特集 七世幸四郎追善」）二二頁

上がったと言うが、團十郎は弟たちの反対を見透かしていて、「二人ともここが（と頭の天辺を叩いて見せて）禿げてるもんだから」と自分のふさふさした髪を示してニヤリと笑ったという。結果的には幸四郎、松緑共に禿げを隠すハリ髪を使用することで、追善興行のプロデューサーであった長兄團十郎の顔を立てたのだった。[19]

七世松本幸四郎十七回忌追善特別公演は高麗屋三兄弟の結束の下、長兄である十一世市川團十郎の積極的なイニシアティヴに拠って三ヵ月に亘って行なわれ、評判の上でも、興行の上でも大きな成功を収めた。團十郎を襲名してからの彼は、第二章第六節で見てきたように様々な対人トラブルを引き起こし、メディアでも「團十郎問題」などと書き立てた。それらのトラブル――山本富士子との共演拒否、三世市川猿之助の襲名興行での『口上』への列席拒否、四世坂東鶴之助（六世市川竹之丞、五世中村富十郎）の『勧進帳』新演出へのクレーム、日本俳優協会からの脱会など――は折角の新團十郎誕生の華やかなムードに水を差しただけでなく、「華ある團十郎、踊りの紀尾井町、芝居の幸四郎」と云われた高麗屋三兄弟を中心とした歌舞伎界の秩序にも混乱をもたらし、実際のところ團十郎自身がそのまま不本意な形で病に倒れて帰らぬ人となったという印象を持たれがちなのだが、その意味で、幸四郎が「最近は子供の頃の陽気な性格に戻って、よく人を笑わせたりして」いたと述懐した[20]ような茶目っけと陽気な態度で弟たち引っ張った七世幸四郎十七回忌追善特別公演というのは、十一世市川團十郎にとっての人生最後の大仕事だったと言えるのではないだろうか。

(19) 千谷道雄『幸四郎三国志――菊田一夫との四〇〇〇日――』一八一～一八三頁
(20) 松本幸四郎「潔癖を貫いた兄」（『演劇界』一九六六年一月号臨時増刊「十一代目市川団十郎」）四一頁

## 六―三　高麗屋三兄弟の果たした役割は何だったのか

ここで改めて、七世松本幸四郎という不世出の弁慶役者の遺した三人の息子たち――十一世市川團十郎、八世松本幸四郎、二世尾上松緑――が歌舞伎の歴史の中で果した役割というものを整理したい。

戦前から戦後の高度経済成長期に掛けての大相撲の世界に、双葉山一強時代、戦後の混乱期に活躍した羽黒山、東富士、千代の山、鏡里、吉葉山などの群雄割拠時代を経て、栃若時代、柏鵬時代、短命に終わった北玉時代、そして輪湖時代、とその時代時代を彩ったヒーローたちがいたように、歌舞伎の世界においても團菊左時代、菊吉時代というような時代ごとの枠組みが語られることが多い。大まかに言えば、江戸末期から明治時代の歌舞伎界を牽引し、写実的な要素を導入して歌舞伎に近代的演劇への道を開いたのが九世市川團十郎であり、五世尾上菊五郎は「散切物」を世話物に取り入れ、初世市川左團次は近代的な劇場経営に功績があった、とされる。高麗屋三兄弟の父、七世松本幸四郎は九世市川團十郎の弟子であり、團菊左が相次いで世を去った後の明治末期から戦中に掛けて五世中村歌右衛門、十五世市村羽左衛門、そして二世市川左團次らと共に團菊左時代の芸を次代へと繋ぎ、次の菊吉時代をサポートしたと評価されるのが通例だろう。この時代を当時八世市川高麗藏だった幸四郎と十五世市村羽左衛門に代表させて、高麗藏羽左衛門時代と呼ぶ場合もある。そんな中でも、七世松本幸四郎はずば抜けて長生きし、戦後の占領期まで生涯現役の歌舞伎役者として活躍した訳だから、当然ながらその存在感も晩年へ向かう程に大きくなって行った筈である。

そして、菊五郎劇団、吉右衛門劇団が鎬を削った菊吉時代において、次代を担う若手のホープとして台頭してきたのが、菊五郎劇団の二世尾上松緑、七世尾上梅幸、客分の九世市川海老蔵、吉右衛門劇団の八世松本幸四郎、十七世中村勘三郎、六世中村歌右衛門であったことに疑う余地はない。勿論、他にも関西歌舞伎の二世中村鴈治郎、十三世片岡仁左衛門といったほぼ同世代の座頭役者たちもいたのだが、関西歌舞伎そのものの凋落もあって、菊吉時代の後の歌舞伎界を実質的に支えたのはこの六名と言ってよく、このうち七世尾上梅幸と六世中村歌右衛門は女形であったから、立役の座頭役者としては海老蔵、幸四郎、松緑の高麗屋三兄弟と吉右衛門の弟にして菊五郎の娘婿であった勘三郎の四名というのが昭和三十年代から昭和四十年代前半に掛けての主役であったと言ってよい。言わば團幸松勘時代である。――一人の歌舞伎俳優の息子三人が、揃って次の時代の立役の座頭役者として鎬を削る状況というのはやはり空前絶後であるという他なく、しかも芸の継承を見込んで弟子の中から有望な者を養子にとって息子にしたという事であれば過去にも類例は求められるのかもしれないが、高麗屋三兄弟の場合は、三宅三郎に言葉を借りれば「まごうこともない実子なのは、演劇史上に、かつて一度もみられなかったこと」に相違ないのである。(21)

この團幸松勘時代を更に分類するならば、菊吉時代の晩年である昭和二十年代から團幸松勘時代の前半である昭和三十年代にかけては「海老さまブーム」の時代だったと言えよう。谷崎潤一郎訳・監修、舟橋聖一脚色『源氏物語』での光源氏役、加藤道夫による『なよたけ』での石ノ上ノ文麻呂役、そして大佛次郎による『若き日の信長』での織田信長役といった作品で空前の「海老さまブーム」を興した当時の九世市川海老蔵は、それまでの

(21) 三宅三郎「三人の秀才兄弟」二三二頁

歌舞伎ファンとは全く異なる女子中高生などの黄色い声援を一身に受けていた訳だが、その様子は大相撲で言うところの平成の「若貴ブーム」に匹敵するものだったと言え、どちらの場合も単に一過性のブームに終わったというよりも、ファン層の掘り起こしに繋がり、歌舞伎界の、あるいは角界の今日の発展の下地を作ったと言える。それは、例えば今日の「相撲女子」や、「歌舞伎好き女子」といった存在を思い起こせば自明の理であろう。

この「海老さまブーム」の中で、海老藏時代の團十郎は菊五郎劇団と共に『江戸の夕映』（一九五四年）と『繪島生島』（一九五五年）という二本の主演映画に出演し、歌舞伎座などの劇場へ直接足を運ぶことの叶わない全国の「海老さま」ファンたちに対しても、その麗しい容姿を披露した。役者に熱を挙げるファンという存在自体はおそらくはシェイクスピアの時代にだっていたのであろうが、〝スター〟という概念、つまり生身の人間として直接顔を合わせる事がないにもかかわらずその相手に恋をし、熱を上げるという行為は、映画というメディアが誕生して初めて生まれた概念である。その意味で、海老藏は、たった二本しか主演映画がなかったとは言え、まだ歌舞伎を一度も見た事がない若い女性たちを「ファン」にしてしまうという点で歌舞伎界にとって初めてのケースだったし、新たな可能性を示した人だとも言えるのである。

今日の歌舞伎役者、特に若手の歌舞伎役者というのは、本業の歌舞伎の舞台以外にも映画やテレビのトレンディ・ドラマ、あるいは現代演劇、そしてテレビCMなどでの活躍を通してアイドル・スター並みの人気を誇っている者が少なくない。そういった歌舞伎役者としてのアイドル的人気の元祖と言えるのが正しく九世市川海老藏に他ならなかったとするならば、歌舞伎役者のレギュラー・ベースでの活躍の場を歌舞伎以外の領域に広げたのが八世松本幸四郎と二世尾上松緑だった。

八世松本幸四郎はこれからの歌舞伎界を背負っていくべき中心的な立場にあった立役の看板役者というポジションにありながら、しかも同時に〝映画スター〟としても活躍したという史上初めての、そして他に例のない存在である。映画界に転身して成功した歌舞伎役者ならば掃いて捨てるほどいるし、映画界における時代劇スターの多くはそもそも歌舞伎界の出身という場合が圧倒的に多い。十一世片岡仁左衛門の許にいた片岡千恵蔵、二世市川右團次の許にいた市川右太衛門、二世林又一郎の一座出身である長谷川一夫、二世中村鴈治郎の許にいた嵐寛寿郎、みな梨園を捨てて映画界へ転身したスターである。戦後デビューの時代劇スターたちにしても、中村錦之助（萬屋錦之介）と中村賀津雄（中村嘉葎雄）の兄弟、大川橋藏、市川雷藏、尾上鯉之助、北上彌太郎、大谷友右衛門など皆そうである。だが、彼らは基本的には歌舞伎界に見切りをつけて新天地を求めた形だったから、後から歌舞伎の世界に戻りたいと思ってもそれは容易なことではなかった。北上彌太郎と大谷友右衛門の場合は、映画界が斜陽になってから歌舞伎界へと戻る事に成功はしているものの、北上彌太郎は八世嵐吉三郎として舞台復帰するまでに、歌舞伎界を飛び出してから実に三十二年の月日を要しているし、大谷友右衛門は松竹の大谷竹次郎会長の支援のお陰で早々に歌舞伎の舞台に戻れはしたものの、東京では全く居場所がないため、大阪へ行って三世市川壽海の許で東京の舞台への復帰へ向けて時機の到来を待つより他になかったのである。関西歌舞伎の二世中村鴈治郎は映画での活躍も特筆すべきものがある稀有な歌舞伎役者だが、彼の場合は関西歌舞伎そのものが地盤沈下して先が見えない状況の中で歌舞伎の舞台への出演を無期限停止と宣言した上での大映との契約という形だった。

そういった状況の中で、たった一人八世松本幸四郎だけは、歌舞伎俳優としての活躍と〝映画スター〟としての活躍の両立をやってのけたのである。しかも、松竹で十五本、東宝で九本の大作映画に出演（結果的に藤田進に代役を任せざるを得なくなった黒澤明監督作品『隠し砦の三悪人』を含む。また他に東映配給に拠る『超高層のあけぼの』がある）、しかもゲスト出演格のものが数本あるもののそのほとんどは主役として、井伊直弼、大石内蔵助、松平定信、織田信長、上杉謙信、大岡忠相、近藤勇、明智光秀、幡随院長兵衛といった歴史上の英雄をスクリーン上で演じてきたのである。

それらの役々は幸四郎が歌舞伎の舞台においても演じてきた役柄が多く、つまりは、幸四郎は映画と歌舞伎という異なるメディアにおいて稀代の「英雄役者」として一時代を築いたという事である。他にも、本業の舞台においても、文学座へ乗り込んでの『明智光秀』の主演、文楽との史上初めての共演となった『嬢景清八嶋日記』の自主興行、シェイクスピアの『オセロー』への挑戦といった意欲的な取り組みを数多く行ない、更にはテレビシリーズ『鬼平犯科帳』では、原作者の池波正太郎が幸四郎その人をモデルとして当て書きした長谷川平蔵役を演じて今日に至る長寿の大ヒットテレビ時代劇シリーズの礎を築くことに貢献しているのである。こうした幸四郎のジャンルを超えた活躍というのは、直接的には長男である九世松本幸四郎の映画やミュージカル、シェイクスピア劇での活躍、次男である二世中村吉右衛門の映画および父の後を受けたテレビシリーズ『鬼平犯科帳』での活躍などに受け継がれている訳だが、間接的には、今日の全ての歌舞伎役者のあり方のプロトタイプとなったという事が出来るであろう。

現役バリバリの歌舞伎俳優でありながら〝映画スター〟になってしまったのが幸四郎だ

とするならば、末弟である二世尾上松緑は菊五郎劇団を牽引する立役の看板役者としての活躍の一方で、テレビという新しいメディアにいち早く順応していくつものテレビドラマで主演を務め、後の世の歌舞伎役者たちに対してテレビでの活躍という道を切り開いて見せた人である。実際のところ、松緑のこの道での軌跡というのは、そのまま日本のテレビジョン放送の歴史そのものと言ってもよく、当初の歌舞伎舞台の中継番組から、歌舞伎の名作舞台をテレビ用に収録するアンソロジー物、初めからテレビ用に企画されたドラマへと領域を広げ、さらに時代物のみならず現代劇へと進出していった他、NHK大河ドラマの記念すべき第一作目である舟橋聖一作『花の生涯』(一九六三年)に主演して大成功を収め、大河ドラマというフォーマット自体をその後も継続的に制作させていく切っ掛けを作っている。

松緑主演のテレビドラマを具体的に挙げるならば、先ずは前述のKRの『ウロコ座』やNETの『名作菊五郎劇場』といったアンソロジー物、そして連続ドラマで言うと、息子である初世尾上左近(初世尾上辰之助)も出演した『半七捕物帳』(NTV、一九六一年)での主役、久世光彦他が演出したホームドラマ『パパだまってて』(TBS、一九六二年)、弁護士事務所を舞台にした社会派ドラマ『判決』(NET、一九六四年)、主演の息子・初世尾上辰之助をサポートする形で大岡越前守忠相役を演じた『大岡政談　池田大助捕物帳』(NHK、一九六六年)、そして時代劇『闇を斬れ』(KTV、一九八一年)といったヴァラエティに富んだ分野・役柄の作品群が挙げられる。NHK大河ドラマに関しても、第一作『花の生涯』での井伊直弼役以降、第二作『赤穂浪士』(一九六四年)での新井白石役、第八作『樅ノ木は残った』(一九七〇年)での伊達政宗役、第十二作『勝海舟』(一九七四年）での勝小吉役、第十七作『草燃える』（一九七九年）での後白河法皇役、と度々出演して物語を引き締め、「NHK大河ドラマと言えば歌舞伎役者」というテンプレートを作り上げたのである。その証として、NHK大河ドラマのうち、歌舞伎役者が主演だったものだけを挙げても第四作『源義経』（一九六六年）の四世尾上菊之助（七世尾上菊五郎）、第十五作『花神』（一九七七年）の四世中村梅之助、第十六作『黄金の日日』（一九七八年）と第二十二作『山河燃ゆ』（一九八四年）の六世市川染五郎（九世松本幸四郎）、第三十三作『花の乱』（一九九四年）の十二世市川團十郎、第三十六作『毛利元就』（一九九七年）の三世中村橋之助（八世中村芝翫）、第三十八作『元禄繚乱』（一九九九年）の五世中村勘九郎（十八世中村勘三郎）、第四十二作『武蔵　MUSASHI』（二〇〇三年）の七世市川新之助（十一世市川海老藏）、第四十六作『風林火山』（二〇〇七年）の二世市川亀治郎（四世市川猿之助）といった作品が挙げられるのである。

こうした〝テレビタレント〟としての八面六臂の活躍に加えて、松緑はまた舞台においても本業の歌舞伎以外にも西洋演劇の分野で『シラノ・ド・ベルジュラック』、ジャン＝ポール・サルトル原作の『悪魔と神』、そして兄幸四郎同様にシェイクスピアの『オセロー』に取り組んでいる。こうした松緑の変幻自在の活躍ぶりというのは、勿論息子である初世尾上辰之助に拠っても数多くのテレビ出演、『リチャード三世』や三島由紀夫原作の『わが友ヒットラー』への主演として引き継がれていった訳だが、惜しくも辰之助が早世した後にあっても、松緑が体現した多方面に亘る活躍への志向性という歌舞伎役者としての立ち位置は現代における歌舞伎役者全体に引き継がれていると言えるだろう。

アイドル的な人気を獲得した海老藏（團十郎）、歌舞伎役者の第一線で活躍する一方〝映画スター〟として活躍した幸四郎、同様に〝テレビタレント〟としての道を切り開いた松緑。――そして幸四郎と松緑の見せた新たな領域に対して果敢に挑んで行く〝進取の気性〟といったものは、許を辿れば三人の父である七世松本幸四郎のＤＮＡを引き継いだからこその道だったと言えるのだろうが、それを立派にやり遂げて息子たちの世代、孫たちの世代に引き継いでいき、そして今日の歌舞伎役者全般に対して〝歌舞伎役者の生き方〟のプロトタイプと成り得た点において、高麗屋三兄弟の果した役割というのは、単に菊吉時代の後の戦後歌舞伎界を引っ張って行った一時代の主人公たちという立場を越えて、大変に重要な意味を持っていたのではあるまいか。

## 六―四　継承者たち――高麗屋三兄弟の孫たち

最後に、第五章で見てきた高麗屋三兄弟の息子である四人の従兄弟たちの、更にその息子たちの世代、つまり高麗屋三兄弟の孫たちの活躍に就いても簡単に記しておきたい。

故・十二世市川團十郎の長男である堀越孝俊は昭和五二年（一九七七）一二月六日に生まれ、五歳の時、歌舞伎座で父團十郎（当時十世海老藏）が光源氏を演じる『源氏物語』の春宮役で初舞台を踏み、昭和六〇年（一九八五）五月にやはり父の舞台『外郎売』で貴甘坊という父扮する外郎売と同じ格好の役で七世市川新之助を襲名、更に平成一六年（二〇〇四）五月には歌舞伎座で『暫』の鎌倉権五郎、『勧進帳』の富樫、六月には『春興鏡獅子』の小姓弥生（後に獅子の精）、『助六由縁江戸櫻』の花川戸助六などを演じて十一世市川海老藏を襲名した。その後一〇月にはフランスのパリにある国立シャイヨ宮劇場でも襲名披露公演を行なって話題となった。

新之助時代には、同世代の五世尾上菊之助、再従兄弟である二世尾上辰之助と共に〝平成の三之助〟として売り出され、平成九年（一九九七）には三越劇場で『与話情浮名横櫛』の切られ与三郎、平成一一年（一九九九）には浅草公会堂の「新春花形歌舞伎」で『勧進帳』の弁慶、翌月には大阪の松竹座で『寺子屋』の松王丸、四月には名古屋の御園座で『若き日の信長』の信長、そして翌平成一二年（二〇〇〇）五月と更に一年後の五月には『源氏物語』の光源氏役を演じて、チケットは即日完売、舞台映えする美しさも大評判なった。新之助は〝隔世遺伝のお手本〟と言われるほど祖父・十一世市川團十郎にそっくりで、父・十二世團十郎に言わせると外見のみならず「性格は似ていると思いますよ。物事をやるときには半端な気持ちでやることは絶対にないです。あとはそうですね、まあプッツンというところも似ていますね（笑）」ということになるのだが[22]、新之助自身は当然ながら祖父には会った事はなく、平成七年（一九九五）九月十六歳の時に歌舞伎座で行われた十一代目追善三十年祭（市川宗家は神道なので「何回忌」とは言わない）で『鏡獅子』を演じた後、追善パーティの会場で大きく引き伸ばした祖父の写真を見て、また白黒の映像が放映されるのを見て「じいちゃんと初めて知りあった」ことをきっかけに、急激に興味を持ち始めたのだという[23]。

新之助時代には他にもテレビで平成六年（一九九四）のNHK大河ドラマ『花の乱』で足利義政役を演じた父・十二世團十郎の青春期を演じ（相手役は再従兄妹の松たか子）、平成九年（一九九七）にもテレビ東京の正月恒例「12時間超ワイドドラマ」枠の『炎の奉行大岡越前守』で再び父の演じる大岡越前守の若き日を演じた他、平成一五年（二〇〇三）、

(22)「光源氏をめぐる團十郎と新之助 十二代目市川團十郎×七代目市川新之助」（聞き手：利根川裕）（別冊太陽『歌舞伎源氏物語 十二代目市川團十郎・七代目市川新之助―三代の光源氏―』二〇〇一年）七頁
(23) 同右、一〇〜一一頁

弱冠二十二歳にしてNHK大河ドラマ『武蔵 MUSASHI』でタイトルロールを演じるなど、順風満帆の活躍を見せている。

海老蔵襲名後も、平成一九年（二〇〇七）三月には、M3型白血病を克服した父と共にパリのオペラ座での歌舞伎公演で『勧進帳』、『紅葉狩』、『口上』を勤め、特に『勧進帳』では父・團十郎と海老蔵とが弁慶と富樫を日替わりで演じて話題となった。本業である歌舞伎の舞台の充実ぶりに加えて、平成一八年（二〇〇六）一月には新橋演舞場にて彼のために齋藤雅文（脚本・演出）に拠って新たに書き下ろされた『信長』で祖父所縁の『若き日の信長』とはまた違った信長像を演じて見せた。映画でも人間魚雷「回天」の乗組員に志願した青年を演じた『出口のない海』（二〇〇六年）、小林正樹監督の名作『切腹』（一九六二年）のリメイクに当たる三池崇史監督の『一命』（二〇一一年）、若き日の千利休を演じ、その師匠武野紹鷗役で父・團十郎との最後の共演ともなった『利休にたずねよ』（二〇一三年）、再び三池崇史監督とのコンビで『四谷怪談』をモチーフにしたホラー映画『喰う女—クイメ—』（二〇一三年）、アメリカのワーナー・ブラザース映画による時代劇アクション映画で三度三池崇史監督と組んだ『無限の十人』（二〇一七年）といった作品に出演した他、テレビでも初めての現代劇出演となった『MR．BRAIN』（二〇〇九年）、祖父・九世海老藏役を演じた『長谷川町子物語～サザエさんが生まれた日～』（二〇一三年）、テレビ東京の連続時代劇シリーズの『石川五右衛門』（二〇一六年）でのタイトルロール、そしてNHK大河ドラマ『おんな城主 直虎』（二〇一七年）での織田信長役でのゲスト出演、とその活躍ぶりは枚挙に暇がない。

平成一九年（二〇〇七）七月の大阪・松竹座出演中にガラスで右足を切る大けがをして

休演したり、平成二二年（二〇一〇）に深夜に西麻布のバーでトラブルに巻き込まれて顔面を負傷した際には事前に翌日の「新春花形歌舞伎」の記者会見を体調不良でキャンセルしたのに飲みに出かけていたことが発覚して無期限謹慎処分を受けたり、(24)と何かとお騒がせの話題も多い海老藏だが、平成二五年（二〇一三）二月三日に父・十二世團十郎を失い、更には平成二二年（二〇一〇）に結婚して一男一女をもうけた妻・小林真央を平成二九年（二〇一七）六月二二日に乳癌で失うなど、試練が続いている。だが、その試練を乗り越えた先には、海老藏自身が尊敬してやまない父・十二世團十郎や、越えたい存在と公言している祖父十一世團十郎、そして十五世市村羽左衛門を越えるような、十三世市川團十郎としての将来が開けていくであろう事は疑う余地はない。

高麗屋の御曹司、藤間照薫は昭和四八年（一九七三）一月八日に生まれた。丁度五歳の誕生日の日、父・九世松本幸四郎（当時六世染五郎）が「今年のあーちゃんの誕生日プレゼント」と言って示したのは〝物〟ではなく、その日から放送が開始された自身が主演のＮＨＫ大河ドラマ『黄金の日日』の第一回放送「信長軍包囲」を見せる事だったというが、見終わった照薫は、母・紀子に対して「僕もお芝居をやりたい！」と宣言したのだという。(25)その想いは、同作品の一二月二四日放送の最終回「堺炎上」において、父の演じる呂宋助左衛門と同じ船に乗り合わせた同名の少年、助左役での出演というクリスマス・プレゼントの形で聞き届けられた。同作品には夏場の第三十三回「海賊船」の回に照薫の祖父・八世松本幸四郎も呂宋助左衛門の実の父親らしき役でゲスト出演しており、高麗屋三代の共演が実現した形である。

(24) 江宮隆之『團十郎と海老蔵―歌舞伎界随一の大名跡はこうした継承されてきた―』（学研新書、二〇一一年）二九九～三〇一頁
(25) 市川染五郎『染五郎の超訳的歌舞伎』（小学館、二〇一三年）一一三頁

その翌年の三月、照薫は歌舞伎座において『侠客春雨傘』の劇中、三世松本金太郎として口上を披露し初お目見えとし、更にその二年後の昭和五六年（一九八一）一〇月・一一月には歌舞伎座において高麗屋三代同時襲名披露興行が行なわれ、八世幸四郎が初世松本白鸚となり、父・六世染五郎が九世松本幸四郎に、自身は金太郎から七世市川染五郎をそれぞれ襲名した。これは歌舞伎の歴史上初めて直系の親子三代での同時襲名という快挙だった。演目は一〇月が白鸚の大星由良之助、新・染五郎の大星力弥、六世中村歌右衛門のお軽、松緑の平右衛門による『假名手本忠臣藏』七段目、一一月は新・幸四郎の花川戸助六実は曽我五郎、四世中村雀右衛門の揚巻、二世中村吉右衛門のくわんぺら門兵衛、初世尾上辰之助の朝顔仙平、十世市川海老藏の白酒売新兵衛実は曽我十郎、そして新・染五郎の福山のかつぎによる『助六曲輪江戸櫻』という豪華なものだった。染五郎自身はこの襲名の事を「どう考えても自分の名前が変わるのはとても不思議な感覚でした。新たに名乗る名前が、今まで父が名乗っていた名前であっただけに、その違和感はかなりのものでした。〝市川染五郎〟は父も受け継いだ名前であるとか芸名であるとかを理解するよりも、僕にとっては〝染五郎＝父そのもの〟でしたから」と振り返っている[26]。

歌舞伎の舞台で着々と実績を積み重ねる一方で、祖父や父譲りの他方面での活躍というのも早くから行なっており、昭和六二年（一九八七）には、三百人劇場において、当時一四歳にして『ハムレット』の舞台で主役を務めたが、これは父が六世染五郎時代に日本テレビで『ハムレット』の主役を演じた時の十七歳という最年少記録を大幅に塗り替えたものだった。因みに七世染五郎はその四年後にも今度は歌舞伎版ハムレットである『葉武列士倭錦絵』をUKジャパンフェスティバルにて演じている。他に父が平成九年（一九九七）に

(26) 同右、一七五〜一七六頁

始めた新たな現代劇の演劇集団シアター・ナインスの旗揚げ公演『バイ・マイセルフ』、その二年後の『マトリョーシカ』にも参加した他、平成五年（一九九三）からは、父の代表作である『アマデウス』でも、父の演じる宮廷音楽家サリエーリに対して神の寵児モーツァルト役で度々共演を果たしている。

映画では、父が主役のトヨタ自動車創設者豊田喜一郎を演じた『遥かなる走路』（一九八〇年）で少年時代の喜一郎を演じたのを皮切りに、三谷幸喜監督の『ラジオの時間』（一九九七年）、妹である松たか子主演に拠る岩井俊二監督の『四月物語』（一九九八年）、松尾スズキ監督の『恋の門』（二〇〇四年）、滝田洋二郎監督の『阿修羅城の瞳』（二〇〇五年）、黒土三男監督に拠る藤沢周平原作の『蝉しぐれ』（二〇〇五年）、『相棒』シリーズのスピンオフ作品である『鑑識・米沢守の事件簿』（二〇〇九年）、韓国のユンナ、チョン・ソミンらと共演した『今度の日曜日に』（二〇〇九年）、再び滝田洋二郎監督と組んだ時代劇『天地明察』（二〇一二年）といった何れも癖のある作品で、現代劇、時代劇を問わず存在感のある演技を見せている。

また、テレビ出演においても、テレビ東京の新春時代劇枠で父が大石内藏助を演じた『大忠臣蔵』（一九八九年）での大石主税役、日本テレビの連続時代劇ドラマ『父子鷹』（一九九四年）では勝小吉役の父と共に主役の勝麟太郎役を、村上もとか原作に拠るＮＨＫの『龍―ＲＯＮ―』では主役の押小路龍役を演じている。また、再び新春時代劇枠での『竜馬がゆく』（二〇〇四年）では松平春嶽役の父を脇に回してのタイトルロール、更にテレビ朝日の単発の時代劇スペシャルドラマ『敵は本能寺にあり』（二〇〇七年）では祖父の持ち役だった明智光秀ではなく、その重臣である主役の明智左馬助役を演じている。その後も三たびテレビ東京の新春時代劇枠での『忠臣蔵〜その義その愛〜』（二〇一二年）では浅野内匠頭役、NHK大河ドラマ『八重の桜』（二〇一三年）では、これも昭和天皇・明治天皇を演じた祖父、明治幼帝を演じた父譲り孝明天皇役で出演し、また同じNHKのBS時代劇枠（後に地上波のNHK総合での放送）の『妻は、くの一』では自らは主役を、そして息子である四世松本金太郎が第五話の寺子屋の教え子役で親子初共演を果たし、近年もテレビ朝日のスペシャルドラマ『陰陽師』（二〇一五年）での安部晴明役を演じるなど、演じる役柄も幅広い。

平成二六年（二〇一四）一一月の歌舞伎座では、初世松本白鸚三十三回忌追善興行として、予てより「曾祖父の代から受け継がれ、それぞれの時代に華を咲かせてきた弁慶という役が僕に許される日が来る事を信じて、役者道を窮めていきたい」と目標にしてきた[27]『勧進帳』の弁慶役を、父の富樫、叔父・二世中村吉右衛門の義経で初めて演じ、「これ以上に幸せな舞台はない」と述べ、父・九世幸四郎もまた「息子は『夢がかなった』と行ったが、それは同時に私の夢でもあった」と語り、富樫の太刀持ち役で同じ舞台に立った息子・四世金太郎共々、高麗屋三代の晴れの舞台となった。[28]——そして、平成三〇年（二〇一八）一月・二月の歌舞伎座で、満を持して、三十七年前に次いで史上二回目となる高麗屋三代同時襲名興行が行なわれ、染五郎は一〇世松本幸四郎として新たな歩みを始めたのである。

初世尾上辰之助の長男である藤間あらしは昭和五〇年（一九七五）二月五日に生まれた。歌舞伎公演その他のパンフレットでは〝嵐〟と漢字で表記される事も多いが、戸籍上は始

(27) 同右、一一八頁
(28)「染五郎 念願の初弁慶」（『読売新聞』二〇一四年一〇月二七日夕刊）「伝統芸」紙面

めからずっと平仮名で、祖父の本名である豊、父の本名である亨と同様に〝漢字一文字で平仮名にすると三文字、ひっくり返しても左右対称と云うジンクス〟に従って当て字のような形で漢字表記にしていた時期があっただけなのだという。[29] 高麗屋三兄弟の孫に当たる三人の再従兄弟の中では、染五郎が二歳年上、海老蔵が二歳年下という事になる。昭和五五年（一九八〇）一月の国立劇場において『戻橋背御摂』の怪童丸後の坂田金時で初お目見えし、翌年二月の歌舞伎座での『極付幡随長兵衛』の長松役、『親子連枝鶯』の怪童丸役で父の前名である二世尾上左近を襲名して初舞台を踏んだ。周知の如く、丁度高麗屋三兄弟の息子世代の四人の従兄弟たちの中で六世市川新之助（十世市川海老蔵、一二世市川團十郎）だけが早くに父親を亡くし、伯父たちである八世幸四郎、二世松緑らのサポートを得て成長して行ったように、左近の父初世尾上辰之助も早くに亡くなってしまい、七世尾上菊五郎を始めとする音羽屋一門、そして藤間の親族である高麗屋一門らのサポートを得て成長して行く事となった。

平成元年（一九八九）六月には祖父・二世松緑も亡くなり、十五歳にして踊りの藤間流家元六世藤間勘右衛門を襲名し、四万人とも言われるお弟子さん達を束ねていく重責を担う事と成り、二年後の平成三年（一九九一）五月には、歌舞伎座で『寿曽我対面』の曽我五郎役、『勧進帳』の義経役で二世尾上辰之助を襲名した。その頃のインタビューで、「十二歳の時、父が死にまして十五の時、おじいちゃんも。遺言のように二人にいわれたのが〝ヘタでもいいから一生懸命やれ、やる事でヘタはヘタなりに一ミリでも初日から進歩がある〟。それを守らなきゃとやってきた。かわいそうな辰之助ちゃんが頑張っているよと励まされて見てくれるのは正直いうとありがたいと思っています」と述べていた辰之助

(29) 四代目尾上松緑・六世藤間勘右衛門オフィシャル・ウェブ・サイト「尾上松緑・藤間勘右衛門の日記」（二〇一二年四月四日）http://shouroku-4th.jugem.jp/?eid=18（最終閲覧日：二〇一七年九月一四日）

は、祖父や父の演じた役を追い掛けて行きたいという明確な目標を持ち、父の当たり役であった「『蘭平物狂』に早く取り組みたい」と前向きな姿勢で頼もしく語っていたものである[30]。

その後、平成一二年（二〇〇〇）五月と一年後の五月には『源氏物語』で再従兄弟である七世市川新之助（十一世市川海老蔵）の光源氏の親友である頭中将役（二人の祖父同士も、父同士も同じ組み合わせだった）を演じて、新之助、五世尾上菊之助と共に〝平成の三之助〟ブームとして人気が出始めるが、全国的にその名前がよく知られるようになったのが、NHK大河ドラマ『葵　徳川三代』（二〇〇〇年）での徳川三代将軍家光役であった。この役は、カリスマ的な実力者で江戸幕府を開いた初代の徳川家康（津川雅彦）、その息子で偉大な父の蔭で悩みながら独自の将軍像を目指した二代徳川秀忠（西田敏行）の後を受け、三代目としてのアイデンティティ確立に苦しみ、幼い頃は密かに女装癖まで持つなど現実逃避しながら、やがて徳川幕府の体制を盤石なものへと導いて行った三代徳川家光という、親子三代に亘る物語の後半の主役であり、その役柄と、偉大な祖父・二世尾上松緑とその息子として偉大な父親の影と戦った父初世辰之助、そして音羽屋の三代目として生まれてしまった己の存在を見つめる若き二世辰之助という現実の彼とが絶妙にリンクする形で視聴者の関心を集めたのである。ついでに言えば、徳川家康役は祖父・二世尾上松緑が度々演じ、またよく似合っていた役柄でもあった。

テレビへの出演は他の再従兄弟と違って（その道のパイオニアだった祖父やクイズ番組などにも出ていた父とも違って）その後は出演を控えている辰之助だが、歌舞伎以外の舞台には、いくつか出演している。最初は、平成八年（一九九六）八月に「第四回日生劇場国際

（30）尾上辰之助「創作にも意欲」インタビュアー：大島幸久（『演劇界増刊　花づくし若手歌舞伎』一九九九年七月）四六～五〇頁

児童フェスティバル」で上演された『辰之助の走れメロス』で、二年後の八月にも「日生劇場開場三十五周年記念　国際サマーフェスティヴァル98」として再演されている。その後も平成一四年（二〇〇二）三月には新橋演舞場で〝平成の三之助〟勢揃いの時代物『疾風のごとく』、平成一八年（二〇〇六）三月には日生劇場で福田恆存の訳本に基づいたシェイクスピアの『夏ノ夜ノ夢』の妖精パック役などを演じているが、その間の平成一四年（二〇〇二）五月・六月には歌舞伎座で四代目尾上松緑襲名披露興行が行なわれている。

松竹は、初め平成一三年（二〇〇一）三月に「松緑を含む五人の歌舞伎俳優を二〇〇五年までに襲名させる」と発表し、その後六月に改めて四代目尾上松緑襲名披露興行を翌年五月・六月に行なうとして演目を発表した。再従兄弟同士の三人の中でも最も早く、祖父である高麗屋三兄弟の留め名を襲名する事になった訳だが、勿論、この襲名には当初、多くの歌舞伎ファンと同様に当の辰之助自身も「(父が亡くなった年齢である)四十歳までは、辰之助でいると勝手に思い込んでいた」と戸惑いを隠せない形での、二十五歳の若さでの襲名だった。[31]言うまでもないが、この襲名では同時に亡父・初世尾上辰之助の三世尾上松緑への追贈が行なわれ、新・松緑は四世と言う事になった訳である。十一世市川團十郎襲名の際にその養父である故・市川三升に対して十世團十郎の追贈が行なわれた事を思い出させたこの歌舞伎界の〝追贈〟という制度は、志半ばに無念の死を遂げた故人を偲び、その気持ちに想いを馳せるとてもよい制度だと思う。襲名披露の演目は、松緑の佐藤四郎兵衛忠信実は源九郎狐、十二世團十郎の源九郎判官義経、四世中村雀右衛門の静御前に拠る『義経千本櫻』、松緑の弁慶、七世尾上菊五郎の富樫、五世中村富十郎の義経に拠る『勧進帳』、六月は松緑の蘭平実は伴義雄、七世中村芝翫の在原行平、四世雀右衛門の女房おり

(31)伊達なつめ「音羽屋　尾上松緑「新・松緑」、襲名という一大イベント。」(『東京人』二〇〇二年七月)三八〜三九頁

く実は音人妻明石、七世菊五郎の壬生与茂作実は大江音人に拠る『倭假名在原系図』、松緑の静御前・新中納言平知盛の霊、十二世團十郎の弁慶、五世坂東玉三郎の義経、二世中村吉右衛門の舟長三保太夫に拠る『船弁慶』、松緑の磯部主計之助、七世菊五郎の魚屋宗五郎に拠る『新皿屋舗月雨暈』と、何れも祖父や父所縁の演目であった。新・松緑にとっては弁慶役と共に、念願の『蘭平物狂』での襲名を果たしたという事になる。

平成二三年（二〇一一）一二月、「七世松本幸四郎襲名百年 日生劇場十二月歌舞伎公演」が行なわれた。中心となったのは、七世幸四郎のひ孫に当たる七世市川染五郎、十一世市川海老藏、四世尾上松緑の再従兄弟同士の三人であった。この公演に際して、染五郎は「私たち三人は一生この世界で同時代を生きていくわけですから歌舞伎の灯を消さないよう、力を合わせて頑張っていきたい」と述べ、松緑は「染五郎さんとは気心が知れていて、今後二人で継承していきたい演目が多くあります。海老蔵さんとも互いの息はよくわかっているつもりです」と述べ、海老藏は「三人とも将来は歌舞伎界を支えて行かねばならない立場。この公演をきっかけに改めて真摯に向き合い、しのぎをけずり、芸道精進していきたい」と述べた。(32)——正に我が意を得たり、である。既に三人それぞれの長男も、堀越観玄は初お目見えを済ませ、四世松本金太郎は八世市川染五郎への襲名を済ませ、三世尾上左近も『蘭平物狂』で襲名披露を行なった。高麗屋三兄弟が父・七世松本幸四郎の後を継いで蒔いてきた種は、子どもたちの世代に拠って花開き、いまその孫たちの世代に拠って着実に実を結ぼうとしている。

(32)「七世松本幸四郎襲名百年 日生劇場十二月歌舞伎公演」公演パンフレット。二二一～二二六頁

# 第二部

# 高麗屋三兄弟
# 出演全映画・テレビドラマ
# 主要作品総覧

本目録は、高麗屋三兄弟のいずれかが出演した、《Ⅰ》「映画作品（全三十三作品）」（映画用に特に舞台を撮影した作品、改題再公開された作品、撮影に参加したものの出演シーンがカットされた作品を含む）、《Ⅱ》「主要なテレビドラマ作品一覧」（主要作品、高麗屋三兄弟の共演、親子共演作品のみを抽出）、《Ⅲ》「その他のテレビドラマ」（高麗屋三兄弟のうちいずれかが出演しているもののその詳細が不明な作品）についてのデータをまとめたものである。

先ず、《Ⅰ》**「映画作品（全三十三作品）」**に関しては、全ての作品を【基本データ】、【スタッフ】、【キャスト】、【惹句】（宣伝のためのキャッチコピー）、【内容】、【解説】に分けて記している。また、映画タイトルの上には、それが高麗屋三兄弟の誰が出演した作品であるのかを明確に示すために、九世海老藏、八世幸四郎、二世松緑に分けて記し、父七世幸四郎、あるいは義弟七世友右衛門、六世染五郎、初世萬之助が出演している場合はその名も加えた。

【基本データ】には題名、製作会社、配給会社、白黒カラーの別、上映時間、公開日の情報を記したが、一部確認できなかったものについては「?」を付している。【スタッフ】、【キャスト】については、映像上のクレジット順位とプレスシートなど文字資料上のそれとでは異なるため、映像で確認できるものについては映像上の順位を、出来ないものについては文字資料上の順位を採用している。但し、監督名は映像だと全てのスタッフ、キャストの後に出てくる場合が多いため、ここでは製作、脚本の次の位置に統一した。【惹句】についても、ポスターの種類や広告など媒体によってもヴァリエーションがあり、確認出来たものの中から代表的なものを採録したが、当然ながらそれ以外の【惹句】も存在することを断っておきたい。【内容】に関しては、映画会社が作ったオフィシャルなプレスシートの「梗概」には実際の映像の内容と異なる部分があるケースが多く、後述する様々なデータベースなども同様であるため、映像で実際に確認出来るものについては全て確認した上で新たに書き起こした。但し映像を観るチャンスの無かった作品（【内容】の最後に［未見］と表記。具体的には『菅原伝授手習鑑 寺子屋』と『大岡政談 謎の逢びき』の二作品）については文字資料のみに頼っているため、間違いを含んでいる可能性は否定できない。配列は公開日順の時系列とし、初公開だけでなく、改題再公開についても判明した分については加えることとし、同一の作品であってもそれぞれを一本と計算してある。

映画作品に関してはほぼ全てを網羅出来ているはずだが、テレビドラマのほうは正確な記録が残っていない場合が多く、特に一九五〇年代、一九六〇年代の初期テレビドラマは映像がほとんど残っておらず、調査は難航を極めた。それでも、横浜の放送ライブラリー、川崎市民ミュージアム、松竹大谷図書館、早稲田大学演劇博物館、国立国会図書館などで可能な限り映像・台本が残っていないか調査を行ない、結果的に多くの成果を得ることが出来た。また、一般社団法人日本脚本アーカイヴス推進コンソーシアムにもご協力を頂いた。インターネット上での検索においては、テレビドラマデータベース、脚本・台本の総合一覧　脚本データベースが大変に役に立った。またテレビドラマデータベースにリンクされている個々のテレビドラマについての詳細データを作成したのよりん氏の情報も大変に有益であった。その結果、《Ⅱ》**「主要なテレビドラマ作品一覧」**（主要作品、高麗屋三兄弟の共演、親子共演作品のみを抽出）として主要なテレビドラマ四十作品をリストアップしたのに加えて、詳細は判明していないものの、少なくとも高麗屋三兄弟のいずれかが出演していることが判明しているものについては、別途、《Ⅲ》**「その他のテレビドラマ」**（高麗屋三兄弟のうちいずれかが出演しているもののその詳細が不明な作品）として四十作品の簡単なデータも記した。「その他のテレビドラマ」については、基本的には放送日順の時系列に並べたが、初期のテレビドラマに多かった一話完結のアンソロジーものの場合は、高麗屋三兄弟の出演が複数あるものは個々のエピソード名ではなく番組名を一タイトルとし、その番組の放送開始日をもって時系列の順番を決める基準とした。一方でアンソロジーものであっても個別のエピソードのみを一タイトルとして選んだ場合もある。また、当然ながらテレビドラマについては「主要なテレビドラマ」の四十作品と「その他のテレビドラマ」の四十作品が高麗屋三兄弟のいずれかが出演した全ての作品であるという訳ではなく、今後の調査で更なる作品が判明すると思われる。なお、七世松本幸四郎の娘婿であり、高麗屋三兄弟とは義兄弟に当る七世大谷友右衛門（四世中村雀右衛門）はいち早く東宝と専属契約を結んで映画界へ進出し、後に新東宝に移籍し、トータルで二十八本の映画に出演した後に歌舞伎界へ戻った人だが、彼の出演作品を高麗屋三兄弟のそれと同列に扱ってしまうとやや本書の焦点がぼけてしまうと考え、義兄である八世幸四郎と共演した『荒木又右衛門』以外の作品については第一部五章に「別表」リストを提示するに留めた。

本書に未採録の作品の存在その他、読者諸氏にはお気づきの点があればぜひ出版社を通じてご教示願いたい。

**七世幸四郎**
**九世海老蔵**
**五世染五郎**

## 『歌舞伎十八番の内　勧進帳』

（松竹／白黒／77分／1949年8月4日公開）

**【スタッフ】**

●製作：髙村潔　●撮影指揮：野村昊　●撮影：猪飼助太郎、渡辺健次、楠田浩之、友成達雄、三浦光男　●録音：河野貞壽、熊谷宏　●編集：マキノ正博

**【キャスト】**

口　上：市川三升（五世／十世市川團十郎）
武蔵坊辨慶：松本幸四郎（七世）
源　義經：尾上菊五郎（六世）
富樫左衛門：市村羽左衛門（十五世）
亀井六郎：市川海老蔵（九世／十一世市川團十郎）
片岡八郎：澤村田之助（五世）
駿河次郎：市川染五郎（五世／八世松本幸四郎／初世白鸚）
常陸坊海尊：河原崎權十郎（二世）
番　卒：市川照藏（二世）
〃：松本錦四郎
〃：市川荒次郎（二世）
太刀持亀丸：市川たか志（三世市川松蔦／七世市川門之助）

**【邦楽連名】**

長　唄：芳村伊四郎
三味線：杵屋榮藏
小　鼓：望月太右衛門
笛　：堅田喜三郎
太　鼓：望月太七
他長唄囃子連中

『勧進帳』パンフレット

**【惹句】**

松竹秘藏の國寶的名画特別上映
堂々一時間半に亘る松竹映画豪華大絵巻！
二度と見られぬ三大名優
舞台の面影映画に再現

**【内容】**

兄頼朝と不仲になった源義經は、武蔵坊辨慶を始めとして、亀井六郎、片岡八郎、駿河次郎、常陸坊海尊の四天王を従え

て、陸奥の藤原秀衡の許へ落ちて行く。

ここ加賀の住人富樫左衛門は安宅の関を新しく構えて、苟も山伏たるものの詮議は頗る厳重にするよう、番卒共に下知していた。

長い旅の疲れに加えて落人の身であれば、風の音にも心を配る悩みにやつれながら、源義經は強力と姿を変えて人目をくらまし、この関まで辿り着いたものの、行く先々の厳しい関所の詮議を想えば、その足取りも自然と重たくなっているのであった。

しかし辨慶は血気にはやる片岡、龜井の面々が、関所くらい踏みつぶしても通ろうとするのを、自分に任せてくれと、一同をなだめすかして関所に掛かった。呼び止められた辨慶は、南都東大寺の勧進行脚の山伏と名乗って、関の通行を願った。

関守富樫は頼朝公の命に依り山伏修験者は一人も通行を許されぬ、強いてとあれば一命にも及ぶとの答えに、辨慶始め皆々はさらさらと数珠を押しもみ、声高らかに祈念を捧げるのであった。その殊勝な覚悟に富樫は、然らば勧進帳を読めと所望する。機転の辨慶は笈の中から巻物一巻を取り出して声高らかに読み上げる。

さらばと富樫は辨慶に山伏の修験道を尋ねる。辨慶もさるもの、響きの声に応ずるごとく弁舌爽やかに富樫に相向かうのだった。ようよう富樫の疑念も晴れたと思う間もなく、運悪くも一人の番卒が目ざとく強力が義經の面差しに似ていると富樫にささやく。

再度の疑惑に、辨慶は主君の浮沈みはここぞと金剛杖を振り上げて、汝が故にこの迷惑、と散々に打擲する。主を思うが故のこの苦渋の策、その有様を見ては富樫も情を知る武士なれば、憐れを覚えて一同を見逃し、番卒を打ち連れて関へ引き上げて行った。

後にほっとした辨慶は、計略とは云いながら主を打ったのは申し訳ないと泣いた。いざ出立という所へ富樫は再び酒を持って現れ、最前の無礼を詫びる意味で一献酌ませる。辨慶は延年の舞を舞う中にも早う行けと義經たちを逃し、自分もまた笈を押取り肩に打ち掛け、金剛杖を片手に毒蛇の口を逃れたる心地で飛んでいく。


**【解説】**

團菊左亡き後の大正から戦前にかけての歌舞伎界を支え続けた名優たちは、終戦による激動の時期に相次いで世を去った。先ずフランス生まれのアメリカ人チャールズ・ルジャンドルを父に持ち、その美貌から「花の橘屋」と呼ばれたハーフの十五世市村羽左衛門が終戦を控えた一九四五年五月に満七十歳で亡くなり、戦後になると七世松本幸四郎が一九四九年一月に満七十八歳で亡くなり、更に七月に入ってまだ六十三歳だった六世尾上菊五郎までもが世を去った。この余りにも惜しまれる名優たちの死を追悼するため、松竹はこの三人が顔を合わせた歌舞伎舞台の記録映画を「国民的記録映画特別公開」と称して公開した。この作品は、戦時中の一九四三年一一月、一二月に歌舞伎座にて長期上演された『勧進帳』の舞台を、文部省の働き掛けもあって記録映画として残すことになり、一二月二二日に撮影が行われたもので、当初は劇場公開の予定はなかったものの、「諸方から此國寶的映畫の上映要求が頻りとありますので、夫々の了解を得て茲に上映することになった」のだという。なお、先行特別公開の東劇では映画『勧進帳』の他に菊五郎の長男・二世尾上九朗右衛門や五世菊五郎の孫・七世坂東彦三郎（十七世羽左衛門）らによる『三人片輪 船岡主馬邸の場』と、七世幸四郎の三男・尾上松緑、娘婿・七世大谷友右衛門（四世中村雀右衛門）らによる『新歌舞伎十八番の内 大森彦七』の上演が行なわれて花を添えた。

撮影時の七世幸四郎は既に満七十三歳だが、まさに一世一代の当たり役である辨慶を、同時代の名優である十五世羽左衛門の富樫、六世菊五郎の義經を相手に堂々と演じ、よくぞこの映像を残してくれた、と後世の歌舞伎ファンを唸らせてくれる。そして、本書の立場から言えば、一九五〇年代以降それぞれ菊五郎劇団の客分、吉右衛門劇団の花形と共演機会のほとんどなかった九世海老藏・五世染五郎（本作公開直後の八月の東劇で父と同じ『勧進帳』の辨慶を演じて八世幸四郎を襲名）の若き日の競演を見られるのも貴重である。



**二世松緑**

## 『群盗南蛮船 ぎやまんの宿』

（新東宝／白黒／95分／1950年5月30日公開）

**【スタッフ】**

●製作：佐藤一郎 ●脚本：三村伸太郎 ●監督：稲垣 浩 ●撮影：安本 淳 ●照明：平岡岩治 ●録音：片岡 造 ●美術：梶由造 ●音楽：西野 曠、柏伊三之助 ●振付：藤間勘右衛門（四世＝二世尾上松緑）●編集：後藤敏男 ●スチール：武田高一 ●助監督：小森 白 ●製作主任：服部仙太郎

【キャスト】

藤木勘三郎：尾上梅幸（七世）
大柿五郎助：尾上松緑（二世）
細木原仙之助：坂東彦三郎（七世／十七世市村羽左衛門）
直　吉：尾上九朗右衛門（二世）
嘉平次：尾上多賀之亟（三世）
宇之吉：市川男女藏（四世／三世左團次）
玄界灘右衛門：柳永二郎
大徳屋伝右衛門：小堀　誠
彌平次：尾上多賀藏（三世）
源兵衛：市川照藏（二世）
平　助：尾上菊藏（六世）
仙兵衛：横山運平
玄齋坊：尾上鯉三郎（三世）
忠　助：尾上菊次（二世）
新　助：大川橋藏（二世）
喜　助：坂東光伸（四世八十助／十世簑助／九世三津五郎）
徳兵衛：坂東薪三郎
津賀屋久右衛門：尾上菊十郎（三世）
紅柄屋藤兵衛：坂東飛鶴（二世）
木津屋七兵衛：中村成助
唐津屋宗右衛門：尾上二郎
小堀三藏：助高屋小伝次（二世）
おうた：花井蘭子
お　雪：久我美子
おとく：清川虹子
お　松：一の宮あつ子
おまさ：花岡菊子
おかね：沢村貞子
お　力：飯田蝶子

『群盗南蛮船 ぎやまんの宿』プレスシート

【惹句】

映画出演の希望を抱きながら逝つた名優六代目菊五郎の遺志を継いで、菊五郎劇団が総出演する異色時代劇
港の風は恋と血の匂い！
御禁制の抜け買い船に集る海のならず者！

【内容】

南国の港町、その宿の望楼台からは異国への夢に満ちた海が見渡され、甘い潮風が風見車をカタカタ廻している。朝霞楼、別名ぎやまんの宿――。祭りも近いある日のこと、二人の浪人者が朝霞楼の門を叩いた。一人は女たらしで得体のしれない藤木勘三郎、もう一人は海賊の仲間入りする約束の大柿五郎助。

宿の主は客の風体から値踏みして、藤木は先客の細木原仙之助と相部屋、大柿は階段下の布団部屋をあてがわれた。細木は女を池に突き落として殺し逃げる身の上、御禁制の海外渡航を手伝ってくれる船を探していた。そこへ、海賊との取引のために各地の卸問屋が客として集まってくる。

藤木は宿へ来る道中だけでも何人もの女性たちから真剣な恋文を貰うほどの女たらしだが、大柿もまた美しい女中おうたに一目惚れし、藤木に対してどちらが先におうたをものにするか賭けを挑む。だが大柿は女中たちに、彼の部屋に飛び込んできた梟（＝ごろっちゃ）と同じく大きな眼なのに何も見えていない、と茶化される。大柿がにらんだ通り、藤木もまた海賊船へ乗り込む腹づもりだった。

祭りの前日、旅芸人や軽業師、露天商らが港町に集い、ぎやまんの宿も活気づく。大徳屋伝右衛門（実は海賊の当間七兵衛）も乗り込んできて、海賊船玄滝丸は二日遅れて入港予定だと大柿に告げる。海坊主というあだ名の大徳屋は、宿の夜番宇之吉の一人娘お雪に執心だが、お雪は幼馴染で艶歌師の直吉と恋仲で、二人は駆け落ちまで計画していた。

祭りの初日、賑わう街へ女中たちと繰り出した藤木が部屋に戻ると、既に細木の去った部屋にお雪が隠れていた。事情を知っていた藤木はお雪を天井裏に匿い、何とか直吉とこの地を逃してやろうと考え、ひょっとこの面で顔を隠してお雪を軽業師一座にたくし、直吉と引き合わせる。それに気づいた宇之吉は面の下のお雪と無言の決別を交わす。藤木の示した義侠心におうたの心は激しく動き、その夜二人は結ばれた。賭けに勝った藤木は大柿の有り金をもらうと、おうたにも黙って宿を後にした。それが色事師藤木の流儀なのだ。

藤木から、自分の代わりに彼を海の仲間に入れてやってくれと認めた大柿宛の手紙をもって細木原が戻ってきた。祭りの二日目、玄滝丸も入港し、首魁玄界灘右衛門とその手下どもが派手な異国風の船乗り姿で沢山の荷物と共に朝霞楼に乗り込む。飲めや歌えやの大騒ぎの中、灘右衛門は美しいおうたに目を付け、船に連れていくと言い出す。細木原は一味の正体が海賊と知って恐れをなして逃げようとし、見つかって望楼台で切り殺される。――そこへ、これまでの色事と違ってどうしてもおうたを忘れられない藤木が帰ってきた。海賊たちとの乱撃が始まり、望楼台で何人もの海賊を切った藤木だが、彼の前に灘右衛門の新しい部下となった大柿が立ちふさがる。おうたのいる階段下に降りてきた大柿は、悪いが藤木に一太刀浴びせた、と言って力尽きる。望楼台では藤木が灘右衛門との最後の対決の時を迎えていた。階段を駆け上ったおうたの前には、灘右衛門を含む累々たる死体の山。その中に、虫の息で自分を呼ぶ藤木の姿を見つけたおうたは、死にゆく彼を抱きしめ続けるのだった。

**【解説】**

一九四九年七月一〇日、築地の竹心庵で静養中だった六世尾上菊五郎が亡くなり、翌日の通夜の席のこと。遺された菊五郎劇団の幹部俳優たち、即ち梅幸、松緑、男女藏、彦三郎、九朗右衛門、多賀之亟、鯉三郎の七名が今後の劇団の在り方について相談した。竹心庵は戦後急造した小さな家で打ち合わせする部屋とてなく、七人は階上の物干場に集まって、菊五郎亡きあとも菊五郎劇団の名前のまま結束して活動していくことが決められた。世に言う「菊五郎劇団の物干場会議」である。その結果、本作とその後の松竹での『江戸の夕映』『繪島生島』では菊五郎劇団が劇団ユニットの形として出演することになり、お蔭で「映画の宣伝力は芝居の比ではなく、映画によって菊五郎劇団のPRに役立ち、ファンが増えたのは幸いだった」（梅幸）ということになった。それはそうと、本作は物干場（望楼台）で始まり物干場で終る。彦三郎が斬られるのも物干場、梅幸と松緑が対決するのも、梅幸と柳永二郎の最後の対決も、瀕死の梅幸を花井蘭子が抱き締め続けるのも全て物干場である。それらのシーンを見るにつけ、彼らが一致団結してそのままの劇団名で頑張って行こうと相談した「菊五郎劇団の物干場会議」に想いを馳せることになる。

映画自体は本作と同じく三村伸太郎の脚本、稲垣浩監督で一九四一年に制作された『海を渡る祭礼』のリメイクで、クライマックスは新東宝らしいハチャメチャなミュージカル的展開で観客の度肝を抜くのだが、その唄って踊る海賊たちの中に、六代目菊五郎の妻の養子で、後に映画界へ身を投じる事になる若き日の大川橋藏がいた。

内容的には「グランド・ホテル形式」というか、ぎやまんの宿に集う様々な登場人物たちの人間模様を、梅幸と花井蘭子、九朗右衛門と久我美子という二組の恋人たちの恋の行方を軸に描いているのだが、映画全体のムードを形作っているのが松緑の演じる五郎助で、コミック・リリーフ的な振られ男の役で観客の笑いを誘う。五郎助は花井蘭子のおうたにご執心なのだが、おうたはプレイボーイの勘三郎（つまり梅幸。役名が歌舞伎ファンにはまた笑わせるものである）に持って行かれ、五郎助はうまくかわされて飯田蝶子の婆さんと差しで酒を酌み交わす羽目に陥ったり、自分では結構もてるつもりでいるのに、蔭では、ドングリ眼なのに恋の気配が何も見えていないごろっちゃ（＝梟）と笑われている、という具合で、これを松緑が楽しそうに演じているのである。勿論、実際の梅幸と松緑とでは、前者がやや堅物的なまじめなイメージなのに対して後者が色ごとに目がない遊び人的イメージを持っている訳で、それを逆転させたキャスティングが効いているのである。

**八世幸四郎**
**六世染五郎**
**初世萬之助**

# 『菅原伝授手習鑑 寺子屋』

（歌舞伎映画・プレミヤ映画／白黒／?分／1951年6月2日公開）

**【スタッフ】**

●監督：マキノ正博、大倉左免 ●撮影：飯野博三郎、宮西良太郎、松尾芳楠、藤井春美、眞々田潔、黒田武一郎、中川力士、板橋重雄、久野薫 ●録音：森田樹 ●照明：小林盛一郎

『菅原伝授手習鑑 寺子屋』帝國劇場チラシ

**【キャスト】**

舎人松王丸：中村吉右衛門（初世）
武部源藏：松本幸四郎（八世）
女房戸浪：澤村訥升（四世／八世宗十郎）
春藤玄蕃：中村吉之亟（初世）
御台園生前：中村又五郎（二世）
菅　秀才：市川染五郎（六世／九世松本幸四郎）
一子小太郎：中村萬之助（初世／二世吉右衛門）
松王女房千代：中村芝翫（六世／六世歌右衛門）
下男三助：市川團之助（六世）
涎介與太郎：坂東慶三（初世／十世市川高麗藏）
百姓　五作：中村吉十郎（二世）
〃　麦六：中村歌五郎
〃　畑作：澤村源五郎
〃久米七：松本染之助
〃　稲三：中村又之助（初世）
寺　子：中村吉勝
〃：舘花萬利子
〃：舘花矢壽子
〃：中村吉由
〃：中村吉枝
義太夫：豊竹岡太夫
〃：竹本米太夫
三味線：竹澤仲造
〃：鶴澤扇糸
長唄連中：杵屋榮二社中
御囃子連中：田中傳左衛門社中
狂言作者：竹柴金作
〃：竹柴朝二

**【惹句】**

絢爛豪華、播磨屋の神技記録さる！
歌舞伎愛好者は勿論、映画ファンにも絶対見逃せない貴重な記録映画・パート天然色映画。
萬人を搏たずにおかない骨肉の悲壮美！
萬哭の涙をよぶ古典の収録遂に完成

【内容】

武部源蔵はふとしたことから菅家を去るにあたり、菅相亟から その才能を惜しまれて筆法伝授を受けていたので、主人が流罪と決まるとその恩を忘れずに若君菅秀才を助け出し、我が家である寺子屋にかくまった。ある日、この源蔵宅に立派な武家女房が一子を寺入りに連れてきた。ところが、今日も庄屋に呼ばれた源蔵は、菅家を追った藤原時平の家臣、松王丸、玄蕃から、菅秀才を隠していることは明白、首にして渡せ、と手詰めの命令を受けてしまう。

思案投首で我が家へ帰れば、先刻寺入りした小太郎という子、これこそ我が君の御身代わりと思案を定め、もしその母が戻ったら、場合によっては諸共に、それも宮仕えする身の是非もなく、と女房戸浪と示し合わせているところへ、入ってきた玄蕃、松王。……源蔵は涙を飲んで小太郎を首にして松王の前に差し出し、死を覚悟して詰めよれば、意外なことに松王は菅秀才の首に相違ないと言って立ち去る。

後に源蔵夫婦は、夢かとばかり喜ぶうち、駆け付けた小太郎の母。南無三と斬って掛かれば、机文庫で受け止めて、我が君菅秀才の御身代わり、お役に立てて下さんしたか……源蔵がはっと驚くと、表には松王丸の姿があった。敵に仕える身なれども御恩を受けた菅相亟への御恩報じと、我が子を先に寺入りさせ、若君の危急を救ったと述べる。涙にくれる女房をなだめ、源蔵夫婦に送り火を頼み、小太郎の亡骸を駕籠に入れ、鳥辺野目指して赴くのであった。［未見］

【解説】

『寺子屋』という演目は、占領下の日本で梨園を震撼させた大事件と共に記憶されている。それは終戦の年の一一月に東京劇場で昼夜同一公演として上演中だったこの演目を、GHQ民間情報教育局のスタッフが見に来て、「こんな封建的な内容の演目上演は罷りならん」と二〇日限りで上演中止にさせた、所謂「寺子屋事件」である。この時の配役は、松王丸に七世幸四郎、武部源蔵に初世吉右衛門、千代に三世中村時蔵、園生前に六世中村芝翫（六世歌右衛門）、そして玄蕃に五世染五郎（八世幸四郎）という顔ぶれだった。その後、フォービアン・バワーズの尽力もあって上演禁止演目が次々と解除になると、一九四七年五月には同じく東劇で菊吉競演（菊五郎の松王丸、吉右衛門の源蔵）によって一年十ヵ月ぶりに上演されている。

その『寺子屋』を、盟友菊五郎亡き後の歌舞伎界の重鎮として牽引した吉右衛門が、その一座の花形役者たちによってこの記録映画の撮影だけのために一九五〇年五月二七日より名古屋の御園座で二日間に亘って演じた様子を記録し（但し、後から度々追加撮影が必要になったという）、丸一年かけて編集した後に帝国劇場で上映したのがこの作品である。製作したプレミヤ映画は教育・記録映画を専門としていた会社で、実は本作に先立って一九五〇年には同じく吉右衛門一座に拠る『熊谷陣屋』を公開したことが判っている（従って、当然ながら八世幸四郎もそれに出演していたであろうと推察できるのだが、詳細不明なため本書では彼の出演映画としてはカウントしていない）。『寺子屋』のように上演中の舞台を撮影したというのではなく、わざわざ映画撮影のために舞台で演じさせたというのは本作（後述の吉右衛門の発言から、おそらく『熊谷陣屋』は上演中の舞台の撮影だったと思われる）が初めてのことで、さらに本作ではクライマックスの場面の七〇〇フィートのみ、富士フィルムのテクニカラーで撮影したという。一九五一年は松竹の『カルメン故郷に帰る』で国産初の天然色映画が製作された年であり、パートカラーとはいえカラーで歌舞伎の舞台が撮影された最初の作品ということになる。

吉右衛門は帝劇のパンフレットに寄せた「映画に出演して」と題したエッセイで次のように述べている。

「映画を撮りましたのは、今度が全くの初めてでございます。私の芝居を記録としてとって置き度いと云う覺召しで、私も一生懸命演つたのですが、慣れないので随分苦勞いたしました。何しろ終始痛い様なライトに照らされ續けで、それに映畫と云うのは一區切、一區切づゝ撮影して行きますから、芝居とはまるつきりイキが違う。此方は途中でチョン切られては具合が悪いんで、監督の牧野さんの御心勞も大變なもんでした。漸く出来上って試寫を見ると、彼方此方氣に入らぬ所だらけで、全くどうもお恥かしい次第です。以上」

当時の吉右衛門は松竹の所属であり、撮影に当っては出演の許可を出したのであろう松竹の大谷社長も「吉右衛門一座として寺子屋が出来れば一番よい」と激賞していたというから、本来であれば松竹にもフィルムが残っていてもおかしくはないと思うのだが、残念ながらＤＶＤソフト化はされていない。

吉右衛門の一人娘正子を妻とし、名実ともに七世幸四郎と初世吉右衛門の後継者となった八世幸四郎はここでは武部源藏の役だが、舞台ではこの後一九五一年三月の明治座公演以降（吉右衛門存命中の競演の際は源藏役だったが）、専ら松王丸役を演じて行くことになる。

**八世幸四郎**

# 『花の生涯（彦根篇・江戸篇）』

（松竹／白黒／182分／1953年10月14日公開）

**【スタッフ】**

●総指揮：大谷竹次郎　●製作：大谷隆三、高村潔　●原作：舟橋聖一　●製作補：高木貢一、小倉浩一郎　●脚色：八住利雄　●監督：大曾根辰夫　●撮影：石本秀雄　●録音：福安雅春　●美術：水谷浩　●照明：村田正雄、寺田重雄　●編集：宮田味津三　●装置：大野松治　●装飾：小島清文　●衣裳：中村つま　●技髪：井上力三　●結髪：木村よし子　●衣裳考証：甲斐荘楠音　●殺陣：川原利夫　●特殊撮影：瀧花唸一　●録音技術：佐々木秀孝　●進行：桐山正男、吉岡哲夫　●監督助手：的井邦雄、菊池靖　●音楽：鈴木静一

**【キャスト】**

井伊直弼：松本幸四郎
長野主膳：高田浩吉
村山たか女：淡島千景
佐　登：月丘夢路
大関和七郎：鶴田浩二（特別出演）
黒沢登幾子：宮城千賀子
関鉄之介：北上彌太郎（八世嵐吉三郎）
黒沢忠三郎：三橋達也
多田帯刀：大木　実
森大五郎：川喜多雄二
稲田重蔵：若杉英二
斎藤監物：岩井半四郎（十世）
萩　栄：喜多川千鶴
志　津：幾野道子
筆屋の娘お袖：草笛光子
雪野太夫：嵯峨美智子
阿部伊勢守：柳　永二郎
犬塚外記：薄田研二
松平若狭守：山内　明
多田一郎：河野秋武
九條関白：徳大寺伸
水戸斉昭：市川小太夫（二世）
井伊直亮：有島一郎
宇津木翼：永田光男
岡本半介：山路義人
昌　子：北見禮子
俵屋和助：野沢英一
本多越中守：海江田譲二
頼三樹三郎：近衛十四郎
戸田伊豆守：近衛十四郎
通　訳：安部　徹
ハリス：リチャード・シュウイガー
ヒュースケン：オースチン・ラドリゴ
尾張大納言：寺島　貢
三浦北庵：大友富右衛門
中　川：藤間林太郎
中村長平：諸角啓二郎
星野新藏：中田耕二
水戸広篤：溝口　亮
青　木：光妙寺三郎
松平越前守：明石　潮

『花の生涯』パンフレット

【惹句】

開国か攘夷か 日本の運命を左右する嵐の黎明！

萬延元年三月三日雪の櫻田門外に水戸浪士の襲撃を受けて仆れた井伊直弼の優美艶麗の大ロマン！

製作費実に一億二千万円 映画史上空前の最高配役
大松竹の総力結集大作‼

【内容】
［彦根篇］
天保十三年。――江州彦根城内の「埋木舎」では、藩主井伊直亮の弟、井伊直弼が騒然たる時勢をよそに茶道三昧の暮らしを続けていたが、その「埋木舎」を頻繁に訪ねる国学者の長野主馬との語らいを直弼は楽しみにしていた。一方、その長野を遊郭の二階から見つめる三味線の師匠村山たか女。……ある時、長野は往来でたか女と言葉を交わし二日後の再会を約すが、攘夷論者の横行する藩内では他藩の者というだけで捉えられて尋問を受ける危険が高い。丁度長野がたか女の泊まる布団部屋に居る時に、直弼が長野らと図って藩政にクーデターを起こそうとしていると邪推した一派が遊郭に乗り込んでくる。たか女はとっさに長野を床下に匿うが、尋問の為捉えられてしまう。たか女はクーデターの謀議を聞いたとする調書をねつ造されるものの、直弼の圧力で釈放される。長野と共に「埋木舎」にお礼に訪れたたか女を一目見て、直弼は心惹かれる。丁度江戸から藩主である兄が戻り呼び出された直弼はたか女らを待たせ、帰宅後は二人に泊まっていくように言い渡す。直弼の側女志津は嫉妬に身を焦がす。その時は長野もまたたか女に心奪われているのではと自重していた直弼だったが、後日長野に直接尋ね、そういう仲ではないとの言質を取ると、長唄の稽古と称してたか女を招き、泊まらせる。たか女が直弼の寝所へ行かないように志津は女中佐登に寝ずの番を言い渡すが、佐登が寝入った隙にたか女は直弼の寝所へ行き情を交わす。それから直弼は連日たか女との交情に溺れるようになり、志津は実家へ戻

る。「たか女は長野の情婦」と告げる家老外記の忠告を耳にした直弼は馬を駆り、長野の許を訪れ真相を質すと、長野は「情を交した仲ではないがどうしてもたか女のことが忘れられぬ」と涙ながらに心情を吐露する。直弼は長野との友情の為キッパリと彼女に離別を言い渡し、三味線を壊すと、以後歌舞音曲を自重することを誓う。直弼の情けに感じ入った長野はたか女と二度と会うまいと誓ったものの、「共に殿さまをお慕いする者同士、つれない事を言ってくれるな」と縋りつくたか女の魅力から逃れる術は無かった。

弘化三年。——世子の直元が死去し、彦根三十五万石の世嗣として江戸城へ初登場した直弼は、松平紀伊守の息女昌子を正室に迎える。家老外記に直弼の身の回りの世話を言い付けられた女中佐登は直弼の情けを受けて懐妊し、名を理和と改めた。

嘉永三年。——藩主井伊直亮が亡くなり、直弼は彦根藩主の座に就くと、長野を弘道館国学寮の学頭に就け、その名を長野主膳と改めさせて京の内情を探らせる。

［江戸篇］

ペリーが来航し開港問題が世を騒がせる中、日本の為に開国を主張する直弼は攘夷党に狙われる身となった。主膳とたか女は京都へ行き、俵屋を本拠地として攘夷党の情報を集める。たか女は加寿江と改名し寺侍多田一郎と情を通じた。たか女に現を抜かす父一郎を見て、開国派の息子帯刀は、たか女を斬ろうとしたが、たか女から直弼のために働いている事実を打明けられ同志となり、彼を愛するお袖も振り捨てて開国運動に熱中するのだった。安政大地震の後ハリスは千代田城に乗り込み日米条約の締結を迫り、直弼を除く幕府の重臣は狼狽した。たか女は九條関白に接近し、その攘夷論を切り崩すことに成功する。多田に正体を見破られたたか女は、逆上する多田から身を守る為に自分を召捕ってほしいと長野に懇願するが、それは出入りの者を召捕る許可を得るべく長野が九條関白に会うチャンスを作る意味もあった。国家国民の安泰を願う直弼は、一橋慶喜を将軍に担ぎ上げようとする水戸藩に抗して紀州慶福を立てたため、攘夷派の激昂を煽った。

江戸へ送られて解き放たれたたか女は夜陰に紛れて直弼の屋敷へ忍び込み、京の内情を記した長野の手紙を渡すと共に、開国を貫く為に捕えるべき者たちの人数を問われ、近衛公ら公家まで一網打尽にせねばなるまいと的確な助言をする。歌舞音曲を自重する誓いを破りたか女に三味線を所望した直弼は、再びたか女と情を交わす。

直弼は遂に押されて大老となり、あらゆる反対を押切って勅許を待たずしての仮条約への調印を決断する。たか女は四世尾上菊五郎の紹介で一門の旅一座の座付き三味線弾きとして東海道を上り、途中の岡崎で、攘夷派の水戸浪士たちの仲間となった多田一郎から命を狙われる。京では攘夷派の理論的支柱である梅田雲濱、頼三樹三郎らが捉えられ次々と断罪に処せられた。一方、水戸藩からは女間者黒沢登幾子が直弼の屋敷へ女中として入り込み、直弼の密書を盗み出すなど活発な動きで直弼の首級をあげるべく着々と陰謀を進める。

京の俵屋二階で長野を待つ帯刀とたか女の許へ、たか女を殺そうと多田一郎が忍び込み、息子帯刀に捕縛され、同じく捕えられた黒沢登幾子と共に江戸へ送られる。

万延元年三月三日未明、出家を決意した志津がふいに直弼の許を訪れ今生の別れを告げる。鼓を叩いて気を静める直弼だが、鼓の皮が破れる。不吉な運命を感じて登城を止めてほしいと願う昌子や長野の願いを振り切って登城した直弼は、斎藤監物、大関和七郎、関鉄之介、森大五郎、稲田重藏ら水戸浪士に襲撃され櫻田門外の白雪を鮮血に染めて、その波乱の生涯を閉じた。

かくして天下の形勢は逆転、追う者は追われる身となり、長野や帯刀は捉えられ打ち首となる。只一人たか女のみは三日三晩四条河原で生晒しにあったが、志津に救われて尼僧となり明治の世まで生き永らえた。

**【解説】**

舟橋聖一が一九五二年から翌年にかけて毎日新聞に連載した歴史小説の映画化で、昭和二八年度芸術祭参加作品として松竹が製作した超大作である。松竹の創業社長であり、本作の製作総指揮を自ら務めた大谷竹次郎は、パンフレットで「今後春秋二季に各一本づゝの超大作映画を製作する大計画をたて、松竹が擁する映画演劇その他全部門の最大の総力を傾け、適材適所に総動員を行つて、松竹映画の真価を世界に問わんとするもので、この『花の生涯』はその第一作」と誇らしげに語っているが、同時にその映画製作の目的の一つとして「井伊大老に扮する松本幸四郎は唯一無二の適役であり、幸四郎によつてこそ直弼の真の姿が、余すところなく描かれるもので、映画の上での直弼の再現は幸四郎を措いて他にはないと確信したから」だと述べている。つまり、松竹にとっては映画と共にもう一つの柱である歌舞伎興行の領域で、父七世幸四郎、六世尾上菊五郎亡き後の——そして初世中村吉右衛門もまた本作の翌年に没することになる——リーダーとしてめきめき頭角を現してきた幸四郎を、今後映画の領域でも主演俳優としてプッシュしていく、という明確なプランを持って本作の製作に踏み切ったと言ってよい。

本作における井伊直弼は、本来は政治嫌いで茶の湯と学問に没頭して暮らしたかったものの、持って生まれたそのリーダーシップや決断力によって動乱の幕末期の主役として否も応もなく国の舵取りという大きな仕事に取り組まざるを得なくなる、というもので、これは確かに、本来は画家とか学者になりたかったものの、結果的に梨園のリーダーになっていていくことになった八世松本幸四郎の経歴と重なる。そして、これが舞台での演技とは質的に全く異なる映画というメディアでの初の演技であり、自身「四十の手習いといつた所」「ずぶの素人」を自認していたにも関わらず、幸四郎の井伊直弼は観客が信じるに足る人物として、この歴史上の英雄を血の通った人物として造形することに成功している。取り分け、初対面のたか女に一目で性的に関心を抱き、一瞥して「帰るなよ」と釘を刺す際の、獲物を竦ませてしまうような目つき、また、一旦は長野との友情故にたか女にキッパリと離別を言い渡しながらも、直弼恋しさ故に後に江戸屋敷へ忍び込んできたたか女を目の前にすると歌舞音曲自重の誓いも忘れて三味線を所望し、更に再びたか女を寝所に招き入れる（そこまで明確に描かれてはいないものの、明らかにそう取れる描き方である）という、「英雄色を好む」を地で行く部分をさりげなく示し、しかもそれでいていやらしさを感じさせず、真摯に国の行く末を案じる高潔な人柄との矛盾を感じさせない点が幸四郎の真骨頂ではあるまいか。

勿論、本作のキャスティングという点で言うとたか女役の淡島千景のはまり役振りには原作者の舟橋聖一も「淡島君でよかつた……他の女優さんでなくてよかつた、と満足感で一杯」と述べ、後にNHK大河ドラマが第一作として『花の生涯』を取り上げる際にも、たか女役は再び淡島千景にと条件を出したほどであった。確かに、高田浩吉扮する長野が初めて遊郭の彼女の部屋を訪ねてきたときに、腰のものを抜いてそれか竹光であることを示した際に、「斬られるかと思った」と言いつつ、「ほら、まだこんなに胸がどきどきしている」と長野の手を自らの胸に押し当てて誘惑するシーンは、男性なら誰であっても抗うことの出来ないレヴェルの完成度だと言えよう。

直弼を桜田門外で襲撃するゲスト出演格の鶴田浩二、岩井半四郎、三橋達也、北上彌太郎ほかの水戸浪士たちの存在は、本作の大作感を醸し出す上ではかなりの効果を上げているが、そういったカメオ出演の人気者たちは別として、八十余名とも言われる超豪華配役の中でも異彩を放っているのは、恋に狂ってその水戸浪士たちに加わる多田一郎役の河野秋武の存在感だ。

九世海老蔵
二世松緑

# 『江戸の夕映』

（松竹／白黒／102分／1954年9月1日公開）

【キャスト】

菊五郎劇團総出演　市川海老藏参加
本田小六：市川海老藏
堂前大吉：尾上松緑
松平掃部：市川左團次（三世）
おりき：淡島千景
お　蝶：草笛光子
お登勢：嵯峨三智子
醍醐光長：尾上梅幸
中嶋恒次郎：坂東彦三郎
黒岩傳内：片岡市藏（五世）
吉田逸平太：近衛十四郎
む　ら：夏川静江
古道具屋：尾上多賀之亟
家　主：市川照藏
新兵衛：尾上鯉三郎
関根主水正：助高屋小伝次
米つき：坂東光伸
船　頭：尾上菊十郎
〃：尾上新七（五世）
〃：尾上菊藏
町役人：尾上菊次
〃：坂東飛鶴
浪人首領：戸上城太郎

【惹句】

名優市川海老蔵初め菊五郎劇團総出演の絢爛多彩情艶の大繪巻！
幕末維新の大動乱期を背景に熱狂と昂奮を呼ぶ文豪大仏次郎畢生の名作映画化！『花の生涯』を凌ぐ大壮観！

【スタッフ】

●製作：大谷隆三、岸本吟一　●原作：大佛次郎　●脚色：久板栄二郎　●監督：中村登　●撮影：生方敏夫　●録音：高橋太朗　●音楽：黛 敏郎　●美術：水谷 浩　●照明：蒲原正次郎　●編集：野村政七　●装置：天本庄八　●装飾：野村 治　●衣裳：山口信夫　●技髪：村田春松　●結髪：木村よし子　●衣裳考証：甲斐荘楠音　●殺陣：川原利一　●監督助手：瀧内康雄、番匠義彰　●和楽：稀音家三一郎　●進行：桐山正男

『江戸の夕映』チラシ

【内容】

慶応四年四月。――官軍が江戸へ入り、将軍慶喜は恭順の意を示して上野寛永寺にて謹慎していた。幕臣松平掃部の邸へ訪ねてきた掃部の甥、本田小六は鳥羽伏見で共に戦った従兄弟の堂前大吉と、徳川三百年の恩顧に報いるため、あくまでも戦うべきだと議論している。やはり掃部の甥の堂前は既に勘当された身だが、これ以上戦っても無駄な事、と達観していた。伯父掃部の反対も押し切って、小六は彰義隊に加わるという。

だが、彰義隊は一敗地にまみれ、生き残った幕臣たちは官軍の残党狩りに合って犬のように殺されている。彰義隊に加わり損ねていた小六は同じく幕臣の中嶋恒次郎に、榎本武揚の軍艦に乗り込んで蝦夷地へ行き、そこに新たな徳川の領土を開拓し、機が熟するのを待って江戸を奪還しようと諭される。一方、大吉は馴染みの柳橋芸者おりきとのひと時に安らぎを覚え、武士を捨てて町人になる決意を固める。

ある日、小六は人目を忍んで掃部邸を訪れ、幼馴染で許婚のお登勢に対し、蝦夷地へ行くと語り別れを告げる。いつまでもお帰りをお待ちして居りますのでご存分のお働きを、と送り出したお登勢だが、小六はお登勢の行く末を案じて密かに去り状を置いていく。

幕府軍の軍艦が品川沖に集合し、小六はこれに乗り込むため、船宿の網徳を訪れる。女将のお蝶が切り盛りする網徳には官軍に占領された柳橋から逃れてきた大吉とおりきもいた。とばっちりを恐れる船頭たちの中で、唯一年寄りの船頭がこれを引き受け、芸者連れの方が官軍の目をごまかせると考えたおりきも、大吉の反対を押しのけて小六が軍艦に乗るまで供をすると申し出る。小六を死なせるに忍びない大吉は、去り状だけはお返ししたいと駆けつけたお登勢と共に呆然と舟を見送るしかなかった。

明治と改元され、参与醍醐光長が諫めたにも拘わらず松平掃部の邸は官軍総督付参謀の吉田逸平太らに接収された。大吉が芸者を辞めたおりきと新居に引っ越した頃、遠い蝦夷地では幕軍最後の抵抗も虚しく函館五稜郭は官軍に降伏した。中嶋恒次郎は戦死したが、死に場所を求めていた小六はここでも死ねなかった。

旗本たちの生活は困窮を極めていた。松平掃部は長屋で碁会所を開き、家財を処分しながら、女二人がおりきの伝手で仕立物などを世話してもらい、つつましく暮らしていたが、お登勢の美貌に横恋慕した吉田逸平太は新政府への仕官を餌に行儀見習いとしてお登勢を差し出せと迫る。体の良い妾話と見抜いた掃部は仕官の話をキッパリ断った。連絡とてよこさぬ小六の事を想い続ける娘の気持ちを推し量る掃部は、世間の皆が忘れ去ろうとも我々だけでも小六の身を案じ、想い続けてやろう、と語る。

小六は江戸へ戻っていた。だが、今更どの面下げて戻れようか、とお登勢に連絡をしていなかったのだ。お登勢の日本人形を古道具屋の店先で見つけた小六は松平掃部一家の零落を知り、人形を買い戻すが、未練を断ち切るが如く自らその人形を叩き斬ってしまう。それを知らぬ大吉は、お金を貯めて函館まで小六を探しに行こうと考えていた。

吉田逸平太配下の者たちの嫌がらせを受けた松平掃部一家は、とばっちりを恐れた家主から追い立てを食らい、徳川のお膝元の静岡への引っ越しを決意する。一方、とかく不法な所業の多かった逸平太は参与醍醐光長の手で放逐され、光長自身も職を辞した。

掃部一家が江戸を立つ日、おりきと大吉は品川の茶屋まで見送りに来たが、そこへ網徳のお蝶が小六らしき姿を見たと駆け込んできた。掃部はお登勢に江戸へ残るよう諭し、大吉にお登勢を預かってほしいと頼むのだった。

ごろつき浪人たちのたまり場となっていた倉庫への官軍の手入れがあり、中にいた小六は大暴れして辛くも逃げ果せた。大吉とお蝶はその混乱のさなかに小六を見た気がしたものの見失う。だが、やがて大吉が網徳で独り留守番していた時に小六は戻ってきた。去り状を渡した相手の所へ戻れる道理がない、とかたくなな小六に対して、大吉は健気に待ち続けたお登勢の様子を語って聞かせる。そこへ、お蝶、おりきと共に、お登勢が帰ってきた。「おかえりなさい」と言って小六の膝元に泣き崩れるお登勢を抱きしめる小六。……二人を残しそっと外に出た大吉とおりきは、本当に良かった、と安堵して大川に映える夕映を静かに眺めていた。

**【解説】**

本作は、激動の幕末期にともに旗本として江戸幕府の崩壊を目の当たりにした従兄弟同士の二人の男の生き様を通して、人としての生き方とは何か、自分自身や周りの者たちに対する責任とは何かを問いかけている。片や、「菊は二度咲く、葵は枯れる。何もかも逆さまな世の中だ」と達観し町人として逞しく生きる大吉。そして一方は「身の寄せどころは無し。新しき治世の事は皆目判らず。ただ戸惑うばかり」と世を拗ね死に場所を求めて彷徨う小六。……この対照的な二人を、松緑、海老藏の兄弟がそれぞれの持ち味を存分に発揮して血の通った人物として造形しているのが何よりも本作の醍醐味な訳だが、舞台でもそれぞれ同じ役を演じた二人故に息はぴったりと合い、台詞のやりとりにも芝居臭さが感じられない。

海老藏にとってはこれが映画初出演であり、本人も「左團次さんにしろ梅幸さんにしろ、弟の松緑にしろ一應、前にキャメラの経験がある方ばかりで、私一人が、皆目見當もつかぬ初出演の譯ですから、万事、監督さんのお指図にまかせ、努力してゆきたいと思つています」と殊勝なコメントを残しているものの、不器用で、融通が利かず、万事周りがお膳立てしてあげなければ立ち行かない本田小六という役は、大佛次郎が海老藏のために書いた戯曲であるだけあって、正しく海老藏自身の分身の如きキャラクターだ。海老藏という人がどんな人だったのかを、様々な人の証言などで見知っている我々後世の人間にとっては、この作品での小六というキャラクターこそが彼の地の姿に限りなく近いものだということが感じられる。しかし、それでいて、ただ地のままで演技をしていないというのではなく、捨て鉢な台詞や無性に腹を立てている様子などが、役のメンタリティに成り切っているからこそのものだという事も判る。

一方の松緑は、鳥羽伏見の戦いでは猛然と相手に斬り込んで行ったという勇猛果敢な武士でありつつ、「江戸が焼け野原にならなくてまず良かったんじゃねえかな。数限りのねえ人間が家を焼け出され、襤褸同然に街をうろつくよりは、旗本八万騎って奴が揃ってまずい面して済むことなら」と格好悪さを引き受けて、芸者おりきが踊りの師匠として喰わしてくれることになれば「道楽に年季を入れといたお蔭でこんな施主がついたものだ。浮世は結構なものさ」と髪結いの亭主にも進んでなる、剛毅で色っぽい男を演じて絶妙である。男気と艶っぽさを併せ持つ松緑の面目躍如たる役柄だと言えるだろう。

だが、おそらく一番の儲け役は、たとえ零落しても毅然として振る舞い、妻を労り、娘の恋の行方を温かく見守り、励まし、そして老兵として静かに去って行くという、松平掃部を演じた三世市川左團次だろう。その妻むらを演じている夏川静江は嘗て第一次の東宝劇団に所属し、海老藏と三年の間苦楽を共にした仲間である。海老藏と夏川静江の関係にしても、左團次、梅幸、松緑を筆頭とする菊五郎劇団の面々とその準劇団員として行動を共にしていた海老藏との関係にしても、舞台で数えきれないほど一緒に仕事をしてきた仲間であるからこその安定感、安心感が画面から滲み出ており、四世河原崎長十郎、三世中村翫右衛門ら前進座の映画でのアンサンブル演技にも匹敵する。

旗本の御殿様、その奥方様、武士の娘、気風の良い芸者、世話焼きの船宿の女将、口さがない船頭たち、古道具屋に米屋といった江戸に住む様々な立場の人々の日々の暮らしの有りようからその息遣いに至るまで、本作ほどヴィヴィッドに示して見せた映画もなかなか無いと思われるし、それを可能にしたのが大佛次郎に拠る優れた戯曲と、世話物に優れた菊五郎劇団の俳優たちの阿吽の呼吸であることは言うまでもない。

## 八世幸四郎

# 『忠臣蔵（花の巻・雪の巻）』

（松竹／白黒／188分／1954年10月17日公開）

『忠臣蔵』パンフレット

【キャスト】

大石内蔵助：松本幸四郎
浅野内匠頭：高田浩吉
多門傳八郎：高橋貞二
大石妻りく：山田五十鈴
瑶泉院：月丘夢路
浮橋太夫：淡島千景
岡野金右衛門：北上彌太郎
大石主税：田浦正巳
矢頭右衛門七：坂東鶴之助（四世／六世市村竹之丞／五世中村富十郎）
しの：桂木洋子
こう：幾野道子
つや：嵯峨三智子
戸田下総守：大木　實
土井甲斐守：川喜多雄二
柳澤出羽守：柳　永二郎
不破数右衛門：水島道太郎
井上團右衛門：市川小太夫
小野寺十内：北　龍二
堀部安兵衛：近衛十四郎
武林唯七：大坂志郎
井狩左平太：永田光男
岡島八十右衛門：戸上城太郎
前原伊助：青山　宏
吉田忠左衛門：荒木　忍
大野九郎兵衛：香川良介
梶川與惣兵衛：山路義人
十内妻たん：夏川静江
彌兵衛妻わか：毛利菊江
庄田下総守：海江田譲二
多川九左衛門：寺島　貢
奥田孫太夫：藤間林太郎
荒木十左衛門：清水将夫
片岡源五右衛門：山内　明
原惣右衛門：河野秋武
吉良上野介：瀧沢　修
堀部彌兵衛：薄田研二
毛利小平太：鶴田浩二

【スタッフ】

●総指揮：大谷竹次郎　●製作：大谷隆三、高村潔　●脚本：村上元三、依田義賢、大曾根辰夫　●製作補：高木貢一、市川哲夫　●歴史考証：平尾孤城　●監督：大曾根辰夫　●撮影：石本秀雄　●録音：福安雅春　●照明：寺田重雄　●編集：相良久　●装置：大野松治　●美術：大角純一、鈴木貞夫　●特殊撮影：瀧花唫一　●美術考証：水谷浩　●能楽指導：観世流・片山九郎右衛門　●囃子指導：望月太明蔵　●装飾：小島清文　●衣装：中村つま　●技髪：井上力三、鈴木眞平　●結髪：キムラし子　●衣装考証：甲斐荘楠音　●和楽：稀音家三一郎　●殺陣：河原利一　●進行：渡邊壽男　●監督助手：的井邦雄、門本隆、武縄源太郎、中澤昌重　●音楽：鈴木静一　●指揮：清田茂　●演奏：関西交響楽団

【惹句】

日本映画、演劇史上不朽の大ドラマ！　最高の決定版ついに登場！

大松竹の全機能を総動員した映画史上空前の超豪華大作！

松の廊下の刃傷により切腹して果てた主君の怨みを晴らさんと赤穂四十七士が血と涙ににじむ苦斗の数々！　御存知「忠臣蔵」決定版！

主君浅野内匠頭の怨みを晴らす大石内蔵助以下赤穂四十七士の血と涙ににじむ苦汁！

映画、歌舞伎、新劇の東西スタアを網羅した豪華配薬陣が描く御存知「忠臣蔵」の決定版！

【内容】

［花の巻］

徳川五代将軍綱吉の世、元禄十四年三月。——恒例の幕府年賀に対する答礼として京より江戸に下向した勅使の接待役を命じられた播州赤穂城主浅野内匠頭長矩は接待の作法を司る高家吉良上野介義央に進物以外の金子を贈らなかったため、強欲な上野介から散々な辱しめを受けていた。いよいよお役目もあと一日となった十四日、勅使御到着を控えた江戸城内殿中松の廊下で、数日来の嫌がらせに耐えかねていたところへ罵詈雑言を浴びせられ、とうとう内匠頭は刃傷に及んだが、大奥留守居役梶川與惣兵衛らに阻まれて討ち果たすことは出来なかった。喧嘩両成敗を主張する目付多門傳八郎の必死の嘆願も受け入れられることはなく、咎は内匠頭のみに帰せられ、柳澤出羽守と昵懇の上野介には何の咎めもなかった。

赤穂へ飛んだ早駕籠で悲報を聞いた城代家老大石内蔵助は、第二の早駕籠で赤穂へ到着した原惣右衛門から、内匠頭には即日切腹、領地没収、御家断絶、弟大学は閉門との厳罰が下ったこと、そして辞世の句とともに亡君の最期の様子を聞く。その後、家中城下は不安と憤激に騒然として議論百出、御家再興の嘆願を第一に、そのための手段として籠城のうえ殉死もと主張する大石と、神妙に城を明け渡すべきと主張する大野九郎兵衛らとに二分される。赤穂藩取り潰しのため、陸も海も近隣藩が包囲する緊迫した情勢の中、大野派の萩原兵左衛門の娘しのと相思相愛だった毛利小平太はしのとの祝言は中止となり、兵左衛門から縁切りを宣言される。殿の勘気に触れて浪人となっていた不破数右衛門が現われ、殉死の仲間に加わらせて欲しいと訴えるが、大石はそれを許さない。最後の登城の日を前に、大石の長男松之丞は、亡き殿の御無念を晴らしたいと父に告げる。兵左衛門はしのを連れて逐電し、小平太は大石に従うべく同志と共に誓詞血判する。血気にはやる若者たちはいざ城明け渡しとなると無念さをこらえきれず、武林唯七は切腹しようとするが止められる。大石は城受け取り役荒木十左衛門に亡君の御舎弟浅野大学をもって御家再興を願う嘆願書を渡した後、若者たちを何とか抑え、静かに城を明け渡す。

［雪の巻］

元禄十四年秋。――大石は妻りく、長男松之丞ら一家を引き連れて京の山科に移った。この山科閑居から、原惣右衛門を通じて江戸の急進派を抑えようとする大石。山科閑居周辺には吉良家と遠戚関係にある上杉家の間者が様子を探っていた。一方、江戸の堀部彌兵衛宅にて、小平太や堀部安兵衛ら急進派一派と会合を持った惣右衛門は逆に明くる年の三月の亡君の命日には討入決行との誓詞を書かされてしまう。

三月。明日は亡君の命日だというのに上方からの同志は一人も姿を現さず、江戸急進派は安兵衛の開いた道場に集まって苛立ちを募らせていた。雑貨屋の手代に化けて吉良邸の女中つやに恋を仕掛けた岡野金右衛門は邸内を探ろうとして痛めつけられる。その夜、一周忌を機に江戸に出てきた吉田忠左衛門との会合の日に、小平太は彼を追って江戸に出て来たしのと偶然再会する。父が亡くなった後、小平太を追って江戸へ出てきていたのだ。だが、しのは赤貧の中で病を得て咳き込んでいた。会合では、御家再興の嘆願の成否が判るまでとして、一挙は再び延期となる。

吉良方の間者の目を欺くためと称して伏見の笹屋で浮橋太夫と遊び呆けていた大石。長男松之丞は浮橋に「父を返してくれ」と談判するが、浮橋は大石の心の内に確固たる信念を見てとっていた。一方、上杉の間者たちは大石に仇討ちの心無しと見て江戸へ引き上げた。夫を信じる妻りくは長男松之丞を残し、子供たちと共に但馬の実家へ帰る。安兵衛は道場を小平太に預けて大石に会いに京都へ赴く。その小平太は胸を病んでいる事を同志にひた隠しに隠していた。岡野はつやと夫婦約束をして、吉良家の絵図面を手に入れる。大石は小野寺十内夫妻を名付け親として松之丞を元服させ、主税と名乗らせる。浅野大学の芸州の浅野本家お預けの処置が決まり浅野家再興の望みが絶えたことが確認されると、ここに至って初めて江戸から駆け付けた安兵衛らを前に大石は討ち入りの覚悟を示す。十内に促されて数右衛門と矢頭右衛門七が嘆願し、二人も同志に加えられた。大石ら上方の同志はそれぞれに江戸を目指した。

江戸へ入った大石は討ち入りの心得を同志に告げる。討ち入り決行の日、雪の降る中を南部坂の瑶泉院を訪ねた大石は今宵いよいよ討ち入りと告げ、四十八名の名を記した連判状を渡して瑶泉院と今生の別れを告げる。やがて刻限となり、続々と同志が集結する。小平太はしのに別れを告げて駆け付けようとするが、病気から玄関口で血へどを吐いて倒れる。それでも行こうとする小平太を引き留めるしの。よろめきながら集合場所へ向かう小平太を見送ったしのは自決する。

十二月十四日早朝、吉良邸に討ち入った四十七士は激しい戦いを制したが、肝心の吉良の姿が見えない。戦いの巻き添えを食ったつやが岡野の腕の中で息を引き取った時、炭小屋でとうとう敵上野介が発見され、ついに壮挙は成った。小平太は間に合わなかった。泉岳寺の亡君の墓前で報告をする大石は、浅野家再興が不首尾に終わったことを詫び、吉良の首を供えるのでこれでお許しを願い奉ると述べ、討ち入りに参加した一人ひとりに名乗らせる。

**【解説】**

本作は戦後初めて『忠臣蔵』のタイトルの下で公開された作品でもある。つまり、占領政策によって「仇討」というコンセプトは封建的であるとされ禁忌とされ続けてきたため、所謂「忠臣蔵」がらみの作品でも『赤穂城』（東映、一九五二年）とか『元禄水滸伝』（宝塚映画＝郷田プロ、一九五二年）とか、『四十八人目の男』（東宝、一九五二年）といったタイトルにされていた訳である。占領政策終結から二年を経た本作の時点でも。まだ昨日までの為政者であるアメリカへの遠慮とも取れる形で、大石内蔵助の立場をあくまでも御家再興というところに置いている。そして、それが認められない（即ちお上が処分の誤りを認めない）ことが決定的になってはじめて「お上に対する抗議の意思表示」として討ち入りという選択肢を採る、という解釈なのである。初公開時の劇場パンフレットに掲載された幸四郎と山田五十鈴の対談の中でも、幸四郎は「大曾根さんの研究によれば内蔵助の目的は単なる仇討ちではなくて、時の汚職政治へのレジスタンスだったそうです。だから私も、こんどの内蔵助はそういう気持ちでやっています」と述べている。

その意味で、本作は本家本流の「忠臣蔵」映画というよりはむしろ新解釈「忠臣蔵」なのであり、今日的視点で観てしまうと東映の『赤穂城』正続編と同様の「肩透かし感」を禁じえないであろう。特に、大石東下りでの立花左近との邂逅とか、南部坂雪の別れでの瑶泉院との不本意な別れとか、赤垣源蔵の徳利の別れ、といった、後から真実が判ることでカタルシスを得やすいお馴染みのエピソード――これを、筆者はコミュニケーション成就のカタルシスと呼んでいるのだが――を割愛（あるいは改変）しているところからは、新解釈「忠臣蔵」に徹しようという強固な意志を感じさせる。

幸四郎の大石内蔵助は、まだこの時点では歌舞伎の舞台でも二度しか演じていない段階だったが、この後『元禄忠臣蔵 大石最後の一日より』琴の爪』（一九五七）と東宝に移籍してからの『忠臣蔵（花の巻／雪の巻）』へと受け継がれ、戦後「忠臣蔵」映画の大石像の一つの型となっていく。他にも、瀧沢修の吉良上野介、薄田研二の堀部彌兵衛といった戦後の「忠臣蔵」映画の黄金パターンを生み出している点で本作は重要である。

女優陣は、前年の『花の生涯』での淡島千景、月丘夢路、嵯峨三智子がそれぞれ浮橋太夫、瑶泉院、岡野金右衛門の恋人つやに扮しているのはまあ妥当な配役で、さらに大石の妻りくに嵯峨三智子の母でもある山田五十鈴、毛利小平太の婚約者しのに元松竹歌劇団の桂木洋子が加わっているものの、そもそも「忠臣蔵」は男たちそれぞれの生き様、死に様を描いてこその「忠臣蔵」であり、女性たちはあくまでもそれに「花を添える」役どころでしかない。

一九五〇年代の松竹の時代劇にあっては常に高田浩吉、松本幸四郎といった主演スターに次ぐ三番手の役柄しか回ってこなかった不遇の剣豪スター、近衛十四郎は、本作では堀部安兵衛役でさすがの存在感を示している。

鶴田浩二の毛利小平太は、当初のシナリオでは泉岳寺へ引き上げた義士たちの様子をそっと見に行き、やがて寂しく去っていくというもので『四十八人目の男』的な脱落者イメージの強いものだったが、病気の為に辿り着くことが出来ないという形に変更され、またラストに大石がわざわざ亡君の墓前で、止むを得ない事情で脱落した者もお叱り無きようにと言い添えることで、鶴田浩二ファンも納得させようということになったようである。

公開当時の資料では第一部（花の巻）一〇四分、第二部（雪の巻）一三七分の合計四時間一分とされているが、ＤＶＤ化された際のパッケージの説明では、「初公開上映時間は三時間五三分」だが現存する原版の上映時間が三時間八分、とされている。



**八世幸四郎**
**七世友右衛門**
**六世染五郎**

## 『荒木又右衛門』

（松竹／白黒／119分／1955年9月21日公開）

**【スタッフ】**

●総指揮：髙村潔　●製作：白井和夫　●製作補助：岸本吟一　●原作：長谷川伸　●校閲：村上元三　●脚色：鈴木兵吾　●監督：堀内真直　●撮影：竹野治夫　●録音：森沢伍一　●音楽：木下忠司　●美術：川村鬼世志　●照明：寺田重雄　●編集：相良久　●装置：長谷川信三　●装飾：清水喜助　●衣裳：山田信夫　●技髪：村田春松　●衣裳考証：甲斐荘楠音　●殺陣：川原利一　●監督助手：的井邦雄　●進行：酒井哲

【キャスト】
荒木又右衛門：松本幸四郎
河合又五郎：大木　実
渡辺数馬（渡部数馬）：大谷友右衛門（七世／四世中村雀右衛門）
み　ね：山田五十鈴
おこう：島崎雪子
美　乃：七浦弘子
荒尾志摩：近衛十四郎
河合甚左衛門：小沢　栄（小沢栄太郎）
多田利七郎：高野眞二
津田豊後：信　欣三
渡部源太夫：市川染五郎（六世／九世松本幸四郎／二世白鸚）
安藤治右衛門：須賀不二夫
松平伊豆守：佐竹明夫
池田宮内少輔忠雄：永井達郎
山名内膳：永田光男
仲間　和吉：諸角啓二郎
〃　春蔵：磯野秋雄
比企田頼三：山路義人
荒尾但馬：香川良介
竹内丹下：戸上城太郎
酒井雅楽頭：寺島　貢
河合半左衛門：荒木　忍
相賀与一郎：大友富右衛門

【惹句】

**豪剱、悲恋！波乱うずまく一大壮麗篇!!**

**大和路に鞘走る一代の剣豪又右衛門の必殺の二刀流！**

**豪剱無双！鞘走る二刀、血煙あげる奈良街道！**

**群小映画を真二つ！大松竹の待望巨弾堂々登場!!**


【内容】

備前国岡山池田藩の家臣、渡部数馬と河合又五郎は人も羨む朋友同士でお互いに腕もたち、恒例の夏の御前試合では双方相討ちに終わるという結果だった。だが、藩主池田宮内少輔忠雄の寵臣である数馬の弟源太夫は、相討ちの判定に不満を抱き、判定を下した指南役で又五郎の父半左衛門に対して、居並ぶ藩士の面前で罵詈雑言を浴びせた。父の恥辱に耐えかねた又五郎は、藩主の世嗣誕生の祭礼に賑わうその夜、渡部邸を訪れ、源太夫を一刀の下に切り捨てた。

その頃、津田豊後の家で許婚美乃と楽しく語らっていた数馬は、家臣の急報で事態を知り、豊後と共に急遽河合邸を訪れたが、半左衛門は又五郎を逃がし、自らは倅の罪を詫びて切腹を

『荒木又右衛門』プレスシート

遂げていた。又五郎は二人の供と共に討手に迫られるが、討手の一人多田利七郎は情けを以て見逃す。

　源太夫の葬儀が営まれ、大和郡山から姉みねと義兄荒木又右衛門夫妻が訪れる。数馬は、源太夫を斬る前に何故又五郎が自分に一言、弟を窘めるよう言ってくれなかったのか、と残念がったが、今となっては仕方なく、殿に御暇を願い出て又五郎を討つべく、又右衛門に助力を嘆願した。だが又右衛門は、父が兄の、弟が兄の仇を討つのは認められていても、兄が弟の仇討ちをするのは法に背くこと、と協力を拒絶、意外な義兄の言葉に数馬は悲憤し、みねもまた夫の心中を計りかねて嘆く。

　江戸へ逃れた又五郎は、旗本安藤治右衛門ら一連の旗本連中に匿われ、湯女おこうとのひと時に心の安らぎを得ていた。藩主と共に江戸へ出府していた者たちが又五郎を発見したものの、安藤らに挑発されるだけで手も足も出ない。報告を受けた藩主宮内も憤怒するが、江戸表で旗本と諍いを起こしてはお家の一大事と諫める老臣荒尾但馬に任せるより外になかった。家老荒尾志摩から仇討ちはならぬと言明されていた数馬は、その頃、藩内で数馬を意気地なしと蔑む戯唄にも耐えていたが、一向に決意しようとしない数馬に業を煮やした津田豊後からは縁組解消を言い渡される。

　江戸では六名の池田藩士らが独断で又五郎を襲ったが、目的を果たせずに自害し、池田家と旗本たちとの確執は益々険悪を極めた。時しも藩主宮内は俄かの病を得て、又五郎の一件を気に掛けつつ病死。事態を憂慮していた幕府はこれを機に池田家の幼君勝五郎への家督相続と親藩である因幡鳥取池田藩への国替え、安藤ら三旗本の百日間の寺入り、又五郎の江戸追放の処置を取った。

　江戸の情勢について将軍家指南役柳生飛騨守を通じて探っていた又右衛門は、藩主の今際の言葉を果たすならば上意討ち、と荒尾志摩を説得していた。志摩から改めて上意討ちを命じられ、義兄の真意を知った数馬は又右衛門の許を訪れて、出世大事で薄情な男と罵っていたこれまでの非礼を詫び、妻みねも初めて知る夫の深情に感涙する。そこへ、又右衛門とは昵懇の中であった同藩の河合甚左衛門が別れを告げに訪れる。武士の道を立てるため甥又五郎の助太刀を決意しての別れであった。

　かくて又右衛門と数馬は、又五郎が旗本等と通じている大坂東町奉行山名内膳正屋敷に匿われていると突き止め、その町奉行と連れ立った又五郎、甚左衛門と往来で鉢合わせするが、又右衛門は時悪しと数馬を制してその場を見過ごす。そこへ、江戸より又五郎を追って独り大阪へ現れたおこうが又右衛門らに接近し、その命を狙うが失敗、だが又五郎を想うおこうの気持ちを察知し、又五郎の命あるうちに巡り合えよ、と諭して逃す。その暖かい情に心打たれるおこう。

　熟慮断行の又右衛門は将軍上洛の折には必ず護衛の旗本の誰

かに又五郎が挨拶に出るだろうからその機会に、と計画。一方の旗本らは、手出しが出来なくなるように又五郎を水戸家へ仕官させようと画策、かくして江戸へ向かって立つことになった又五郎一行だが、これを察知した又右衛門一行は、奈良から伊賀上野鍵屋の辻にて待つことになった。

遂に宿願の日は到来、甚左衛門らは又右衛門に、又五郎は数馬の手によって斬られた。降り始めた雪の中、勝者たちの顔には悲愁の色が溢れ、又右衛門は自分の小袖を又五郎の顔にそっと掛けてやる。枯野の道を行くのが、美乃への大願成就の報せを運ぶ飛脚とも知らず、又五郎の無事を一途に祈って歩くおこうの哀れな姿があった。

【解説】

『荒木又右衛門』または『決闘鍵屋の辻』という題材、あるいは荒木又右衛門という人物については、尾上松之助の時代より、戦前だと嵐寛寿郎、月形龍之介、大河内傳次郎、早川雪洲、片岡千恵藏、市川右太衛門、阪東妻三郎といった錚々たる時代劇俳優たちが演じ、戦後でも本作に先立って三船敏郎が、本作の後だと宇津井健、長谷川一夫、坂東好太郎、再びアラカンと右太衛門、そしてテレビの時代になると丹波哲郎、緒形拳、原田芳雄、天知茂、大川橋藏、松方弘樹、仲代達矢、高橋英樹、里見浩太朗といった、その時々を代表する主演スターが演じてきた。つまり、時代劇というジャンルにおいては大石内蔵助とも匹敵するほどの役柄ということになる。その意味で、井伊直弼、大石内蔵助と二年続けて英雄的人物を演じた八代目松本幸四郎の次回作の役柄としては至極妥当なものだったと言える。本作では若い世代の大谷友右衛門や大木実などの占める役割が比較的大きく描かれているとはいえ、やはりタイトルロールである荒木又右衛門を幸四郎が演じる、というところが本作の一番の売りであることに変わりはない。

実生活で幸四郎と友右衛門とは、友右衛門の立場から見ると、幸四郎は映画の中でのように姉の夫というのではなく妻の兄という違いこそあれ、本当の義理の兄弟の関係である。映画の世界では先にスターとなった友右衛門だが、その若さは数馬同様の危うさのイメージにも通じるから、頼りになる義兄としての幸四郎との組み合わせは絶妙で、正に信ずるに足る人物造形になっている。

数馬の家来の老臣が主の苦境を見るに堪えかねて又右衛門の許を訪れ、助力を嘆願した際に「武士とは国を守るもの。法を犯して国を騒がすものではない」と道理を説きつつ、その裏で着々と情報を収集し、どうすれば数馬に仇を取らせてやることが出来るかを考え、時機を逃さず池田家の家老荒尾志摩に判断を迫る又右衛門の人物の大きさというものが、幸四郎の冷静沈着かつ内に熱い思いを秘めた様を的確に表現した演技で説得力を持って示される。そして、その又右衛門の意を受けて数馬に上意討ちを命じる荒尾志摩もまた、演じる近衛十四郎の風格故に、互いに一流の武士同士なればこそ通じ合う様子が心地よく思われるのである。

幸四郎にしてみると、三年連続で恒例となった夏の京都での撮影だった訳だが、物語のスケール感という点では本作は『花の生涯』や『忠臣蔵』と比べるとやや小粒な感は否めない。……にも拘らず前二作と比していかにも小品というレヴェルに留まらなかったのは、偏に幸四郎を筆頭とする役者たち――近衛十四郎、小沢栄、永井達郎そして友右衛門と大木実らの人物の大きさ、確かさが感じられるからではなかろうか。

女優陣では前作『忠臣蔵』に引き続いて幸四郎の女房に扮した山田五十鈴の内面的演技は今回の方が印象は強いし、おこうに扮した島崎雪子のひたむきさというのも好感が持てる。そして、物語の発端となる罵詈雑言を言い放って全ての人々の運命を変えて行ってしまう源太夫は損な役回りだが、演じている六世市川染五郎（撮影当時十三歳の誕生日前後）は映画デビュー作となった新東宝での『たけくらべ』（本作より一ヵ月早い一九五五年八月二八日公開）よりもある意味で演じ甲斐のあるヒール的役どころに挑戦し、殿様の寵愛を受けるお稚児的な立場故に高慢ちきなエリート少年武士の感じをよく出していたと言ってよいと思う。

なお、数馬も源太夫も松竹の文字資料では「渡辺」だが、映像のクレジット表記では「渡辺数馬／渡部源太夫」となっている。



九世海老蔵
二世松緑

## 『繪島生島』

（松竹／イーストマン松竹カラー総天然色／126分／1955年10月30日公開）

**【スタッフ】**

総指揮：高村潔 ●製作：白井和夫 ●製作補助：高木貢一 ●原作：舟橋聖一 ●脚色：柳井隆雄 ●監督：大庭秀雄 ●撮影：石本秀雄 ●美術：浜田辰雄 ●音楽：池田正義 ●美術風俗考証：新井勝利 ●歴史考証：猪熊兼繁 ●衣裳風俗考証：甲斐荘楠音 ●録音：福安賢洋 ●照明：村田政雄、一瀬與一郎 ●編集：相良久 ●装置：大野松治 ●装飾：野村治 ●衣裳：中村つま ●技髪：坂上孝太郎 ●結髪：木村よし子 ●衣裳考証：藤井良三、小椋甚平 ●特殊撮影：瀧花唫一 ●色彩計測：倉持雄一 ●能楽観世流：大江又三郎 ●進行：吉川省三

【キャスト】

絵　島：淡島千景
生島新五郎：市川海老藏
宇　津：草笛光子
宮　路：丹阿彌谷津子
天英院：三宅邦子
土屋相模守：柳永二郎
仙　石：須賀不二夫
井　口：加東大介
新井白石：石黒達也
岡本五郎右衛門：三井弘次
友　音：小園蓉子
梅　山：草島競子
玉　椿：澤村貞子
奥山好竹院：河野秋武
山田宗円：山形　勲
清　七：青山　宏
山村長太夫：香川良介
阿部豊後守：藤間林太郎
吉宗の家臣：大友富右衛門
家　継：小林きよし
安藤志摩守：南　光明
秋元但馬守：海江田譲二

菊五郎劇團
市川團十郎：尾上松緑
紀州候吉宗：坂東彦三郎
津賀屋善六：尾上多賀之亟
山中平九郎：尾上鯉三郎
瀧井半四郎：尾上菊藏
藤村半太夫：市川瀧之丞（三世／三世市川左升）
家　宣：市川左團次
月光院：高峰三枝子
間部越前守：高橋貞二
劇中劇
花舘愛護櫻
（白酒売）市川海老藏
（意　休）尾上鯉三郎
（助　六）尾上松緑
夕霧伊左衛門　廓文章
（伊左衛門）市川海老藏
（夕　霧）尾上梅幸
参会名護屋
（名護屋山三）市川海老藏
（不破伴左衛門）尾上松緑

【惹句】

香り高きエロチシズム！　愛艶悲恋の最高華麗絵巻
絢爛たる色彩美で描いた凄艶、息をのむ江戸城春色絵巻！

『繪島生島』プレスシート

【内容】

七里ヶ浜の波打ち際で、煌びやかな奥女中たちが休息している。一行は六代将軍家宣の嗣子鍋松の生母左京の局を始め、そのお気に入りである間部越前守、年寄絵島たちが付き添って、病弱な鍋松君の為に熱海へ湯治に行く途中である。折しも小田原では生島新五郎らの芝居を上演中で、宿では、奥医師奥山好竹院を通じて、宮路ら女中が芝居見物の許可への口添えを絵島に頼むが、生来生真面目な絵島はこれを拒絶した。そこへ、江戸から早馬が到着し、家宣俄かの危篤の報を告げ、間部は絵島に後を託して江戸へ取って返した。左京の局は家宣の側室でその唯一の嗣子鍋松の生母とはいえ、自分の立場は砂上の楼閣の如く不安定なものに思え、万事絵島に頼っていた。事実、御台所は老中土屋相模守らと密約し、七代将軍に紀州吉宗を迎える画策をしている様子もあり、不安は募るばかりだった。

家宣は持ち直し、侍講新井白石の意見に従い改めて鍋松を七代将軍と定めて身罷った。幼い鍋松は将軍家継となり、左京の局は月光院となり、絵島は大年寄に昇進し、月光院付の奥女中らは御禁制の芝居見物に明け暮れる我が世の春を謳歌することとなった。

或る夜、月光院と間部の秘事を目撃した絵島は大きな衝撃を受ける。寝込んだ絵島を月光院自ら見舞いに来たが、それは自らの心の疚しさ故の事、出入り商人の座を狙う者たちからの賄賂とて取らない絵島の頑なな心を解きほぐそうと、月光院は奥山好竹院を通じて人気役者らを密かに大奥へ迎え入れるよう画策する。

座元の山村長太夫の説得に、江戸歌舞伎の第一人者市川團十郎は、そんな奥女中のご機嫌取りは真っ平御免、大手を振って表門からお城に入れるようになるまで待つ、とキッパリ断るが、常々役者の立場の向上や芝居道の発展を願っていた生島新五郎は團十郎の反対を押し切って大奥へ参上した。その夜、月光院の計らいで絵島の部屋に泊まった生島。今は天英院となった御台所の命で俄かな局詮議があるものの月光院はこれを一蹴した。しかし、野暮なほど固い二人は褥を共にすることはせず、だがそれ故に相手の真面目さに打たれ、却って真の愛情の念が沸き始めていた。

その夜以来、不自然に抑圧されていた絵島の女心は燃え上がり、生島への思慕の情は遂に絵島を御法度の山村座へ通わせた。これを見た宮路は、絵島を罠に陥れようと無理に芝居茶屋に座を設け、生島を呼び寄せて二人だけで過ごさせる。恋は絵島を無抵抗にさせ、二人は燃えるような一夜を過ごす。その頃、生島の家では義妹の宇津が一晩寝ずに待っていた。宇津は生島に対して義兄以上の想いを抱いていたが、その想いにもまして、噂に聞く大奥大年寄と義兄の恋の行方が心懸かりで耐えられなかった。翌朝、宮路は絵島の宿下がり用の屋敷を訪れ、弱みに付け込んで商人の後藤に対する大奥の利権を絵島に承諾させる。

将軍家継の病気が再燃し、奥山好竹院は問題ないと断言するも、もう一人の奥医師山田宗円は予断を許さぬと意見が対立する。老中土屋相模守らは万が一に備えて紀州吉宗を将軍後見役にと間部に迫る。家継御快癒祈祷の最中にも生島の顔が浮かんで忘れられぬ絵島は、隅田川の小舟で生島との逢瀬を楽しむ。

その様子を別の船から伺う紀州吉宗の姿があった。

世評にも絵島生島の浮名は高まり、老優平九郎や團十郎らに説得された生島は心ならずも絵島に縁切り状を送るが、心千々に乱れた絵島は山村座を訪れる。そこへ押しかけた宮路が泥酔して紀州藩士と事を起こし、奉行所にまで事が及ぶ。宮路は傷心の絵島に藤村半太夫を夜這いさせるものの、いまだ一途に生島を想う絵島はキッパリとこれを拒む。その様子を庭先で見ていた生島は、互いの真の愛を確信する。

一方、将軍家継の病の重さは明白となり、好竹院は逐電、間部は先手を打って吉宗の将軍後見役就任を推進し、自らと月光院の風評を打ち消すべく大奥粛清に舵を切った。山村座は御取り潰しとなり、生島は絵島の身を案じつつ捉えられた。月光院の懇願で一日の猶予を得た絵島は芝増上寺への代参を最後の花道に仰せつかる。その帰り、閉鎖された山村座の前に頭巾を被って佇む絵島の前に宇津が近寄り、命を懸けた絵島生島の恋の真実を知り、奥女中の役者買いと蔑んでいた己の不徳を詫び、絵島もまた山村座の方々や宇津までも不幸に陥れてしまったことを心から詫びるのだった。翌日の白洲では、宮路は泣き叫んでの醜態を晒したものの、絵島は厳然たる態度で振る舞い、信州高遠に幽閉の身となった。それからの幾年月、世は変わり八代将軍吉宗の時代となり、月光院からの書状を読む事は許されても、三宅島へ流罪となった生島との現世での邂逅は望むべくもなく、いつまでも恋しい人を想って泣く絵島の姿があった。

**【解説】**

日本のカラー劇映画は戦時中の大日本天然色映画製作による『千人針』（一九三七年）などの輸入フィルムによる試みの後、戦後は松竹の『カルメン故郷に帰る』（一九五一年）が最初の作品とされるが、これはリバーサル外式発光方式という特殊な方式なため上映用のポジフィルムを焼く手間が膨大に掛り、普及はしなかった。当時は国産の富士フィルムによる富士カラー、小西六写真工業のコニカカラー、ドイツ・アグファ社のアグファカラー、アメリカのテクニカラーなど様々な様式が技術開発競争を繰り広げていたが、松竹ではその後アメリカのイーストマン・コダック社のイーストマンカラーを採用してイーストマン松竹カラー総天然色映画と称し、一九五五年七月に『修禅寺物語』で世に問い、好評を得た。本作はこの方式での超大作総天然色映画の第二弾として企画され、前年夏に引き続き菊五郎劇団＋人気絶頂の市川海老蔵主演による第二弾として取り組んだ訳である。

既に舞台では海老蔵と菊五郎劇団はこの『繪島生島』を一九五四年三月に初演、一〇月には第二部を、映画が公開された年の三月には完結編をそれぞれ上演して好評を得ており、満を持しての映画版公開ということであった。

役者の地位向上という考えに固執し、意固地になって己の考えを変えない生島新五郎の性格というのは、不器用で融通が利かず、しかも特に十一世市川團十郎を襲名しての後は市川宗家の地位を確固たるものとして誰からも認めさせるべく周囲との軋轢も厭わずに我を貫こうとしていた市川海老藏の性格と重なり、絵島ならずとも観る者の心をざわつかせる。絵島役の淡島千景は『花の生涯』のたか女とは正反対の、生真面目で規則を重んじ、仕える左京の局に対しては只ひたすらに誠実で、一七の歳から大奥で過ごし、恋も女の悦びも何も知らない女の、しかしそれだからこそ初めて知った恋の悦びに成す術もなく溺れていく絵島という女性の生き様をこれまたはまり役としてヴィヴィッドに演じている。本作の魅力の大部分というのがこの主役二人の魅力にあると言っても過言ではないだろう。

一方、劇中劇での助六を務める二世市川團十郎を演じているのが、菊五郎劇団の看板役者である二世尾上松緑という訳だが、スクリーンの外の現実ではやがて團十郎を襲名することが確実視されていた海老藏を相手に、堂々と二世團十郎として助六を演じることが出来る役者というのは、後にも先にも二世尾上松緑以外にはありえないであろう。というのも、松緑の次兄である八世松本幸四郎では、長男の海老藏に歳も近く、どうしても遠慮が滲み出てきてしまうことが容易に想像つくが、年の離れた弟であり、芸の上では三兄弟の中で自分こそが一番上だとばかりに自信に満ちている松緑であれば、遠慮なく團十郎に成り切れるように思えるからである。

劇中劇として山村座で演じられる『花舘愛護櫻』、『夕霧伊左衛門廓文章』、『参会名護屋』に関しては、原作者の舟橋聖一が「色調も大変よく、劇中劇は特に成功している。白黒では出ない歌舞伎のよさがでていて楽しく、歌舞伎は色彩映画でなくては駄目だと改めて感心した」と述べている通りで、演じている歌舞伎役者たちが当代随一の役者たちである事も相俟って、江戸歌舞伎の実相を、時代を超えて目撃出来たような充実感を感じさせる。

儲け役は丹阿彌谷津子扮する宮路と河野秋武扮する奥山好竹院の二人だが、前者は女の妬みの陰湿さを、後者は世渡り上手で中身のない男の軽薄さを的確に演じていて取り分け印象に残る。

## 八世幸四郎

# 『京洛五人男』

（松竹／白黒／100分／1956年10月6日公開）

【スタッフ】

●製作：岸本吟一　●脚本：小國英雄　●監督：大曾根辰保　●撮影：石本秀雄　●音楽：木下忠司　●美術：水上浩　●録音：福安晴海　●照明：寺田重雄　●編集：相良久　●装置：林無弘保　●装飾：小島清文　●衣裳：山口信夫　●技髪：花畑秀雄　●結髪：木村よし子　●衣裳考証：甲斐荘楠音　●殺陣：川原利一　●監督助手：的井邦雄　●進行：吉岡博史

【キャスト】

武市半平太：髙田浩吉
拳骨和尚：大河内傳次郎
お　芳：山田五十鈴
桂小五郎：田村高廣
幾　松：嵯峨三智子
近藤周平：中村賀津雄
坂本龍馬：近衛十四郎
八田利兵衛：北上彌太郎
大庭嘉八郎：高野眞二
おちか：浅茅しのぶ
お　豊：雪代敬子
志　乃：小山明子
君　龍：紫　千代
雛　菊：伊吹友木子
枡屋喜右衛門：市川小太夫
土方歳三：山路義人
八坂の辰五郎：永田光男
伊　八：青山　宏
永倉新八：戸上城太郎
松平定敬：寺島　貢
村田忠之進：海江田譲二
沖田総司：森　美樹
宮部鼎蔵：生方　功
松平容保：藤間林太郎
髙木帯刀：南　光明
吉田稔麿：大友富右衛門
徳川慶喜：髙村俊郎
間小三郎：滝　隆二
近藤　勇：松本幸四郎

『京洛五人男』パンフレット

【惹句】

大松竹が『花の生涯』『忠臣藏』についで放つ年に一度の豪華オールスタア総動員映画

東山三十六峰に剣が血を呼び、嵐巻く！

三十六大スター勢ぞろい！

【内容】

元治元年六月、祇園祭をあと二日に控え山鉾で祇園囃子の稽古が行われている賑わいの中で、新撰組が一人の勤王の志士を追っている。山鉾を調べようとする新撰組の土方歳三を制したのは八坂の辰五郎。一方、逃げていたのは長州の桂小五郎である。桂はとある鐘つき堂に逃げ込み、拳骨和尚は咄嗟に桂を鐘の中に匿う。

桂の許婚の志乃が桂を訪ねに三条小橋の池田屋を訪ねようとしている。一方の桂は馴染みの芸者幾松の許を訪れ、同志ら五十名が明日宵宮を期して池田屋に参集し、京の町に火をかけるのを合図に京都所司代、会津藩邸、壬生の新撰組に一斉に斬り込む計画を告げる。志乃は往来で桂と間違えて武市半平太に声を掛けるが、居所は知らぬと言われ池田屋へ、そして連絡場所と言われていた枡屋へ向かうが、そこで枡屋喜右衛門と共に新撰組に捉えられてしまう。

一方、幾松の許で寛いでいた桂を武市が馴染みの芸者雛菊と共に訪ね、坂本龍馬も現れる。坂本は枡屋の一件を告げ、一挙を見合わせるよう忠告に来たのだった。そこへ新撰組が探索に現れ、雛菊と拳骨和尚が機転を利かせて足止めさせている隙に桂、武市、龍馬は逃げる。途中、新撰組に追い付かれ斬り合いになるものの、龍馬の短銃による威嚇もあり、三人は難を逃れる。武市は今度は三条小橋で会津藩見廻組の村田忠之進らに取り囲まれるが、村田を斬って逃げる。

壬生の屯所では捉えられた枡屋喜右衛門、実は勤王の志士古高俊太郎と志乃が厳しい取り調べを受けていた。拷問を止めようと、新撰組隊長近藤勇の息子で、まだ前髪立ちの若者周平が土方歳三に詰め寄る。一方、志士の間者として壬生屯所に潜り込んでいた、池田屋の女将お芳の妹おちかは、連絡係の間小三郎に密書を渡すが、間はその正体を見破った沖田総司に斬られてしまう。

二条城では大政奉還を決意していた将軍慶喜が今日も参内を許されず、幕閣の要職にある者たちは薩長土らが公家らと結託して幕府を武力で倒そうとしていると憤懣やるかたないが、日本国のために内戦を避けたい慶喜は許可を待とうと告げる。その様子に心を痛める近藤勇の姿があった。屯所に戻った近藤は俊太郎を厳しく詮議させるが、周平はそんな父をならず者集団の頭領だと言って詰寄る。俊太郎は徳川幕府のものは皆焼き殺されるぞと捨て台詞を言って舌を噛み切る。一方、幾松はお芳を訪ね、好いた桂の許婚志乃を何とか屯所から助け出したいと相談する。

池田屋では武市、桂、龍馬が集まっていた。龍馬は大坂へ行き、西郷と薩長土の同盟を今一度確認したいと言い、武力行使に傾いていた桂を牽制する。そこへ、土方、沖田らと共に近藤が乗り込む。一触即発の緊張の中、拳骨和尚が割って入り、千両役者が揃ったと豪快に笑いながら、八坂の辰五郎を紹介する。辰五郎は明日の祇園会は五穀豊穣を祈願する年に一度の庶民の祭り、言わば厄払い故に対決は無事に祭りが終わるまで待ってほしいと懇願する。和尚も、年に一度の祭りの間だけでも矛を収めて鉾を眺める気持ちになれないかと諭す。龍馬が口火を切り、ここは和尚を立てて一時休戦と相成り、近藤は頑な態度を崩さない桂に対して、杯を交わす代わりに志乃をお返ししようと告げて、隊士たちと共に引き上げる。

お芳が妹おちかを呼んで志乃救出への助力を請うと、おちかは近藤勇への想いを口にする。おちかは思い余って志乃を逃そうとするが、そこを近藤に見咎められる。だが、近藤は沖田に命じて志乃を解き放ち、和尚に預ける。武市の許へ、村田忠之進の仇を取りに君龍が訪れるが失敗、成敗してくれと言う君龍に、武市は今討たれてやる訳にはいかないし、これ以上殺生もしたくないと告げる。そこへ桂が駆け込んできて、宮部ら志士たちが池田屋に集まり、近藤との約束を反故にして焼打ちを決行しようとしていると告げる。池田屋へ乗り込み、思いとどまるように説得する武市と桂。一方、雛菊の様子から事態を知った沖田の進言に依り、新撰組も池田屋へ急行しようとするが、近藤は和尚との約束を思い躊躇する。

だが、池田屋に志士が参集していることは確実との報が入り、近藤も池田屋急襲を決断する。近藤はおちかに自身の菩提金だと言って金を預け、もし戻らなかったらその金を、嫁入り道具を揃えるのに使えと言い残す。和尚の鐘の音が武市と桂に急を告げる。だがその時近藤らは池田屋に到着し、雷鳴轟く中壮絶な戦いが火蓋を切った。武市は桂を逃し、近藤と対決する。武市は桂が逃げおおせたことを知って安堵して死んでいった。周平もまた命を落とした。お芳と共に佇み、明日は我が身が追われる身かもしれないと呟く近藤。

龍馬のいる大坂へ向けて馬を駆る桂は、国許へ戻る志乃とすれ違ったことも気が付かない。京の町では祇園祭は晴れやかに行われていた。


**【解説】**

本作は、サイレント期から戦後の占領期の時代劇自粛期を経て、今後益々の活躍が期待されながら一九五三年七月に五十一歳の若さで急逝した阪東妻三郎の「追善記念映画」と銘打たれて製作された作品で、阪妻の遺児である田村三兄弟の長男高廣の時代劇初出演作品でもある。

本作の最大の見せ場は何と言っても池田屋で桂小五郎、武市半平太、坂本龍馬、近藤勇、そして拳骨和尚が勢揃いするシーン。史実としては勿論あり得ないシーンだが、逆に言うと本作はこの京洛五人男が勢揃いする壮観なシーンを見せる事を目的として企画された作品だとも言える。つまり、狂言回し的な役柄の和尚に扮した大河内傳次郎は勿論、阪東妻三郎の好敵手だった訳で、その阪妻の息子である田村高廣を皆で盛り立てるべく、大河内を始めとして幸四郎、高田浩吉、近衛十四郎という重量級の主演スターたちが一肌脱ぎ、若い田村を自分たちと同格のスターとして印象付けているのである。

幸四郎はあまり似合っているとは言えない近藤勇役での登場だが、映画が始まって約三十分、全ての登場人物がほぼ出揃ったところで満を持して登場、台詞もしばらくなく、二条城から壬生に戻り、古高俊太郎を捉えた報告を受けると冷徹に「吐かせろ!」と命令する。そこまでの場面で将軍慶喜の苦渋に接して心痛めているからこそ、心を鬼にして拷問を認めているのだということが観る者には判るのだが、息子周平にはそれが判らない、という仕掛けだ。全体的に幸四郎の近藤勇は、国を思う大きな心故に進んで汚名をも引き受けようとする将軍の心中を深く理解し、自らも女間者おちかの正体を知りながらこれを咎めだてしようとはせず、勤王の志士たちとも、立場こそ違えどこの国の事を思う気持ちに変わりはない、と理解する大きな人物として描かれている。まさに、英雄役者たる幸四郎の面目躍如たる人物造形だと言えよう。

一方の志士たちの方も、周りの者皆からリーダーとしての素質を認められ、若く真っ直ぐな桂小五郎、祭りは惚れた女と一緒に過ごすのが一番、と洒脱な人柄を示す武市半平太、そして周りの全ての人物を見極め、これからの日本に役立つ人材に最大限の力を発揮させるべく調停役として立ち回る坂本龍馬、というそれぞれのパーソナリティを、演じる田村高廣、高田浩吉、近衛十四郎がそれぞれに持ち味を発揮して演じ、いずれも適役である。中でも、近衛十四郎の坂本龍馬はどんピシャリのはまり役で、出番は幸四郎と同様に多くはないものの、松竹時代劇のある種最良の部分を体現していると言って過言ではない。

山田五十鈴、嵯峨三智子の母娘を筆頭に、浅茅しのぶ、雪代敬子、小山明子、伊吹友木子、紫千代の女優陣も皆それぞれに適役だが、映画全体を通して目立っているのは、八坂の辰五郎役の永田光男と、大河内傳次郎とはまた別に狂言回し的な形で登場する弥次喜多コンビのような北上彌太郎と高野眞二の二人である。北上は偽勤王の志士、高野はズーズー弁の浪人で共に池田屋に宿泊し、幾松に憧れの眼差しを向けたりしているうちに焼き討ち計画を耳にして逃げ出し、見咎められた見廻組にそれを告げるものの怪しまれて斬られてしまい、息も絶え絶えに町衆に「京が焼け野原になるぞ」と警告しつつ死んでいく。コミック・リリーフとして映画に束の間の笑いをもたらしていた二人が無残に斬り殺されていくラストの展開は観る者に緊張感をもたらし、「こんなにも沢山の若者が死ななければならないなんて」と絶句する山田五十鈴と「明日は我が身が追われる身かもしれない」と呟く幸四郎の悲壮感を際立たせ、死にゆく者（二枚目時代劇スターとしてはややとうが立ってきた高田浩吉）と明日を託された若者（二十八歳の初々しい田村高廣）の対比と共に映画に余韻をもたらしている。

《I》「映画作品」（10／33）

| 八世幸四郎 | 『大江戸風雲繪巻 天の眼』（松竹／イーストマン松竹カラー総天然色／126分／1957年4月16日公開） |
|---|---|

【スタッフ】
●製作：岸本吟一 ●原作：三村伸太郎 ●脚色：鈴木兵吾 ●監督：大曾根辰保 ●撮影：石本秀雄 ●録音：福安賢洋 ●音楽：黛 敏郎 ●照明：寺田重雄 ●美術：武田段一 ●装置指揮：大野松治 ●編集：相良久 ●装置：高須二郎 ●装飾：小島清文 ●衣裳：永野清子 ●技髪：木村喜右衛門 ●結髪：木村よし子 ●衣裳考証：甲斐荘楠音 ●特殊技術：瀧花唫一 ●色彩技術：廣田彰三、川原崎隆夫 ●殺陣：川原利一 ●監督助手：的井邦雄 ●進行：吉岡博史

【キャスト】
鼈甲屋伊之吉（業平小僧）：高田浩吉
佐野善左衛門：田村高廣
雪　江：嵯峨三智子
田安玄斎：大河内傳次郎
末広町傳八：近衛十四郎
おしの：雪代敬子
お牧の方：島崎雪子
有田源次郎：髙野眞二
由　松：北原　隆
お美津：市川恵美
剣持彌左衛門：森　美樹
田沼意次：小沢榮太郎
五　平：小川虎之助
與右衛門：左　卜全
宝蓮院尼：夏川静江
田沼意知：山内　明
五藤屋：山路義人
中村仲蔵：中村松鶴
松本伊豆守：永島　昭
小野出羽守：野沢美一
相模屋：富本民平
阿部伊勢守：永田光男
将軍家治：海江田譲二
大川屋：大友富右衛門
松平周防守：藤間林太郎
松平対馬守：中田耕二
お千代：髙峰三枝子
松平定信：松本幸四郎（特別出演）

【惹句】
江戸城大奥をふるえ上らす義剣！
権力に挑む市井の侠盗業平小僧！
大松竹の威力と自信をこめた総動員大作
徳川三百年の暗黒時代 悪政に抗して怒り起つ民衆の声！
義剣烈剣にからむ哀艶切々の恋!!
悪政に挑む侠盗業平小僧と熱血青年武士
その陰に涙する女賊、美女の悲恋模様!!
日本映画史上に未曽有の大スペクタクルシーン！
不気味な日蝕！ 吹き荒ぶ颱風！
恐怖の大地震！ 天を焦す大火災！
数千名の群衆を総動員した圧巻

『大江戸風雲絵巻 天の眼』プレスシート

【内容】
一七八〇年代、十代将軍家治の世に、奥羽関東に天変地異相次いで起こり、庶民の生活は甚だしく窮迫した。この飢饉で餓死する者は全国に凡そ三十万。世にこれを天明の大飢饉という。――時の老中田沼意次とその子で若年寄の意知は政権を掌握し、専横を極め日本歴史に嘗て無き汚職の政治をほしいままにし、悪貨の鋳造は物価の急騰を招き、庶民は塗炭の苦しみに喘いだ。賄賂政治の田沼に対する怨嗟の声は日々に広まり、それに呼応するかの如く富豪や権力者を襲い、その金銭を掠奪して庶民にばらまく怪盗が夜の大江戸に忽然と現れた。――誰が名付けたか、闇の親分、業平小僧である。

今宵も、業平小僧は材木商五藤屋へ忍び込み、意次への献上品の金銀細工の御神馬の首を盗み取り、それを橋番小屋の老人五平に預け、まんまと末広町の傳八親分、そして意次の刺客、剣持彌左衛門らを出し抜いて闇に消えた。その途中、業平小僧はとある若侍と鉢合わせするが、互いの隙の無い構えに感じ入ってそのまま別れた。

その若侍、清廉潔白な佐野善左衛門は意知が懸想していた雪江を妻に娶ったことから嫌がらせを受け、更に意知から由緒正しき佐野家の旗指物を騙し取られ、また領地の神社を勝手に田沼神社と改名させられ、城中で直談判したものの一喝される。その様子を静かに見つめる松平定信……。

その頃、鼈甲屋の伊之吉——実は業平小僧——の店へ、馴染みの女すりお千代が訪ねてくる。千代は伊之に惚れぬいていた。夜になると、再び業平小僧となった伊之は五藤から馬の首と引き換えに七百両の大金をせしめると、家事で焼け出された町の者たちに恵むのだった。その火事の半鐘の音を聞いていた元は津藤屋の一人娘おしのは、今では意次の屋敷に世話になっている。実は嘗て意次は五藤屋に命じて意に添わぬ津藤屋を潰すために火を放ち、美しいおしのを将軍に差し出そうと企んでいたのだった。そして、そのおしのこそが、伊之が心に決めた人であり、火事で死んだと思い込んでいた人なのであった。

松平定信は密かに田沼親子の失脚を狙い、わざと賄賂を贈って溜りの間詰めの地位を得ようと考えていたが、母であり将軍家治の叔母に当たる宝蓮院尼は例え田沼の風当たりが強くなろうとも賄賂など用いずに直接将軍から溜りの間詰めにしてもらうべきと諭す。宝蓮院尼の弟で、定信とは肝膽相照らす仲の風来坊の僧、田安玄斎が定信と打倒田沼の話をしていると、定信は天井に槍を突き刺す。天井から降りてきたのは業平小僧で、盗みに入ったものの田沼を打倒せんとする心意気に感じ入り、聞き耳を立てていたのだ。業平小僧の正体である伊之を知っていた玄斎は、口の堅い男故に心配は無用と、賊を成敗しようと構えていた定信に告げ、伊之は事なきを得る。

一方、意知は善左同様に田沼親子への批判を口にしていた善左の友人有田源次郎を剣持らに襲わせ、次いで善左も亡き者としようとしたが、善左はかろうじて玄斎の寺に匿われ、次いで玄斎から伊之の長屋へと匿われる。

伊之の妹お美津は指物師由松と相思相愛の仲だったが、その由松の父が剣持に斬られ、怒りに燃える由松は町衆と共に強欲な豪商らを襲う騒動を起こす。幕府では定信が庶民の怒りは飢餓に依るためなので幕府の備蓄米を庶民に供給すべしと進言するが、意次は両町奉行を罷免して更なる恐怖政治を敷き、意に添わぬ商人たちの屋敷に火を放つ。伊之は田沼屋敷へ忍び込むが、そこにまぎれもないおしのを見つける。だが、互いに死んだものと思っていた二人の再会の驚きも束の間、厳しい追手に理由も聞けずに逃げる。そして以前馬の首を預かってくれた橋番小屋に逃げ込むと、そこの主五平は何とおしのの父で、火事で死んだと思われていた津藤屋だった。

伊之は善左に虚無僧の格好をさせて、屋敷で待つ雪江に合わせようと画策、またしても門前で剣持に襲われるが、そこへ玄斎と定信が現れて剣持らは退散する。田沼別邸の祝宴の日、伊之は単身乗り込み剣持らに取り囲まれるが、大地震の混乱もあって奇蹟的におしのを奪還する。田沼親子から賞金百両を掛けられた伊之は密かにおしのを父親に会わせようと橋番小屋へ連れていくが、一足違いで父親は五藤屋に斬られており、おしのに抱かれて息を引き取る。傳八親分ら取り手に追われた伊之は、おしのを玄斎に預けるものの追いつめられる。そこへ現れたのは、おしのが生きていたことを知り伊之への想いをあきらめたお千代で、彼女は自らが業平小僧に成りすまして傳八に捕まり伊之を逃がす。傳八は伊之こそが業平小僧だと気付いていたが、お千代の想いを受け止めたのだった。

総登城の日、妻雪江に別れを告げて城に上がった善左は、日蝕で薄暗い松の廊下で田沼親子に旗指物の返却を請い、受け入れられぬと知るや脇差で斬りかかった。同じ頃、伊之は五藤屋に乗り込み剣持らと対峙する。そこへ由松ら町衆が乗り込んできて、悪人らは遂に皆倒される。日蝕が終わった頃、城内では、白装束に着替えた善左への吟味を定信が行っていた。あくまでも私憤と主張する善左は切腹は免れなかったが、定信は残される妻雪江と生まれてくる子の事は引き受けたと伝える。

佐野善左衛門の墓は「世直し大明神」として庶民の墓参が絶えず、晴れておしのと夫婦になった伊之、岡っ引きを辞めて元の鰹節屋に戻ることにした傳八、そして玄斎らの笑顔があった。

**【解説】**

幸四郎にとっては五本目の映画出演だが、過去の四作品が全て夏の京都で撮影していたのに対して、本作はまだ寒い二月から三月にかけての撮影で、しかも初めてのカラー作品への出演ということで、白黒よりも画面に年齢が出やすいということを幸四郎は気にしていた。というのも、今回の役柄である松平定信は、史実で言うと田沼意次、意知親子の賄賂政治を刷新して老中として所謂「寛政の改革」を断行し始めたのが年齢で言って二十八、九の頃であり、本作はそれよりも少し前の時期を描いている訳なので二十五歳くらいの設定なわけだが、実際の幸四郎は撮影時で満四十六歳だったからだ。まあ役柄の年齢と役者の実年齢が近いかどうかと、それが適役であるかどうかはあまり関係なく、たとえばジェームズ・スチュアートは本作と同じ一九五七年製作の『翼よ！あれが巴里の灯だ』で二十五歳のチャールズ・リンドバーグの役を演じて代表作の一本としたが、撮影時の年齢は四十八歳だった。本作での幸四郎はことさらに若者の役作りなどしておらず自然だが、強いて言えば同世代の共演者たちというのが老け役になっている印象がある。青雲の志を抱く定信に対して老獪な田沼意次は史実では当時六十五歳だが、意次役の小沢栄太郎は幸四郎より一歳年上なだけである。また定信の母親宝蓮院尼役の夏川静江もまた幸四郎より一歳年上なだけだ。ちなみに、夏川静江は、嘗て市川高麗藏時代の海老藏と一緒に、第一期の東宝劇団の看板女優として活躍した人である。

ストーリー的には、田沼親子の賄賂政治はびこる時代にちょうど天変地異が重なった歴史的事実を背景に、庶民の不満のはけ口として悪辣な豪商らから金品を盗んで庶民にばらまく義賊業平小僧と彼を愛する二人の女、田沼意知への遺恨からやがて殿中で刃傷に及ぶ佐野善左衛門とその妻の苦悩、そして田沼親子打倒を胸に秘めて政治の表舞台に躍り出る八代将軍徳川吉宗の孫、松平定信らの人間模様を並行して描きつつ、定信の伯父に当たる和尚、田安玄斎が彼ら全員を結びつけていく構成だが、自らこの企画を提案して会社に認めさせたという大曾根辰保監督の手練れの演出は、『グランド・ホテル』形式の群像劇をだれることなく描き切り快調である。ちなみに、今回の幸四郎は過去の四作品が主役だったのと比して髙田浩吉、田村髙廣に次ぐ三番手的な役どころなため、クレジット上では特別出演と謳われているものの、ゲスト出演的な軽い役柄という訳ではなく、英雄役者の面目躍如たる存在感で作品に大作感を与えている。

取り分け印象に残るシーンというのはラストの松の廊下での刃傷から取り調べまでの件だが、ここでは『忠臣蔵』をそのままアレンジした形となっており、多門傳八郎の役どころの幸四郎定信が「定めし田沼政治への抗議から徳川家安泰の為の刃傷であろう」と恩情を示そうとするのを、「単なるに私憤にて」と一切の弁解をせずに死んでいく善左衛門が浅野内匠頭という訳である。

女優陣は夫善左を気遣う雪江役の嵯峨三智子、運命に翻弄されながら、再び許婚の伊之と巡り合えたおしの役の雪代敬子はそれぞれらしい配役だが、何と言ってもお千代を演じる髙峰三枝子の存在感が光っている。おしのは伊之の事を惚れ抜き、その恋が叶わぬと悟って最後は伊之を救うために自ら業平小僧の身代わりとなる訳だが、一旦は傳八親分に業平小僧の正体が伊之である事を告げようかとも思い詰めるものの、傳八から「何か言いたいことがあるんじゃねえかい」と水を向けられるとやはり愛する人を裏切りたくないと口をつぐむ、という揺れる女心を示した髙峰三枝子はある意味で本作で一番の儲け役とも言えよう。

他に本作で目を引く点を挙げるならば、タイトルの由来ともなっている『天の眼』、即ち天の視点が物語全体に通底していることである。それは田沼親子の悪政に対して天が怒っている証としての大地震、日蝕という天変地異（それを視覚的に示す特殊撮影）として現れてくるのだが、ラストのクライマックスが日蝕の最中での江戸城内での刃傷沙汰であり、天に代わって佐野善左衛門が田沼親子失脚のきっかけを作ったことが、エピローグの「世直し大明神」への言及として生きてくるのである。

**八世幸四郎**

## 『元禄忠臣蔵・大石最後の一日より　琴の爪』

（東宝／白黒／54分／1957年7月13日公開）

『元禄忠臣蔵・大石最後の一日より　琴の爪』ポスター

**【スタッフ】**

●製作：堀江史朗　●原作：真山青果　●脚本：菊島隆三、若尾徳平　●監督：堀川弘通　●撮影：山崎一雄　●美術：北　猛夫　●録音：藤縄正一　●照明：城田正雄　●音楽：佐藤　勝　●監督助手：野長瀬三摩地　●編集：岩下廣一　●製作担当者：黒田達雄

**【キャスト】**

磯貝十郎左衛門：中村扇雀（二世／三世鴈治郎／四世坂田藤十郎）
堀内傳右衛門：中村鴈治郎（二世）
おみの：扇　千景
赤埴源蔵：森川　信
乙女田杢之進：山田巳之助
近松勘六：田中春男
潮田又之丞：平田昭彦
奥田孫兵衛：笈川武夫
吉田忠左衛門：松本染升
町人A：堺　左千夫
矢田五郎右衛門：藤木　悠
富森助右衛門：桜井巨郎
原惣右衛門：土屋詩朗
小野寺十内：吉頂寺　晃
氏家平馬：上村幸之
町人B：津田光男
大石瀬左衛門：小瀬　格
片岡源五右衛門：山道恵介
間　喜兵衛：荒川清一
間瀬久太夫：清水　正
得安（小坊主）：村上　白
堀部彌兵衛：秋月　竜
講釈師：並木一路
大石内蔵助：松本幸四郎

**【惹句】**

華々しき元禄快挙に秘められた義士と乙女の悲恋！
琴の爪に秘めた義士の眞！命の限り燃え盡す花の元禄娘

【内容】

本所吉良屋敷に討ち入り、主君浅野内匠頭の仇を討った赤穂義士たちは、細川家他四藩に身柄を預けられ、処分何れとも定まらぬまま公儀の沙汰を待っていた。――元禄十六年。討ち入りから五十日。江戸の街では、赤穂浪士にあやかった商売が繁盛する一方、当の義士たちの処遇がなかなか決まらないことに御赦免があるらしいとの噂も絶えない。大石内藏助ら十七人が預けられている細川家の家臣堀内傳右衛門は、そんな街の噂を大石に伝えるが、大石は「世間でその様に言われれば言われるほど我らは心苦しゅうございます。討ち入りまでは苦心と言っても人目を避けての事。今は一挙一動世間の目を浴びているだけに、却って辛い。それに比べるとまだしも仇討ちの方が楽だったかもしれません」と心情を吐露する。但し、その話を聞いていた義士たちの中には、自分たちが助かるのではないかと期待し始める者もいた。

そんな中で、若い磯貝十郎左衛門は達観したように既に生への執着を捨て去っている素振りだったが、大石は逆にその様子に、わざと肩を怒らせているような危うさを感じていた。

堀内を訪ねに若い娘が門を叩く。堀内の親友乙女田杢之進の娘おみのだ。実はおみのは磯貝と祝言をあげるばかりとなっていたのだったが、その直後磯貝は討ち入りのため姿を消していた。義士として吉良邸に討ち入った磯貝が、敵の目を欺く計略の為に自分に近づいただけなのか、それとも真実の愛を感じてくれていたのか、おみのは只それだけを知りたかった。とうとう庭に忍び込んで取り押さえられるおみの。

その夜、乙女田家を訪ねてきた堀内に、重ねて磯貝に会わせてほしいと頼み込んむおみの。一方、大石もまた磯貝を呼び寄せて事情を聞こうとするが、世間の目を欺く計略で近づいただけだと言い張る磯貝。翌日、おみのは堀内の計らいで男装し、義士たちの身の回りの世話をする小姓として大石に紹介される。だが大石にすぐに女性だと見抜かれたおみのは事情を説明する。大石は、磯貝が心を乱し見苦しい最期を遂げぬよう、取り次ぐことはできないと突き放す。大石は磯貝自身が「計略の為に偽りの縁を結んだ」とはっきりと言っていると告げるが、おみのは本人の口から聞かない限りは信じないと譲らない。「女の私は一生疑いの中に苦しみ続けろと仰有いますか」と迫るおみの。

そこへ、大石らの処置を伝える上使が到着、全員切腹の沙汰が下されるはずである。大石は急ぎ磯貝を呼び、おみのと二人だけで対面させる。だが、磯貝は態度を変えようせず、「吉良家の者に怪しまれ進退きわまっていたところへ縁談の話があり、敵の眼をあざむくためにこれに飛びついて祝言のことを運んだまで、だまされた男のために命を捨てるなど、それこそ世の笑いものだ」と言っておみのを突き放す。……それは、自分の事を忘れて、他に愛する人を見つけて生きてほしいと願った磯貝の、おみのへの精一杯の真心からの、心を鬼にしての言葉であった。

裃で正装して上使を迎えた大石らに下された沙汰はやはり全員切腹であった。白装束に着替えた後、直ちに、一人ひとり呼ばれて切腹の場へと向かう。はじめは近松勘六。そして、潮田又之丞、奥田孫兵衛。……いよいよ切腹の順番で磯貝の名前が呼ばれ、大石に最後の挨拶をして切腹の場へ向おうとした時、堀内は「何かおみのに一言を」と磯貝に迫った。

堀内は、最後に独り残っていた大石に、磯貝が作法通りに立派に切腹したこと、そして磯貝が袱紗に包んだ琴の爪を堀内に渡し、それを肌身離さず持ち続けてきたことを大石に伝えてほしいと語ったことを伝える。「計略なぞと申して最後までかつぎおって。こ憎い奴」……そう呟くと、大石はその琴の爪をおみのに渡すように堀内に頼むが、一足違いでおみのは既に懐刀で自害した後であった。

事の成り行きを聞いた大石は、「思いつめた若い者の気持ちというものは、誰の力でもどうすることも出来ぬものでござるな」と堀内に告げ、静かに切腹の場に向うのだった。

**【解説】**

本作は東宝ダイヤモンドシリーズ第六弾（時代劇としては初）として製作されたものだが、同シリーズというのは本作のプレスシートに依れば「格調の高い作品」とのことであり、他には石坂洋二郎原作、丸山誠治監督の『憎いもの』（一九五七年）、山本嘉次郎監督、エノケン主演の『「動物園物語」より象』（一九五七年）、千葉泰樹監督、三船敏郎・山田五十鈴主演の『下町』（一九五七年）といった作品がラインナップされているから、東宝得意の娯楽映画とは一線を画したアート系フィルムのシリーズということになろうか。

幸四郎としては、初めての東宝作品への出演ということになる訳だが、監督の堀川弘通は黒澤明門下の逸材という位置付けだった人であり、本作での幸四郎と東宝俳優陣たちとの相性の良さであるとか、存在感といったものが、この後の二本の東宝作品（『柳生武芸張　双龍秘劔』、『隠し砦の三悪人』）への幸四郎への出演オファー――それはその時点ではあくまでも松竹に対して幸四郎をレンタルして欲しいというオファーだった訳だが――に繋がったことは間違いないだろう。

真山青果のこの名作の映画化としては、戦時中に溝口健二監督が前進座の人々と撮った『元禄忠臣蔵』（前篇一九四一年、後篇一九四二年）が圧倒的に有名だが、本作は「大石最後の一日」だけに絞っているとはいえ、配役の豪華さで言えば本作の方にむしろ分があるだろう。

主役の若き磯貝十郎左衛門に中村扇雀が扮し、扇千景との清々しくも悲しい恋の顛末――扇雀と扇千景がこの作品での共演がきっかけとなり結婚に至ったことは言うまでも無い――を軸に据えて、彼を巡って心を砕くことになる二人の人物、堀内傳右衛門と大石内藏助にそれぞれ扇雀の父二世中村鴈治郎（大映）と松本幸四郎（松竹）という上方と江戸の最高ランクの歌舞伎役者を配している訳である。そして、これらメインのキャスト以外は、平田昭彦、堺左千夫、藤木悠といった絵に描いたような東宝映画の顔ぶれで、東宝の匂いがぷんぷんする作品という訳である。

原作と大きく異なっている点は、真山青果はおみのが自刃する理由として磯貝が肌身離さず身につけていた琴の爪から彼の真実の愛情を確信し、その愛する人が切腹するのに自分も付いて行く、という展開であるのに対して、本作では磯貝は（おみのを想うが故に）頑なに嘘を貫き通し、おみのは最後まで真実を知ることなく、むしろ絶望の果てに自刃する点である。もちろん、観客は堀内と大石を通じて、琴の爪の真実を知る訳だが、肝腎のおみのがその真実を知ることなく死んでしまう。堀内は琴の爪を握らせたら何となく笑みを浮かべているように感じられたなどと語っているものの、これでは本来得られる筈のカタルシスは得られない。

幸四郎は松竹での『忠臣蔵』（一九五四）に次ぐ大石内藏助役だが、本作の五年後には東宝としての創立三十周年記念大作『忠臣蔵』で三たび内藏助役に挑むことになるので、本作はその前哨戦という位置付けだったともいえよう。

中村扇雀のその後の活躍は言うに及ばないが、一九九〇年に三代目中村鴈治郎を襲名し、さらに二〇〇五年には上方歌舞伎の大名跡坂田藤十郎を受け継いで今日に至っている。筆者は歌舞伎の舞台での『假名手本忠臣藏』は相当な数を見ているが、一力茶屋で遊興に耽る大星由良之助の色気というものを一番感じさせてくれた歌舞伎役者はと言えば、十二世團十郎でも、十五世仁左衛門でも、九世幸四郎でも、二世吉右衛門でもなくこの人だと思う。

**八世幸四郎**
**六世染五郎**

# 『大忠臣蔵』

（松竹／総天然色松竹グランドスコープ／155分／1957年8月10日公開）

【スタッフ】
総指揮：城戸四郎 ●製作：白井和夫 ●製作補：高木貢一、岸本吟一 ●脚本：井手雅人 ●監督：大曾根辰保 ●撮影：石本秀雄 ●録音：福安賢洋 ●音楽：鈴木静一 ●照明：寺田重雄 ●美術：大角純一 ●編集：相良久 ●進行：渡辺寿男 ●衣裳考証：甲斐荘楠音 ●殺陣：川原利一 ●監督助手：的井邦雄

【キャスト】
大石内蔵助：市川猿之助（二世／初世猿翁）
早野勘平：高田浩吉
立花左近：松本幸四郎
あぐり：有馬稲子
おかる：高千穂ひづる
小　浪：嵯峨三智子
おりん：伊吹友木子
仲居おせえ：関　千恵子
お　梅：柴　千代
一文字屋お才：沢村貞子
戸田局：小夜福子
吉良上野介：石黒達也
原惣右衛門：市川小太夫
堀内傳右衛門：嵐　吉三郎（七世）
武林唯七：山路義人
千崎弥五郎：永田光男
不破数右衛門：戸上城太郎
岡野金右衛門：青山　宏
小林平八郎：海江田譲二
伴　内：寺島　貢
与市兵衛：野沢英一
一文字屋源太：桂　小金治
おかや：毛利菊枝
斧九太夫：香川良介
斧定九郎：片岡市女蔵
戸無瀬：山田五十鈴
お　石：水谷八重子
浅野内匠頭：北上彌太郎
片岡源五右衛門：名和　宏
桃井若狭之助：森　美樹
矢間重太郎：小笠原省吾
寺坂平右衛門：近衛十四郎
加古川本蔵：坂東簑助（六世／八世三津五郎）
大石主税：市川團子（三世猿之助／二世猿翁）
矢頭右衛門七：市川染五郎
清水一角：大木　実
幇間伴八：伴　淳三郎

『大忠臣蔵』パンフレット

【惹句】
大松竹が総力を挙げて、初の大型画面に描く忠臣蔵決定版！
優艶！華麗哀切！全男性が泣き全女性が咽ぶ！

【内容】

［前篇］

元禄十四年三月十四日。江戸城松の廊下で播州赤穂城主浅野内匠頭は、高家筆頭吉良上野介から受けた恥辱に耐えかねて刃傷に及んだが、加古川本蔵に抱きとめられ無念にも吉良を打ち損じた。その頃、内匠頭の近習早野勘平は、腰元おかると祝言を挙げる相談をしていて、この大事に居合わす事が出来なかった。

強欲な吉良に腹を据えかねていたものの、家老加古川本蔵が秘かに吉良に賄賂を贈っていたために吉良の意地悪の矛先を内匠頭に向けてしまった桃井若狭之助は、その本蔵の出過ぎた行為と、武士の情けを掛けずに内匠頭に留めをささせなかった事を叱責する。その晩、本蔵の許をその娘小浪と許婚である赤穂藩城代家老大石内藏助の嫡男主税が訪れ縁組の破談を申し出る。内匠頭は切腹、妻あぐりは髪を下して瑶泉院となる。国表の大石には、「内藏助はまだか」との主君の声が聞こえた気がして、妻お石はそれを不吉に感じていた。勘平は自刃しようとするがおかるに止められ、後日を期しておかるの両親の住む山崎の在所へ身を落としたのであった。

赤穂では評定が行われるが、家老斧九太夫は知行高に応じて御用金を分配して城を明け渡すことを主張、大石は殉死を唱えて賛同の者を浅野家菩提寺の花岳寺に参集させる。白装束で参集した同志の中に、前髪立ちの若者、矢頭右衛門七がいる。病の父長助は既に自刃し、自らを殉死の仲間に加えてもらうべく懇願する右衛門七に、初めは「母に孝養を尽くせ」と取り合わなかった大石だったが、その熱意に折れ、そこで大石は初めて一同に対し亡君の怨敵吉良上野介はまだ生きている、仇討こそが本心、と打ち明ける。誓詞血判する一同。慣れ親しんだ城を後にし、深く頭を垂れる内藏助。

その後、大石は京の祇園、島原、伏見の色里に遊んでいた。同志たちも、吉良方の間者たちも、大石の心底を見極めようと腐心する。

一方、猟師をしていた勘平は、千崎弥五郎と武林唯七に偶然出会い、一味の連判に加えてもらうために御用金の金子を整えることでとりなしてもらう約束をする。山崎街道で猪を仕留めようとした勘平は、しかし誤って人を撃ってしまう。その旅人の懐から五十両を盗んだ勘平だったが、その裏には女房おかるの身を祇園に売って金を作ろうとした両親与市兵衛とおかやの苦心があった。家に帰るとおかるは一文字屋に連れて行かれるところで、次いで与市兵衛が死んだとの知らせが入る。てっきり舅を射殺したと思い込んだ勘平は不運極まって切腹する。だが、勘平の鉄砲玉で死んだのは盗賊と成り果てて与市兵衛を殺した赤穂の旧家臣斧定九郎と判明、その義心が千崎と武林に通じて、虫の息の勘平に血判が許される。

［后編］

遊興に耽る大石の許に千崎、武林、矢間重太郎の三人侍が訪れ、不甲斐ない大石に腹を立てていると、そこへおかるの兄、寺坂平右衛門が訪れて取りなす。平右衛門は一味に加えてほしいと懇願するが、大石は取り合わない。今度は息子主税が現われ、瑶泉院からの手紙を届ける。そこへ伴内と共に大石の様子を探っていた斧九太夫が現われ、その心底を見極めようとして命日の前夜とて精進すべきところを無理やり生臭い蛸を食べさせる。一方、遊女となっていたおかるは瑶泉院からの手紙を読む大石の様子を盗み見て、大石から「身請けしてやる」と言われる。妹と再会した寺坂は、それを聞き大石がおかるを殺そうとしている事を見抜き、いっそ自分が妹を殺してそれを手柄にと思いつめるが、心底を見極めた大石は二人を許し、おかるに縁の下に潜んで内偵していた斧九太夫を仕留めさせる。

大石の山科の閑居へ小浪を連れた本藏の妻戸無瀬が訪れる。夫内藏助の目的と立場を深く理解するお石と、娘の哀れさに引かされた母の立場の戸無瀬は激しく対立する。心と心が釣り合わぬとまで言われて進退極まり、それでも主税以外と添う事など出来ぬと母娘で自害しようとが、折りしも虚無僧の姿で訪れた本藏が、自らの命を主税の前に投げ出して罪を償い、二人の父、二人の母、二人の子は互いに深く理解し合う。本藏は娘の引き出物にと吉良邸の絵図面を主税に手渡して息絶える。

機は熟し、大石ら一行は江戸へ下る。禁裏御用の日野大納言の用人垣見五郎兵衛と偽り箱根の関所を通ろうとするが、垣見を見知っている関守立花左近はこれを止めて追求する。進物の送り状として手渡された白紙の巻物の謎掛けを、丸に鷹の羽の紋所と道中記の表書きにある内藏助の名前から解いた左近は一行の通行を許可する。

江戸、本所松坂町。吉良家の様子を探っていた片岡源五右衛門は用人たちに痛めつけられるが、その場を引き受けた剣客清水一角から、立場が変われば自分も同じ事をするであろうと情けを掛けられる。

南部坂の瑶泉院に別れを告げに訪れた大石は、腰元お梅が吉良方の間者であると見破り、心ならずも仇討ちの心など無いと嘘をつき、散々に罵られて焼香も許されずに退出する。だが、大石が置いていった旅日記をお梅が盗もうとしたことでそれが連判状であったことが判り、瑶泉院は「内藏助殿、許して下さい」と呟く。

降りしきる雪の中、四十六士と早野勘平の魂は吉良邸に討ち入る。吉良の姿はなかなか見つからなかったが、吉良方の付人という立場にありながらも、義士に好意を抱く清水一角が、いまわの際に抜け道を示し、とうとう吉良を発見した四十六士は本懐を遂げるのだった。泉岳寺に宿敵吉良の首級を持参し亡君に報告した四十六人は、やがてそれぞれ大名屋敷へのお預けを経て全員が切腹して果てた。だが、時代が変わろうとも、泉岳寺へ詣でて彼ら四十七人に想いを馳せる人は絶えない。

**【解説】**

総天然色（イーストマン松竹カラー）であることに加え、史上初のワイドスクリーン画面（松竹グランドスコープ）での「忠臣蔵」映画であり、歌舞伎の伝統を守り続けてきた松竹ならではの、『假名手本忠臣蔵』に基づいた作品である。ワイド画面は松の廊下のスケール感を出しているし、左手奥に小さく一文字屋の籠で去るおかる、右手前に見送るおかや、それが家に入るおかやに切り替わり右にパンすると右奥の座敷で茫然自失の勘平、というような画面構成もまたワイド画面ならではだろう。

中心になるのは三段目、四段目、五段目、六段目、七段目、九段目、十一段目で、九段目の本藏の件の後にマキノ省三が尾上松之助の『実物応用活動写真 忠臣藏』（一九一二年）で考案した立花左近の件をある種の先祖がえりとして『勧進帳』風にアレンジ、さらに十一段目の討ち入り前に、河竹黙阿弥の原作をベースに桃中軒雲右衛門の浪曲で人気場面に加わった「南部坂雪の別れ」が加わっているのだから、まさに王道を行く「忠臣蔵」映画と位置づけられる。

もちろん、『假名手本忠臣藏』の登場人物の中で実在の人物が明らかな場合はその名前に戻している訳なので、塩冶判官ではなく浅野内匠頭が刃傷沙汰を起こし、それを聞いて「しまったッ」と急ぎ駆け付け、わざと吉良上野介にぶつかっておいて「無礼者めッ」と打ち据えるのが脇坂淡路守ではなく桃井若狭之助である、というようなややこしいことになっている。ちなみに歌舞伎では血気にはやる若狭之助が薄い青色、元来は調整型の塩冶判官は黄色の衣装だが、本作ではこの立場の逆転は詳述されないため、内匠頭が青色である。

他にも、『假名手本忠臣藏』の寺岡平右衛門は通常の映画では寺坂吉右衛門に相当するが、本作で近衛十四郎が演じている役名は間を取って寺坂平右衛門としている。

また、ややこしいといえば、実際の大石が東下りの際の偽名に使った名前は垣見五郎兵衛であり、普通の「忠臣藏」映画ではこの名前かマキノ省三考案の立花左近のどちらかの名前を名乗り、その本物と遭遇するということになる訳だが、本作では禁裏御用の日野家用人垣見五郎兵衛に化けていた大石に対して、本物の垣見を見知っている関守の立花左近が待ったをかける、という展開である。気になるのは、その正体を見破って情けをかける際に、道中記の表書きにある内藏助の名前を見て立花左近役の幸四郎がわざわざ「内藏助？……おお、赤穂の！」と口に出してしまっている点である。そもそも尾上松之助の『忠臣蔵』や戦前の日活の『忠臣蔵（天の巻／地の巻）』（一九三八年）での阪東妻三郎と片岡千恵藏とのやりとりでは、立花左近が自らを「何を隠そう、拙者は播州赤穂、元浅野家の家老大石内蔵助良雄でござる」と名乗ることで本物と偽者の立場が全く逆転するという演出がなされていたが、ここではむしろ近年多くなってきた説明過多の先駆的な例というか、たとえば家紋を見ただけで「丸に鷹の羽」→「浅野家」→「目の前の人物は大石内蔵助」という連想が働き得るのだという知識が最早戦後の映画観客の間では共有されていないことを想定していたのではないかと思われる。

ともかく、全体としては史実と観客の好む物語としての「忠臣蔵」とのさじ加減が程よく取られている。例えば、判官切腹の四段目での由良之助の台詞「委細承知」などは、映画で場面として取り入れることはあまりにも現実離れしてしまうところなのでカットし、これを舟遊びの後で伴淳三郎の幇間が代わりに述べるのだが、猿之助扮する内藏助は「そりゃ何の芝居じゃ」と応えるのである。この辺りの現実と虚構の入り混じった世界観こそが、「忠臣蔵」映画のそもそもの醍醐味であろうし、基本的に『假名手本忠臣藏』をベースとしつつ、映画的リアリズムとの調和を志向している本作の特徴とも言えるだろう。

キャストについて述べるならば、第一に二世市川猿之助（初世猿翁）と團子（後の三世猿之助。現二世猿翁）の祖父と孫が内藏助と主税の親子を演じ、主税の許婚の小浪とその母戸無瀬の親子を、これまた山田五十鈴と嵯峨三智子の親子が演じているというキャスティングの妙がまず目を引く。

幸四郎は今回は立花左近役に回っているが、これはやはりこの役というのがそもそも内藏助役の主演俳優と同格の俳優を処する為に考案された役柄である点からして当然の配役である。この役が登場する戦後「忠臣藏」映画のほとんどすべて、そして数多製作されてきたテレビの「忠臣藏」ものではこの役は嘗て大石内藏助を演じた事のある俳優のために用意されることとなっている。

梨園からは他にも幸四郎の息子染五郎（現二世白鸚）が矢頭右衛門七役で初々しい存在感を見せているのと、加古川本藏を六世坂東簑助（後の八世三津五郎）が演じているというのが松竹ならではの豪華さだ。加古川本藏は歌舞伎の『假名手本忠臣藏』所縁の登場人物で、通常は映画の『忠臣藏』には登場しない役だが、舞台でお馴染みの、虫の息での「忠義ならでは捨てぬ命。子故に捨つる親心。御推量下され」という台詞も簑助の名調子で堪能できる仕掛けである。

早野勘平役に当時四十六歳の高田浩吉というのは如何にも無理があるが、斧九太夫（大野九郎兵衛）に香川良介、おかやに毛利菊枝といった他の追随を許さぬエキスパートを配し、また寺坂平右衛門役の近衛十四郎もこの人らしさが出ていてはまり役と言えるだろう。後に三船プロ製作のテレビ版『大忠臣蔵』で最後の数エピソードのみ吉良上野介を演じることになる市川小太夫の原惣右衛門役も、役そのものは小さいものの、その良く通る声も相俟って印象に残る。

二世松緑

# 『海賊浪人街』（再公開）

（新東宝／白黒／?分／1957年8月20日?公開）

『海賊浪人街』ポスター

【スタッフ】【キャスト】【内容】

→『群盗南蛮船　ぎやまんの宿』を見よ

【惹句】

嵐を呼ぶ殺人剣！

【解説】

一九五〇年五月三十日に公開された『群盗南蛮船　ぎやまんの宿』の改題再公開である。一般に旧作の再映は『映画年鑑』などの基礎資料にもデータが収録されることはなく、また各映画会社の社史でもよほどのことがない限り扱われることがない。本作の再映の場合も、たまたま改題されたうえで作成された簡易ポスターの現物が残っていたことと、その余白部分に『修羅八荒　猛襲伏魔殿』と二本立て上映と記されていたことから、同作の公開された一九五七年八月二〇日もしくはそれより後に、旧作である『群盗南蛮船　ぎやまんの宿』を改題して新作のように装って同時上映用に仕立てたということがわかったにすぎない。

新東宝という会社は、言うまでもなく東宝争議で製作機能を喪失した東宝にあって、経営側・組合側のどちらにもつかずに東宝第二撮影所で映画製作を始めようとした大河内傳次郎ら「十人の旗の会」を母体に一九四七年三月に設立された会社（翌一九四八年に株式会社新東宝と改組）で、製作した作品を東宝を通じて配給する予定だったが、やがて東宝が自主制作を再開したことから東宝とは完全に縁が切れ、迷走が続いていた。一九五五年に大蔵貢が社長に就任してからはエログロ路線などで際物映画を量産していったが、作品内容だけでなく、そのビジネスの手法自体もかなり際どい物だった事が、本作の改題再公開の経緯からも窺える。因みに『修羅八荒 猛襲伏魔殿』は嵐寛寿郎、若山富三郎主演の渡辺邦男監督作品で、前週に公開した『修羅八荒 薩埵峠の剣陣』の続編の位置づけである。

《I》「映画作品」（14／33）

**八世幸四郎**

## 『侍ニッポン』

（松竹／松竹グランドスコープ 白黒／122分／1957年11月19日公開）

**【スタッフ】**

●製作：岸本吟一 ●原作：群司次郎正 ●脚色：久板栄二郎 ●監督：大曾根辰保 ●撮影：石本秀雄 ●録音：福安賢洋 ●照明：寺田重雄 ●音楽：鈴木静一 ●美術：大角純一 ●衣裳考証：甲斐荘楠音 ●殺陣：川原利一 ●編集：相良久 ●装置：中村良三 ●装飾：小島清文 ●衣裳：山田信夫 ●技髪：村田春松 ●結髪：木村よし子 ●進行：桐山正男 ●監督助手：的井邦雄

『侍ニッポン』プレスシート

【キャスト】

新納鶴千代：田村高広
吉　次：高千穂ひづる
佐野竹之介：森　美樹
菊　乃：松山清子
海野宗信：高野眞二
木曽屋政五郎：近衛十四郎
黒沢忠三郎：龍崎一郎
沢村流雲斎：石黒達也
関鉄之助：山路義人
有村治左衛門：永田光男
野坂甚五兵衛：河野秋武
松平左兵衛督：山内　明
山崎信之介：青山　宏
谷　五六郎：生方　功
宇津木六之亟：田中謙三
森山繁之介：中田耕二
泉　三郎：中原　伸
榊原成久：海江田譲二
井伊直弼：松本幸四郎
お　鶴：山田五十鈴

【惹句】

宿命の子、新納鶴千代が迎える悲壮の剣と恋！
大型映画の魅力時代劇
新納鶴千代どこへ行く……
人を斬るのが侍ならば　恋の未練がなぜ斬れぬ
田村高広、高千穂ひづるの時代劇新鮮コンビが放つ
哀しくも美はしい一代ロマン！
侍の国ニッポン崩るるの日！
薄倖の青年武士新納鶴千代が愛を求めて
さすらう哀切の一大ロマン！

【内容】

安政五年。時の大老井伊掃部頭直弼は開国の為に攘夷派の人々に断罪の命を下した。これによって捕えられた梅田雲浜、頼三樹三郎が京都より江戸へ護送されていた。——その一行を六名の侍が襲って奪還しようとしていた頃、江戸の沢村流雲斎の道場では猛稽古が行われており、折しも師範代佐野竹之介相手に一歩も引けを取らぬ腕前を身に付けた新納鶴千代に流雲斎は目録を授ける事を告げた。その鶴千代の仕官が決まるのを待ちわびて母お鶴のもとを訪ねた菊乃は鶴千代とは相思相愛の仲であった。だが、入れ替わりに現れた政五郎は二人の仲が深入りするのを避けておいた方がいいと忠告する。鶴千代は医者の新納草庵の子として育ったが、修行をして一人前になったなら武士としての仕官の口を世話するという二十数年前の約定があり、政五郎はその約定の相手、野坂甚五兵衛に会い彦根藩への仕官を請う。実は鶴千代は大老井伊直弼がまだ彦根にいた頃に舞妓だったお鶴との間に生まれた子で、その後草庵に預けられたのだった。

鶴千代は佐野に連れられて料亭で水戸浪士の忠三郎と会うが、そこへ来た芸者の吉次は鶴千代に心惹かれる。黒沢は梅田、頼を奪還しようとして負傷した浪士たちを匿う小屋に鶴千代を連れて行き手当させる。菊乃のもとを訪ねた鶴千代は、菊乃の父榊原成久から父親も知れないようなものに娘はやれないと追い返される。菊乃は他家へ嫁ぐことに決められていたの

だった。鶴千代は榊原に言われた事を母に確かめたかったが、母も政五郎も真実を語ろうとはしない。……この失恋以来、鶴千代は吉次の許へ通って深酒し、佐野や黒沢ら攘夷派水戸浪士と急速に接近していく。

麻布の善福寺にある米国公使館を襲撃する斬り込み隊に志願した鶴千代だったが、計画は未然にお上に漏れており、鶴千代は脚に深手を負いながらも吉次に匿われて難を逃れる。

一方、政五郎は甚五兵衛を通じてお鶴と大老井伊直弼とを再会させる。直弼は既に密かに調べていて鶴千代の存在を知っていた。そしてやがて時機が来たら親子の対面をするが、今はまだ待ってほしいと告げ、お鶴に対面の日まで預かってほしいと埋木舎で使っていた棗をお鶴に渡す。だが、その彦根屋敷から鶴千代の母が出てくるところを水戸浪士が見ていたことから、鶴千代は密告者ではないかと疑われる。裏切り者でない証を立てるため、鶴千代は柳橋の料亭に入った大老井伊直弼を襲う指令を受ける。捕えられた鶴千代だが、直弼はその名を聞いて思い至り、鶴千代に刀を返して護衛らを下がらせると、鶴千代を座敷へ招いて、何故日本は開国しなければならないのかを説いて、人間の権利を平等に認める新しき世を作りたいのだと告げる。心を動かされた鶴千代だったが、仲間が捉えられ殺されたのに一人だけ放免された鶴千代を仲間たちは裏切り者と確信する。

お鶴は吉次を訪ね、鶴千代が大老の子であると告げる。吉次は鶴千代の事を想って別れを切り出す。飛び出した鶴千代を探していた佐野は、まだ鶴千代の事を信じていた。仲間たちに襲われた鶴千代は辛くも難を逃れる。吉次は鶴千代の子を身籠っていた。

水戸浪士たちは翌日には桜田門外で井伊大老を襲撃する計画を立てるが、その前に裏切り者鶴千代を斬るべく佐野が単身鶴千代のもとを訪れる。斬りあいが始まったその時、吉次が駕籠で現れ、生まれてくる子供のためにも斬らないでほしいと佐野に懇願する。佐野は鶴千代に、吉次と母を連れて逃げろと言い残して去っていく。

吉次を連れて母お鶴の家に戻った鶴千代に、お鶴は父が井伊大老である事実を告げた。そして、立派な父と対面させて立派な武士として活躍するために、嘗ての自分のように身を引いてほしいと吉次に懇願した。だが、鶴千代は母から大老の子の証として見せられた棗を投げつけて壊し、偉大であればあるほど、その陰に自分のような存在がいたことに腹が立ち、父を憎むと言い放った。——その父は今まさに水戸浪士らに斬られようとしていた。佐野との友情の為にも襲撃を止める訳にはいかないと考えていた鶴千代だったが、やはり父を見殺しには出来ず、父に対して何故母をこんな目に合わせたのか一言いってやると告げると雪の中を桜田門外へ走った。鶴千代が到着したのはまさに襲撃が始まった時であった。「父上！」と叫ぶ鶴千代の声を聞き頬を緩めたその時、大老は駕籠越しに惨殺され、鶴千代もまた関鉄之助に斬られた。雪の中を這い、父の亡骸の眠る駕籠へ近づこうとした鶴千代の手は父の手に僅かに届かず力尽きたのだった。

【解説】

本作は幸四郎にとって映画では二度目の井伊直弼役である。群司次郎正の書いた『侍ニッポン』は、昭和四年（一九二九）に刊行され、二年後の昭和六年（一九三一）には大河内傳次郎主演で日活にて最初の映画化がなされた。その後も昭和一〇年（一九三五）に新興キネマにて阪東妻三郎の第一回トーキー作品『新納鶴千代』として伊藤大輔監督でリメイクされ、更に本作の二年前には東映で東千代之介主演でも『侍ニッポン 新納鶴千代』として映画化されている。そして本作の後にも昭和四〇年（一九六五）には東宝で岡本喜八監督によって三船敏郎主演で『侍』としてリメイクされることになる訳だが、云うまでもなく幸四郎はその東宝版でも三たび井伊直弼役を演じることになるのである。また、山田五十鈴は阪妻版では菊姫役を演じていた。もちろん、本作が時代劇映画の初主演であった田村高廣にとっては、父のトーキー第一作と同じ役柄を演じたわけであり、そこへさらに『花の生涯』で井伊直弼を演じた幸四郎が同じ役で登場する訳だから鉄壁の布陣と言えるだろう。

前作『花の生涯』でもいわゆる「英雄色を好む」という感じの人物造形が幸四郎のたか女を見る目つきひとつによって説得力を持って示されていたが、本作では彦根時代の埋木舎で直弼が手を付けた舞妓に子供を産ませていたというのが物語の前提にあり、そこに説得力がないと物語全体が嘘っぽくなってしまう。英雄役者幸四郎の直弼はそこが「さもありなん」と思える時点でキャスティングとして成功していることになる。

成長した我が子鶴千代を何とか彦根藩で取り立ててもらうことが鶴千代の幸せであると一途に信じ、そのためには鶴千代に対して実父が大老井伊直弼であることは何としても隠すべきだ（そしてそのせいで鶴千代と相思相愛の菊乃との縁談が壊れてしまっても仕方がないし、吉次との幸せが壊れてしまっても仕方がない）と信じる愚かな母親に扮した山田五十鈴も適役と言ってよいだろう。特に、再会の折に直弼から拝領した棗を拝むが如く大事にし、それを鶴千代が投げつけて壊した気持ちを理解できないというシーンが、そのあとの最終的な悲劇の呼び水となってくる訳である。

その他の配役では近衛十四郎の政五郎はいつもながらのこの人の持ち味が良く出ているが、それ以上に印象が強く残るのは森美樹の佐野竹之介で、完全な儲け役である。松竹が期待の時代劇の新人として育てていた森美樹は、どちらかというとヒールの印象が強い人だが、ここでは最後の最後まで鶴千代の事を信じて、助けてやりたいという友情厚き男を好演している。ラストの桜田門外の変の場面で、母親と吉次と共に逃げてくれたはずの鶴千代が現れた時の反応は、だから「なぜせっかくの幸せを棒に振るんだ」という気持ちのはずで、だから佐野が（鶴千代の事を斬ってきたと仲間に報告していた）自分の顔を潰した、と怒って鶴千代を斬るということはなく、彼が呆然としているところを山路義人演じる関鉄之助が後ろから鶴千代を斬りつけるという形になるのである。ところが、製作途中段階の松竹のスタジオ・ニュースでは鶴千代を斬ったのは佐野ということになっており、それをそのまま『キネマ旬報』などの紹介記事も踏襲し、今日の様々な映画のデータベースでもそのまま孫引きされているため、実際に映画を見てストーリーを新たに書き起こさなければ鶴千代を斬ったのは佐野という間違った記述が罷り通ってしまうのである。

《I》「映画作品」（15／33）

**八世幸四郎**

# 『柳生武芸帳 双龍秘剱』

（東宝／東宝スコープ・パースペクタ立体音響・総天然色アグファカラー／106分／1958年1月3日公開）

**【スタッフ】**

●製作：田中友幸 ●原作：五味康祐 ●脚色：稲垣浩、若尾徳平 ●監督：稲垣浩 ●撮影：中井朝一 ●美術：北猛夫、植田寛 ●録音：藤好昌生 ●照明：石井長四郎 ●音楽：伊福部昭 ●監督助手：福田純 ●編集：黒岩義民 ●振付：花柳德兵衛 ●剱道指導：杉野嘉男 ●政策担当者：川上勝太郎

**【キャスト】**

大月千四郎：鶴田浩二
清　姫：乙羽信子
夕　姫：久我美子
ま　や：岡田茉莉子
り　か：岡田茉莉子
柳生又十郎：中村扇雀
柳生但馬守宗矩：大河内傳次郎
柳生兵庫介：松本幸四郎
柳生十兵衛：戸上城太郎
徳川家光：岩井半四郎
山田浮月斎：東野英治郎
天道法眼：上田吉二郎
松平伊豆守：小堀明男
大久保彦左衛門：左　卜全
坂和田喜左衛門：村上冬樹
馬木藤九郎：西條悦郎
居酒屋の亭主：沢村いき雄
麻生の吉郎：富田仲次郎
印南勘十郎：小杉義男
戸塚左門次：大村千吉
唯野四八郎：廣瀬正一
関所の役人：佐田　豊
宿の番頭：櫻井巨郎
居酒屋の女房：三田照子
大月多三郎：三船敏郎

『柳生武芸帳　双竜秘剣』ポスター

【惹句】

凄絶無双！武芸帳の謎をとく宿命の八大決斗！

宿命と野望を賭けた八大決斗！　遂に解けた武芸帳の謎

巨匠稲垣浩監督が描く絢爛豪華、剱と恋の風雲時代劇雄篇!!

天下を衝動し剱乱を捲き起す武芸帳の謎は何？

忍者に生きる者恋に生きる者宿敵柳生新陰流に激突する霞の兄弟!!

【内容】

三代将軍徳川家光の治世。君の御前で柳生但馬守に対して、松平伊豆守は柳生武芸帳の所在を質していた。武芸帳三巻のうち、但馬守の手元にある一巻以外が鍋島藩と大久保彦左衛門の屋敷からそれぞれ盗み出され、それに柳生家が半分は関わっていたと主張する伊豆守に対して、宗矩は知らぬ存ぜぬを決め込む。伊豆守は罷免され、その後ろ盾である彦左衛門は江戸城に乗り込んで家光に談判するが、家光の心底は武芸帳の事で柳生家を追い詰めると幕府に対して反旗を翻す恐れがあると考えての事だった。彦左衛門は伊豆守に対して、密かに武芸帳の秘密を探るように指示する。

一方、虚無僧姿の謎の隠密たちもまた武芸帳の探索に出ていたが、隠密たちは武芸帳三巻の内一巻と半分は山田浮月斎の許に、もう一巻は元龍造寺家息女夕姫と霞の忍者多三郎の手元にあると突き止め、夕姫を探し出すべしと相談していたところへ、虚無僧姿の隠密に紛れ込んでいた霞の忍者千四郎はその情報を浮月斎の許へ持ち帰り、実兄である多三郎と夕姫を追う。

多三郎と夕姫が住む隠れ里には柳生十兵衛の一派、虚無僧姿の隠密たち、千四郎を含む浮月斎の隠密たちが顔を揃えた。千四郎は兄者が武芸帳を持っていないと確かめた後、虚無僧の一団、実は藪大納言の隠密の頭領で永井家の隠し娘清姫を救う。一方、十兵衛は夕姫を囮に多三郎を縛り上げて武芸帳の行方を聞き出そうとする。そこへ千四郎が現れて多三郎を助けるものの、夕姫は十兵衛に斬られて死んでしまう。多三郎は夕姫の仇を取るため十兵衛を殺す事を心に誓う。

虚無僧姿の清姫が十兵衛の一派に襲われそうになった時、千四郎は再び彼女を救出する。一方、宗矩の三男で、家を捨て、愛するりかを捨て出奔していた柳生又十郎は、旅芸人天道法眼の連れの女で、りかに瓜二つのまやと出逢う。天道法眼は又十郎に対して、自分が柳生家にとって大事なものを持っていると告げる。天道法眼は柳生家への仕官の口を得るためにまやを又十郎に接近させる。その様子を聞いていた千四郎は天道法眼が武芸帳を持っていると睨んで宿の部屋を探すが、見つけることは出来なかった。

清姫は千四郎に接近してその命を取ろうとする。二人は同じものを探していたのだ。ところが、意外なことに天道法眼は自ら千四郎に武芸帳を渡し、仲間にしてくれと頼む。千四郎らは尾張に向かう。宗矩が十兵衛を遣いに手元にある武芸帳を尾張の柳生兵庫介の許へ送ったのだ。

兵庫介の許には又十郎が身を寄せていた。天道法眼もまた下男に成り済まして探りを入れていた。そこへ十兵衛が到着し、武芸帳一巻を託す。武芸帳の秘密を知る兵庫介は、それが兄宗矩によって政治の道具とされていることに忸怩たる想いでいた。又十郎に請われ、兵庫介は武芸帳の秘密を語る。——それは、柳生新陰流の直門の者たちが、徳川幕府の基礎を固めるため、薩摩藩の探索、龍造寺家の滅亡、一条中納言の暗殺など、与えられた様々な任務を果たした記録であったが、柳生家は一徳川家だけのために動いていたのではなく、後水尾天皇の第一皇子、第二皇子を暗殺したのも柳生家が直門の者に発した指令なのだった。兵庫介は、そのように権謀術数を駆使して今の地位を築いた柳生家に対して、武芸を極める家としての柳生家を作りたいと考えており、又十郎もその志に同意する。

千四郎とまやの隠れ家に清姫がやってきて千四郎を連れ出す。清姫は千四郎の持つ武芸帳一巻を奪うよりも千四郎と過ごす時間を優先した。一方、尾張にいた十兵衛に対して多三郎は勝負を挑むが、後一月待てと言われて勝負を預けることになる。

多三郎から「人間死に際が大事」と忠告された千四郎は、まやを遣いに十兵衛に果し合いを申し込む。それぞれが持つ武芸帳一巻ずつを、勝った方が両方手にするという申し出だ。その時、十兵衛の許には又十郎がいた。十兵衛は果し合いを受け入れ、自らの介添え役に又十郎を指名する。まやを振り切って果し合いに向かった千四郎に清姫が斬りかかる。清姫は千四郎の子を宿しており、頭領でありながら虚無僧一味を裏切ったことを責められ、自ら千四郎の手に掛かって死ぬことを決意しての行いだった。

介添え役の法眼を引き連れて千四郎が決闘の場に到着する。

まやから決闘の事を聞いた多三郎はまやと共に馬を駆る。兵庫介もまた家臣を引き連れて決闘の場を目指す。千四郎は深手を負いながらもついに十兵衛を倒す。だが、正々堂々の決闘という十兵衛の意に反して柳生の一門が千四郎に襲い掛かり、この機に武芸帳を二巻とも奪い去ろうと駆け付けた浮月斎一派もまた襲い掛かる。法眼は死に、千四郎は多三郎の加勢もあって何とか逃げ延びる。

十兵衛は深手を負ったものの助かり、駆け付けた兵庫介に又十郎から二巻の武芸帳が手渡された。「この武芸帳が多くの人々を……」と呟く兵庫介。闘いの終わった荒野に、千四郎と多三郎の名を叫び続けるまやの姿があった。

**【解説】**

本作は、前年に公開され評判の良かった、三船敏郎、鶴田浩二共演に拠る『柳生武芸帳』の続編として製作されたもので、監督の稲垣浩、主役の二人以外にも柳生宗矩役の大河内傳次郎、柳生又十郎役の中村扇雀、山田浮月斎役の東野英治郎、徳川家光役の岩井半四郎など主な配役は前作からそのまま引き継いでいるが、幸四郎の演じる柳生兵庫介は本作で初めて登場する人物であり、前作を越える豪華配役の要として、おそらくは幸四郎よりも先に東宝の専属となっていた二世中村扇雀あたりを媒介役として、扇雀が主人公磯貝十郎左衛門を演じた『琴の爪』に続いて、松竹との契約下にある幸四郎に白羽の矢が立ったものと思われる。

幸四郎にとって、この二度目の東宝作品は、後に東宝への移籍後に何度も共演することになる三船敏郎との初共演作品でもある。但し、実際には幸四郎の出演シーンで三船や鶴田浩二と絡むシーンは無く、その代わりに、中村扇雀に対して将軍家指南役の武芸の家柄が実は権謀術数を駆使して得た地位であったという柳生武芸帳の秘密を打ち明けるという本作の最も大事なシーンが任されている。キャストのビリング順位で言うと、映像の上ではトップが鶴田浩二、留めが三船敏郎、そして幸四郎は女優陣の後、扇雀と大河内傳次郎と共に三人で画面に表示されるものの、東宝が発行したプレスシートでのスタア順位では、トップが鶴田浩二、は一緒で、三船敏郎は二番目、そして留めが幸四郎という扱いである。

他に、劇中、幸四郎が初めて登場するシーンで、畑仕事していた兵庫介が、上田吉二郎扮する天道法眼から柳生兵庫介はどんな男かと尋ねられた際に、「仁王様の草鞋」の様な顔をした奴だと煙に巻く。後からもう一度、屋敷で探りを入れていた天道法眼を呼び止めた兵庫介が「お前は仁王様の草鞋を見たことがあるか」と尋ね、法眼が初めてあの畑仕事していた男こそ兵庫介だと気づくシーン、そして逃げる法眼を追おうとする又十郎（中村扇雀）を引き留め、「捨て置け。屋敷に鼠はつきものだ」

と笑うシーンあたりに英雄役者幸四郎ならではの大きさが感じられる。そして、甥の十兵衛と大月千四郎とが決闘、と聞いて直ちに現場へ駆けつけることを即決する際の「馬曳けいっ！」の台詞の重厚な中にも小気味よい切れ味というものは、やはり並の時代劇スターでは出せないもののように思われる。

　脇役陣では上田吉二郎の天道法眼が怪演で、敵だか味方だかよく判らない得体の知れない感じがよく出ていて、この役者の数ある出演作の中でも屈指の儲け役だ。女優陣に関しても前作に引き続いて夕姫役に久我美子、りか役に岡田茉莉子（回想シーン）が出ているのに加え、岡田茉莉子はもう一役、りかに瓜二つのまやという役で出てくるほか、前作のみの出演だった於季役の香川京子に代わって、本作では清姫役として新たに乙羽信子が登場して彩を添えている。

　クライマックスの十兵衛と千四郎の果し合いのシーンでは、十兵衛の秘技「指斬りの術」に掛かった千四郎が崩れ落ちるように倒れて、ニンマリ笑った十兵衛が祠の前に置いてある二巻の武芸帳を取ろうとしたときにバッタリ倒れるという演出がなされている。十兵衛自身気づかぬうちに千四郎の剣が先に十兵衛を斬っていたということなのだが、これは我が国で本作の二年程前に公開された西部劇『ヴェラクルス』のラスト、ゲイリー・クーパーとバート・ランカスターとの決闘のシーンをそのまんま頂いた格好である。

《I》「映画作品」（16／33）

**八世幸四郎**

## 『大岡政談 謎の逢びき』

（松竹／松竹グランドスコープ 白黒／86分／1958年7月13日公開）

『大岡政談 謎の逢びき』プレスシート

【スタッフ】

●製作：杉山茂樹、小糸 章 ●脚本：富田義朗、本山大生 ●監督：福田晴一 ●撮影：片岡 清 ●録音：高橋太朗 ●音楽：原六朗 ●美術：川村鬼世志 ●照明：仙波正己 ●編集：野村政七、相良 久 ●装置：長谷川信三 ●装飾：清水喜助 ●衣裳：山田信夫 ●技髪：村田春松 ●衣裳考証：甲斐荘楠音 ●殺陣：川原利一 ●監督助手：的井邦雄 ●進行：酒井 哲

【キャスト】

加　助：名和　宏
吾　平：北上彌太郎
大岡越前守：松本幸四郎
伊之吉：沢村訥升（五世／九世宗十郎）
お　糸：山鳩くるみ
お　新：嵯峨三智子
お　縫：紫　千代
おかん：水原真智子
権　太：星ススム
お　鉄：東　陽子
藤兵衛：高屋　朗
助　三：生方　功
文　吉：滝沢ノボル
駕籠屋の親方：森　八郎
茂兵衛：山路義人
早耳の三次：サトウ・サブロー
岡っ引半七：西川ヒノデ
白石治右衛門：市川男女之助
吉田三五郎：松本錦四郎
池田大助：永井邦近
宗次郎：小笠原省吾
石子伴作：森　美樹
三国屋：大邦一公
佐竹刑部：戸上城太郎
武藤孫兵衛：泉　一郎
番頭惣七：有木山太
乳母おまき：高山裕子

【惹句】

笑わせ悩ます底抜け捕物！
密会が招いた恐怖の殺人！
密会にからんだ不敵な殺人？
お江戸名物二枚目駕籠やの爆笑手柄！ 越前守の名裁き！

【内容】

青空の下、さっと上がった「年に一度の駕籠屋大競争」と記された大幟。――一斉に走り出す人相の良くない駕籠かきたちに交じって若い女たちの黄色い声援を受けてスタートするのは江戸の名物駕籠屋でいなせな加助と吾平の二人。「優勝は我らの手に」と意気込むのも束の間、途中で癪に苦しんでいた美女が同じ神田の提灯長屋に住む髪結い伊之吉の姉お新と知って、駕籠に乗せて長屋へ引き返す羽目になった。

その当日、勘定奉行佐竹刑部が予てより材木問屋伊勢屋の養女お糸に執心している事を知った同業の三国屋は、御用材の伐採許可と引き換えに刑部とお糸の仲を取り持とうとするが、潔癖な伊勢屋はこれをキッパリと断った。

そうとは知らないお糸は、父の苦境を察して相思相愛の伊之吉との駆け落ちを計ったものの、人を傷つけて島送りになった前科のある伊之吉は、自分が身を引くのがお糸のため、と決心する。一夜、仕事を終えて長屋へ戻る加助と吾平は、伊勢屋の

裏口で何者かに喉を突かれて殺された伊勢屋の無残な死骸と、その傍らに呆然と佇む伊之助の姿を見て仰天する。伊之助はあっという間に逃げ去った。

捕方の網の目をかいくぐり、居酒屋「だるま」の女中お縫に匿われていた伊之吉は、お縫の計らいでお新や加助、吾平に会うことが出来た。——伊之吉の話に拠ると、あの夜、駆け落ちしようというお糸を諦めさせるべく伊勢屋の裏口に忍んだ時に、ちょうど伊勢屋の死体が倒れ掛かってきたのだという訳で、加助と吾平は伊勢屋の内部に真犯人がいたに違いないと睨むのだった。

その頃、名奉行大岡越前守は、配下の石子伴作を動かして犯人探索の手を固めていた。

或る夜、伊勢屋の番頭惣七の態度に不審を抱いた加助と吾平は、惣七を尾行する。隠亡小屋付近で姿を見失ってしまったものの、なおも探しているうちに、数刻後、惣七は死体となって表れ、その付近で頬に傷跡のある遊び人風の男の姿を見た。

加助と吾平はさっそく事の次第を越前守に注進したが、一足違いで越前守は「だるま」に潜伏中の伊之吉を下手人として捕えており、数日後には処刑の触書が町中に出されていた。

それを知って自害しようとして果たさなかったお糸は、心密かに真犯人を探そうと決心する。そんなお糸を刑部に嫁がせるべく計る刑部の用人武藤孫兵衛。

越前守の無能を罵る加助と吾平は、持ち前の侠気から、せめて俺たちの手で伊之吉の無実を晴らそう、と必死に先夜の男宗次郎の行方を捜す。やっと見つけた宗次郎は、しかし何故か刑部の命を受けた黒覆面の武士の一団に襲われて河中に転落した。

数日後、番頭惣七、三国屋、刑部らの陰に何か企みがあることを感づいたお糸は、自ら進んで刑部の許へ嫁いだ。その婚礼の夜、死んだと思った宗次郎の不意な出現に、用人孫兵衛は宗次郎を殺害し、これを見つけて騒ぐ加助と吾平に気づいた孫兵衛は、二人を縛って納屋へ閉じ込める。

その頃、変装して刑部邸に潜んでいた伴作は、一切の事実を越前守に報告すべく奉行所へと走っていた。

やがて無事お糸と刑部の祝言の宴が終わろうとした一瞬、颯爽と乗り込んだ大岡越前守。悪人どもは全て縛られた。

お白洲で、越前守の名裁量は鮮やかだった。刑部、三国屋の悪行は白日の下に晒されたが、証人となったのは伊之吉だった。伊之吉は処刑されていなかったのだ。越前守は生き証人である伊之吉が悪人どもに命を狙われていたのを守るために彼を保護下に置いていたのだった。［未見］

**【解説】**

お馴染みの大岡裁きの一編で、キャストのビリング順位はプレスシート上では幸四郎がトップとなってはいるものの、実際には名和宏と北上彌太郎の駕籠屋のコンビを中心に、山鳩くるみと沢村訥升のフレッシュ・コンビが中心となった、江戸庶民の立場から描いた笑いと謎解きの一編と見たほうがよいであろう。

実際のところ、松竹発行のプレスシートに載っている宣伝文案としても、「おいら江戸っ子だい！ お人好しの勇み肌、その上女に惚れっぽい、江戸の名物二枚目駕籠やの底抜け手柄！」とか「金もなく、力もないが、もちまえの江戸っ子気質が黙っちゃいねえ！ 爆笑とスリル渦まく駕籠かきコンビの捕物手柄！」といった、名和・北上コンビを主体とした文案が並ぶ。

監督の福田晴一も、高田浩吉と伴淳の『伝七捕物帳』や伴淳とアチャコの『二等兵物語』といったコメディを得意としていた人で、幸四郎の本作への出演はまあお付き合いといったものではないかと思われる。そのお付き合いの大きな理由の一つと思われるのが、本作が、伊之助を演じる五世沢村訥升の映画デビュー作であるという点。訥升は八世澤村宗十郎の長男で、後に九世宗十郎となった人だが、その祖父である七世宗十郎は幸四郎の父、七世幸四郎と同世代の人で共に帝劇で看板役者として活躍、父である八世宗十郎は八世幸四郎とは同世代で、若いころにともに新宿第一劇場の「青年歌舞伎」で研鑽を積んだ間柄である。つまり、本作で大岡越前守を演じている八世幸四郎にしてみれば、沢村訥升は父の代から親子三代に亘って親しく競い合ってきた澤村宗十郎家の息子である訳で、ここは一肌脱いで訥升の映画デビューに華を添えるのが映画界で活躍する梨園の先人としての務め、と考えて不思議はないからだ。

幸四郎はこの後も二年後の『天下御免』で再び大岡越前守を演じているが、そちらは歴史上有名な「天一坊事件」を越前守が解決に導くという内容である。一方、本作の方はどちらかというと江戸の市中で起きた材木問屋の殺害と、その背景にあった勘定奉行と同業の材木屋とに拠る陰謀、というありがちなストーリーで、配下の者に内定させておいて、最後には奉行本人が悪党どもの本拠地に乗り込んで捕縛を指揮し、その後のお白洲で名裁き、という肩の凝らない内容で、その後のテレビでの『鬼平犯科帳』での長谷川平蔵役を彷彿とさせる内容のように思える。

**八世幸四郎**

# 『太閤記』

（松竹／松竹大型天然色グランドスコープ／イーストマンカラー／101分／1958年7月13日公開）

『太閤記』パンフレット

【スタッフ】

●製作：岸本吟一 ●原作：吉川英治 ●脚本：井手雅人 ●監督：大曽根辰保 ●撮影：石本秀雄 ●録音：福安賢洋 ●美術：大角純一 ●照明：寺田重雄 ●編集：相良久 ●装置：高須二郎 ●装飾：小島清文 ●衣裳：加藤春江 ●技髪：木村喜右衛門 ●結髪：木村よし子 ●衣裳考証：甲斐荘楠音 ●色彩技術：河原崎隆夫、酒井忠 ●メーキャップ：土佐竜二、保瀬英二郎 ●殺陣：川原利一 ●進行：桐山正男 ●監督助手：武縄源太郎 ●音楽：鈴木静一 ●和楽：稀音家三郎 ●囃子：望月太明蔵 ●謡曲：大江又三郎 ●振付：藤間勘五郎

【キャスト】

木下藤吉郎：高田浩吉
寧子：嵯峨三智子
前田犬千代：森美樹
五郎八：北上彌太郎
蜂須賀小六：近衛十四郎
おつみ（少女時代）：富士眞奈美
木下弥右衛門：小笠原省吾
浅野又右衛門：河野秋武
僧恵瓊：石黒達也
竹阿弥：山路義人
不破平四郎：永田光男
おつみ：幾野道子
大沢治郎左衛門：大邦一公
日吉（少年時代）：草山英明
日吉（幼年時代）：藤田安男
林佐渡：海江田譲二
加藤図書：野沢英一
佐久間盛重：藤間林太郎
和尚：大友富右衛門
池田勝三郎：中田耕二
森可成：田中敬介
柴田権六：生方功
織田信長：松本幸四郎
お奈加：山田五十鈴

【惹句】

武将秀吉！人馬激斗の豪壮巨篇！
桶狭間の急襲！洲股城の攻防！美しい情愛と感動の物語！
戦国動乱の天地を彩る恋と野望と斗争の豪華大絵巻!!
動乱の天地を圧す戦国の武将秀吉の雄叫び！
大人も子供も笑わせ泣かせ感激させる娯楽映画の決定版！
極貧に生まれながら天下に号令した英雄太閤秀吉の若き日！
機智と情愛に富んだ数々の逸話を雄大なスケールで描く巨匠大曽根辰保の雄渾篇！

【内容】

群雄割拠して覇を争う戦国時代。——天文五年丙申正月一日に尾張国中村の郷士木下弥右衛門と妻奈加の間に生まれた子は日吉丸と名付けられた。六年後、おさない日吉丸は父に「お前には武士の血が流れている」と言い聞かされて腕白に育っていたが、父は戦で痛めた足の傷が元で死んでしまった。

光明寺に預けられた日吉丸だが、近所の悪がきたちと戦ごっこをしていてご本尊の首を落としてしまい、寺を追い出される。だが、実家に戻ってもそこには養父がおり、折檻されても日吉丸は「おとう」とは決して呼ぼうとしない。夫と息子の間に挟まって苦労するは奈加。染物屋で奉公していた日吉丸は侍に頼まれた旗の染め色をも気を利かせて赤に染めたところ、侍は目立ってよいと褒美までくれようとしたが、その前に日吉丸は染物屋の主人に暇を出されてしまい、再び実家に舞い戻る。侍になるから納屋にある錆刀をくれ、と泣いて頼む日吉丸を見るに忍びず、姉おつみは錆刀と自身の嫁入りのために亡父が残してくれたお金を日吉丸に渡す。母と姉に十年の暇を請い、染物屋で働いて得た塩を置いて旅に出ていく。

人気のない川のほとりで小舟で寝ていた日吉丸は、野武士の蜂須賀小六の一党に出会う。小六に気に入られた日吉丸は彼の下で身の回りの世話係をする。小六に刀をくれと頼んだ日吉丸に対して、小六は三日のうちに隙を見つけて刀を取る事が出来たらやろう、と語る。隙をついて刀を採る代わりに置手紙を刀に挟んだ日吉丸は、侍になるまでこの刀は預けておきます、と伝えて主人を探す旅に出る。

すっかり成人した日吉丸はその名を木下藤吉郎と改め、尾張清州の城下を訪れていた時に、祭りの夜に領主織田信長の器量の大きさに魅せられる。やがて、合戦の演習をしていた信長に死を賭して召し抱えを直訴した日吉丸に対して、信長はその決意の固さを見抜いて召し抱える。給金も増えた藤吉郎は、母と姉に綺麗な反物と手紙を送る。——草履取りとして主君の草履を懐で温めておいた気配りを認めた信長は、台所奉行、炭薪奉行と次々に藤吉郎に役職を与える。その役職のそれぞれの仕事で才覚を示した藤吉郎に対して、信長は前田犬千代の推薦もあって厩方への取り立てを伝え、とうとう藤吉郎は知行三十石、城下に役宅を与えられる身分となった。

藤吉郎は足軽組頭浅野又右衛門の娘寧子（ねね）に秘かに恋い焦がれていた。だが、藤吉郎を常々かばってくれる前田犬千代が寧に婚約を申込んでいた。又右衛門が承諾してしまったところ、どうやら寧にはその気がなく、どうしたものかと又右衛門に相談された藤吉郎は、犬千代にあきらめさせる役を引き受ける。実は寧と自分は相思相愛の仲だと嘘をついた藤吉郎だったが、その後犬千代は敵の間者を場内で斬り殺したために信長の勘気に触れて追放処分になってしまう。屋敷を訪れた犬千代に対して、自分は嘘をついていたと謝る藤吉郎だったが、犬千代は「寧殿の心に決めた人はおぬしだ」と励まされ、晴れて二人は夫婦となる約束をする。

永禄三年五月、駿府の今川義元が上洛の途に就き、織田領内にまで進軍するに至った。重臣たちは降伏もやむなしの体であったが、藤吉郎は「馬の用意は整っております」と主君に告げる。信長は藤吉郎の謡に合わせて「敦盛」を舞うと、高らかな声で出陣を告げる。桶狭間で敵本陣に奇襲を仕掛ける信長軍の中には、藤吉郎や、急を聞き駆けつけた犬千代の姿もあった。奇襲が功を奏し、桶狭間の戦いに勝利した信長軍。藤吉郎はこの機に寧との婚儀を執り行う。犬千代らもお祝いに駆けつけるが、男どもは「今から女郎を買いに行こう」とけしかけ、引き下がれない藤吉郎も花嫁を置いて出かけるが、夜更けにこっそり帰宅すると、寧は怒るどころか「嬉しくて楽しくて一生涯忘れられそうにありません」と告げる。藤吉郎は、お祝いに鏡餅を作り送ってくれた貧しいが優しい母の事を話し、そんな母に尽くしてくれるかと寧に尋ね、夫婦は心を通い合わせる。

信長は、岳父斎藤道三を殺した美濃の領主斎藤龍興を攻略すべく、墨俣に築城を試みたものの、第一陣の佐久間信盛、第二陣の柴田勝家共に失敗、第三陣の織田勘解由は失敗の果てに戦死という体たらくだった。信長に促されて意見を述べた藤吉郎は、僅か三〇〇の兵を与えてくれればこれを果たしてみせると豪語する。寧は心配して涙するが、藤吉郎には勝算があった。――藤吉郎は美濃の斎藤方と知りつつ、単身蜂須賀小六を訪ねる。小六は手紙にはにべもなく断ったが、やってきたのが十年前の猿面の日吉丸と聞いて会うことにした。人民安泰のためにいつ協力してほしい、と正義正論で真正面から説く藤吉郎に、いつしか小六の心も動かされる。僧恵瓊からも忠告を得た小六は「虚心坦懐、己と彼と見比べるとき、明らかに己が劣っていた」と非を認め、蜂須賀一党は藤吉郎と共に墨俣築城に命を懸けることになる。築城に際しては幼友達の五郎八も仲間五十人を引き連れて参加してくれた。――美濃方の敵将不破平四郎は名もない藤吉郎を馬鹿にして、築城させておいて出来上がった城に夜討ちを掛けて分捕ろうとするが、蜂須賀一党の活躍で全滅する。

検分に訪れた信長は、藤吉郎を「清州第一の手柄者」として墨俣の城主に任じ、羽柴秀吉の名を与え、馬印を許す。小六も秀吉の後見として任用される。その小六を使者に立てた秀吉は、母奈加と姉おつみを呼び寄せる。夢かとばかりに喜び嬉し泣く二人を迎えての秀吉の行列は洲股城へ向けて堂々と進んでいく。

**【解説】**

説明不要の太閤秀吉の一代記を、幼少期から桶狭間の戦い、洲股築城までのエピソードで描いた娯楽巨編。主役の髙田浩吉は〝猿〟にそっくりだと言われるには顔立ちが整いすぎているきらいはあるものの、才気煥発の知恵者藤吉郎として適役と言えなくもないし、子供時代の日吉を演じた二人の子役も含めて、全体としては納得できる配役であり、母奈加役の山田五十鈴、妻寧子（ねね）役の嵯峨三智子もまた柄の合った配役で説得力がある。だが、なんといっても最大の適役は蜂須賀小六役の近衛十四郎で、豪快な中にも陽性の気質を持つこの人が、藤吉郎の人としての大きさと己の人物を見比べて自分の方が劣っていると悟って自ら藤吉郎の傘下に入る決断を下すという物語上の転換点は、近衛十四郎の大きさ故に一段と説得力を増し、感動を与えることになるのである。

さて、肝心の幸四郎はここでは若き日の織田信長という役どころで、残念ながらどう見ても似合わない。この役は実兄である海老藏が舞台で演じた当たり役ということになるが、海老藏と違って幸四郎は癇癪持ちには見えないし、炭薪奉行時代の藤吉郎が「火鉢にあたってばかりいては噂話などしがちになるばかりで良くないから、もっと家臣たちに身体を動かせるべき」と意見した時に「耳の痛い事ばかりズケズケと申しおって」と言っても人柄の良さが滲み出て、嬉しそうにしか見えない。然しながら、時代掛かった台詞回し、例えば藤吉郎を召し抱えることにした際の「望みに任せ拾うてくりょう」といった台詞が自然に聞こえるのは、やはり歌舞伎で培った幸四郎の口跡の良さと、その時代の人間の喋り方を身に付けている歌舞伎俳優ならではの説得力だと言えるだろう。

細かな点では、例えば松竹発行のプレスシートや劇場用パンフレットでは、日吉丸から木下藤吉郎に名前を変えたのは信長にその名を賜ったから、とされているのに対して、実際の映像では信長に召し抱えを直訴した時点で自ら木下藤吉郎と名乗っている、というような相違点があるが、これはおそらく、墨俣に城を完成させ、斎藤勢を撃退した手柄として、信長から羽柴秀吉の名を賜ったというのをクライマックスに持ってきたかったが故の改変だろうか。羽柴という姓は織田家古参の武将柴田勝家と丹羽長秀の名字から一字ずつ頂戴して以後羽柴と名乗らせてほしい、と藤吉郎自ら申し出たというのが通常の描き方だが、これを信長が与えた名前ということにするために、逆に木下藤吉郎の方を自分でつけた事にしたのだろう。

**八世幸四郎**
**六世染五郎**

# 『大東京誕生 大江戸の鐘』

（松竹／松竹大型天然色グランドスコープ／イーストマンカラー／118分／1958年9月30日公開）

【スタッフ】

●製作：岸本吟一、小角恒雄 ●脚本：猪俣勝人、岸生朗、柴英三郎 ●監督：大曾根辰保 ●撮影：石本秀雄 ●録音：福安賢洋 ●音楽：木下忠司 ●美術：大角純一 ●照明：寺田重雄 ●編集：相良久 ●装置：中村良三 ●装飾：小島清文 ●衣裳：永野きよ子 ●技髪：木村喜右衛門 ●結髪：木村よし子 ●衣裳考証：甲斐荘楠音 ●殺陣：川原利一 ●色彩技術：梨本友太郎、河原崎隆夫 ●メーキャップ：土佐龍児、保瀬美二郎 ●進行：桐山正男 ●監督助手：兼池靖

【キャスト】

勝海舟：髙田浩吉
お　龍：嵯峨三智子
小栗道子：新珠三千代
小栗又一：森　美樹
新門辰五郎：近衛十四郎
おみや：富士眞奈美
山岡鉄太郎：小笠原省吾
益満休之助：名和　宏
松平容保：小堀明男
榎本武揚：山形　勲
川路左衛門尉：河野秋武
魚屋政吉：沢村國太郎
三野村利左衛門：伊井友三郎
開陽丸士官：山路義人
竹中丹後守：大邦一公
木梨精一郎：永田光男
糸永昌平：青山　宏
大木吉助：大川正次郎
鈴木甲市郎：大下耕二
西郷吉之助：島田正吾
徳川慶喜：芥川比呂志
明治天皇：市川染五郎
酒井雅楽守：海江田譲二
塚本眞彦：市川男女之助
中川圭之助：泉　一郎
高崎藩士：藤間林太郎
戸川金吾：片岡市女藏
参　謀：大友富右衛門
舟　頭：富本民平
阿部邦之助：田中謙三
パークス：ハロルド・コンウェイ
通訳サトー：ビル・ロス
静寛院：山田五十鈴
さい子：髙千穂ひづる
小栗上野介：松本幸四郎

『大東京誕生 大江戸の鐘』パンフレット

【惹句】

日本の黎明に流された尊い血と涙！
維新の動乱に江戸最後の光芒を雄渾哀艶の大絵巻！
日本の黎明期に生きた人々の波乱の生涯を描く豪華絵巻！
東西映画、歌舞伎、新劇、新国劇、新派の人気スタアを網羅した空前の豪華配薬で贈る松竹時代劇三十五周年記念総動員大作！
日本の黎明に流された尊い血と涙！
時代劇の巨匠大曾根辰保監督が雄大なスケールで描く明治維新の感動絵巻！

【内容】

［風雲篇］

慶應四年（一八六八）一月三日、徳川三百年の権威が地に堕ちた日。——鳥羽伏見の戦いに勝った官軍は錦の御旗を掲げていた。徳川十五代将軍慶喜は、榎本武揚率いる幕府海軍の開陽丸で嵐の中を大坂から江戸へ向かい、ただ恭順の意を示すしかないと心に決めていたが、同乗していた会津藩主松平容保や榎本らは何とか薩長軍に一矢報いようと画策していた。その頃、朝廷では明治幼帝の前で薩摩の西郷吉之助が幕府を追討すべく江戸へ進軍する旨、報告していた。かくして、錦の御旗は東海道を下り、一路江戸へと進軍し、江戸の千代田城では重臣たちが抗戦か和平かの議論を続けていた。抗戦を主張する川路左衛門尉、榎本らに対して海軍奉行並勝安房守は「既に幕府は負けたのだし、負けて良かったと思う」と述べる。意見を聞かれた陸軍奉行の小栗上野介は黙して語らずを決め込む。

上野介には幕府の若手旗本らの期待が集まっていたが、小栗は、大きな視野と高い見識から、大政を奉還するという慶喜の英断には賛成だったが、自らの権力拡大のために錦の御旗を偽造してまで無理やり幕府を朝敵にし、都合の悪い公武合体を阻止するために邪魔になる十四代将軍家茂や孝明天皇まで暗殺したと思しき西郷や岩倉具視への憤りも大きく、正義の為なら一戦交える覚悟を固めていた。

慶喜は十四代家茂の御台だった静寛院を訪ねるが会ってもらえない。小栗は英国領事館を訪ねて内戦への不干渉の条約を取り付け、フランスからは六百万ドルの借款取り付けに成功するが、その動きを察知した薩摩の侍は東進中の東征大総督本営へ馬を走らせ、小栗の動きを警戒した西郷は小栗を斬るべしとの命令を発する。

小栗の抗戦表明に陸海軍共に意気が上がるが、海軍にいた小栗の養子又一は、日ごろ平和論者だった父の真意を掴みかね、家を飛び出す。和平論者の勝は小栗と船宿のお龍の乗る舟に乗り込み、小栗の真意を質すが、二人の意見は平行線をたどる。お龍は薩摩の御用盗に父母を惨殺された上、自らも犯されるという痛ましい心の傷を負っていた。小栗は薩長に江戸を攻められればお龍と同じ様な目に遭わされる者がまた出るからこそ、何としても薩長から江戸を守りたいと心に決めていたのだ。将軍慶喜を擁しての江戸城最後の大評定の前夜、小栗は護衛に新門辰五郎を付けて勝を呼び寄せ、養子又一の将来を勝に託す。

大評定では、小栗は敢えて東征軍に箱根を超えさせ、小田原でこれを撃退、榎本海軍も海上から攻撃して敵の退路を断つ策を上奏するが、これ以上朝敵の汚名を着たくない慶喜はこれを退け、小栗を罷免する。

［開花篇］

大評定の噂を聞いた又一が辰五郎に付き添われて訪ねてくるが、罷免された自分の養子という立場ではこの先生き難かろうと考え、敢えて小栗は又一を親でもなければ子でもないと突き放す。その夜、妻道子と水入らずの時を過ごした小栗は、結婚十年で初めて子を宿した道子をいたわり、共に知行地の上州で新しい時代を見聞しようと語る。

小栗の後任の陸軍総裁に選ばれた勝に呼ばれた小栗は、もし万が一西郷が慶喜の命を取ると主張するときには英国海軍に保護を頼めば万国公法に拠って政治的亡命者として守ってくれる筈と教える。勝が帰った後、お龍が待っていた。二人は舟で語らい、お龍は小栗への想いを口にするが、何れまた会う日も来ようと告げた小栗は江戸での最後の杯をお龍と交わす。

慶喜は江戸城を去り、上野の寛永寺に赴く。涙に咽びこれを見送る江戸町民たちの中に、小栗と妻道子の姿もあった。勝の命を受けた幕臣山岡鉄太郎と薩摩藩士益満休之助の斡旋に拠り、江戸薩摩藩屋敷での勝と西郷との面会が実現し、無血入城の約束を取り交わすと、四月四日、一部先遣部隊が江戸へ入った。旗本の屋敷を次々と接収する官軍に対して、あくまでも抵抗した川路左衛門尉は斬り付けられ、娘婿の又一と娘さい子に看取られて切腹して果てた。

横暴な官軍は上州の小栗の許にも現れ、洋行の記念に持っていた大砲を理由に謀反の廉で捕えようとするが、高崎藩士の執り成しでその場は放免された。だが、大評定で薩長撃滅を主張した事は官軍の耳にも届いており、小栗の命を心配した三野村利左衛門は横浜からフランスの船に乗り一時外国へ逃れるように懇願するが、小栗はこれを断る。

江戸では、薩長の侍らの傍若無人な振る舞いに江戸市民は恐怖に陥れられていたが、そんな中、お龍は嘗て自分を手籠めにした薩摩藩士を見つけ、隙を見て刺殺する。捕えられ市中引廻しの上磔刑に処される事になったお龍だったが、勝が西郷に直談判してお龍は勝に預けられる事となった。だが、そこへ小栗が上州で官軍に捕えられたとの報が入り、これに対しては勝の助命嘆願も聞き入れられなかった。小栗は三名の家臣共々斬首されて果てた。妻道子はお腹の子共々三野村に付き添われて旅路の途中にあった。

勝に呼ばれて父上野介の斬首を知った又一と妻さい子は衝撃を受ける。又一から父の愛人と見做されて蔑みの言葉を浴びせられたお龍は思い詰めて身投げしようとする。

遂に会津戦争が勃発し、榎本海軍もまた函館五稜郭に立て籠もって、想い上がった薩長政府に思いのたけをぶつける。今漸く父上野介の想いの正しかった事を悟った又一もまた榎本軍の中にいた。兵糧弾薬も底をつき最後の突撃を敢行した榎本軍だが、遂に力尽きて降伏した。意識が戻った又一は赤十字隊の病院でさい子に看病され目を覚ました。とうとう日本は新しい国に生まれ変わったのである。

上州烏川のほとりでは、小栗上野介の墓の近くに柳の苗木を植えながら、一人涙を流すお龍の姿があった。そして、江戸は東京と改められたのである。

**【解説】**

本作は「松竹時代劇三十五周年記念総動員大作」と銘打たれて製作された超大作である。幕末・維新の激動の歴史を、主として破れ去って行った者たち、即ち徳川幕府の側から描いた物語と言えば、幸四郎の映画初出演作であった『花の生涯』が先ずそうだし、海老藏と松緑が主演した『江戸の夕映』もまたそうである。だが、前者は勿論大老井伊直弼の暗殺までの物語が主であり、その後のたか女らの辿った運命についてはエピローグ的に描かれるのみだし、後者は二人の対照的な旧幕臣の生き方を維新前後を通して描いていくものの、それは歴史を動かしていった者たちというのではなく、歴史に翻弄されて生きた組織の末端の者たちの話だと言える。また、幸四郎が近藤勇に扮した『京洛五人男』についても、倒幕側と幕府側という立場の異なる主人公たちの人生模様を描いていたという点では貴重なのだが、描いているのは池田屋事件前後の歴史の一コマに過ぎない。

その点、本作では、鳥羽伏見の戦いから始まって江戸城無血開城に至るまでの勝海舟と西郷隆盛との交渉、そして會津戦争、函館五稜郭の戦いを経て明治新政府が確固たる形で出来上がって、江戸が東京へと改まる一連の歴史のダイナミズムを、徳川幕府の終末期にあって実質的なリーダーとして働いた小栗上野介、勝海舟という二人の人物を軸としながら、十五代将軍慶喜、明治天皇、榎本武揚、西郷隆盛、川路聖謨といった歴史上の人物たちの生き様、それぞれの立場故の苦悩や決断を丁寧に描いていると共に、為政者たちと江戸庶民とを繋ぐ立場にあった新門辰五郎、そして新しい時代を生きて行く若い世代の者たちという複眼的な視点で描いているところが「総動員大作」の名に相応しいアプローチだと言える。

監督のヴェテラン大曾根辰保は、この題材を五年間ほど温めた後に満を持して取り組んだと言うが、「歴史が勝利者の力でつくられたもの」であってはならない、つまり敗者側の想いや無念さがあって初めて時代が動いていくのだという立場、そして激しい時代の変遷期にこそ美しい光彩を放つ人さまざまな生き方を描きたい、という思いがあってこそ取り組んだと語っている。——これは正しく「歴史（History）」という言葉が実は「彼の物語（His+Story）なのであって、その「彼（He）」とは往々にして戦いに勝った側だけの史観に基づいたものになりがちであり、しかも「彼女（She）」の視点が欠落している、という歴史学上の落し穴を突いた言葉である。

元来開明派の小栗忠順が官軍と徹底抗戦すべしと主張した理由は、本作で描かれている通り、新たな日本国政府は国民が一丸となったものであるべきで、薩長が思いのままに振る舞う薩長幕府であってはならず、そのためにも負けて歴史の表舞台から去って行く幕府側の想いも受け止めてもらうべく、易々とは政権奪取をさせないべきだ、という論理だが、勘定奉行時代に横須賀製鉄所建設を推し進め、武器弾薬の製造から西洋式の労務管理、フランス語の学校である横浜仏蘭西語伝習所の設立などの近代化を率先して行い、後に司馬遼太郎から「明治の父」と呼ばれたほどの開明派だったからこその想いの強さだったのであろう。大曾根辰保の演出もその部分を丹念に描いており、演じる幸四郎もまた決して雄弁に語るという体ではないものの。滅びゆく者には滅びゆく者としての責任があるのだ、という無言の決意を感じさせる重厚な演技で、説得力を感じさせる。さらに、映画全体の構成からすると、その小栗の立場を相対化する上で、小栗よりもずっとうまく立ち回って結局は明治維新の立役者として歴史の表舞台で名を遺すことになった勝海舟——髙田浩吉は少なくとも武市半平太よりは適役に思える——との対比、そして父上野介の想いに初めは反発しながらも、やがて父を理解して行く養子又一（森美樹）の視点が加わることで、結果的に小栗上野介の人物の大きさというものが際立つようになっている。幸四郎は、稀代の英雄役者と言われたが、井伊直弼にしろ、大石内藏助にしろ、志半ばか思いを遂げた後かは別として結果的には死なざるを得なかったことで後世に名を遺した英雄がよく似合う。その意味で、本作での小栗上野介役というのも実に幸四郎らしい役柄なのだと言えよう。

## 八世幸四郎

# 『花の幡随院』

（松竹／松竹大型天然色グランドスコープ／総天然色／118分／1958年9月13日公開）

【キャスト】

幡随院長兵衛：松本幸四郎
白井権八：津川雅彦
花魁小紫：嵯峨三智子
阿　金：山田五十鈴
水野十郎左衛門：森　美樹
お　葉：高千穂ひづる
石谷将監：近衛十四郎
丸形屋：アチャコ
上　使：田村高広
極楽十三：北上彌太郎
お志乃：有沢正子
本庄香奈重：中村玉緒
近藤登之助：名和　宏
惣　平：中山昭二
幇間志ン八：堺　駿二
本庄助七：小笠原省吾
本庄助八：松本錦四郎
塩見民之助：花ノ本　壽
青山播磨：須賀不二夫
梵字屋杢藏：河野秋武
本庄助太夫：沢村國太郎
唐犬権兵衛：石黒達也
加賀爪甲斐守：山路義人
夢の市郎兵衛：永田光男
金時金兵衛：戸上城太郎
丑　松：青山　宏
小仏小平：宮　坊太郎
渡辺綱右衛門：中田耕二
坂部三十郎：天王寺虎之助
放れ駒四郎兵衛：大谷富右衛門
阿部四郎五郎：天野刃一
香　六：伴　淳三郎
松平伊豆守：大木　実

【スタッフ】

●製作：杉山茂樹　●原作：陣出達朗　●脚本：鈴木兵吾、本山大生　●監督：大曾根辰保　●撮影：石本秀雄　●録音：福保賢洋　●音楽：斉藤一郎　●美術：大角純一　●照明：寺田重雄　●編集：相良久　●装置：高須二郎　●装飾：小島清文　●衣裳：山口信夫　●技髪：村田春松　●結髪：木村よし子　●殺陣：川原利一　●色彩技術：酒井忠　●衣裳考証：甲斐荘楠音　●メイクアップ：土佐竜児、保瀬英二郎　●和楽：稀音家三一郎　●進行：桐山正男　●監督助手：菊池靖

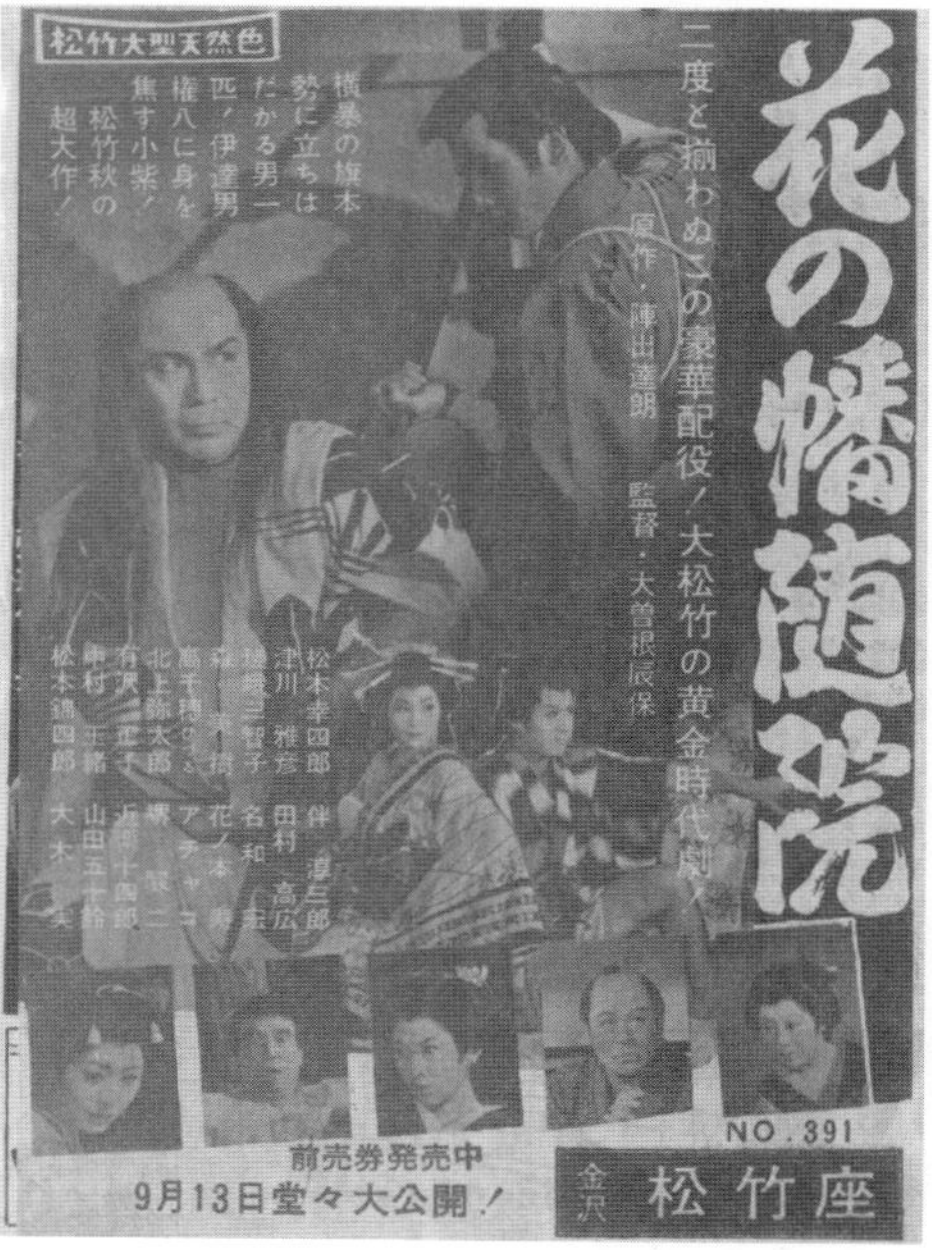


『花の幡随院』チラシ

【惹句】

空前の最高配役！　波乱の名場面！　豪華ずくめの黄金時代劇！

文化爛熟の大江戸に嵐を呼んで対立する、旗本と町奴…権八に身をこがす、名花小紫！

横暴の旗本勢に立ちはだかる男一匹！

伊達男権八に身をこがす小紫！

横暴の直参旗本勢の前に立ちはだかる男の中の男幡随院！

剣をとっては当代一の伊達男権八と名花小紫の情艶模様！

二度と揃わぬこの豪華配薬！　大松竹の黄金時代劇！

横暴の旗本勢に立ちはだかる男一匹！

伊達男権八に身を焦がす小紫！　松竹秋の超大作！

【内容】

今を遡る三百年前、徳川三代将軍家光の世。——天下泰平の中にあって、不平不満を募らせる直参旗本たちは、旗本奴白柄組を名乗り、江戸庶民に対して傍若無人に振る舞って困らせていた。その庶民の中から立ち上がり、庶民をかばって彼らの前に立ちふさがる者、それが幡随院長兵衛だった。庶民が楽しみにしていた池上本門寺の祭りの邪魔をしに来た白柄組に対し、寺社奉行から祭りの差配を任されていた長兵衛は「土下座するなら引き上げる」という水野十郎左衛門の言葉に、大勢の町方衆に怪我があってはならぬと土下座して事を収める。

その晩、白柄組は吉原の三浦屋で梵字屋の奢りでどんちゃん騒ぎするが、花魁小紫は町方衆を苛めて気勢を上げるそんな白柄組に対して軽蔑の気持ちを隠さない。梵字屋は水野と図って商売仇の長兵衛を殺そうと、鈴ヶ森にてごろつき共に駕籠を襲わせるものの、それは因州から逐電してきた美剣士白井権八の駕籠だった。権八はごろつき共を蹴散らしたが、そこへ現れた長兵衛は自分に間違えられて迷惑した権八を花川戸の屋敷に迎えることにした。

長兵衛の食客となった権八は、極楽十三と飲み歩くようになる。実は権八は国で本庄家の娘香奈重を好いていたが、家老の息子に香奈重を取られそうになり、また自らの足軽の身分を蔑んだ香奈重にも腹を立てて強引にその操を奪って逐電したのだった。遊ぶ金欲しさに梵字屋に乗り込んだ権八と十三の気風の良さに、梵字屋は二人を三浦屋へ連れていくが、目当ての小紫は白柄組の座敷に出ており、権八は小紫をよこせ、と白柄組の座敷に乗り込む。乱闘騒ぎの中で十三は誤って水野の中間惣平を殺してしまった。その場の騒ぎは北町奉行石谷将監が来て収まったが、十三は五十日間の入牢を言い渡される。

白柄組は長兵衛の許を訪れて権八を差し出せと迫るが、権八は小紫に匿われていた。その頃、因州から権八を仇と狙う本庄助七、助八の兄弟が、同じく権八の本心を確かめたくて出奔していた香奈重と行き会っていた。家名の恥と切腹して果てた父本庄助太夫のためにも自害せよと迫る兄たちだったが、そこへ現れた白柄組の近藤登之助が、仇に会わせてやると申し出て、三人は白柄組の厄介になることとなった。長兵衛は小紫を身請けして権八と添わせてやろうと申し出て、小紫も感謝の気持ちを述べるが、そこへ水野、近藤ら白柄組が現れて詰問し、いよいよ長兵衛と白柄組の間の緊張が高まる。

幡随院の女房阿金を訪れ、どうしても権八に一目会わせてほしいと懇願する香奈重の話を聞いた長兵衛は、その健気さに打たれ小紫を再び訪れ、話を白紙に戻してほしいと頭を下げる。一方、惣平の妹お葉は解き放たれた十三を兄の仇と討とうとするが、惣平を懇ろに弔って、遺族の為に金を貯めていた十三の心に接して泣き崩れる。

一方、北町奉行石谷将監は、松平伊豆守の指示の下、白柄組を壊滅させるために、梵字屋、実は配下の与力を使って幡随院一家との対立を激化させようと企んでいた。権八は小紫と駆け落ちしようとし、十三と別れの杯を交わすが、そこへ白柄組が現れて斬り合いとなる。駆け落ちの待ち合わせに現れない権八に小紫はこの恋を断念する。

大晦日。水野から長兵衛に、十三を引き取りに屋敷へ来いとの招待の使者が訪れる。罠と知りつつも招待を受ける長兵衛に、急を聞きつけた権八が訪れ、水野屋敷へ一緒に連れて行ってくれと懇願する。長兵衛は権八を香奈重に引き合わせ、二人で生きていきたい、という香奈重と共に江戸を去れと路銀を渡す。その様子を伺っていた助七、助八は、仇討ちの虚しさを悟り、妹の幸せを願って姿を消す。

女房阿金と別れの杯を交わし、江戸の町方衆に正月を笑って過ごしてもらうべく、全てを丸く収めるために長兵衛は死地に赴く。権八は旅に出させたが、代わりに自分の身体を差し上げると言う長兵衛の武士にも劣らぬ天晴れな覚悟に感じ入った水野は、十三を解放し、改めて長兵衛と酒を酌み交わそうと誘い、その前に湯殿に案内する。だが、水野の意に反し、白柄組の面々は湯殿で長兵衛を襲う。同じ救えぬ命ならせめて自分の手で、と槍を持って湯殿に向かった水野に、長兵衛は「お殿様に突かれるならば喜んでお受けします」と討たれて果てる。そこへ江戸城から上使が訪れ、水野ら八名の白柄組の面々に江戸市中を騒がせた咎を以て切腹、家名断絶を言い渡す。阿金と幡随院の面々は長兵衛の遺骸を引き取り、翌日の元旦には長兵衛に代わりまだ幼い息子が町衆に正月の挨拶をして回るのだった。

【解説】

幸四郎にとっては歌舞伎の舞台でも何度も演じている幡随院長兵衛役で、「浮世柄比翼稲妻」の鈴ヶ森での長兵衛と白井権八の出会い、「極付幡随長兵衛」での湯殿の長兵衛、といったお馴染みの場面をふんだん盛り込み、他にも花川戸の幡随院一家に匿われている権八を仇と狙うのが助六ならぬ助七と助八の兄弟だったりと、歌舞伎のファンなら思わずニヤッとさせられる設定に加え、配役としても「空前の最高配役」の惹句が決して誇大広告ではない豪華さ、そして適材適所の配役の妙で映画ファンを唸らせる作品だと言えよう。取り分け、松竹時代劇初出演の津川雅彦の伊達男白井権八、悲恋に泣く花魁という役どころに最適な嵯峨三智子、悪役でありながらも長兵衛の人間としての大きさに感服する水野十郎左衛門役の森美樹はいずれもいかにもというキャスティングだし、心根の優しい極楽十三役の北上彌太郎、その十三を兄の仇と狙うもののやがて愛するようになるお葉役の高千穂ひづるが映画に清涼感をもたらし、更に権八の自分への気持ちが本当のものかどうかどうしても確かめたいと思い詰める香奈重役の中村玉緒の存在もまた普段の大映での可憐な娘役の純情さを松竹時代劇にうまくもたらしている。白柄組壊滅の機会を狙う松平伊豆守役の大木実、その下で差配を振るう北町奉行石谷将監役の近衛十四郎らは松竹時代劇ならではの重量感で、かつ幇間志ン八役の堺駿二、梵字屋一家のごろつき香六役の伴淳三郎、水野家に差し押さえの算段に来る商人丸形屋役のアチャコなどコメディ陣も程よいさじ加減でアクセントとなっており、これが幸四郎との九本目の仕事となる大曾根辰保監督の手練れの演出が冴えている。

幸四郎はさすがに演じ慣れた長兵衛を心地良さ気に演じているが、その人間としての大きさというのはやはり英雄役者幸四郎ならではの説得力で示している。特に、「刃には刃を以て向かっちゃならねえ。十三を見直した」と独りごちる長兵衛の台詞の歯切れの良さは、歌舞伎の舞台っぽい芝居臭さに陥らず、かつ普通の映画俳優ではなかなか出せない決め台詞の決まり具合で、江戸の町衆の絶大な支持を得ていたという実在の幡随院長兵衛もかくありなんという男っぷりの良さを示している。……とはいうものの、やはり幸四郎の持つ役者としての重量感は町人姿よりも武士を演じてこそ活きてくるのも事実で、髷の形状ひとつとってもいつもと違うのが若干の違和感をもたらしてもいる。

最後の湯殿の長兵衛のシーンでの、髷の元結を切られてざんばら髪になる件はこの物語の白眉ともいえる名シーンだが、寸鉄も帯びぬ中で柄杓を刀代わりに応戦する幸四郎長兵衛と、屋敷が差し押さえられそうだという切迫した財政状況にあるという設定にしては華美な着物で槍を持った水野の殿様の立ち回りはやはりちょっとリアリティに欠けるというか、歌舞伎的な様式美としていいのだが、リアリズムというものはなかなか作り出せない設定である。とは言え、この作品の五年後くらいから登場して来る一連のいわゆる残酷時代劇のように血みどろの戦いにしてしまっては陰惨に過ぎるだろうし、歌舞伎の舞台の映画化において、どこまでお馴染みのシーンをお馴染みのままで映画に取り入れるべきか、一方で映画なのだからある程度は信じられる形に変更すべきではないか、という難しい問題が表出してしまったケースだとも言える。つまり、例えば「假名手本忠臣藏」の「道行旅路の花聟」の場面で、お軽勘平に襲い掛かる鷺坂伴内とその手下が刀の代わりに（単に華やかに見えるように）桜の木の枝で襲い掛かるのというのは映画では流石に刀に置き換える以外にないだろうが、では柄杓で応戦するというのはそのまま行くべきか、それとも水野が出てくる前に襲ってきた誰かにお湯でもひっかけてひるませ、相手の刀を奪って応戦するというようなアレンジで行くべきだったか、という事である。後者だと歌舞伎ファンは怒るかもしれないが、映画ファンにとっては逆に柄杓のままの応戦では映画的リアリズムとは相容れない描写となり、難しいところである。

《I》「映画作品」（20／33）

**八世幸四郎**

## 『隠し砦の三悪人』

（東宝／東宝スコープ／白黒／106分／1958年12月28日公開）

**【スタッフ】**

●製作：藤本真澄、黒澤明 ●脚本：菊島隆三、小國英雄、橋本忍、黒澤明 ●監督：黒澤明 ●撮影：山崎市雄 ●美術：村木與四郎 ●録音：矢野口文雄、下永尚 ●照明：猪原一郎 ●音楽：佐藤勝 ●美術監修：江崎考坪 ●スチール：副田正男 ●監督助手：野長瀬三摩地 ●製作担当者：根津博 ●振付：縣洋二 ●音響効果：三縄一郎 ●監督助手：田実泰良、坂野義光、松江陽一、高瀬昌弘 ●撮影助手：斎藤孝雄、木村大作 ●剣術指導（香取神道流）：杉野嘉男 ●流鏑馬指導（大日本弓馬會武田流）：金子家教、遠藤茂

『隠し砦の三悪人』ポスター

## 【キャスト】

真壁六郎太：三船敏郎
太　平：千秋　実
又　七：藤原釜足
田所兵衛：松本幸四郎→藤田　進
長倉和泉：志村　喬
雪　姫：上原美佐
老　女：三好榮子
娘（秋月領の百姓）：樋口年子
峠の関所の番卒二：藤木　悠
早川方の騎馬の侍：土屋嘉男
立札の前の男：高堂國典
血みどろの落ち武者：加藤　武
山名の番卒：三井弘次
橋の関所奉行：小川虎之助
人買いのおやじ：上田吉二郎
峠の関所の番卒二：富田仲次郎
火祭りの男：田島義文
バクチの男：沢村いき雄
秋月の雑兵二：大村千吉
六郎太を捕える足軽二：堺　左千夫
山名の足軽Ｂ：佐藤　允
秋月の雑兵一：小杉義男
六郎太を捕える足軽一：谷　晃
橋の関所番卒：佐田　豊
峠の関所の番卒一：笈川武夫
屈強な若者（秋月の郎党）：中丸忠雄
山名の足軽Ｃ：熊谷二良
山名の雑兵：廣瀬正一
山名の落武者Ｂ：西条悦郎
山名の落武者Ｃ：長島正芳
馬を買う侍：大橋史典
伝令の騎馬の武士：大友　伸
対岸の山名の鉄砲足軽Ａ：日方一夫
秋月の雑兵三：中島春男
対岸の山名の鉄砲足軽Ｂ：千葉一郎
屈強な若者（秋月の郎党）：緒方燐作
荷車を追う騎馬武者：山口博義
山名の足軽Ａ：中山　豊
山名の落武者Ａ：櫻井巨郎

## 【惹句】

**美姫と黄金を守って敵国突破！冒険と活劇の娯楽時代劇**
**山野を駆けめぐる精悍の美姫！**
**莫大な隠し財宝を守って敵国突破を企てる猛将！**
**勇壮豪快に描く戦国スペクタル！**

## 【内容】

戦国の乱世、百姓の太平と又七は戦での一儲けを企み、田地田畑を売り払って秋月家と山名家との合戦に駆けつけようとしたが、戦に間に合わなかったばかりか、戦に敗れた秋月の雑兵と間違えられて山名方の雑役にこき使われる。捕虜たちの暴動に紛れて脱出に成功した二人は、伝え聞いた秋月の埋蔵金の一部を沢にいた時に偶然に発見し、欲の塊となって沢を漁りまわっていた。その埋蔵金は、秋月家の御家再興の軍資金黄金二百貫で、世継ぎの雪姫を擁して数名の残党と共に隠し砦に籠っていた秋月家の侍大将真壁六郎太は、一刻も早く同盟国の早川領への脱出の機会を狙っていた中で砦近くの沢にいた太平と又七を見つけた。早川領への国境は山名勢が鼠一匹通さぬ程の警護を固めていたので、一度敵方の山名領へ入り、敵地を通って早川領へ抜けようという太平と又七の知恵に感心し、黄金を背負わせたならばあらゆる苦難にも耐え得るであろうこの二人の強欲さを、脱出に利用しようを考えた。山名方では埋蔵金と雪姫の行方に懸賞金を掛けて探し回っていたが太平と又七は砦にいた気の強い娘が落とした櫛から、それが雪姫ではないかと疑う。六郎太は、妹の小吹が姫の身代わりとして打ち首になり、敵の警戒が緩んだ隙を狙って、雪姫を唖に仕立てて太平、又七と共に砦を後にした。

百姓姿に身を変え、三頭の馬と背中に、黄金を仕込んだ蒔を背負った一行四人が秋月、山名の国境に差し掛かった時、黄金の持ち逃げを計った太平と又七が敵方に発見された。一旦砦に戻って仕切り直そうとした六郎太の眼に砦から立ち上る白煙が見えた。砦に残った長倉和泉らが、砦が発見された事を知らせる合図だった。一行は再び敵地へ向かって前進するより他はなかった。国境の関所では警護の兵が通行人を厳重に調べていたが、六郎太は背中の薪を一本引き抜いて「山で拾ったから褒美をよこせ」と訴え、黄金を見て兵が騒ぎ出した隙に無事に第一の関門を通過した。

山名の城下町は戦勝気分に賑わっていた。敢えて人混みの木賃宿で一夜を過ごす事で目立たぬようにしていた一行だが、姫の願いから人買いに買われていく秋月の百姓娘を救った隙に馬を盗まれてしまい、黄金を荷車に積み替えて進むこととなる。百姓娘はいつまでも荷車を後ろから押して歩く。途中、騎馬武者に発見されてしまい、二騎を倒した六郎太は残る二騎を深追いしている内に山名の侍大将田所兵衛の陣所へ入り込んでしまう。旧知の二人は槍で雌雄を決すべく対峙した。激闘数合、兵衛は六郎太に槍を折られ、潔く負けを認め首を取れと促すが、六郎太は兵衛を残し馬に飛び乗って一行の許へ戻る。

秋月の将真壁六郎太ほか郎党数名が雪姫と軍用金を擁して山名領内にいる、との報は瞬く間に領内に知れ渡り、山名方は百姓たちを火祭りに駆り立てて一行がその中に紛れて逃げようとするのを待つ。薪を火にくべる火祭りの行列は、黄金を仕込んだ蒔を運ぶ絶好の機会。太平と又七はまんまとその計略に引っかかり、六郎太が樽を仕込みに出かけている間に火祭りの行列に紛れ込んでしまう。警護の武士の眼は列をそれて逃げる人物に注がれていた。赤々と天を焦がす炎を前に太平と又七が列を離れようとした時、六郎太がその炎の中に荷車ごと薪を投げ込んで、一行はその炎を囲んで踊り狂う百姓たちと共に踊った。

翌朝、薪を燃えつくした穴の中から金の延べ棒を拾い上げていた一行は、深い朝霧を破る陣鐘とほら貝の響きに危機を知った。山名方の山刈りである。一行は延べ棒をしょいこに詰めて窪地に身を隠した。ほら貝が不気味に近づいて来ると、六郎太は「オレが飛び出して追手を引き付ける。その間に逃げろ」と叫ぶが、姫や六郎太に恩義を感じていた百姓娘が犠牲になって飛び出していった。鉄砲に討たれた百姓娘を六郎太が抱えて駆け戻った時、太平と又七は我が身大事と敵方へ走った。傷ついた百姓娘を肩に、姫を守る六郎太は何とか眼下の早川領に辿り着こうと逃げるが、鉄砲を構えた山名方に取り囲まれてしまう。

山名と早川の国境にある関所の牢の中で静かに最期を待つ雪姫と六郎太の前に、顔に大きな傷を付けた田所兵衛が現れた。六郎太に不覚を取ったために主君に弓杖で打たれたという兵衛の話に雪姫はその主の狭量を笑った。百姓娘は雪姫を救おうと牢の中から雪姫は私ですと叫ぶ。しかし装わぬ人の世を、自分の眼で見た人の世の美しさを知った姫は、「姫は楽しかった。潔く死にたい」と六郎太に語り、火祭りの歌を唄う。田所兵衛は黙ってそれを聞いていた。

爽やかな朝日影が差して、姫、六郎太、娘の三人は後ろ手に縛られたまま馬に乗せられて曳き出された。続いて黄金を積んだ四頭の馬。いよいよ最後の時と思ったその瞬間、田所兵衛が火祭りの歌を唄いながら一行を止め、馬の尻を殴りつけて早川領へと逃がす。続いて兵衛は「天晴れ、将に将たる器。大事にせい！」と叫ぶや六郎太と娘の縄を槍先で切った。我に返った六郎太は姫と娘と共に早川領へ馬を駆る。「兵衛！ 犬死は無用！ 志あらば続けッ！」と叫ぶ雪姫の言葉を受け、兵衛は「裏切り御免！」と叫んで後に続く。

後日、雪姫に呼び出されて恐れ多くて顔を上げられない太平と又七に対して、兵衛と共に姫の脇に控えていた六郎太が語り掛ける。自分たちが一緒に過ごしていたのが雪姫と侍大将であった事に漸く気付いた太平と又七に、「軍用金は秋月家再興に無くてはならぬもので、儂にも姫にも自由にならない。これで許せ」と、褒美として金の大判一枚が渡されるのだった。


**【解説】**


黒澤明監督屈指の娯楽映画として知られる本作は、『七人の侍』（一九五四年）、『蜘蛛巣城』（一九五七年）に続く本格的黒澤時代劇として初めてワイド画面（東宝スコープ）で製作された。

西部劇風の雄大な景色の中でのアクション大作として、日本中でロケハンをして適切な場所を探した結果、隠し砦には、宝塚から有馬温泉に向かう途中にある、花崗岩が風化して一面に白い肌を見せて槍状に切り立っている白水峡、蓬莱峡が選ばれた。撮影に際しては、岩壁で三方を囲われた凹地の一方を張りぼての岩で塞いでそこに隠し砦のセットを組んだのだという。また、映画の前半で捕虜たちの暴動に紛れて太平と又七が脱出する焼け落ちた秋月城のセットは、世田谷区砧の東宝撮影所隣地の農場オープンと呼ばれる場所に建てられた。そして、クライマックスの山名と早川の国境にある関所は御殿場から車で一時間ほど上った鉢巻山の明神峠に建てられ、ここで田所兵衛の「裏切り御免！」の名シーンが撮られることになった訳だが、ここで峠にある関所のセットと、眼下に広がる早川領の両方が晴れている画を撮るべく〝天気待ち〟を強いられた結果、撮影スケジュールは延びに延び、公開予定日も当初の一九五八年一〇月二八日から一一月一八日に変更され、更に結局は正月映画としての公開としてはギリギリレのタイミングとなる一二月二八日へと変更されることになった。この撮影スケジュール遅延による予算の超過、そして公開の延期は、藤本真澄プロデューサーの東宝に対する進退伺にまで発展したというが、結果的には映画は大ヒットし、不問に付されることとなった。とはいえ、東宝はこれ以降、黒澤明に対して黒澤プロダクションを設立させることで今後のリスクを回避することとなった。——そして、何よりもこの撮影スケジュール超過によって生じた最大の誤算というのが、田所兵衛役として黒澤明が白羽の矢を立てた松本幸四郎の出演続行不可能に依る降板という事態だった。幸四郎は毎日毎日、田所兵衛の扮装をし、顔に傷のメーキャップも施して待機していたものの、結局は舞台出演に穴を空ける訳にはいかないため、無念の降板と相成った。

黒澤映画のファンの立場では、代役として出演することになった藤田進は初期黒澤映画の主演スターである訳で、中期黒澤映画の主演スター三船敏郎との対決という趣向になった訳であり、それはそれで良かったという意見も勿論あろう。だが、如何せん藤田進は槍の名手には見えない。幸四郎は、前年の『大江戸風雲繪巻 天の眼』でも天井裏に潜む髙田幸吉演じる業平小僧を見事な槍さばきで突き、観念させるというシーンを演じていたが、やはり舞台で鍛えた武芸者としての所作は素晴らしく、長門勇にも引けを取らない槍の名手に見えるのである。もし幸四郎が予定通りにすべてのシーンの撮影に参加できていたならば、三船敏郎との息詰まる槍の対決シーン、そして「裏切り御免！」の名シーンも、もうひとつ違った、黒澤映画史上屈指の名シーンとなったことであろう。

更に言えば、この「裏切り御免！」のシーンというのは、田所兵衛が自身の仕える主君の器量に疑問を持ち、自分自身を最大限に生かすにはこの主君の許にいてはダメだという結論を下して、祭りの歌の歌詞の通りに自らの命を燃やそうと心に決めて行動を起こし、その兵衛に対して本来は敵国である秋月の姫が「兵衛！ 犬死は無用！ 志あらば続けッ！」と召し抱えを即断する、という流れとなっている訳だが、実際の幸四郎自身も本作公開の二年後にはそれまで長く禄を食んできた松竹に見切りをつけて、自身の能力を高く買ってくれた松竹の最大のライバル会社東宝へ移籍するという「裏切り御免！」をやってのける訳である。その意味でも、松竹在籍のまま黒澤明監督に請われて出演した東宝作品である本作において、幸四郎の田所兵衛が日の目を見ていたならば、この「裏切り御免！」のシーンというのは未来を予見したかの如き象徴的なシーンとして語り継がれることになったのではなかろうか。

## 二世松緑

# 『バナナ』

（松竹／松竹グランドスコープ／松竹大型天然色・イーストマン・松竹カラー・ニュータイプ／91分／1960年4月29日公開）

**【スタッフ】**

●原作：獅子文六 ●製作：佐々木孟 ●脚本：斉藤良輔 ●監督：澁谷実 ●撮影：長岡博之 ●美術：浜田辰雄 ●音楽：黛敏郎 ●録音：大村三郎 ●編集：杉原よ志 ●照明：津吹正 ●録音技術：鵜沢克己 ●監督助手：菱田義雄 ●装置：古宮源蔵 ●装飾：山崎鉄治 ●色彩技術：老川元薫、保積善三郎 ●美粧：日夏安起子 ●衣裳：細井真佐江 ●進行：沼尾鈞 ●料理指導：中華料理：赤坂飯店、懐石料理：銀座辻留、フランス料理：米津風月堂

**【キャスト】**

島村サキ子：岡田茉莉子
呉　竜馬：津川雅彦
呉　紀伊子：杉村春子
島村貞造：宮口精二
呉　天源：小沢栄太郎
穴倉平吾：伊藤雄之助
永島栄二：仲谷　昇
王青年：小池朝雄
林秘書：神山　繁
テルミ：瞳　麗子
おせん：桜　むつ子
張　許昌：菅井一郎
紀伊子の友達：荒木道子
紀伊子の友達：南　美江
紀伊子の友達：水上玲子
紀伊子の友達：水木淳子
紀伊子の友達：本橋和子
バアの客：土紀洋児
バアの客：山吉鴻作
隣のおばさん：草香田鶴子
竜馬の学友：原田清人
竜馬の学友：西沢利明
呉　天童：尾上松緑

**【惹句】**

美人とのデイトより ご馳走より 百万円より グンと面白い映画がこれだ！

奇想天外に面白い大傑作が誕生！

『バナナ』海外用プレスシート

**【内容】**

海を挟んで二つの中国がある。中共と台湾。そして日本にいる中国人も更に二派に分かれている。北京系と国府系。——ここにも中国人がいる。在日華僑総社会長の呉天童である。彼は在日三十年、日本の大学を出て、日本人の妻を娶り、終戦後地所の買い占めで一世一代の大儲けをして呑気に暮らしている。中国人苦学生の王青年は天童から毎月援助受けているが、天童は彼が政治的なアジテーションを始めると苦笑するだけで、楽しみは唯一、美味しいものを食べることだけである。

妻の紀伊子も優雅な生活を楽しんでいるが、大学生の息子竜馬の帰りが最近遅いのが気掛かりである。竜馬が王青年のように赤に染まっていないか気にしていた紀伊子だが、竜馬はガールフレンドのサキ子が突然シャンソン歌手になって有名人になる、と言い出したためにその手伝いで忙しかっただけで、四〇万円のコンソルの中古車を買いたくて不足分の二〇万円を父天童に無心している様子を見て安心する。

サキ子のマネージャーには溜り場の喫茶店キキのマスター穴倉が買って出てくれたものの、サキ子の父島村貞造を説得せねばならず、竜馬も穴倉と一緒に咲子の家を訪れたのだが、貞造は竜馬が呉天童の息子だと聞いて車で竜馬を港の倉庫に連れ出した。そこには山のように青々としたバナナがあった。貞造は、戦前は一流のバナナ師として鳴らしたが、戦後はバナナの輸入がライセンス制になり、一介の仲買人ではバナナだけでは食っていけず、呉天童の弟、つまり竜馬の叔父さんで神戸の大商人である呉天源に紹介してもらえれば、その膨大な量のライセンスから少し権利を分けてもらえるのではと期待しているのだ。その代わり竜馬にも一〇万や二〇万のリベートは払いますよ、という貞造の言葉に、コンソルを買いたくて仕方のない竜馬の気持ちは動く。

竜馬はさっそく神戸へ出向いて叔父天源に会う。必ず儲かるライセンスを日本人にやりたくないと言う天源だが、そこへ父と大喧嘩したサキ子がやってくる。天源は、二人をご先祖様の大商人呉錦堂が建てた移情閣へ案内し、バナナのライセンスを竜馬に譲ると言い出す。天源は甥っ子を自分のような商人にしたいのだ。サキ子は竜馬にけしかけて、二人共同で事業を起こし、サキ子の父貞造を番頭に使おうと提案する。一方、天源の許には王青年が訪れていた。

天童が家で一人中華料理を作って舌鼓を打っていた頃、紀伊子はクラス会に出席、そのままマロニエ会というシャンソンを聞く集いに参加していた。マロニエ会のシャンソン歌手永島栄二は名うての女ったらしで、紀伊子もまんざらでもないのだが、天童は天童で銀座のバーの女の子に週に一度会って手を握るのが密かな楽しみだ。

最初は渋っていた貞造も巻き込み、竜馬とサキ子のバナナ商会は最初の十二カゴの輸入分だけで二十五万ものお金になった。彼が叔父から譲り受けたライセンス半期だけで一八〇〇カゴ分もあるのだ。竜馬はサキ子の見立てでスーツを作り、コンソルを買いに出かけたが既に売れてしまっていた。穴倉はサキ子の芸名紫シマ子のコンサートのポスターを大量に印刷して貼り出すが、既にサキ子は興味を失っていた。お金が手に入ったら手に入ったで何に使っていいか途方に暮れていた二人の前に王青年が現れて竜馬を連れ出す。一方、天童もまた、秘書の林から王が実は学生ではないらしいと聞いて不審に思っていた。実は王は横浜中華街の張許昌というドンの一派で、祖国のために金儲けしようと麻薬取引をしていて、世間知らずの竜馬を違法カジノの店に連れて行く。その頃、紀伊子はマロニエ会の箱根旅行で永島から夜中に二人っきりで会いたいと誘われる。だが、永島は美人でお金のあるパトロンがほしいだけだった。

違法賭博ですっかりカモにされていた竜馬がふて寝しているところへ、サキ子が訪ねてきて天童が相手をする。竜馬と結婚したいかと尋ねられたサキ子は、「献身的恋愛は女として赤字経営」とうそぶく。竜馬に博打を教えた王に文句を言うため、サキ子は横浜に乗り込む。その頃、家で仲直りの食事をしていた呉夫妻の許へ、警察が訪ねてきて、竜馬に逮捕状が出たという。実は竜馬は王や張の口車に乗ってバナナ輸入に際して出る不良品の穴埋めのクレームをしていたのだが、正式な手続きに依らないクレームは外国貿易管理法違反となっていたのだ。その事で文句を言いに行った竜馬は監禁されてしまう。一方、サキ子はその夜が最初のリサイタルで「青ブクの唄」を歌いながら、なかなか姿を見せない竜馬の事を心配していた。

竜馬は自慢の空手で窮地を脱するが、そこへ警察が乗り込んできて、留置場に入れられてしまう。そんな竜馬をサキ子は心から心配し、自身が心から竜馬を愛していたことを悟る。天童は竜馬の窮地を救うため、自らが身代わりに警察に自首しようと支度して外出する。そんな愛情深い父親としての天童の姿を見て、サキ子は感激する。「美味しい物を差し入れてくれよ」と言う天童と一緒にサキ子も警察へ向かうのだった。

**【解説】**

本作は『てんやわんや』、『自由学校』、『やっさもっさ』の黄金コンビである獅子文六原作、澁谷実監督七年ぶり四本目のコンビ作で、松竹の看板女優の一人岡田茉莉子のコケティッシュな魅力と、二年前に日活から移籍してきた津川雅彦のボンボン振りが楽しい一編だが、杉村春子、宮口精二、小池朝雄、仲谷昇、神山繁の文学座オールスターの面々と、俳優座の小沢栄太郎、そして伊藤雄之助という一癖も二癖もある登場人物がそれぞれに個性的でおかしな人物を演じるコメディである。取り分け、小池朝雄、神山繁、小沢栄太郎、菅井一郎らの演じる在日華僑の中国人風アクセントの日本語が笑わせるほか、仲谷昇のキザ男振りなども相当におかしい。もちろん、ただ笑わせるだけでなく、その背景としての二つの中国の問題と日本における華僑たちのコミュニティの問題、日本人と華僑たちとの関係性、といった部分への鋭い洞察があるからこその笑いなのである。

松緑演じる呉天童は全くのノンポリで、経済的に援助している中共系の苦学生王青年（小池朝雄）から「祖国政府と人民のために奮起して下さい！」などと云われると、「私は台湾生まれで、どっちかというと国府系と言われている。でもはっきり言って私は北京も台湾も好きじゃない。毛沢東は質素な生活で範を垂れるし、蔣介石は冷水で顔を洗って冷や飯を食えと言う」と、頭の中にあるのは美味しいものを食べることだけだという事を隠しもしない、というとぼけたキャラクターである。

エプロン姿で料理に精を出す松緑の姿もおかしいが、サキ子が訪ねてきた際には「息子にうんと小言いってやってくれましたか？　聞かなかったら一発……」と言って、息子の真似をして空手のポーズを決めるなど、松緑のエンターテイナー振りが際立つ役柄である。もちろん、妻役の杉村春子とよりを戻して食事するシーンの「なぁに、浮気もよろめきも垣根を越えなければ悪い事じゃないよ。夫婦が小さな秘密を持つという事はむしろ愛情を深くすることだ」と語る様なども、酸いも辛いも噛み分けてきた大人の男の色気を感じさせる。松緑は映画では現代もののコメディというのはもちろんこれが初めてであったが、澁谷監督から肩の力を抜く指導のよろしきを得て、絶妙な存在感を示すに至り、その後の数多くのテレビでのホームドラマやコメディ・タッチの作品へと繋がっていくことになった。

なお、怪優伊藤雄之助が演じている喫茶店「キキ」のマスターで、サキ子のマネージャーを買って出る穴倉平吾の役は、松竹発行のプレスシートでは三井弘次となっているが、完成した映画では伊藤に代わっている。その原因は不明だが、普通ならば配役が途中で代われば当然プレスシートの方も直す訳なので、三井である程度まで撮影していて急遽途中から伊藤に代わったというようなことだったのかもしれない。それでもまあ、『隠し砦の三悪人』での幸四郎から藤田進への交代のケースなどではちゃんとプレスシートの方も変更されている訳なので、実態は不明である。但し、インターネット上の映画のデータベースなどでは映連のものが伊藤の名前を載せている（役名は不記載）ものの、文化庁の日本映画情報システムを始めとしてその他のデータベースではプレスシート（あるいはそれに基づいて書かれた「キネマ旬報」での紹介記事等）に基づいているため全て三井弘次ということになってしまっている。

**八世幸四郎**
**初世萬之助**

# 『敵は本能寺にあり』

（松竹／松竹グランドスコープ総天然色／98分／1960年9月11日公開）

【キャスト】

明智光秀：松本幸四郎
織田信長：田村高廣
お　濃：嵯峨三智子
明智左馬之助：森　美樹
森　蘭丸：中村萬之助（二世吉右衛門）
桔　梗：北條喜久
細川忠興：北上彌太郎
永井助松：片岡彦三郎
波多野秀治：小笠原省吾
波多野秀尚：安井昌二
永井弥一郎：倉田爽平
石田三成：名和　宏
徳川家康：嵐　寛寿郎
羽柴秀吉：河津清三郎
斎藤内藏助：水島道太郎
山城主膳：石黒達也
蜂須賀小六：山路義人
青山與三：永田光男
園　枝：村瀬幸子
柴田勝家：天王寺虎之助
溝口庄兵衛：田中謙三
本多佐渡：海江田譲二
滝川一益：倉　新八
安田作兵衛：古石孝明
皐　月：淡島千景
珠　：岸　恵子

【スタッフ】

●製作：白井昌夫　●製作補：岸本吟一　●脚本：池波正太郎、川上三八　●監督：大曾根辰保　●撮影：石本秀雄　●録音：福安賢洋　●音楽：加藤三男　●美術：大角純一　●照明：寺田重雄　●編集：相良久　●装置：中村良三　●装飾：小泉清文　●衣裳：永野きよ子　●技髪：木村喜右衛門　●結髪：木村よし子　●殺陣：川原利一　●色彩技術：小辻昭三　●メイクアップ：土佐竜児　●衣裳考証：甲斐荘楠音　●按舞：瀧川はやみ　●和楽：稀音家三一郎　●進行：桐山正男　●監督助手：猪俣堯

『敵は本能寺にあり』ポスター

**【惹句】**

**京へ！　わが敵信長公を討つは今ぞ！　戦国武将の痛恨の叫び！**

**雄大なスケール！　最高の異彩配役！**

**悲劇の武将光秀を描く空前の戦国巨弾！**

**天下を取ること三日！　一代の名将明智光秀が辿る悲劇の生涯！**

**戦国動乱期の一大スケールと豪華配役！**

**非情惨烈、無法激突の乱世に生きる武将たちの栄枯盛衰を描く絢爛戦国時代絵巻！**

**英雄か？　逆賊か？　雄大なスケールで描く戦国武将の悲壮な生涯！**

**信長討つべし！　怒号火とたける戦国武将の悲劇!!**

**【内容】**

一五七〇年代。室町幕府は崩壊し、諸国至る所に群雄割拠して相争い、骨肉相食む下克上の嵐が吹きまくっていた。尾張の勇将織田信長は、近江安土に居城を構え、天下統一の覇を遂げんとその幕下羽柴秀吉を播州へ、明智光秀を丹波八上城へ遣わした。だが、光秀の丹波攻略は波多野秀治、秀尚兄弟の果敢な抵抗を受けはかばかしく進まない。業を煮やした信長は光秀を呼びつけ、競争相手の羽柴秀吉に丹波攻略を交替させようとした。止む無く光秀は敵降伏の際には秀治、秀尚兄弟の命を助けることの言質を取り、一ヵ月での落城を信長に約した。近江坂本城に戻った光秀は、波多野兄弟の降伏の条件を飲み、母園枝を人質として差し出すことにする。妻皐月や甥左馬之助は反対するが、光秀は信長との口約束を固く信じていた。だが、信長は光秀との約束を反故にして波多野兄弟を磔に処し、報復として母園枝もまた虐殺されてしまう。その頃因幡國鳥取にいた秀吉は隠密から報告を受けライバル心を燃やしていた。

丹波平定の功により、光秀は近江・丹波二ヵ国五十万石の大大名に取り立てられた上、惟任日向守に任じられた。そしてその娘珠を細川忠興に娶せ、信長自身が媒酌の労を取ることになった。予て信長の招きでもてなされていた徳川家康、そして秀吉始め諸大名が口々に光秀に祝意を表する中、森蘭丸だけが憮然として席を立った。蘭丸は故郷坂本の城主にして欲しいのに光秀にその座を奪われていたのだ。光秀は西国攻めの総大将に任じられ、坂本では祝宴が催される。だが、皐月は義母を犠牲にしたことが頭から離れず、貧しくとも一家仲良く暮らしていた十年前を懐かしむ。また珠も、妹の桔梗とその許婚で従兄弟の左馬之助との仲睦まじい様子を見るにつけ、父の出世のための道具として嫁入りする我が身への不満を募らせていた。

蘭丸が桔梗に懸想しているのを知った秀吉は仲を取り持つと蘭丸に告げる。その注進に依って蘭丸と桔梗を娶せて再び仲人を務めようとした信長に対し、光秀は、桔梗は甥左馬之助の許婚で心を通わせあった仲故に平にご容赦をと頭を下げる。怒った信長は、その直後、諸大名が居並ぶ中で西国攻めの総大将を秀吉に変更した旨を告げ、光秀には甲斐の武田勝頼攻めに同行するように命じる。更には、何者かの讒言によって、光秀の家臣で元武田家家臣であった斉藤内藏助が武田の間者であると信じた信長は光秀に斉藤内藏助を追放せねば安土への出仕は罷りならんと伝える。内藏助は独り去っていった。

甲斐に進軍した信長は、家康の援軍を得て遂に武田家を滅ぼす。その頃、秀吉は備中高松城を攻めていた。信長が武田との戦の労をねぎらう為家康を安土に招き、その接待役に光秀が選ばれたと聞いた秀吉は、光秀と家康の仲を裂く必要があると考え、信長宛てに援軍要請の書状を送り、その中で家康と光秀を接近させるのは危険と訴える。この讒言を真に受けた信長は光秀を接待役から外し、直ちに備中へ出陣して秀吉の傘下に入るように命じる。それでは武士としての面目が立たぬと再考を直訴する光秀に対し、信長は鉄扇で打ち据え、更に蘭丸に命じて衆目の前で何度も鉄扇で打ち据えさせる。

光秀の心には、沸々と浮かんでは消える炎があった。その夫の心を誰よりも理解する皐月は、静かに夫の心に寄り添う。一方、信長の妻お濃は、光秀が信長を恨みに思い謀反を起こすのではないかと気に掛けていたが、信長はこれを一笑に付す。

亀山城にて戦支度していた光秀の許へ、秀吉の間者永井助松が、毛利輝元からの使者に成り済まし、光秀が信長を討てばすぐに援軍を率いて京に上るとの密書を届ける。そこへ、信長の許からの使者が到着し、直ちに備中へ出陣することを促し、出陣後は坂本城を森蘭丸に明け渡し、亀山城も召し上げる旨の上意が伝えられる。石見・伯耆を攻め取るのは随意だから戦に勝てば百万石にもなるという理屈だった。このうえは毛利殿の申す通りにとけしかける家臣の山城主膳を秀吉の間者と見破った光秀は主膳を槍で突き殺すが、その心は既に固まっていた。京街道を突き進む光秀は、合流した斉藤内藏助ら家臣の前で宣言する。――「我が敵は備中にあらず。本能寺にあるぞ」

本能寺を急襲した光秀の軍勢に、僅かな供の者しか従えていなかった信長らはひとたまりもなかった。森蘭丸は左馬之助の手に掛かって果てた。だが、「右大臣信長の首級を上げよ」と下知する光秀の声もむなしく、信長はお濃と共に炎に中に身を投じて、遂にその首を上げる事は出来なかった。

報せを聞いた秀吉は内心してやったりとほくそ笑む。そして急ぎ高松城との和議を進め、京へ引き返す用意をするように石田三成に命じる。その頃、光秀は諸大名に強力を要請するがことごとく断られ、頼りにしていた娘珠の嫁ぎ先の細川家からも断りの返事が来るに及ぶ。秀吉は迅速果敢に中国大返しを成し遂げ、京の山崎の地で光秀軍と対峙した。そして、弔い合戦の大義名分の下、勢いの勝る秀吉は勝利をおさめ、敗軍の将光秀は坂本城へ戻って態勢を立て直すべく、左馬之助を一足先に坂本城へ遣るものの、既に坂本城には秀吉軍が迫りつつあった。かろうじて独り城に戻った左馬之助だが、皐月は既に死を覚悟して白装束に身を固めていた。桔梗は左馬之助の胸にすがり泣き崩れる。

山中で落ち武者狩りの野武士に襲われ、独り家臣たちとはぐれた光秀は、家族たち一人一人の顔を想い浮かべ「皆の者、許せよ」と独りごちると、農夫に成り済ましていた永井助松の竹槍に突かれて絶命した。助松もまた斉藤内藏助と刺し違えて死んだ。

**【解説】**

当時、三十七歳で本作公開のわずか三ヵ月前に直木賞を受賞したばかりの新進気鋭の作家であった池波正太郎の脚本には、いくつかの心に残る場面がある。中でも、淡島千景の演じる妻皐月が、一人亡き母の数珠を手に考えに耽っている光秀に対して「気に掛かることがございます。殿の御胸のうちに燃えては消え、消えてはまた高まってくるものを」と語り掛け、光秀が「そなたは如何に思う。私の胸に猛り立とうとしている炎を。消し止めたほうが良いと思うか」と問うと、皐月は「私は明智光秀の妻にございます」と答える場面。――全てを判り合った夫婦の、例えどのような結果になろうとも悔いはないし、信じているという阿吽の呼吸を示した名場面である。特に、その夫婦を演じているのが、文学座との舞台で明智光秀をシェイクスピアのマクベスに繋がる人物として演じ切った幸四郎であり、その幸四郎とは『花の生涯』以来の名コンビとして英雄の妻を演じてきた淡島千景であることから醸し出される絶妙の味というものが、本作をして過去のどんな映画やテレビドラマにおける光秀よりも真実味のある人物、そしてその決断であると思わせしめるのである。

その直後の場面。光秀の甥左馬之助が許婚の桔梗と交わす言葉の中に、「上様と叔父上とはどうしても溶け合えぬものがあるのだ。それは、真心を道具に使う者と、真心に命を懸ける者の違いがあるのだ」という左馬之助の台詞がある。これなども、信長と光秀の人間性の違いを端的に表した台詞として心に残る。

――こうした池波正太郎の脚本は、よく知られている「本能寺の変」の物語にリアリティを与えると共に、本作の三年前に文学座との競演で幸四郎が演じた明智光秀という人物の人間性を、福田恆存とはまた違った形でくっきりと浮かび上がらせている。本作で垣間見られた幸四郎と池波正太郎との相性の良さは、本作の八年後に始まることになる時代劇連続テレビドラマの金字塔『鬼平犯科帳』によって更に実を結ぶことになるのである。

信長役の田村高廣はまだ若い故に信長の持っていたであろう圧倒的なカリスマ性にはやや欠けるきらいはあるものの、そもその顔立ちなどが信長のイメージによく合っていて適役だと思えるし、光秀役の幸四郎との年齢差というのも、大抵の映画やテレビドラマでは信長の方が主君という関係故に年長の俳優をあてがう傾向にあるものの、実際の信長と光秀の年齢差はむしろ本作に近いため現実味がある。
　ほかにも、秀吉役の河津清三郎と家康役の嵐寛寿郎は、共にややとうが立ってはいるものの（信長役の田村高廣が若いためなおさらそう思えるのだが）、狡猾な策士でありながら人たらしとしての憎めない個性、何を考えているのかよく判らない得体の知れなさ、という、これもよく知られている二人の英雄の存在感をよく表していてどちらも意外とはまり役である。そしてもう一人、本作では専ら憎まれ役というポジションの損な役である森蘭丸を演じているのが、誰であろう、幸四郎の次男萬之助（二世中村吉右衛門）であるという点も、ある種の配役の妙であると言えよう。光秀の次女桔梗への淡い恋心を見透かされて秀吉にいいように操られる蘭丸の若さというものが、父と同じ舞台・映画の領域でまだまだ未熟ながら一所懸命背伸びして頑張っている印象のあった当時の萬之助の立場と絶妙にリンクしているのである。この萬之助の若さ＝未熟さというイメージは、その後の『鬼平犯科帳』でも幸四郎演じる長谷川平蔵の息子辰蔵役として再現されることとなるのである。
　光秀の母園枝を演じている村瀬幸子は俳優座の創設メンバーの一人で戦前から映画に出ている大ヴェテランだが、年齢は幸四郎とほぼ同世代（村瀬が五歳年上）である。村瀬は本作の三十一年後に製作された黒澤明監督作品『八月の狂詩曲』でも主役である老婆の役を演じているが、五十五歳の時に光秀の老母を演じた本作と比べて印象があまり変わらないというのもすごいことである。



**六世染五郎**
**初世萬之助**
**八世幸四郎**

## 『笛吹川』

（松竹大船／特殊色彩映画／松竹グランドスコープ／117分／1960年10月19日公開）

**【惹句】**
世界初の画期的描写で綴る句の木下恵介監督畢生の大作！
日本映画史を飾る最高の野心巨編
笛吹川を血に染めた武田一門の興亡と百姓一家五代に亘る戦国の悲歌！
画期的描写で描く問題の松竹超特作！
川の流れは絶えずして　もとの水にはあらざりき　淀みに浮ぶうたかたは、消えつ結びつ夢のまに
映画史上に画期的な金字塔を打ち建てる世紀の異色大作！

【スタッフ】

●製作：木下惠介　●製作補：脇田 茂　●原作：深沢七郎　●脚本：木下惠介　●監督：木下惠介　●撮影：楠田浩之　●美術：伊藤熹朔、江崎孝坪　●音楽：木下忠司　●録音：大野久男　●照明：豊島良三　●編集：杉原よ志　●監督助手：大槻義一　●装置：岩井三郎　●装飾：秋田隆夫　●衣裳：山口松男　●美粧：中島由子　●技髪：三岡洋一　●録音技術：鵜沢克己　●渉外事務：手代木功　●美粧指導：小林重夫　●殺陣：渡辺正一　●弓馬術指導：金子有鄰　●スチール：堺謙一　●進行：浜野 敬　●謡曲「屋島」謡：観世元昭、笛：寺井啓之

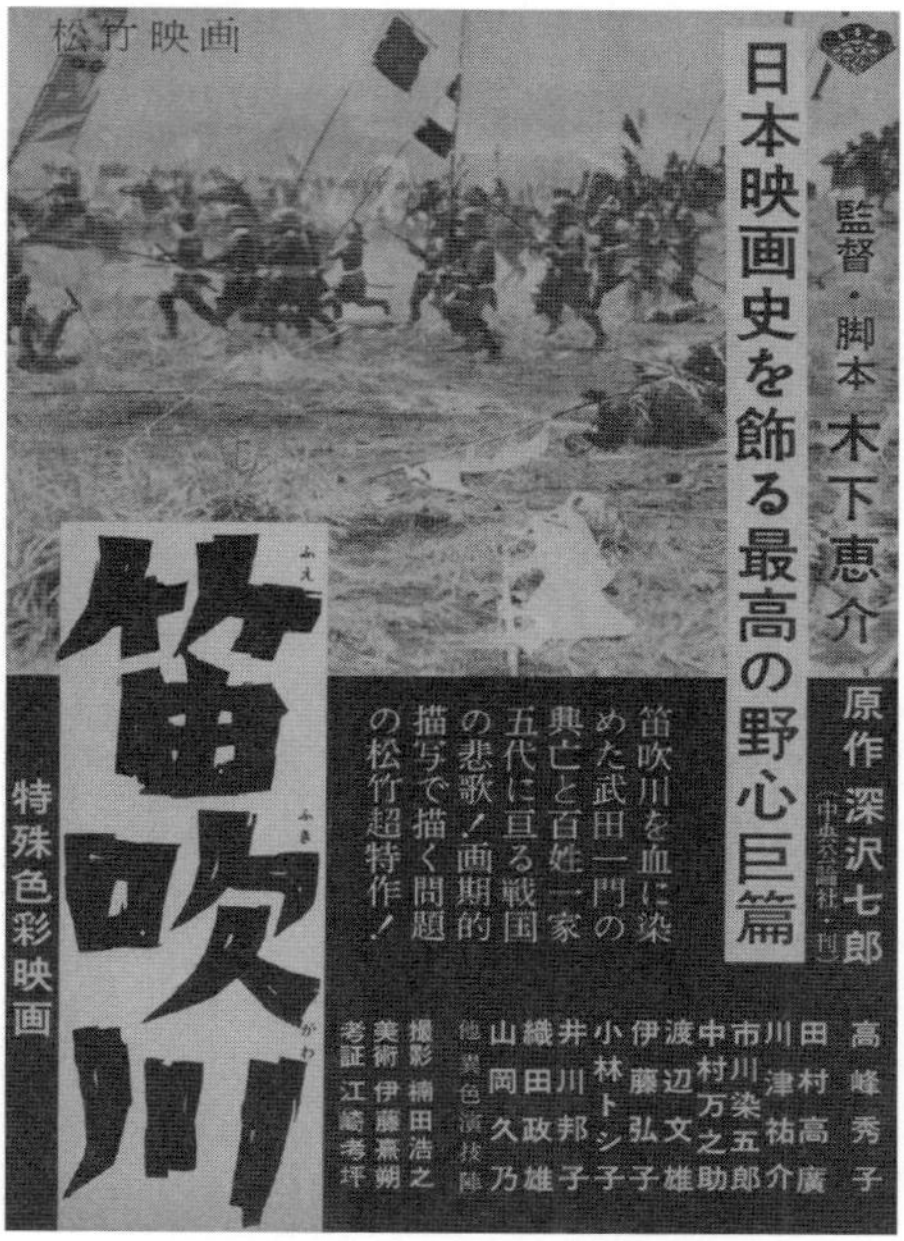

『笛吹川』広告

【キャスト】

おけい：高峰秀子
定　平：田村高広
惣　藏：市川染五郎
ウ　メ：岩下志麻
次　郎：川津祐介
平　吉：田中晋二
安　藏：中村萬之助
虎　吉：渡辺文雄
おじい：加藤　嘉
聖道夫人：井川邦子
半　藏：大源寺龍介
勝やん：安部　徹
ヒ　サ：小林トシ子
半　平：織田政雄
タ　ツ：荒木道子
ミ　ツ：山岡久乃
黒駒の嫁：市原悦子
武田勝頼：武内　亨
ノ　ブ：伊藤弘子
タ　ケ：矢吹寿子
武田聖道：浜田寅彦
老　女：原　泉
茂　平：小瀬　朗
武田信玄：中村勘三郎（十七世）
上杉謙信：松本幸四郎

【内容】

物語は飯田河原の合戦の後の累々たる死体の山から始まる。この戦を生き延びて戻ってきた半藏。彼の家は武田信玄の領下、笛吹川に架かる笛吹橋のほとりの、「ギッチョン籠」と呼ばれる百姓一家のあばら家である。

この地方には、ときどき戦があって、鎧を着た武士たちが沢山出かけていく。それは信玄と近隣の大名、今川義元や上杉謙信などとの戦いなのだが、愚かな村人たちにとっては、そんなことはどうでもよい。ただ戦に行くと褒美がもらえたり、出世したりするので、皆戦に行きたがる。おじいの婿、半平は平凡

な百姓で気が弱く、おじいの孫のミツ、半藏、タケ、ヒサのうち、ミツは他家へ嫁入りし、半藏は「能天気の半藏」と呼ばれて気が荒い男だった。

おじいは、この半藏が戦へ行って、手柄を立てたのに大喜びである。そこで、自らも褒美欲しさに御館様に生まれた赤子（後の武田信玄）の後産（胞衣）を埋めるという大役を申し出るが、桑で穴を掘るときに自分の脚に当てて血を流すという失態をやらかしてしまい、神聖な儀式を穢したとして殺されてしまう。

上條河原の合戦で手柄を立てた半藏は甲府で士分に取り立てられ、嫁ぎ先から出戻っていたミツは、御館様と同じ日に生まれた子供の定平を半平に預けて甲府の御用商人山口屋へ後妻に入りタツを生んだ。富士須走口の合戦で、半藏と出世を競い合っていた茂平は討ち死にし、梨本平の合戦では半藏の主君土屋様も討ち死にした。

土屋半藏と名乗るようになった半藏もまた塩尻の合戦で討ち死にし、半平も病気となり死んでいった。定平は跛足のおけいを嫁に迎え、一家の跡をとった。二人の間には、十年もの長い間子供が出来なかったが、子宝に恵まれるという西山の湯へ行ったのが功を奏し、やがて惣藏、安藏、平吉の三人の男の子と、ウメという女の子をもうける。

ミツが後妻に行った先の甲府の山口屋は、儲け過ぎて御館様（武田信玄）の怒りを買い、焼き討ちを食ってしまう。タツは娘のノブを連れて命からがら逃げ延び、和尚の斡旋であづま屋に身を寄せる。手柄を立てて帰ってきた勝やんは、褒賞がもらえずに酒浸り、寺の普請場に付け火をした犯人と目されて陣屋からの追手に惨殺される。ノブは甲府の館勤めを強制される。

騎乗の上杉謙信が武田信玄の本陣へ単身斬り込んだ川中島の合戦では、定平の従弟でヒサの息子虎吉が謙信の馬の尻を槍でつついて御館様の危機を救い、足軽頭に出世した。館勤めのノブには男ができ、子を孕んだ。生まれた子に次郎と名付けて恵林寺に預けたノブは、陣屋の者に斬られ、定平の家に辿り着いたものの死んだ。

三方ヶ原の合戦から定平の家に帰ってきた虎吉は、定平たちに御館様（信玄）が死んだことを告げた。定平とおけいの四人の子供は成長したが、半平と同じく戦嫌いの定平は、御館様（勝頼）に先祖代々の怨みを抱き、子供たちが半藏のような戦好きになることを心配していた。だが、父とは逆に、御館様に恩を感じている惣藏は戦に出かけてしまう。

敗北に終わった長篠の合戦を生き延びて帰ってきた惣藏は、今は大将となった虎吉の世話で嫁を貰い、土屋惣藏と名乗るようになる。弟の安藏もまた家を飛び出して次々と奉公先を変える。武田家への恨みを抱くタツは恵林寺に次郎を訪ね、今のうちに敵の側について恨みを晴らせと伝える。

惣藏は妹のウメを勝頼の後室に仕えさせるために奉公に出させ、既に自分と行動を共にするようになった安藏に続いて、末の弟の平吉にも来るようにと説得するが、戦嫌いの平吉はこれを拒絶する。そして高遠の合戦で新府の城も焼け、虎吉も討ち死にする。安藏とウメ、女房や子供の久藏まで引き連れて、敗軍の将勝頼にあくまでも仕えるつもりの惣藏に対し、平吉は兄妹たちを家に連れ戻そうと試みるが、結果的に兄弟たちと行動をともにせざるを得なくなる。母親のおけいは落ち延びる勝頼一行の行列の中に惣藏がいると聞いて駆けつけ、何とか連れ戻そうとするが、皆聞く耳を持たない。そのまま行列に付き添って歩く。

付き添う部下も次々と逃げ出し、風前の灯となった勝頼一行。安藏、平吉は甲府にいる勝頼の兄で目の悪い武田聖道に自害を促すため使者に立つが、甲府は敵に襲われ、聖道の死を見届けると、兄惣藏のいる勝頼一行への合流をめざす。その頃、勝頼一行も敵に襲われ、惣藏は最後まで戦って死んでいった。おけいもウメと孫の久藏共々無残に殺されていた。

追い詰められた武田の残党たちは恵林寺に逃げ込んだ。これを追う徳川勢は寺を囲んで残党と僧侶たちを山門に入れ、火を放つ。中にいた安藏と平吉は刺し違えて死んだ。恨みが叶って御館様が死んだことを伝えに次郎を訪ねていたタツもまた炎の中で死んだ。武田家は滅亡し、定平の家族も皆死んだ。たった一人家に残された定平が笛吹川の川端に立っている。その前を武田の紋所を染めた旗指物が流れていく。

**【解説】**

松竹の発行したプレスシートや劇場用パンフレットにおいては、製作は細谷辰雄とクレジットされているが、画面上のクレジットでは木下惠介自身の名前となっている。また、衣裳考証のヴェテラン甲斐荘楠音の名前がプレス資料にはあるものの画面上には無かったり、他にも文字資料と実際の担当者との相違がかなりある。こうした食い違いは、木下惠介監督が同じ松竹でも大船のスタッフだけで作ろうとしたという事なのか詳細は定かでないが、木下惠介監督はこの深沢七郎の原作に接して映画化を考え始め、二年間熟成させた上で自らの初めての「鎧物」の作品として取り組み、ライバルの黒澤明監督作品かと見紛うほどの大規模な合戦シーン、そしてクライマックスである恵林寺山門の焼き討ちシーンなどのスペクタクル場面をものにしている。特に、三方ヶ原の合戦シーンは原作ではたった三行だが、富士山麓で二日間に亘ってエキストラ二四〇〇、馬四〇〇頭を動員して撮影したといい、また焼き討ちシーンのための山門は当時のお金で三〇〇万円かけて本物の角材を使った本建築、屋根は萱葺きの本格的なものを高山村に建てて焼き払ったという。

もちろん、スペクタクル巨編という側面はあるにせよ、そこは木下惠介監督作品だけあって根底には歴史の大きなうねりの中でのちっぽけな存在としての人の生の営み、そして戦好きであろうが戦嫌いであろうが否応なく戦に巻き込まれて死んでいくはかなさ、愚かさを、抑えたタッチで綴っていくヒューマニズム的視点がある。

親子代々五代（最後に殺される久蔵まで含むと六代）に亘る物語を通じて大勢の登場人物たちが死んでいくが、誰かが亡くなる度に幻影のように画面に登場し、鐘を鳴らしながら合掌する老婆の存在そのものが、本作のテーマであるともいえ、それは庶民の側から戦争を見たときに、いつも犠牲を強いられるのは名もなき庶民なのであるという、木下惠介の反戦思想そのものだと言えよう。新安保条約の可否や日本の再軍備が取り沙汰される中で本作が製作されたのも、まさしくそういった想いを現在に重ね合わせてのことだ。

本作は「特殊色彩映画」と銘打っているが、一旦モノクロで撮影した上で、その画面上に監督のイメージに即して様々な色、種類、形、濃度の色がマスキングによって加えられ、更にモノクロのマスター・ポジとマスキングのポジをカラー・デューブ・ネガに焼き付けて、最後にそこから上映用のポジを作るという工程によって、モノクロの画面上にところどころに版で押したような色が付いた版画調の画面を作っている。

染五郎と萬之助の兄弟は、「先祖代々お世話になった」御館様に最後まで忠義を尽くし、無駄に死んでいく兄弟という役どころで、アジテーターとして兄弟を先導していく兄惣藏が染五郎、深い考えもなしにその兄に従って運命を共にする弟安藏を萬之助が演じている訳だが、これはこのすぐ後に東宝と契約して果敢に新しい事にチャレンジしていく染五郎と、兄と一緒に東宝に行ったものの結局は古典歌舞伎の世界へ戻っていった萬之助改め二世吉右衛門との兄弟の関係を知った上で見るといろいろと考えさせられる。

そして、この若き兄弟（撮影当時染五郎十九歳、萬之助十六歳）の輝ける未来をアシストしていこうという明確な意識の下、父八世松本幸四郎とその吉右衛門劇団の盟友である十七世中村勘三郎とが、それぞれ上杉謙信役、武田信玄役でカメオ出演し、海音寺潮五郎の『天と地と』で有名な川中島での両雄の直接対決の名場面を演じて見せる、というのが本作の中でも最も贅沢な場面として用意された訳である。

## 八世幸四郎

# 『天下御免』

（松竹／松竹グランドスコープ　総天然色／88分／1960年12月11日公開）

『天下御免』チラシ

【キャスト】

大岡越前守：松本幸四郎
律　子：山田五十鈴
志　乃：嵯峨三智子
山内伊賀亮：森　美樹
松平伊豆守：名和　宏
須磨の方：宇治みさ子
天一坊：北上彌太郎
山野辺主税：片岡彦三郎
徳川吉宗：山内　明
水戸中納言：石黒達也
赤川大膳：永田光男
藤井左京：山路義人
池田大助：倉田爽平
平石治右衛門：小笠原省吾
戸田山城守：尾上菊太郎
酒井讃岐守：海江田譲二
松平左京太夫：片岡市女藏
大田備中守：眞木康次郎
松平左近将監：市川男女之助
井上河内守：大東弘明
熊坂十兵衛：雲井三郎
糸月鎌太：寺島　貢
水野和泉守：澤村国太郎
長島茂左衛門：天野刃一
吉田三五郎：中原　伸
大坪甚九郎：中田耕二
広岡達弥：滝　祐児
祐　然：藤間林太郎

【スタッフ】

●製作：橋本正次　●脚本：渡辺邦男、本山大生　●監督：渡辺邦男　●撮影：渡辺孝　●録音：森沢五一　●音楽：山田栄一　●美術：川村鬼世志　●照明：蒲裏正次郎　●編集：太田和夫　●装置：田門　豊　●装飾：岩槻隆　●衣裳：山田信夫　●技髪：木村喜右衛門　●結髪：木村よし子　●衣裳考証：甲斐荘楠音　●和楽：稀音家三郎　●色彩技術：梨本友太郎　●メイクアップ：土佐竜児　●殺陣：川原利一　●按舞：菊川　整　●進行：渡辺壽男　●監督助手：市村泰一

【惹句】

幕府転覆なるか――名奉行越前に危機迫まる！
名奉行大岡越前守が切腹を覚悟した生涯最大の難事件！
雄大なスケール！　盛り上る感動！
物語の痛快さ！　雄大なスケール！　盛り上がる感動！
快テンポの演出！　豪華配役の大競演！
名奉行大岡越前守が切腹を覚悟した生涯最大の難事件！
巨匠渡辺邦男が名優松本幸四郎を得て取り組む娯楽映画の最高峰！

【内容】

八代将軍徳川吉宗の頃。紀州感応院の所化坊主、宝沢は育ての親おさん婆さんの死後、遺品に葵の紋入りの短刀と天一童子なる御墨付を発見し、それらを残した瞼の父徳太郎に一目会いたいとの一念で紀州岩手村光照寺へ向けて旅に出たが、道中短刀と書付を包んだ大事な包を落とし、道に迷っていたところを、山塞に巣食う豊臣家の残党糸月鎌太らに捕らわれてしまう。そこへ、一味のリーダー山内伊賀亮が、途中で包を拾って偵察から戻ってきた。山内は、徳太郎とは現将軍吉宗であることを教え、宝沢のごとき卑しい者が御落胤である筈はないと言い放ち、宝沢をそのまま捕えおいた。山内が一味の者に調べさせたところ、確かにおさんという婆さんが最近亡くなった事、またおさんは光照寺へお参りに来ていた事が判り、光照寺にはおさんの娘と、その娘が生んだ子供天一童子の墓があった事が判った。つまり、確かにおさんの娘は徳太郎の子を産んだものの、その子は既に亡く、従って短刀と書付は本物だが、宝沢はおさんが拾って育てた別の子で、自分が徳太郎の子と思い込んでいるだけであった。だが、山内は宝沢を御落胤に仕立て上げて天下を取り、徳川の血筋を穢してやろうと計画を立てる。宝沢もまた、山内の指導の下、天一坊として、西の丸に居る世継ぎ長福丸と比べて引けを取らないだけの武芸や所作、立ち居振る舞いを身に着けるための修行を行うことに同意する。

かくして天一坊と山内ら一行は江戸へ上り、八ツ山に御殿を構えて、金子をばら撒いて庶民の歓心を得て、その存在を幕府に見せつけて将軍との面会を求める。幕府では老中らが対応に苦慮する中、将軍吉宗は紀州以来の腹心の部下、南町奉行大岡越前守を呼び出して、もし真の天一坊なのであればぜひ面会して、二十余年間頭一つ撫でてやったこともなく寂しい思いをさせたことを詫びたい、と胸の内を打ち明ける。だが、越前は敢えて金子をばら撒いて庶民を味方につけようとする事を怪しみ、それが本当の天一坊であるのかについて不審を抱いていた。しかしながら、琴の発表会の帰りに、父の部下池田大助と共に八ツ山で天一坊の威風堂々たる様子を垣間見た越前の娘志乃までもが御落胤と信じ込んでいる。

越前は配下の者たちに紀州を探らせ、また大助の一存でやはり越前配下の平石治右衛門が中間に成り済まして八ツ山に入り込む。そこへ、松平伊豆守よりの使いが来て、将軍謁見の前に伊豆守屋敷に天一坊らを招いて吟味の機会を持つ事になる。越前はその機会に山内に対して、二十年間名乗り上げなかった理由、御落胤であることが判明してから更に一年半名乗らなかった理由、江戸へ出てくる前に京、大阪へ寄った理由などを問い質すが、証拠の短刀と書付が本物である以上、これ以上の疑念を示す事は憚られた。

八ツ山で動向を探っていた平石は正体を見破られて惨殺さ

れ、越前の屋敷に運び込まれた。今わの際に平石が着物の袖に血で記した「偽物」の文字に真実を確信した越前は老中らに再吟味を申し出るが、将軍吉宗は対面を二日前に控えての越前の申し入れに激怒し、越前に対して閉門を言い渡す。

だが、帰宅した越前に、その心中を察した妻・律子は、たとえ対面が行われたとしても天一坊の西の丸入りまでにはまだ間があるはずだから、その間に紀州へ赴いて調べてはどうか、と提案し、志乃もまた留守の間は命に代えても母上と共にこの家を守ることを誓う。そこへ城中で唯一人越前を擁護する水戸中納言が訪れて、自身の進言もあって対面が十日間延期された事を告げ、その間に偽物の証拠を掴むために閉門の禁を侵してでも紀州へ行くようにと越前に促した。

その報はすぐに八ツ山にもたらされ、越前の出立を阻止しようと越前邸を出てきた駕籠を襲うが、それが水戸中納言の駕籠と知って退散する。越前は実はその駕籠の付き添いの者たちに紛れて脱出を果たした。山内は越前が閉門中でありながら外出している旨を老中に訴え出てそれを将軍の耳に入るように仕向けるが、越前と水戸中納言の苦衷を察した西の丸の須磨の方の機転で、面会を再び早めようとした吉宗はこれを思いとどまる。

山内らは更に無理やり越前邸に乗り込んで面会を強要しようとしたり、町人たちを焚き付けて、御落胤天一坊様に異を唱える越前は不忠者だと罵詈雑言を発して邸宅に石を投げさせたりするが、魂胆を見抜いている志乃や律子の固い決意に阻まれて事を成すことは出来ない。

紀州で光照寺を探し当てた越前は、前の浄海和尚が一年ほど前にふいに姿を消してしまったこと、過去帳のある頁だけが破り捨てられている事を発見し、また何かを知っていそうな寺男を探り当てるものの、怯えた様子の寺男与作は越前の前から逃げ出し、山内が放った刺客に斬り殺される。……

そして、遂に将軍家御対面の前日となった。主の戻らぬ越前邸では使用人らに念入りに掃除をさせた後、律子が白装束で現れ、大岡家断絶の後は他家で奉公するように諭し、大助らにも決して越前の後を追って切腹することなどは許さぬと釘をさす。その様子を見ていた志乃は夜陰に紛れて水戸中納言に救いを求めようと外出するが、山内の手の者に捕えられ、厳しい折檻を受ける。だが、自分を本物の御落胤と信じて疑わず、只父に一目会いたいと切望する天一坊の様子にはさすがの志乃も心打たれるものがあった。

山内らは志乃を引き連れて再び越前邸へ乗り込み、死を覚悟しての白装束の律子に越前との面会を強要する。在宅だが閉門中に拠り面会はさせぬと言い張る律子を押しのけて山内らが屋敷内へ踏み込もうとしたその瞬間、裏口より戻っていた越前が姿を現し律子と志乃の危機を救う。

越前帰宅の報は直ちに水戸中納言や松平伊豆守にもたらさ

れ、越前は八ツ山御殿に奉行所の役人たちで囲ませる。そしていよいよ御対面の当日、江戸城に乗り込んだ天一坊、山内らを待っていたのは大岡越前守に拠る吟味であった。越前は天一坊こと宝沢が実は捨て子で、おさんに拠って、死んだ孫の天一の代わりに育てられた事実を告げ、山内らに対しては天一童子の墓石、そして一年前に殺された浄海和尚が手に握りしめていた山内の印籠を突きつけ、彼らが徳川の天下の転覆を計った豊臣の残党である事実を暴いた。進退窮まった山内はせめて一太刀と脇差を抜いて捕えられ、一味の者たちはことごとく極刑に処せられることとなった。

　吉宗は親子の情に流されそうになった自らの不徳を詫び、越前の格別なる働きへの労いとして、水戸中納言を通じて越前に破格の大名への取り立てを告げた。そして、天一坊については、只騙されていただけと見做され、佃島での労役を経て出家させる旨、越前は吉宗に告げるのだった。

**【解説】**

　早撮りの名人と言われ、ツボを決して外さない手堅い演出と観客の好みを知り尽くした大衆志向の作風で知られる巨匠渡辺邦男がフリーの立場となって松竹で手掛けた娯楽映画の王道を行く作品で、これに梨園の名優にして映画スターとしても他に並ぶ者の居ない英雄役者という評価を不動のものとしていた幸四郎が主演する、ということで早くからどんな化学変化が起こるのか、と注目を集めていた作品である。期待に違わず、格調高くありながら、その上通俗的な面白さにも充ちた、松竹時代劇としては異色ともいえる作品に仕上がっている。

　幸四郎としては、大岡越前役は映画では『大岡政談 謎の逢びき』（一九五七年）に次いで二度目となるが、前作では実際には名和宏と北上彌太郎の駕籠屋のコンビが主人公であり、作品としては本作のほうがはるかに重要であり、かつ幸四郎自身にとっても演じ甲斐のある作品だったであろう。

　具体的には、事件の全貌を示して一気に解決させる最後の「大岡裁き」のシーンのカタルシスは勿論の事として、『忠臣藏（花の巻・雪の巻）』（一九五四年）、『荒木又右衛門』（一九五五年）、『花の幡随院』（一九五八年）でも夫婦役を演じた山田五十鈴との、多くを語らずとも互いに全てを判り合っている夫婦の絆が伝わってくる夫婦の会話のシーン、そして配下の平石治右衛門が内偵を進めていた先の八ツ山から嬲り殺しされた遺体として届けられた後の、例え身分は低くとも実の家族同様に大事にしてきた配下の者の哀れな姿に涙を流すシーンなど、感情を揺さぶる芝居の見せ場が用意されている事と、紀州時代以来、大岡忠相のことを誰よりも信頼している八代将軍との感情的な対立によって生じた切腹覚悟の命がけの再吟味申し立てというシチュエーションから醸し出される緊張感が全編を通じて作品に締った感じを与えていることが挙げられるだろう。

大衆受けという観点で言えば、越前の苦衷を察して一計を案じ、閉門中の越前を自らの駕籠の付き添いに化けさせて脱出させ、紀州での調査へ行かせるなどの思い切った行動に出る水戸の御老公こと徳川光圀役の石黒達也の存在などは、映画ファンの心をくすぐる仕掛けとなっており、心憎い手練れのストーリーテリング、そして演出だと言えよう。勿論、史実では吉宗が将軍職に就いたのは徳川光圀が没した十五年も後の事であり、隠居後の光圀が五代将軍綱吉の命に拠って最後の江戸小石川藩邸への滞在を済ませ、久慈郡の隠居所西山荘に戻った元禄八年(一六九五)には吉宗はまだ紀州藩主にもなっておらず、紀州藩江戸藩邸住まいの十一歳の四男坊として将軍綱吉にもお目見が叶っていない時期であった。

幸四郎、山田五十鈴以外のキャスティングに関して言えば、森美樹の山内伊賀亮は柄によく合っていて、無頼の旗本たちのリーダーとして傍若無人に振る舞いながらも、実は心の内では立派な武士であったという『花の幡随院』(一九五八年)での水野十郎左衛門役よりも、親子の情を利用して徳川の血筋を穢してやろうという憎しみの気持ちと明晰な頭脳とによって幕府を陥れようとするヒールに徹していてむしろ清々しい。

また、天一坊として祭り上げられていく一途な性格の宝沢を演じている北上彌太郎も、七世嵐吉三郎の息子という梨園の御曹司的な育ちの良さから来るお人好しの世間知らず的なこの人本来の持ち味が良く出ていて、誠に適役と言えよう。北上彌太郎はこの映画の後、松竹自体が幸四郎の東宝への移籍、期待の森美樹のガス中毒死(本作でも共演した嵯峨三智子との恋愛関係にあった)に拠る時代劇映画製作からの撤退もあって昭和三八年(一九六三)には松竹を退社し、以後は舞台やテレビで細々と活動し、昭和五九年(一九八四)になって三十二年振りに歌舞伎に戻り、八世嵐吉三郎となったものの、その僅か三年半後に亡くなっている。

撮影の渡辺孝は渡辺邦男監督の従兄弟で、日活、東宝、新東宝、東映、大映と、常に渡辺邦男と行動を共にした事で知られており、アラカンが明治天皇役を演じて日本映画史上最高の収益を上げた新東宝の『明治天皇と日露大戦争』(一九五七年)や長谷川一夫が大石内藏助役を演じて大ヒットした大映の『忠臣藏』(一九五八年)などはすべてこの二人のコンビである。後年、渡辺孝は東宝撮影所のある世田谷区成城に「とんかつ椿」という店を出し、数多の映画関係者の集まる店として育て上げ、今も代替わりはしているものの繁盛店として知られている。

初世萬之助
六世染五郎
八世幸四郎

# 『野盗風の中を走る』

（東宝／東宝スコープ／白黒／112分／1961年11月22日公開）

【スタッフ】

●製作：田中友幸　●原作：真山美保　●脚本：井手雅人、稲垣浩　●監督：稲垣浩　●撮影：山田一夫　●美術：植田寛　●録音：西川善男　●照明：小島正七　●整音：下永尚　●音楽：石井歓　●監督助手：丸輝夫　●編集：黒岩義民　●合成：泉実　●殺陣：久世竜　●製作担当者：中村茂

【キャスト】

独眼の太郎：夏木陽介
はやての彌藤太：佐藤　允
つっ走りの源：市川染五郎
むっつりの彌助：中村萬之助
かよ：雪村いづみ
さと：田村奈己
さわ：若林映子
住職円幽：笠　智衆
水車の兵六：中丸忠雄
案山子の孫市：田島義文
つむじ風の太十：谷　晃
ナガ耳の五郎：多々良　純
明智源三郎義輝：市川中車（八世）
古老六郎次：小杉義男
与平：山本　廉
榛名の武吉：大木正司
若者佐助：大塚国夫
甚吉：天本英世
大津川蔵人：富田仲次郎
彦四郎：鈴木治夫
万コロ：権藤幸彦
立札の侍：川村郁夫
茶店の亭主：向井淳一郎
立札の侍：大友　伸
館の女：村松恵子
田坂将監：松本幸四郎

『夜盗風の中を走る』ポスター

【惹句】

暁の曠野を疾走する夜盗の群！
空前のスケールで放つ豪壮痛快篇！
暁の曠野を疾走する群盗！
巨匠稲垣浩が空前のスケールで放つ豪壮痛快篇！

【内容】

夜更けに夜盗の一団がある屋敷に忍び込む。屋敷の主や家人たちを躊躇無しに殺し、小判や着物など金目の物を奪う。一人の女が、身体を好きにしていいから殺さないでくれとはやての

彌藤太に懇願するが、そこへつっ走りの源が止めに入り、心の卑しい女だと言って彼女を殺す。討っ手が来る前に一味は馬を駆って屋敷を後にする。――時は名もなく強く逞しい者たちがわが世のごとく暴れまわった戦国時代、夕に一国滅び、朝に一城立つ世の中である。

滝つぼの裏の洞窟にある彼ら向坂衆と呼ばれる夜盗たちの隠れ家に、盗みは嫌だと言って出て行ったむっつりの彌助が戻ってきた。彌藤太は彌助に突っかかるが、頭である独眼の太郎は出戻りの引き出物だと言って彌助にも屋敷からの戦利品を分配する。ナガ耳の五郎の提案で、一味は隠れ家を焼き払って食料や女を調達できるという八重山の里へ下ることにする。

途中鄙びた村で一休憩する夜盗たちは、八重山の村から食料を分けてもらいにやってきた二人の若い娘に出くわす。茶屋の主人は夜盗には酒を出すものの、娘たちにはお触れが出ているからと言って物を売ろうとしない。彌藤太が暴れているとそこへ役人らが駆け付けるが、役人たちなどは百戦錬磨の夜盗たちの敵ではなかった。

八重山の里に到着した一行だったが、話に聞いていた桃源郷とは程遠く、日照りで作物は立ち枯れ、人々は飢えて食い物がなく、猫を殺して煮ている始末だった。一味は相談して、途中の村に戻ってありったけの米を小判と引き換えに無理やりに調達し、八重山の村に持ち帰り、寺の住職円幽に寄進する。夜盗らに怯えて隠れていた村の若い娘たちにも笑顔が戻るが、女に目がない彌藤太に対して源が目を光らせている。母が父を殺して男と逃げたという過去を持つ源は男に色目を使う女を憎んでいたのだ。

その源が戦場で拾って後生大事に持っていた旗を見た住職は、持ち主だという源の事を、元の領主で滅ぼされたその旗印の尼崎家の若君ではないか、と尋ね、調子を合わせた彌藤太が「我ら故有って夜盗の振りをしているが、実は源九郎君を奉じてお家の再興を目指す尼崎家の残党」と言い繕ったことから、頭も素性を隠すのに丁度いい事もあり源を若君という事にして尼崎家残党の振りをし続ける事にする。久しぶりに米の飯を振る舞われた村人は、若君を一目拝んでお礼を言いたいと土下座し、源は自分の分け前の小判を村人に全て恵んでしまう。

住職に言われてかよが若君の身の回りの世話を言いつかり、さわの尻を追いかけていた彌藤太は蜂に刺されて酷い目に遭う。頭は、いつまでも夜盗のままでいるつもりはなく、いつかは一国一城の主になりたという夢を持っていた。かよは村人のうち二十八人の若い者たちが城の普請に駆り出され、仕事が終わったら殺されてしまうという噂を聞き、その中にいる兄を助けたくて神様に願をかけて指を切断しようとしていたところを頭に見咎められ、頭は何とか若い者たちを助け出せないかやってみようと約束する。頭の命令で、夜盗たちは村人と一緒に粟や稗を栽培する事で生き甲斐を感じ始め、源はかよが自分と同じみなしごだと聞いて初めて女性に心を許す。

村から十里ほどの場所に前領主尼崎義高の弟にあたる明智の軍勢が領地を奪おうと虎視眈々と狙っていると聞いた頭は、彌藤太と五郎に尼崎の旗を持って交渉に行かせ、城の普請完了の祝いの宴に乗じて攻めれば確実に城を落とせると情報を与えた代わりに、明智軍の侍大将田坂将監は二十八人の救出と村の者たちの安堵を約束する。

頭の作戦は、夜盗たちが三ヵ所から狼煙を上げるのを合図に、彌助が先導して百姓達を騒がせて一揆を起こしたように見せかけて、それを静めようと城から侍達が村へ向かったところで明智勢が城に攻め入るという段取りだ。

作戦はまんまと図に当たり、頭達は二十八人の若者たちを無事に救出し、明智勢は城を攻略することに成功した。だが、事をやり遂げて村を後にしようとしていた夜盗たちのいる村を突如明智の軍勢が取り囲んだ。明智源三郎義輝は、家臣田坂将監の忠告に耳を貸さず、尼崎一党が生き残っていれば後日自分の立場が危うくなると考えて皆殺しを命じたのだった。多勢に無勢の中、村長を人質に取られた百姓たちが自分たちを明智勢に売り渡すのではないかと疑心暗鬼にかられた向坂衆だったが、百姓たちを引き連れてやってきた住職は、尼崎の残党というのが偽りと知りつつ、村人の安全のために調子を合わせていたことを告げ、たとえ夜盗の向坂衆だとしても村を救ってくれた恩人に違いはない、と皆で土下座し、後の事は村人で何とかするから早く逃げてくれと語る。

そこへ、田坂将監が単身やってきて、村が焼き払われたりしないように早く村から逃げてくれ、と談判する。主君の命とは言え、約束を守れなかった責任を感じての将監の命懸けの行動に、頭らは改めて村人の安堵と向こう三年間の年貢の免除を約束させ、将監の案内で村を出ようとする。しかし、待ち構えていた明智勢に取り囲まれた一行は、奮戦虚しく次々と殺されていく。将監もまた裏切り者として殺された。死ぬのは嫌だと逃げ出そうとした彌助は撃たれて死に、その彌助を助けようとした源、後を追ったかよもまた撃たれて死んだ。彌藤太だけは何とか逃げたらしい。最後に残った頭、五郎、水車の兵六、つむじ風の太十の四人は、鉄砲隊に取り囲まれる中、こんな華々しく死ねるとは思ってもいなかった、と笑いながら飛び出して行き、全員撃ち殺された。

数年経ち、今では侍大将となった彌藤太が兵を引き連れて村へ立ち寄ると、村人たちは「この村を守りたる人は此処へ眠る」という碑を立てて、向坂衆の者たちを懇ろに弔い続けているのだった。


**【解説】**

東宝らしい痛快娯楽時代劇で、大ヴェテラン稲垣浩監督にとっても会心の作品であろう。野武士（夜盗）たちが無慈悲な侍たちから村を守るという設定は同じく東宝の黒澤明監督作品『七人の侍』（一九五四年）の裏返しの設定である。また、夜盗の一団であることを悟られないために御家再興を目指す尼崎家の残党の振りをしていたつもりの向坂衆たちに対して、実は村の実質的リーダーである住職円幽がそんなことは端から承知の上で村を守るために彼らを尼崎家の残党として遇していた、という設定もまた、村長が「侍雇うべし」と決断して侍をリクルートした『七人の侍』の設定と軌を一にしている。

向坂衆たち個々の顔ぶれというのもそれぞれ個性的に描かれており、夏木陽介演じる独眼のリーダー太郎は「いずれは一国一城の主になりたい」という野望を胸に秘め、正義感の強い男。佐藤允の演じるはやての彌藤太は女に目がない荒くれ者だが、動物的勘で窮地を脱して独り生き残る。染五郎の演じているつっ走りの源は、母が男と逃げた記憶がトラウマとなり、男に色目を使う女を嫌悪する潔癖な性格だが、源九郎君に成り済ましてその身の回りの世話をするかよと接するうちに、自分の為に涙を流してくれたかよを通じて初めて女性の優しさに触れ、かよを愛するようになる。一方、萬之助演じるむっつりの彌助は、元々百姓をしていただけに誰よりも百姓の気持ちを理解し、村人たちの信頼を最も早く勝ち取るコミュニケーターである。

こうした中堅、若手俳優たちが、主人公としてその他の一癖も二癖もある向坂衆たち役の俳優陣と共に若きエネルギーをぶつけ合う中で、脇に回った幸四郎は明智軍の侍大将でありながら向坂衆に深い理解を示し、村人たちを救ってやった彼らの心意気を意気に感じて、何とか彼らを無駄死にさせずに逃がしてやろうとする正義の士という役どころで物語全体に厚みをもたらしている。風貌的には、この田坂将監役は、幸四郎にとって幻の出演に終わった黒澤明監督作品『隠し砦の三悪人』（一九五八年）での田所兵衛のイメージと近く、その仕える主君というのが心底から敬服し信頼し我が命を捧げても悔いがない、というような人物ではなくそこに深い憂いを抱えている人物であるという点でも共通している。だが、田所兵衛の場合は雪姫の一言により今の主君に見切りをつける決意を固め、「裏切り御免！」と宣言して敵であった秋月家（雪姫側）に寝返って物語を劇的に動かしてハッピーエンドへ導いていった訳だが、田坂将監の場合は主君の命に背いて単身、向坂衆たちを救おうと行動を起こし、結果的には裏切り者として向坂衆たち共々あえなく殺されてしまう。その悲劇性というのは、全編を通じて豪快かつ快活な〝陽〟のイメージの強い本作がラストに一転してほとんどの主人公たちが無残に死んでいくという切ない終わり方の中に収斂されていく。

最後まで戦って生き残った四名の男たち、即ち頭である独眼の太郎（夏木陽介）、ナガ耳の五郎（多々良純）、水車の兵六（中丸忠雄）、つむじ風の太十（谷晃）の四人が、敵の鉄砲隊に完全に取り囲まれて、飛び出せば即、集中砲火を浴びて死ぬであろう事を判った上で、いずれは縛り首にでもなって死ぬ事を覚悟していたのに、村を救うために立ち上がって力の限り闘い、こうして華々しく散っていくような死に方が出来ることに感謝しつつ、笑って飛び出して行く様というのは、本作の八年後に製作されることになるサム・ペキンパー監督の名作『ワイルドバンチ』（一九六九年）の、最後に確実に死ぬ事を判っていながら堂々と敵に向かて歩いていくウイリアム・ホールデン、ベン・ジョンソン、アーネスト・ボーグナイン、ウォーレン・オーツの四人や、その『ワイルドバンチ』のモデルである〝壁の穴（ホール・オブ・ジ・ウォール）ギャング〟を描いたもう一本の傑作である、ジョージ・ロイ・ヒル監督の『明日に向って撃て』（一九六九年）のラストで、ハチの巣になる事を承知で飛び出して行くポール・ニューマンとロバート・レッドフォードの二人を彷彿とさせる、というよりもかなりの確率で本作こそがそれらの映画に強いインスピレーションを与えたのであろうと思えるのである。

　そして、幸四郎の存在と共に、本作の後半を引き締めているのが、明智源三郎義輝役の八世市川中車である。本作の後の『忠臣蔵［花の巻・雪の巻］』（一九六二年）での冷徹かつ好色な吉良上野介役で、瀧沢修に並ぶこの役の極め付けという存在に躍り出た中車の存在感というものが、親戚筋である尼崎家の御曹司であろうが将来の自分にとっての脅威となり得る可能性が少しでもあれば情け容赦なく殺してしまう、という明智の冷徹で情に流されない戦国武将としての大きさというものに真実味をもたらしているのである。



**八世幸四郎**
**六世染五郎**

## 『假名手本忠臣蔵』（再公開）

（松竹／総天然色松竹グランドスコープ／?分／1962年9月9日公開）

【スタッフ】→『大忠臣蔵』を見よ
【キャスト】→『大忠臣蔵』を見よ

【惹句】
東西映画・演劇の人気スター総動員で贈る日本最大のドラマ！
絶対のはまり役で贈る雄渾華麗の元禄大絵巻！
空前の豪華配役で贈る名作の真髄！
東西映画・演劇の人気スターを網羅した空前の豪華配役！

【内容】→『大忠臣蔵』を見よ

【解説】
老舗映画会社松竹では、戦後になって二度、「忠臣蔵」本伝を製作した。即ち、戦後初めてそのタイトルの下で公開された『忠臣蔵（花の巻・雪の巻）』（一九五四年）と、その三年後に史上初めてカラーでの「忠臣蔵」物として製作した、総天然色松竹グランドスコープ作品『大忠臣蔵』（一九五七年）である。どちらも、八世幸四郎、二世市川猿之助といった松竹の抱える歌舞伎俳優を大石内蔵助役として中核に据えて、それに契約下にある俳優としては随一の時代劇役者である近衛十四郎以下の俳優陣が絡み、後は新劇やフリーの立場の俳優たちが脇を固める形でオールスターを形成していた。

『假名手本忠臣蔵』ポスター

松竹では、自前の時代劇スターを育成するべく、早稲田大学出身で長身の二枚目、森美樹に白羽の矢を立てて、一九五五年にデビューさせてからこの方順調に育てていた。松竹時代の幸四郎の出演作品においても、森美樹は常にその共演相手としてフィーチャーされている。

だが、東映時代劇の圧倒的な寡占状態の確立と反比例する形で、松竹の時代劇は急激に厳しい事態に直面することになった。即ち、期待の森美樹は一九六〇年にガス中毒で呆気なく死んでしまい、近衛十四郎は自らの天下一品の殺陣の魅力を存分に発揮できる場を求めて一九六一年に東映に移籍、そして、同年には留めを刺す形で八世幸四郎以下の歌舞伎俳優たちが大挙して東宝へ移籍してしまったのである。

本作は、こうした事態に拠って最早時代劇を製作する能力を著しく減じてしまった松竹が、旧作『大忠臣蔵』を再編集してタイトルを変えて前篇とし、これに荻生徂徠ら周辺の人物たちに焦点を絞った後日談として新たに製作した『義士始末記』を後篇としてカップリングさせ、新作のように装って公開した作品ということになる。その背景としては、勿論、松竹側にしてみれば自分たちを「裏切って」東宝入りした幸四郎が、東宝創立三十周年記念として、嘗て松竹オールスターキャストで主演した『忠臣蔵（花の巻・雪の巻）』（一九五四年）のそっくりそのままのリメイクと言ってもいい形での、タイトルもそのままの『忠臣蔵（花の巻・雪の巻）』を製作していた中で、その公開の機先を制して一足先に公開する、という形で挑戦状を叩きつけた（あるいは、東宝側にしてみれば嫌がらせを仕掛けてきた）作品ということになる。幸四郎自身もまた、こうした松竹のやり方に対して感じる不快感をメディアに対して隠そうとしていない。

短縮版の形にした前篇『假名手本忠臣藏』に、立花左近役で出演した幸四郎の登場シーンが含まれている事はポスターに名前が記されている事から明らかであるが、全体としてどの辺りのシーンをカットして短縮版としたのかについては、今日では残念ながら確認する術がない。

新たに製作した後篇『義士始末記』の方では、主人公荻生徂徠には島田正吾を新国劇から借りて来ざるを得なかったし、むしろ、女優王国としての松竹の屋台骨を支えていくことになる岡田茉莉子や岩下志麻を中心に据えての作品であったから、松竹にはもはや「忠臣蔵」映画を作れるほどの時代劇スターはいないという現実を如実に示す結果にしかならなかったであろう。

《Ｉ》「映画作品」（27／33）

八世幸四郎
六世染五郎
初世萬之助

## 『忠臣藏（花の巻・雪の巻）』

（東宝／東宝スコープ／総天然色／207分／1962年11月3日公開）

**【スタッフ】**

●製作：藤本真澄、田中友幸、稲垣浩 ●脚本：八住利雄 ●監督：稲垣浩 ●美術：伊藤熹朔 ●音楽：伊福部昭 ●撮影：山田一夫 ●美術：植田寛 ●録音：西川善男 ●照明：小島正七 ●整音：下永尚 ●監督助手：丸輝夫、高瀬昌弘 ●編集：岩下廣一 ●合成：泉実 ●殺陣：久世竜 ●振付：猿若清方 ●製作担当者：川上勝太郎 ●スチール：吉崎松雄

## 【キャスト】

大石内蔵助：松本幸四郎
浅野内匠頭：加山雄三
堀部安兵衛：三橋達也
高田郡兵衛：宝田 明
岡野金右衛門：夏木陽介
不破数右衛門：佐藤 允
間 十次郎：高島忠夫
吉田忠左衛門：河津清三郎
千坂兵部：志村 喬
寺坂吉右衛門：加東大介
脇坂淡路守：小林桂樹
土屋主税：池部 良
大石妻・りく：原 節子
内匠頭妻・瑤泉院：司 葉子

吉右衛門妹お軽：団 令子
平五郎妹お艶：星 由里子
吉良の間者うめ：白川由美
潮田の妹佐保：水野久美
赤穂の女：浜 美枝
水茶屋の女お文：池内淳子
半兵衛女房お時：淡路恵子
戸田の局：草笛光子
浮橋太夫：新珠三千代
本陣主人・半兵衛：森繁久彌
大工・平五郎：フランキー堺
野郎芸者利兵衛：三木のり平
畳屋音吉：柳家金語楼
吉良家用人松原多仲：益田喜頓

柳沢出羽守：山茶花 究
多門伝八郎：有島一郎
大高源吾：小泉 博
武林唯七：藤木 悠
伊達左京亮：久保 明
岡島八十右衛門：平田昭彦
小林平八郎：中丸忠雄
上杉の間者貴島主水：堺 左千夫
潮田又之丞：土屋嘉男
そばや主人楠屋九兵衛：藤原釜足
薩摩浪人村上鬼剣：田崎 潤
梶川与惣兵衛：藤田 進
院使 清閑寺中納言：上原 謙
谷晃田島義文：沢村いき雄
堀部彌兵衛：小杉義男
居酒屋の女お玉：中島そのみ
原惣右衛門：香川良介
藤井又左衛門：清川荘司
清水一角：戸上城太郎
上野介妻・富子：沢村貞子
矢頭右衛門七：市川染五郎（六世）
萱野三平：中村萬之助
将軍・徳川綱吉：中村又五郎（二世）
大野九郎兵衛：中村芝鶴（二世）
近松勘六：市川高麗藏（十世）
片岡源五右衛門：市川段四郎（三世）
大石松之丞（主税）：市川団子（三世猿之助／二世猿翁）
吉良上野介：市川中車（八世）
俵星玄蕃：三船敏郎

『忠臣蔵』を表紙にした東宝発行の雑誌「東宝映画」

【惹句】

映画史上空前の豪華キャスト！
東宝が総力を結集して贈る忠臣蔵の決定版
豪快無類！ 圧倒的面白さ！ 全国民必見の感動の超大作！
東宝が総力を結集！
感動 豪快 絢爛の
胸躍る時代劇巨編

【内容】

［花の巻］

元禄一四年三月。恒例の幕府の年賀に対する答礼として京より東山天皇の勅使二名、霊元上皇の院使一名が江戸に下向する途中、東海道は興津の本陣では、主人半兵衛以下、緊張の体でこれを迎えていた。

江戸で勅使接待役を命じられたのは播州赤穂城主浅野内匠頭と伊予吉田城主伊達左京亮だったが、伊達と違って浅野は賄賂を嫌う潔癖な性格ゆえに、礼儀作法についての指南役吉良上野介にも、側用人柳沢出羽守にもさしたる進物を送らない。吉良は先年塩田作法の教授を浅野に拒否された恨みからか、進物の少ないのを目の敵にしてか、嫌がらせをする。一旦は不要と指示しておきながら畳替えをしろと無理難題を押し付け、一夜での五百畳の畳替えを迫られる。この畳替えは内匠頭近習の片岡源五右衛門が引受け、武林唯七や大高源吾、堀部安兵衛が江戸中の畳職人をかき集めて事なきを得たが、畳屋音吉に代わって安兵衛は槍の達人である浪人・俵星玄蕃と朝まで酒の飲み比べをする事になった。饗応の儀もあと一日という日になり、浅野に同情的な脇坂淡路守の励ましもあったものの、殿中松の廊下で田舎大名呼ばわりされ、それまで抑えに抑えていた内匠頭はとうとう刃傷に及ぶ。だが、内匠頭は梶川与惣兵衛に抱きかかえられて、留めを刺す事は叶わなかった。取り調べでは多門伝八郎が内匠頭に同情を示し、また将軍綱吉自身も掟にしたがって裁けば良いと述べていたものの、吉良と昵懇の仲である柳沢出羽守の意向で、喧嘩両成敗の掟に違い、幕府の裁断は内匠頭には即日切腹、吉良には何の咎もなかった。

大事を知らせる早駕籠は赤穂へ走った。途中、萱野三平の乗った早駕籠が巡礼の老女を跳ね飛ばして崖から転落させてしまう事故があったが、三平は先を急ぐため氏素性だけ名乗って赤穂へ急いだ。赤穂城内では城代家老大石内蔵助を中心に、城と共に討ち死にするか、城を明け渡し浅野家再興に尽すか、議論が続いた。上杉家家老千坂兵部の放った間者たちが探りを入れる中、急進派を静止した大石は、自身に一味同心するべく残った人数六十一名に誓詞血判させ、城を明け渡す。城受け取りの正使脇坂淡路守は、大石の本心を知ろうと迫るが、大石は御家再興をお上へ願い出るとしか語らない。

江戸では千坂兵部が大石の心底は吉良の首にあるとみて、上杉家からの警護の侍や腕の利く浪人を集め、当主綱憲の実父である吉良家の付人として差し向け、また俵星玄蕃は自らの槍の腕を上杉家に売り込んでいた。

山科の閑居に移った大石は廓遊びに明け暮れ、訪ねてきた薩摩浪人村上鬼剣も追い返し、大石ではなくて軽石と罵られる。誓詞血判した一人、萱野三平は早駕籠で赤穂へ向かう途中に事故で死なせた老婆の息子が敵討ちに現われた為、自らの死を以て償う決意を大石に伝える。大石は死に行く若者を前にして初めて、天下のご正道に反抗するとの本心を伝える。夫を信じる妻・りくは子供たちと共に但馬の実家へ帰る。嫡男松之丞と共に、黙ってこれを見送る大石であった。

[雪の巻]

吉良は本所に居を移し、江戸の赤穂浪人たちは身分を変えて動向を探っていた。畳替えの一件で知り合った槍の名人俵星玄蕃が上杉家召し抱えの候補となった情報を得た堀部安兵衛は、玄蕃に探りを入れる。米屋の手代に成り済ましていた岡野金右衛門は、出入り先の大工・平五郎が吉良家の普請を請け負ったと聞き及び、平五郎の娘お艶に接近するが、無垢な娘を騙す事に対する良心の呵責に悩んでいた。一方、潮田の妹佐保は好色な吉良に耐えてその傍に仕えて情報を探り、同志たちに報告していた。また、高田郡兵衛は水茶屋の女お文とのっぴきならない関係に陥っていた。

玄蕃が吉良家の付人になったと聞いた安兵衛は闇夜に玄蕃を襲うが、玄蕃は赤穂浪人たちの心底を見極めようとしただけだった。そして岡野はお艶から吉良家の絵図面を借り受けるが、それは平五郎がお艶から話を聞き、赤穂の浪人に違いないと判った上での事だった。

秋も深まった頃、興津の本陣に清閑寺家御用人尾花光忠一行が増上寺寄進の品を運ぶ途中に宿をとった。寄進の品の目録だと言って白紙を渡された主人半兵衛は、丸に鷹の羽の家紋を見てこの謎かけを解き、それが大石であると悟り、取り調べに来た役人を追い返した。

大石は江戸へ到着し、小山屋という旅籠を本拠地に、岡野の手に入れた絵図面で作戦を練っていた。そして、大高源吾の情報に拠り一二月一四日には必ず吉良が在宅と確認、この日を決行日と定める。

大事決行の前に、雪の降る中を南部坂の瑶泉院を訪ねた大石だが、お酌女うめの不審な態度に本心を打ち明けることが出来ないまま、不忠者の汚名を着せられ、焼香も許されぬまま瑶泉院と別れを告げる。岡野は訪ねてきたお艶に会わせる顔がない。安兵衛は玄蕃と別れの盃を交わす。郡兵衛はお文に泣いて縋られ、心中して果てた。病で臥せっていた寺坂吉右衛門は雪の中を這って行くがどうしても集合場所の蕎麦屋まで辿り着く事が出来なかった。

瑤泉院の許では大石の置いて行った袱紗をうめが盗もうとした事から、今夜こそが一挙の日である事を知り、瑤泉院は涙を流す。

大石の槍の先には萱野三平の名札がしっかりと結び付けられていた。吉良邸の外では、俵星玄蕃が浪士の本懐を願いながら、上杉家の手勢を一人も通すまじと宝蔵院流の槍で両国橋を守る。激しい戦いが終わったが、目指す吉良上野介がどうしても見つからない。最早これまでと大石が皆を集めようとした時、炭小屋でとうとう敵上野介が発見された。大石たちは、遂に主君の恨みを晴らすと同時に、御政道への抗議のための壮挙を成就したのだった。

**【解説】**

八世幸四郎は、一九六一年二月、長男六世市川染五郎、二男初世中村萬之助の二人の息子の松竹から東宝への移籍を発表、そしてその十日後には八世市川中車、二世中村又五郎、二世中村芝鶴、十世市川高麗藏、二世中村吉十郎ら二十五名（後から加わった者を含めると三十六名）もの仲間を引き連れての東宝移籍という、戦後の梨園の歴史上最大の騒動を引き起こして世間をあっと言わせた。四十七人には少し足りなかったこの反乱は、しかし単純に東宝の菊田一夫の誘いに乗った他力本願の行為ではなく、梨園そのものの将来を見据え、これからの時代の歌舞伎役者という存在の立ち位置を確立していく上での大局を見据えての決断だった筈である。その決断が正しかった事は今日の歌舞伎界の隆盛振りが何よりも物語っている。

本作は、「東宝創立三十周年記念映画」として、その幸四郎率いる東宝劇団の面々と、二年前の『サラリーマン忠臣蔵』で総登場した東宝サラリーマン喜劇俳優陣、そして三船敏郎以下の黒澤組の常連俳優たちなど、正に「映画史上空前の豪華キャスト！」で描いた、戦後「忠臣蔵」映画黄金期の最後を飾る作品である。

内容的には、同じく幸四郎が大石内蔵助を演じた松竹の『忠臣蔵』（一九五四年）に近いオーソドックスな作りだが、歌舞伎由来のお軽（平右衛門＝吉右衛門の妹）が勘平ではなく萱野三平の恋人として登場したり、浪曲・講談由来の俵星玄蕃が登場したりと、公開時の資料で稲垣浩監督が述べているように「今までに作られて来た数多くの忠臣蔵映画は、俗説、真説、歌舞伎などの良いところを採り、それに映画的な創作と解釈を加えて作られて来た。（中略）東宝忠臣蔵も、こうした慣例に従って、真説を無視せず、俗説をあなどらず、歌舞伎の幻想を生かし、又忠臣蔵物語をまったく知らぬ若い人たちにも理解なっとく出来るものに仕上げたいと考えている」というスタンスに立っている。

真説に依っている点としては、たとえば討ち入った人数を大石内蔵助以下四十六名とし、一足先に武士の義に散った萱野三平を加えて四十七人と解釈している点が挙げられる。寺坂吉右衛門については、討入後に大石の命によって離脱したとする最近の解釈とは異なり、病気で辿り着くことができない、という松竹版『忠臣蔵』での毛利小平太と同様の描き方をすることで、観客の同情を引く役どころとしている。

一方、立花左近の代わりに、森繁久彌扮する本陣主人が鷹の羽の紋所を見て清閑寺中納言の名代と称する大石の心を読むシーンがあるなど、やや風変わりな形で過去の数々の映画へ目配せしている。

キャストでは、やはり松竹の『大忠臣蔵』（一九五七年）で大石主税を演じた市川団子（三世猿之助／二世猿翁）と矢頭右衛門七を演じた市川染五郎（九代目松本幸四郎／二世白鸚）がそれぞれ再び同じ役を演じているのに加え、萱野三平役に幸四郎の次男、中村萬之助（二世吉右衛門）が扮してフレッシュな演技を見せているのが目立つ。また、その萬之助が萱野三平を演じているからこそ、幸四郎の内蔵助が廓遊びをしている最中に三平の死の知らせに接し、涙するも、大事に飼っていた雀が死んだと言い繕い、道化た仕草で悲しみを押し殺さなければならない、というシーンの内蔵助の心の内がリアリティをもって観客に伝わってくるのである。このシーンは、過去のどの「忠臣蔵」映画の大石遊興の場面よりも完成度が高いと言えよう。

幸四郎にとっては、映画での大石内蔵助役は、松竹版の『忠臣蔵（花の巻・雪の巻）』（一九五四年）、松竹時代に東宝にレンタルされた形で出演した『元禄忠臣蔵・大石最後の一日より琴の爪』（一九五七年）に次いで三度目に当たり、これは幸四郎にとっては同じく三度演じた井伊直弼役、二度演じた大岡越前守役と共に最も得意とし、また本領を発揮できる役であったに違いない。

加山雄三の浅野内匠頭や小林桂樹の脇坂淡路守など、如何にも東宝の現代劇という俳優たちが似合っているとは言い難い時代劇のコスチュームで登場するのはご愛敬だが、流石に脇を固めているヴェテラン陣、即ち片岡源五右衛門役の三世市川段四郎、吉田忠左衛門役の河津清三郎、多門伝八郎役の有島一郎らは見ていて安心できるし、過去のどの作品よりも好色な感じが出ている市川中車の吉良上野介は、瀧沢修と並ぶこの役の極め付けとなった。また、柳沢出羽守を『サラリーマン忠臣蔵』での伴内耕一（鷺坂伴内）、大映の『刃傷未遂』（一九五七年）での宗匠宗加役、と太鼓持ち的役柄が多かった山茶花究が演じている。これはやや意外なキャスティングだが実にはまっていた。

変わっている点としては、通常だと知行高に応じた御用金の分配を主張する強欲な大野九郎兵衛を、少なくとも表面的には、領民に対して迷惑を掛けないように藩札を現金化してやらねばならず、そのためには御用金の残高と藩札発行高との差額分として方々に貸し付けている借金を取り立てねばならない、とまっとうな意見を言う存在として描いている点がある。これは九郎兵衛を演じる重鎮中村芝鶴への配慮もあるだろう。但し、九郎兵衛は取り立てに行くと言い残して藩の公金を持ってこっそり逐電してしまうのだが。
女優陣に関して言えば、先ず本作は原節子の最後の出演作品であることが知られている。だが、原節子のりくはほとんど演技の上での見せ場はなく、浮橋太夫役の新珠三千代、瑶泉院役の司葉子を筆頭に華やかな顔ぶれではあるが、瑶泉院なども東映の大川恵子が内蔵助の腹の内を判っていて、その嘘に調子を合わせている、というような、男性と対等な立場の戦後的な人物造形であったのに対して、ここでは古典的な、思慮の浅い女性像に逆戻りしている。ちょっと珍しいのは、好色な上野介の妻富子に扮した沢村貞子の終始不貞腐れた感じの存在感であろうか。

《I》「映画作品」（28／33）

**八世幸四郎**

## 『侍』

（三船プロ＝東宝／東宝スコープ　白黒／122分／1965年1月3日公開）

**【スタッフ】**
●製作：田中友幸　●原作：群司次郎正　●脚色：橋本忍　●監督：岡本喜八　●撮影：村井博　●美術：阿久根巌　●録音：西川善男　●照明：西川鶴三　●音楽：佐藤勝　●整音：下永尚　●監督助手：山本迪夫　●編集：黒岩義民　●合成：泉実　●殺陣：久世竜　●製作担当者：鈴木正雄

『侍』ポスター

## 【キャスト】

新納鶴千代：三船敏郎
栗原栄之助：小林桂樹
お　菊：新珠三千代
菊　姫：新珠三千代（二役）
星野監物：伊藤雄之助
木曽屋政五郎：東野英治郎
羽山市五郎：荏原達怡
稲田重蔵：中丸忠雄
みつ：八千草　薫
つる：杉村春子
八　重：田村奈己
小島　要：大辻伺朗
住田啓二郎：稲葉義男
増位惣兵衛：平田昭彦
萩原又三郎：天本英世
備前屋辰吉：沢村いき雄
森川精一：当銀長太郎
浪　士：小川安三
浪・士：二瓶正也
板村勝之進：黒沢年男
武　士：田島義文
武　士：桐野洋雄
長野主膳：市川髙麗蔵
浪　人：常田富士男
西川忠左衛門：寺島　貢
一条成久：志村　喬
藤堂帯刀：藤田　進
野坂源五兵衛：中村芝鶴（二世）
松平左兵督：市川中車（八世）
井伊直弼：松本幸四郎

## 【惹句】

**この首、五百石では**
**手渡さぬぞ…**
**豪快三船の剣！**

## 【内容】

万延元年二月一七日朝、江戸城桜田門外で大老井伊直弼の登城を待ち構えていた星野監物以下三十二名の浪士たちは、この日とうとう井伊が登城しなかった為計画を中止して出会い茶屋相模屋へ引き上げた。あるいは計画が事前に漏れていたのではないか。とすれば仲間の中に密告者がいるのではないか。皆の眼が新入りの新納鶴千代に注がれる。星野は幹部の住田啓二郎、増位惣兵衛と密かに話し合いを持ち、怪しい新納と、もう一人、新納と親しい元松平左兵督家臣栗原栄之助の動向を探るよう指示する……

新納を調査した稲田重蔵の報告に拠れば、新納は備前屋辰吉の用心棒の他、道場破りなど無頼の輩として生計を立てている。元尾州浪人新納が仲間に加わった経緯は、板村勝之進ら二名が捕り方に捕まりそうだった際に救った事がきっかけだった。一方の栗原を探っていた萩原又三郎の報告では、井伊直弼の友である松平左兵督の近習で理論派の勉学の徒あったが、脱藩し、廻船問屋の娘で裕福なみつと暮らしている。新納と栗原が親しくなったのは、ある年の暮れに栗原が師範代を務める道場に新納が道場破りに訪れ、手合わせして互いの力量を知ってからだという。

新納鶴千代は件の決行中止の日より相模屋に居続けていた。勘定を払う金も持ち合わせていない新納に、女将のお菊は「お代は結構なのでお引き取りを」と冷たく告げる。だが、去り際に鶴千代が呟いた「拙者がこんな野良犬に成り果てたのはお前のせいなのだ」という台詞が耳から離れなかった。鶴千代はその足で木曽屋政五郎を訪ね十両の金を無心するが、政五郎は鶴千代の情けない姿に呆れ果て、びた一文金はやらないと追い返す。

　開国の為に攘夷派の人々に断罪の命を下した大老井伊掃部頭直弼は、自身の命を狙う水戸浪士たちが跋扈している事を把握していた。だが、心配した松平左兵督が訪ねてきても、「いま拙者を倒せば三百年間続いた徳川はぶっ潰れる。そしてそれはこの日本から侍がいなくなる事だ」と言い放つだけだった。

　相模屋のお菊は新納の勘定の取り立てに木曽屋を訪ねたが、政五郎はそのお菊を見て我が目を疑った。実は、新納はさる立派な格式を持つ御武家が若気の至りで行きずりの娘に産ませた子供であったが、故あって親子とは名乗れず、その武家の知己であった木曽屋の斡旋で尾州の藩医新納家の養子となったものの、医者は継がずに武士として身を立てたいと武芸に打ち込み、示現一流の免許皆伝直前まで来ていた時にたまたま鹿島神宮へ詣でた帰りに、酔った武士に絡まれて難儀していた一条家ご息女菊姫を救い、以後鶴千代と菊姫は相思相愛の仲となったものの、既に一条家では菊姫の婚儀を進めており、素性の知れない鶴千代に大事な姫を渡す訳にはいかない。歴とした大名の子息なら兎も角、との一条成久の言葉に、母と木曽屋から実の父親の名を何とか聞き出して、その素性を告げて菊姫と結ばれたいと願った鶴千代だが、いまだ修行中の身、免許皆伝を受けて正式に仕官の口が決まるまでは告げられぬと言われ、菊姫の事を諦めざるを得なかった。鶴千代の心の乱れは師匠藤堂帯刀の怒りを買い、遂には破門を言い渡され、以後母とも政五郎とも縁を切って無頼の生活に陥っていたのだ。そして、その菊姫とお菊とはまさに瓜二つ、相模屋に入り浸る鶴千代の心を察した政五郎は、お金で解決出来る事なら全て自分が責任を持つとお菊に告げ、せめてたまには鶴千代に優しい言葉の一つもかけてやってほしい、と懇願するのだった。

　栗原が気を利かせて相模屋の勘定を支払い、栗原の家で束の間の安らぎを得た鶴千代がねぐらの土蔵へ戻ると、そこには監物らが待ち構えていた。萩原の報告で、栗原の妻みつの姉が松平左兵督の側室である事実を知った監物は、栗原粛清の為の刺客として新納を指名する。唯一心を許した友、栗原を討つに忍びない鶴千代だったが、討たねば井伊大老襲撃の一味から外すと言われ、止む無く引き受け、緊急打ち合わせと称して呼び出した栗原を斬った。鶴千代は、井伊大老の首を取ることだけが、唯一、今の生活から抜け出して有力な大名に召し抱えられる手段だとの想いに凝り固まっていたのだ。

　栗原の家で通夜が行われ、監物らが素知らぬ顔で焼香しているころ、鶴千代はお菊の許で酒に気を紛らわしていた。そこへ、栗原を裏切り者と断定したのは大きな間違いで、本当の裏切り者は参謀格の増位惣兵衛だと発覚したという知らせが届く。鶴千代が駆け付けた時、既に増位は監物に殺されていた。監物は裏切り者一名、疑わしき者一名の記録を同志の公式記録から抹消させる。

井伊直弼は昔ある女に産ませたまだ見ぬ我が子の事をずっと気に掛けていた。今更対面は出来ないが、せめて遠目から一目だけでも様子を見たいとの意向を、野坂源五兵衛を通じて木曽屋に伝えた。政五郎は鶴千代を探してお菊と会うが、その話から鶴千代が水戸家や薩摩、長州の浪人らといつも一緒にいて、近く歴とした武家になると語っていることを聞き、もしや井伊大老を襲撃して、その手柄で仕官の道を開こうとしているのではないかと思い至る。だが、そんな馬鹿な事が、子が親を殺すなどという事があっていい筈はない、とお菊に鶴千代の本当の父が井伊大老その人である事実を告げる。その様子を陰で同志の小島要が聞いていて、監物らに報告する。監物は、話の成り行きからして明日にでも鶴千代自身がその事を知ってしまう可能性があると判断し、討っ手を九名ほど鶴千代のねぐらに差し向ける。だが、それらは鶴千代の敵ではなかった。

万延元年三月三日、決行の朝、桜田門の近くで井伊大老の駕籠を待つ監物らの許へ、鶴千代が現れた。桃の節句には珍しい雪の中、一味は井伊大老を襲う。阿修羅のごとく斬りまくる鶴千代はとうとう井伊直弼の首を上げた。「本日の殊勲一番、井伊大老の首は尾州浪人新納鶴千代の手にある！」と叫ぶ鶴千代。だが、昨夜、監物の命で一味の中から新納鶴千代の記録は全て抹消されていた。


**【解説】**

本作は幸四郎にとって映画では三度目の井伊直弼役であり、かつ同じ群司次郎正の原作に基づく『侍ニッポン』（一九五七年）でも同じ役を演じており、まさに十八番とも言える役柄である。

幸四郎にとっての映画主演第一作目であった『花の生涯』（一九五三年）、前作『侍ニッポン』と比べると、幸四郎の井伊直弼の登場する場面は多くはなく、徳川幕府の舵取りを担って大局を見据えて政務に当たる政治家としての井伊直弼こそ描いているものの、若気の至りで行きずりのような形で産ませた我が子鶴千代の事を気に病み、その行く末に思いを馳せるという私人としての直弼の姿は本作では全く描かれていない（直弼がそういった気持ちを持っているという事は、本人ではなくその家臣である野坂源五兵衛の言葉として語られるだけである）。

この、父と子のウェットな情愛（公人としての立場故に子の事を十分にケアしてやることも出来ない親の、子を不憫に思う気持ち／父恋しさと自分と母を捨てた父を恨みに思う気持ちとに揺れる子の心）を完全に排しているアプローチというのは、橋本忍による脚本の力点が組織の中における裏切り者の存在を巡る疑心暗鬼、そしてそれぞれの登場人物の思惑がぶつかり合って結果的に歴史を動かすような大きなうねりとなっていく様を描くことにあるからで、最後の最後まで鶴千代自身は首を取った井伊大老というのが自分の本当の父親である事を知らずに終わる、というアイロニーを利かすためでもあろう。

実際問題として、『侍ニッポン』において、父と子の対面が叶った後の鶴千代が、嘗ての仲間たちが父の命を奪おうとしているのを何とか阻止しようと駆けつけ、結果的には共に討たれて駕籠の内外で互いに手を伸ばして息絶えるというセンチメンタルな形でのラストの終わり方だったものが、本作ではそれが実父の首である事を知らずに鶴千代が嬌声を上げて、自らの刀の先にその首を突き刺して掲げ、これで俺の仕官の口も出てくるはずだ、とばかりに誰にとでもなく「井伊大老の首は尾州浪人新納鶴千代の手にある！」と顕示する姿で映画が終わる。そのアイロニーを知っているのは東野英治郎扮する木曽屋政五郎と、彼から話を聞いた新珠三千代のお菊、そしてその現場にいて瀕死の重傷を負いながら鶴千代の様子を見て不気味な笑いを浮かべながら死につつある伊藤雄之助演じる星野監物、そして観客だけという形になる。岡本喜八の演出は、この橋本忍のアイロニカルなストーリーを乾いたタッチで描き切り、残酷で救いのない登場人物たちの運命を情け容赦ない冷徹な眼で観察するような趣がある。

クライマックスの井伊大老の暗殺場面だけでなく、本作には途中で二度、暗殺のシーンがある。初めは内通者と目された栗原栄之助を、その親友である三船鶴千代が斬るシーン。心を許した友に対して「何故だ！」とだけ叫び続けて絶命する栗原を、どちらかというとヌーボーとした個性で映画に温かみをもたらす陽性の小林桂樹が演じている事がこの暗殺シーンの悲劇性を浮かび上がらせ、またその通夜のシーンでは栄之助の妻みつ役の八千草薫に、泣き叫んだり忍び泣いたりする情緒的な演技を一切させず、只呆然とする表情を映していることで、ドライな雰囲気を保っている。その次の、本当の裏切り者と判明した増位惣兵衛暗殺のシーンでも、平田昭彦の惣兵衛が弁明したり命乞いしたりという情緒的なシーンを一切入れず、只監物がグサリと一突き、惣兵衛の胸に刀を突き刺し、それを抜き去ると同時に大量の血が噴き出して監物の白い着物を真っ赤に染める（実際には白黒の画面ではあるが）という、黒澤明の『椿三十郎』（一九六二年）のラストシーンを彷彿とさせるショッキングなシーンとして情緒的な要素を一切排しているのである。

乾いたタッチに徹した喜八演出は、一味の公式記録を付ける役目の羽山市五郎を演じている荘原達怡の抑揚のないナレーションで物語を語っているところにも表れている。

撮影当時四十五歳だった三船敏郎は、勿論現在の無頼の存在としての新納鶴千代にはピッタリだが、回想シーンとして出て来る、恋に身を焦がす若者としての苦悩や月代を細く剃った武市半平太風のその髪型は全くと言ってよいほど似合わず、かなり無理がある。そもそも、年齢的に言っても、三船は松本幸四郎と杉村春子の息子にはどうしても見えない訳だが、そこはやはり映画のウソとして、あまりにも瓜二つという設定の菊姫とお菊を新珠三千代が一人二役で演じているウソと同様に楽しむべきなのであろう。

## 《I》「映画作品」（29／33）

### 八世幸四郎

# 『日本のいちばん長い日』

（東宝／東宝スコープ／白黒／158分／1967年8月3日公開）

**【スタッフ】**

●製作：藤本真澄、田中友幸　●原作：大宅壮一編『日本のいちばん長い日』　●脚色：橋本忍　●監督：岡本喜八　●撮影：村井博　●美術：阿久根巌　●録音：渡会伸　●照明：西川鶴三　●音楽：佐藤勝　●整音：下永尚　●監督助手：山本迪夫、渡辺邦彦　●編集：黒岩義民　●製作担当者：鈴木正雄

**【キャスト】**

東郷外相：宮口精二
松本外務次官：戸浦六宏
鈴木総理：笠　智衆
米内海相：山村　聰
阿南陸相：三船敏郎
岡田厚相：小杉義男
下村情報局総裁：志村　喬
陸軍省軍務課井田中佐：高橋悦史
陸軍省軍務課竹下中佐：井上孝雄
陸軍省軍務課椎崎中佐：中丸忠雄
陸軍省軍務課畑中少佐：黒沢年男
石黒農相：香川良介
陸軍省軍務課長荒尾大佐：玉川伊佐男
迫水書記官長：加藤　武
老政治部記者：三井弘次
東部軍参謀不破大佐：土屋嘉男
森近衛師団長：島田正吾
矢部ＮＨＫ国内局長：加東大介
厚木基地司令官小薗大佐：田崎　潤
厚木基地副司令官菅原中佐：平田昭彦
木戸内大臣：中村伸郎
侍従武官清家中佐：藤木　悠
内閣官房佐藤総務課長：北村和夫
第二総軍司令官畑元帥：今福正雄
横浜警備隊長佐々木大尉：天本英世
宮内庁加藤総務局長：神山　繁
宮内庁筧庶務課長：浜村　純
近衛師団参謀古賀少佐：佐藤　允
近衛師団参謀石原少佐：久保　明
東部軍司令官田中大将：石山健二郎
近衛師団歩兵第二連隊長：藤田　進
宮内庁総務課佐野恵作：佐田　豊
児玉基地飛行団長野中大佐：伊藤雄之助
戸田侍従：児玉　清
徳川侍従：小林桂樹
航空士官学校黒田大尉：中谷一郎
近衛師団第一連隊長渡辺大佐：田島義文
ＮＨＫ舘野守男：加山雄三
原百合子：新珠三千代
憲兵中尉：井川比佐志
ＮＨＫ和田信賢：小泉　博
特別出演：松本幸四郎
ナレーター：仲代達也

【惹句】

世界中が注目している日本の映画！
激震する日本
昭和二十年八月十五日
私たちの知らないところで
私たちの知らないことが
勇気をもって
秘かに大胆に行われた
惨殺！ 切腹！ 反乱！ 世界を揺るがす運命の24時間！

『日本のいちばん長い日』チラシ

【内容】

昭和二〇年七月二六日、日本の降伏を求めるポツダム宣言が傍受された。外務省はこれを渡りに船と考え、仲裁を頼んでいるソ連に動きがあるまで静観を主張、しかし陸軍省は前線の士気にかかわるからとの理由で断固反対の立場をとった。鈴木貫太郎首相は記者会見で「ポツダム宣言はカイロ宣言の焼き直しに過ぎないのでこれを重視しない」と声明を出したが、つい「黙殺」の言葉が出て、新聞はこれをこぞって報道、海外では「黙殺」が「拒絶」と報道され、米英の世論を刺激、遂に広島への原爆投下、そしてソ連参戦という事態となった。八月九日、宮城内の地下防空壕で最高戦争指導会議が行われていた最中に長崎にも原爆が投下された。場所を閣議に移して議論が行われたが、またしても結論が出ず、深夜の御前会議で天皇の裁断を仰ぐこととなった。天皇は「これ以上戦争を継続することはわが民族を滅亡させることになる。速やかに終結せしめたい」と述べた。外務省は天皇の地位の保全についての条件をつけた回答を発したが、陸軍内では和平派を天皇から隔離するための戒厳令を布く計画案が阿南陸相に提出された。一触即発の中、八月一四日に再び御前会議が開かれ、天皇は「私自身はいかようになろうとも国民を……国民にこれ以上の苦痛をなめさせることは私には忍び得ない。できることは何でもする。私が直接国民に呼びかけるのが良ければマイクの前にも立つ」と発言、閣僚たちは咽び泣いた。かくして日本の一番長い日が始まった。

その日の午後、官邸では終戦処理の閣議が開かれ、国民や前線の将兵に一刻も早く終戦の事実を知らせるために、本日宮城内で天皇の終戦の詔勅を録音、明十五日正午に全国にラジオ放送することとなった。またそれと同時に米英に至急電を打つ必要がある。だが、その頃、血気にはやる陸軍の井田、畑中、椎崎ら青年将校は徹底抗戦の籠城を画策、近衛師団や東部軍司令部に決起を要請する。また、厚木基地の厚木三〇二航空隊指令の小薗大佐、児玉基地の陸海混成第二〇七飛行集団の野中大佐、そして横浜警備隊の佐々木大尉らは徹底抗戦と号令していた。閣議では詔書の文案を巡って陸海軍間の対立が続けられた末、漸く文案が完成、総理以下の各大臣の副署が終わり、深夜、天皇に拠る玉音放送が録音された。阿南陸相は鈴木首相に南方の前線から届いた葉巻を持参、ポツダム宣言傍受以来の強硬意見は全陸軍を代表してのもので他意はなかったと詫びた。

午前二時を決起の時刻と定め、森近衛師団長、東部軍らの説得に奔走していた青年将校らだったが、畑中、黒田は説得に応じない森師団長をとうとう暗殺、森師団長名義の偽の指令を発して宮城を占領し、NHKから放送用の録音盤を奪おうと動き出す。だが、録音盤はNHKではなく徳川侍従が密かに保管していた。

その頃、阿南陸相への説得を託された義弟竹下中佐は陸相宅を訪れたが、阿南は自決の準備をしていた。井田は東部軍を説得に行ったが、既に、森師団長暗殺の報が伝わっており動かない。近衛師団歩兵第二連隊長芳賀大佐は偽の師団長命令で宮城を占拠したが、やがて陸相も東部軍も現れないことからクーデターに気づき、畑中や椎崎に詰め寄る。

反乱軍は録音盤を必死に探すが徳川侍従らが身を挺してこれを守る。畑中は占拠したNHKへ出向き、国民へ向けて自分たちの真意を放送させろと迫るが、アナウンサーの舘野は拳銃を突きつけられても動じない。東部軍司令官田中大将は宮城に乗り込んで椎野らを退け、芳賀大佐に撤退を命令し、クーデターは未遂に終わった。

阿南は自刃して果てた。鈴木首相を暗殺しようとして官邸、次いで私邸を襲った佐々木大尉指揮の横浜警備隊・必勝学徒連盟の一隊はとうとう鈴木首相を見つけることができず、私邸を焼き払っただけで引き揚げた。

朝になり、正副の録音盤は無事にNHKに届けられた。鈴木内閣は総辞職し、畑中、椎崎は自決して果てた。——正午、玉音放送が行われた。長い長い二十四時間だった。かくして日本のいちばん長い日が終わった。

**【解説】**

本作は東宝創立三十五周年記念映画として製作され、文部省特選に選ばれた超大作である。そして、本作が興行的にも大成功を収めたことによって、東宝では以後、〝8・15シリーズ〟として戦争映画の超大作を製作し、毎年の八月に公開していくこととなった。

本作の原作は大宅壮一編『日本のいちばん長い日』(文藝春秋新社刊)だが、実際にはこの本は後に作家として売れっ子となっていく編集者・半藤一利によってまとめられたノンフィクションであり、当時無名だった半藤の名前の下では売れないとの判断で大宅壮一の名義が使われたのだという。因みに後に文藝春秋では半藤名義で『日本のいちばん長い日 運命の八月十五日決定版』を新たに出版、これを元に二〇一五年には松竹の制作・配給によって原田眞人監督によってリメイク版が作られている。

東宝が本作の制作を決めてから一番の懸案事項だったのは、劇中ポツダム宣言の受諾に拠る無条件降伏を決める際のキーマンであった昭和天皇その人の扱いをどうするか、という事で、当然ながら製作当時はまだその昭和天皇(当時は今上天皇)自身の在位中であったため、慎重な上にも慎重な検討が重ねられた結果、画面上にハッキリとその存在を映し出すかどうかは別としてやはり天皇役の俳優を設定する必要はどうしてもある、ということになり、その史上初めての在任中の天皇役を演じるに値する俳優として東宝との契約下にあった幸四郎に白羽の矢が立ったという事である。

結果的には、幸四郎の顔がハッキリと写されるカットは皆無であり、遠景でのショット、手元のアップや肩越しに斜め後ろから撮ったショットなどだけとなったが、勿論、御前会議での発言シーンや、玉音放送の録音シーンなどで流れるその声は聴き慣れた幸四郎の声そのものであり、昭和天皇を演じているのが誰なのかは一目瞭然だと言える。

だが、それでも東宝はポスターなどでは役名は載せず、また本編のラストにて示されるクレジットにおいても「登場順」としながら、実際には映画のメインタイトルが現れる前の時点で登場している幸四郎＝昭和天皇についてのみ、他の全ての俳優たちの名前の後、ナレーターの仲代達矢の一つ前に持ってきて、幸四郎の役柄についてボカシている。また、俳優名と演じる役名を示している予告編の上では、幸四郎の役名はなく「特別出演」としている。こうした配慮というのは、例えば右翼の街宣車などで「不敬である」云々と攻撃対象にされることを未然に防ぐために必要な措置だったという側面はあるだろうが、こうした制約について、監督の岡本喜八自身は「松本幸四郎丈演ずる天皇を、ハッキリと写してはいけないという絶対条件がついた。大ロングまたはピンボカシまたは部分撮りと、一応手練手管は使ったのだが、(中略)撮った私がもどかしい以上、当然見る方ももどかしかったに違いない。あのようなもどかしさは、最早とっくに無くなってる筈なのだが……」と心情を吐露している。

こうした、劇中の天皇の示し方についての是非は別として、歌舞伎役者が映画やテレビドラマで天皇や皇族役を演じるというのは現在でもしばしば行われるキャスティングで、それは多分に何代も世襲で続いている家柄という点から醸し出される高貴さ、希少性のようなイメージが両者に共通するものとして認識されているからであろう。幸四郎自身はこの後、同じ〝8・15シリーズ〟の『日本海大海戦』（一九六九年）では明治天皇役を演じているし、息子・染五郎もまた父主演の『大東京誕生 大江戸の鐘』（一九五八年）で幼き日の明治天皇役を演じている。また、東宝では更に『激動の昭和史 軍閥』（一九七〇年）を製作する際に、山本五十六元帥役の三船敏郎（〝8・15シリーズ〟第二作『連合艦隊司令長官　山本五十六』と同役）に加えて、米内海相役の山村聰、東郷外相役の宮口精二、木戸内大臣役の中村伸郎という本作と同じキャスティングを再現し、幸四郎に対して再び昭和天皇役を演じるように求めてきた（本人の承諾なしに幸四郎の名前の入ったポスターまで制作していた）のだが、さすがに天皇役ばかり演じさせられることにうんざりしていた幸四郎はこれを断り、共に東宝入りした二世中村又五郎に代わってもらっている。ちなみに、この又五郎＝昭和天皇はちゃんと顔のアップのシーンも撮られている。

本作のその他の俳優陣について言及しておくならば、阿南陸相役の三船敏郎は実際の阿南を知る人にはイメージが違い過ぎるという声もあったようだが、陸軍の軍人全てを代表する立場としての閣議での断固たる態度、そしてポツダム宣言の受諾が正式に決まってからは鈴木貫太郎首相（笠智衆の飄々とした存在感がこの役にピッタリであった）に対してきちんと筋を通して挨拶する人間味といった部分をしっかりと演じ分けており、やはりこの役は三船にしか演じられないものであったように思える。

その三船＝阿南陸相の切腹シーン、そして島田正吾演じる森近衛師団長とその側近が暗殺されるシーンというのは、元々は橋本忍のシナリオでは明確には描かれない事になっていたのを、黒澤明監督の『用心棒』（一九六一年）、『椿三十郎』（一九六二年）以降すっかり映画界のトレンドとなってしまった感のあるどぎつい残酷描写を取り入れたという構図なのであろう。然しながら、それまで通好みのアクション映画が多かった岡本喜八監督が初めて東宝としての畢生の大作を任されたが故に観客受けを狙って取り入れたシーンなどではなく、登場人物も多く、緊迫する閣議など動きの少ない題材に対して動的でインパクトのあるシーンを入れたと解釈すべきであろう。では、メッセージ性という観点では本作はどういった立ち位置にあると言えるのか。

映画のラストに示される数値のデータ、即ち太平洋戦争に参加した者の数一〇〇〇万人（日本男子の1／4）。戦死者二〇〇万人、一般国民の死者一〇〇万人、計三〇〇万人（五世帯に一人の割合で肉親を失う）。家を焼かれ財産を失った者一五〇〇万人。――それこそがおそらくは岡本喜八監督の言いたかった事の全てなのだろう。つまり、あの戦争が如何に無駄に多くの命を奪っていったのか。……公開時のパンフレットの中で喜八監督は「当時二十一・六才の候補生であった私は、いささかの曖昧模糊も許さずにこの歴史を変えた一ページを知りたい。私たちの寿命をちぢめていたあの強大な力がどのようにして萎えていったか、血の汗と涙がどのように流されて新しい日本が生まれたのかを……」と述べているのである。

《I》「映画作品」（30／33）

**八世幸四郎**

**『連合艦隊司令長官　山本五十六』**

（東宝／東宝スコープ／カラー／131分／1968年8月14日公開）

**【スタッフ】**

●製作：田中友幸　●脚本：須崎勝弥、丸山誠治　●監督：丸山誠治　●特技監督：円谷英二　●撮影：山田一夫　●美術：北猛夫　●録音：西川善男　●照明：平野清久　●音楽：佐藤勝　●整音：下永尚　●監督助手：長野卓　●編集：藤井良平　●音響効果：金山実　●製作担当者：古賀祥一

【特殊技術】●撮影：富岡素敬、真野田陽一　●美術：井上泰幸　●光学撮影：徳政義行　●照明：原文良　●合成：向山宏　●操演：中代文雄　●監督助手：中野昭慶　●製作担当者：坂本泰明

『連合艦隊司令長官 山本五十六』チラシ（©東宝）

【キャスト】

山本五十六：三船敏郎
船頭喜太郎：辰巳柳太郎
憲兵A：荒木保夫
憲兵B：堤　康久
辻陸軍参謀：中谷一郎
陸軍少佐参謀A：伊吹　徹
陸軍少佐参謀B：黒部　進
木村中尉：黒沢年男
米内海軍大臣：松本幸四郎
渡部戦務参謀：平田昭彦
黒島先任参謀：土屋嘉男
藤井政務参謀：藤木　悠
和田通信参謀：佐原健二
佐々木航空参謀：田島義文
畑陸軍大臣：今福正雄
永野軍令部総長：柳永二郎
及川開銀大臣：北　竜二
福留第一部長：向井淳一郎
富岡第一課長：岡部　正
宇垣参謀長：稲葉義男
源田航空参謀：佐藤　允
草鹿参謀長：安部　徹
高野大尉：久保　明
伊集院大尉：加山雄三
伊藤軍令部次長：宮口精二
南雲機動部隊司令長官：藤田　進
航空参謀：伊藤久哉
通信参謀：桐野洋雄
機関参謀：草川直也
近衛総理大臣：森　雅之
近江三曹：小鹿　敦
操舵員：堺　左千夫
米山飛曹長：西條康彦
大森二飛曹：阿知波伸介
矢吹友子：酒井和歌子
木村澄江：司　葉子
三上中尉：田村　亮
大本営海軍報道部長：加東大介
百武司令官：石山健二郎
今村司令官：佐々木考丸
栗田司令官：清水将夫
ナレーター：仲代達也

【惹句】

**太平洋戦争最大の英雄！**
**その壮絶なる生涯は日本の運命そのものであった！**
**アメリカがいちばん恐れた男！**

【内容】

新潟県加治川の花見客で賑わう川舟の一つに、老境に差し掛かった背広姿の男が乗っており、自分が舟の上で逆立ちしたまま無事舟を着けるかどうか船頭と賭け、無事に船着き場に着いたものの舟賃を受け取れ、受け取らないで言い争っている内に二人とも川に落ちて大笑いする。——長岡市に墓参りにやってきたその男は海軍次官山本五十六。日独伊三国軍事同盟に反対を唱えている事から右翼に命を狙われていて、護衛の為、東京から憲兵が二人付いてきていた。

東京の海軍省本部に戻った山本を、一人の若い海軍少尉が訪ねてきた。その木村少尉は、貧しい育ち故に士官学校に入れないはずだったところを、そんな理由で門戸を閉ざしてはいかん、という山本の口添えで入学することが出来、いまは卒業して霞ヶ浦の航空隊へ赴任する途中であった。一方、陸軍からも三名の若い参謀が面会に来て、ドイツとの軍事同盟を決断し、米英との戦争を決断せよと迫るが、山本は、日本はそんな戦争をすべきではない、と断固としてこれを撥ねつけた。

独ソ不可侵条約締結の報に平沼内閣は総辞職し、山本は連合艦隊司令長官に指名され、挨拶の為に米内海軍大臣を訪ねる。肝胆相照らす仲の米内と山本は、共に非戦論者として海軍内の意見をまとめ、陸軍からは米内・山本コンビとして恨まれていたが、独ソ不可侵条約によって陸軍もドイツ一辺倒でなくなるだろう、と予測した。

だが、首相となった米内に対して、引き続き三国軍事同盟締結をもくろむ陸軍では、公然と米内内閣潰しに掛かり、陸相が辞任し、かつ後任の陸相を推挙しない事によって米内内閣を総辞職に追い込んだ。近衛新内閣の下で陸軍との協調路線の海相として着任した及川海軍大臣は、山本長官を会議に招集するが、海軍としても三国軍事同盟締結へと舵を切らざるを得ないと理解を求める。山本長官は、その場合、資源の調達を米英の勢力圏に仰いでいる日本として、それらを止められた場合の物動計画はどうなっているのかを質すがその答えはなかった。

米英との無謀な戦争だけは何とか避けたい山本長官だったが、早期講和の機会を掴むために緒戦で大勝利を得る以外に方法はないと考え、木村少尉を含むパイロットたちに港を急襲する訓練を行わせる。黒島参謀を通じて永野軍令部総長に「真珠湾攻撃計画書」を提出した山本長官だったが、それでもこの計画が必要とされない戦争回避のための努力を第一に求めるのだった。

戦艦長門の作戦室で、山本長官以下の連合艦隊幕僚と南雲長官以下の機動部隊参謀たちとの作戦会議が開かれ、山本長官は真珠湾攻撃の大博打に勝って早期講和を計るしか日本に道は無いと説く。個人としての思いとは裏腹の作戦に邁進する外ない皮肉への複雑な気持ちを米内元首相宛て手紙に認め、近衛首相にも万が一米英と戦うにしても半年か一年以上は責任を持てないので、極力米国との交渉での解決のために努力してほしいと釘を刺した山本長官は、いよいよハワイ真珠湾へ向けて艦隊を出撃させるに際しても、例え敵の近くにまで達していようと、日米交渉が成立した場合は攻撃中止命令を発するので直ちに反転帰投せよと命じる。南雲長官は「敵の哨戒範囲内に入れば既に矢が放たれたも同然」と難色を示すが、山本は「百年兵を養うは何のためか。ただただ平和を護らんが為である。もし、この命令を受けても帰れんと思う指揮官は出撃を禁ずる。即刻辞表を出せ!」と言い放つ。

一二月八日を以て開戦と決し、「ニイタカヤマノボレ」の暗号に拠る出撃命令を出す間際になっても、山本長官は外務省に対して、米英蘭への事前の開戦の通告の確認を求める。「騙し打ちで敵の寝首をかいたと言われては日本海軍末代までの恥」だからである。伊集院大尉、高野大尉、そして木村少尉らが攻撃に飛び立ち、奇襲は成功した。だが、国内の祝賀ムードとは裏腹に、山本長官は敵の空母が無傷である事からアメリカはその生産力に物を言わせてすぐに反撃の体制を整えるに違いないと確認していた。米内を訪ねた山本は、占領地域から全部撤兵してでも講和を進めるべきとの持論を述べるが、勝利に浮かれる今の日本で平和を唱えようものなら国賊扱いなのだ、との米内の言葉に暗い気持ちとなる。だが、もう一度、敵の空母を壊滅させる大勝利を上げれば講和に持ち込めるかもしれない。

B25による米軍の本土空襲に危機感を募らせた軍上層部は、予て山本長官が上奏していた「ミッドウェー作戦」決行を認め、新たな戦艦大和に乗った山本長官は連合艦隊を率いてミッドウェー海戦に挑む。だが、敵空母の所在を見誤った南雲長官の失態により四隻の空母全てを失う大敗北を喫してしまう。その後、爆撃の為の新たな拠点としてガダルカナル島進出を企図した米軍に対して、ラバウルの第八艦隊で対抗しようとした山本長官だったが、敵は滑走路を完成させ、ガダルカナルの日本陸軍部隊は補給路を断たれ孤立、渡辺参謀、黒島参謀をラバウルの百武司令官の許へ送った山本長官は、駆逐艦での補給を試みさせたものの、二艦を失う。その後、金剛、榛名による艦上砲撃で敵の滑走路を壊滅させた山本長官率いる連合艦隊は、ニミッツ率いる米艦隊と雌雄を決したが、その間にもガダルカナルの将兵は飢餓の極限状態に陥っていた。

新たに赴任した陸軍の今村司令官の苦衷を察した山本長官は、大本営に対して作戦の中止を進言し、自らが全責任を負う形でのガダルカナル島からの撤収を断行した。その後、ラバウルを拠点とした山本長官は、ラバウルから、中尉を経て今では大尉となった木村の指揮下にある航空部隊によりガダルカナル在泊艦船攻撃のい号作戦の指揮を執った。作戦完了後、木村大尉以下の飛行隊を輸送機に便乗させて日本本土へ帰らせる。病院に負傷兵を見舞った山本長官は、その中にかつて加治川で自分と一緒に川に落ちた船頭の息子を見出し束の間の笑顔を取り戻した。だが、前線部隊激励の為、山本長官を乗せて飛び立った一式陸攻は、日本側の無線を傍受し暗号を解読していた米戦闘機P38の攻撃を受け、山本長官はブーゲンビル島上空で戦死し、ジャングルの中に墜落した。――真珠湾攻撃から一年四ヵ月、日米開戦に極力反対した山本五十六は、皮肉にも戦争遂行の全責任を負い、自らの死に拠ってその節を全うしたのである。

**【解説】**

東宝〝8・15シリーズ〟第二弾として製作された本作は、前作『日本のいちばん長い日』（一九六七年）と比較すると、先ずカラー超大作になった点、そして戦時中の『ハワイ・マレー沖海戦』（一九四二年）以来、東宝のお家芸となっていた円谷英二特技監督に拠る特撮を駆使した真珠湾攻撃を始めとする戦闘シーンがふんだんに盛り込まれている点で、その後の〝8・15シリーズ〟の方向性をよりはっきりと打ち出した作品と言う事が出来る。また、タイトルロールを演じている三船敏郎はこの山本五十六役を持ち役とし、同じ〝8・15シリーズ〟の第四作『激動の昭和史 軍閥』（一九七〇年）、及びハリウッド映画『ミッドウェイ』（一九七六年）でも同役を演じている。

全体の方向性として、平和主義の非戦論者であったにも拘らず、結果的に太平洋戦争を遂行する責任者の立場に立たざるを得なくなり、戦わざるを得ないのであれば死力を尽くして戦うという武士道精神で立派な日本軍人のお手本となった山本五十六という人物を通して、「日本が行ったことは亜細亜に対する侵略戦争以外の何物でもない」というような連合国軍側の史観に対して、日本人に誇りを取り戻させるような描き方をしているのが特徴である。

特に、真珠湾攻撃に際して、ぎりぎりまで外交努力をしている外交官たちの戦いにも思いを馳せ、もし交渉成立の報が入れば、出撃直前であっても直ちに攻撃を中止して日本に引き返すことについて念を押し、「敵の哨戒範囲内に入れば既に矢が放たれたも同然」と難色を示す南雲長官らに対しては、烈火のごとく怒って「百年兵を養うは何のためか。ただただ平和を護らんが為である。もし、この命令を受けても帰れんと思う指揮官は出撃を禁ずる。即刻辞表を出せ！」と釘をさすシーン、そして出撃命令を出す間際になっても、通信担当の部下に対して、外務省へ米英蘭への事前の開戦の通告の確認を求め、「騙し打ちで敵の寝首をかいたと言われては日本海軍末代までの恥だからな」とあくまでも正々堂々と敵に対して戦いを挑もうとするシーンあたりが、武士道精神を強調することで、日本はアジアを侵略し、南京で何十万人も殺し、騙し打ちで真珠湾を攻撃した卑劣な民族だというようなアメリカのプロパガンダに対する反論となっている。さらに、山本五十六自身が、戦地では目立つから控えたほうが良いと部下に言われながらも、敢えて死を決意したかのごとく白装束に通じる白い軍服姿にこだわっているといった描写もまた、この人物をして三船敏郎が数々演じてきた侍の役の延長上にある人物というイメージにしている。

その、戦時中の日本における立派な武士としての山本五十六が、唯一心を許して、手紙によってその心情を吐露するもう一人の立派な軍人（＝立派な武士）が、海軍大臣、首相として常に山本の一歩先を歩み、日本の軍人の良心を代表するような人物としての松本幸四郎演じる米内光政である。前作『日本のいちばん長い日』では山村聰が演じていたこの役を、幸四郎はリラックスした様子で演じているが、三船の幸四郎に対する信頼感、尊敬する先輩として一目置いている感じがそのまま米内に対する山本の態度として表れているように見受けられる。実際、三船と幸四郎とでは幸四郎が十歳年上で、早くも『柳生武芸帳 双龍秘剱』（一九五八年）で柳生兵庫介と大月多三郎として初共演を果たし、その後、真壁六郎太と田所兵衛というライバル同士を演じた黒澤明監督の『隠し砦の三悪人』（一九五八年）の撮影では連日、三船が自分のスポーツカーで幸四郎を送り迎えしたとも言われている。そして、幸四郎が一門を引き連れて東宝入りしてからは『忠臣蔵（花の巻・雪の巻）』（一九六二年）での大石内蔵助と俵星玄蕃、前作『日本のいちばん長い日』では昭和天皇と阿南陸相という組み合わせで、常に三船の役は幸四郎の役を尊敬している役どころだった。

そのほかの本作の特徴を上げるならば、前作『日本のいちばん長い日』にも増して、「ザ・東宝」という感じの俳優陣のアンサンブル演技が展開されていることであろう。平田昭彦、藤田進、佐原健二あたりが長官や参謀を演じているだけで、『ウルトラマン』（一九六六〜六七年）、『ウルトラセブン』（一九六七〜六八年）のムードになるのと、黒部進、西條康彦、田島義文といったウルトラ・シリーズでお馴染みの俳優たちも登場し、円谷英二の特撮シーンも怪獣が出てこない以外はウルトラ・シリーズとほぼ同じテイストに感じられるのである。

前作『日本のいちばん長い日』では新珠三千代扮する鈴木貫太郎首相私邸の女中が、群衆シーン以外でほぼ唯一の女性登場人物だったが、本作では黒沢年男扮する木村中尉の姉役で司葉子、恋人役で酒井和歌子が登場し、全体として男くさい映画の中にあって花を添えている。



**八世幸四郎**

# 『超高層のあけぼの』

（日本技術映画社＝東映／東映スコープ／カラー／160分／1969年5月14日公開）

**【スタッフ】**

●製作：岩佐氏寿　●企画：栗山富郎、篠原茂　●原作：菊島隆三　●脚本：岩佐氏寿、工藤栄一　●監督：関川秀雄、高桑信　●撮影：仲沢半次郎、中島芳男　●録音：井上賢三　●照明：桑名史郎、梅谷茂　●音楽：中村修一郎　●編集：長沢嘉樹　●助監督：福湯通夫、山口昇　●製作担当：白浜汎城　●装置：松野太三郎　●結髪：成田君子　●装飾：上原光雄　●技髪：熊倉明美　●記録：中尾寿美子　●衣裳：内山三七子

【キャスト】

江尻所長：池部　良
佐伯構造設計課長：木村　功
木下工事部長：丹波哲郎
古川教授の兄：平幹二朗
佐伯の妻直子：佐久間良子
江尻の妻佐知子：新珠三千代
島村オペレーター：田村正和
土橋道子：藤井まゆみ
鹿島守之助（加島建設会長）：佐野周二
古川教授：中村伸郎
柴（三井不動産常務）：根上　淳

古川の妻芳子：丹阿弥谷津子
鹿島建設副会長（会長夫人）：三宅邦子
飯場の小母さん：北林谷栄
水野（三井不動産専務）：花柳喜章
磯部建設社長：菅井一郎
亀田（鹿島建設常務）：見明凡太郎
小川（山下設計事務所会長）：内田朝雄
学生時代の古川教授：山本豊三
小森（鳶職人）：小林昭二
松本所長代理：鈴木瑞穂
宮本第二工務課長：南　廣

佐々木第一工務課長：寺島達夫
青柳（鹿島建設専務）：二本柳寛
大原工務課員：池田駿介
霞が関現場作業員：小林稔侍
岡林（東西石油社長）：柳永二郎
竹本大型工場長：渡辺文雄
川島三井不動産社長：松本幸四郎
星野（出稼ぎ人夫）：伴淳三郎
ナレーター：川久保潔

【惹句】

**地上147メートル　驚異の36階建設はかくて成った！**
**斗う人間の凱歌をうたいあげる　感動のスペクタクルドラマ**
**号泣する！　歓喜する！　感動する二時間四十分！**
**映画・演劇・テレビ界を結集して　壮大なスケールで贈る**
**一億必見の話題作――！**

【内容】

［第一部］

昭和三八年二月――東大工学部古川教授の最終講義が行われている。超高層ビル建設の必要性を静かに訴え、万雷の拍手を受けて講義を終え、研究室に戻った古川教授は静かに感慨に耽っていた。思えば大正一二年九月一日、まだ建築科の学生

『超高層のあけぼの』ポスター

だった古川は下宿先の部屋で関東大震災に遭遇した。数え切れない建物が倒壊した中で、古の五重塔がびくともせずに建っていることから、地震を柳に風と受け流す祖先の残した技術の結晶に思い至った古川は、その後、この構造を現代建築に生かす技術の確立を目指して、四〇年間ずっと研究に勤しんで来たのだった。――そこへ、鹿島建設会長・副会長が訪ねてきて、三井不動産からの依頼で超高層ビルの建設を目指すプロジェクトを進める上で、古川を副社長として招きたいという話を切り出した。

日本の都市問題解決は超高層ビルしかないと信じ、これを己の社会的義務と考える鹿島守之助の熱意に首を縦に振った古川は、嘗ての教え子たちも多くいる新しい職場で陣頭指揮を執り始めた。先ずは三井不動産との顔合わせ、地盤調査を経て設計事務所と共に構造計算を進めた結果、36階建てというのが最も安全で確実だとの結論が出たが、工費の試算では一八〇億円という巨額な建設費が掛かる。三井不動産では役員会で賛否両論が出て意見がまとまらなかったが、待ち受けていた古川に対して、川島三井不動産社長は自身の最終決断として36階建てにゴーサインを出した。

次の課題は古川の理論である柔構造を支える鉄骨で、古川はH型鋼の採用を提案し、これを用いた場合の構造計算が佐伯構造設計課長らによって四週間の寝る間も惜しんでの努力の末に完成、関東大震災の三倍規模の地震が来ても大丈夫という結論が出た。

佐伯は次に製鉄所を訪れ、竹本大型工場長に精度の高い新たなH型鋼の見積もりを依頼した。予想以上に高額な見積もりに鹿島建設内部でも許可が出ない。だが、江尻所長は物理的に可能なのであればやはりH型鋼で行こうと腹をくくり、役員を説得して見せると伝えた。なかなか結論が出ない中、佐伯は家族と共にスキーで束の間の休日を楽しんでいたが、転んだ拍子にふと思い浮かんだアイデア――即ち、柱と床面となる部分をその都度にジョイントするのではなく、予め十字型に溶接した桁をクレーンで吊り下げ、中央部分のみをジョイントしていく工法――を江尻に提案する。これで工費と工事期間は大幅に節約でき、H型鋼のコスト高を吸収できる、と皆の意気は上がった。

次なる課題は床に敷き詰めるデッキプレートの耐火試験、風速八二・五メートルの風圧に耐えられるガラスの風洞実験、一分間三〇〇メートルの高速エレベーターなどの実験が重ねられた。鹿島建設と三井不動産との連絡会議で古川からそれら全ての問題がクリアーされた旨の報告がなされたが、川島三井不動産社長はそれらの研究費用、実験費用については今後の超高層ビル建設のイニシアティヴを取れる立場を確立したと考えて全て鹿島建設の方で負担してほしい旨の提案がなされ、鹿島会長は渋々これを承知した。

建築審査会の承認を得るためのH型鋼の公開実験が年明けの一月一二日に行われることとなり、その為の試験材のH型鋼がどうしても必要となり、佐伯は竹本工場長に粘り強く交渉し、何とか年内の納品確約を取り付けた。だが、到着予定の昭和三九年の大晦日になってもなかなか試験材のH型鋼を積んだ姫路からのトラックが届かない。様子を見に車で飛び出す佐伯。その直後、道路の渋滞や鈴鹿峠の豪雪で遅れに遅れていたトラックが漸く到着したが、佐伯はダンプカーとの衝突事故を起こして重傷を負ってしまう。

入院中の佐伯に工務課員の大原から実験成功の報が届けられた。設計部門から江尻所長、松本所長代理らの率いる現場建設部門へと活動の主体は移った。何としても昭和四二年の台風シーズン到来までの二〇〇日で鉄骨を組み上げる必要がある。新型のH型鋼の大量生産も始まった。

[第二部]

北アルプス奈川渡ダムの工事現場でタワークレーンを操縦するオペレーターの島村の許へ恋人の道子が訪ねてきた。島村は霞が関ビルを建設する仕事に立候補していて、近く選抜試験があるという。

H型鋼は次々と現場へ運び込まれた。H型鋼の一部にはハニカム状の穴が開けられ、ビス穴も新しく設計された機械で一度に八つ開けられて行き、溶接によって十字型の桁が次々と作られた。建設が始まり、タワークレーンのオペレーターの席には島村がいた。鳶たちは小森の指揮の下、初めての超高層ビル建設の仕事に誇りを持って鉄骨を接続し、デッキプレートを敷いていった。……だが、鳶たちは動きにくいからとの理由で命綱を付けたがらない。江尻所長はそんなことでは事故につながりかねないと雷を落とす。

工事は順調に進み、病室の佐伯は次第に高くなってくる建築途中のビルに思いを馳せていた。そんな時、鳶の一人が誤って一つ下の階へ落ちるという事故が起きた。幸い、デッキプレートのお陰で軽傷で済んだが、その事故をクレーンオペレーターのせいだという者があり、島村は落ち込んだ。山形から出てきた出稼ぎ人夫の星野は島村を励ますが、ある日、星野は何気なくナットを投げ捨ててしまい、それが下に留めてあったトラックの屋根に穴を開けてしまう大騒ぎとなった。たとえ小さなナットであっても加速度によってそれは弾丸のようになってしまうのだ。星野は首を覚悟して江尻所長に自ら名乗り出て詫びた。だが、江尻は誠実な星野を却って励ますのだった。

江尻夫妻が現場スタッフの結婚式の帰りに佐伯の家を訪ねていた時、外で強風が荒れ始めた。すぐに現場へ急いだ江尻は、駆け付けた部下たちと共に強風で床においてある物が飛ばされないように縛り付ける。

正月休みとなり、島村は道子の福島の実家へ結婚の挨拶に行くことになり、星野はお土産を一杯買って妻や子供たちの許へ帰った。昭和四二年正月時点で、鉄骨は地上20階、八〇メートルの高さに達していた。三井不動産ではテナント確保に苦戦していた。東京オリンピック後の景気悪化の影響が考えられ、川島社長自らセールスマンの役割を果たすべく、東西石油の社長を訪ねて売り込んだりしたものの、万が一テナントが埋まらない場合を考えて、古川の許を訪ねて36階を30階で止めることは可能か尋ねた。だが、古川の落胆する様子に腹を括った川島社長は何としてでも36階を建てる決意を新たにしたのだった。

雪が降り始めて工期は遅れがちになった。30階、一〇〇メートルの高さとなり、鹿島会長の案内で川島社長が現場へ視察に来た時には雷雨となり、鉄骨への落雷が始まった。島村は、やはり面会に来ていた道子の励ましの中、タワークレーンの中で必死に恐怖と戦った。……そしていよいよ上棟式の日。関係者が皆見上げる中、「36階 147M」と書かれたH型鋼が島村のクレーンで吊り上げられた。霞が関ビルは昭和四三年四月一八日に予定通り完成したのであった。

【解説】

本作は日本技術映画社製作、東映配給による作品だが、日本技術映画社の実態とはつまり本作の主人公たちが属する会社＝鹿島建設の子会社であり、当時の日本一の高層ビルであった霞が関ビル建設までの苦労、そして苦難の末の栄光、という鹿島建設のサクセス・ストーリーを鹿島建設自身が映画にした、という事である。勿論、実際に建設した鹿島建設だけでなく、発注元であった三井不動産もまた本作の「後援」としてクレジットされている。これはつまり、団体動員による前売りチケットの大量購入によって興行が保証される、その後一般化した方式の魁でもあった。鹿島建設は一五〇万枚の前売り券を捌いたと言われており、ある映画業界誌記者の報告に拠れば封切各館に鹿島建設本社の部課長が終日事務所に張り付いて、客席の状況を見て随時本社や下請け会社に動員をかけて、いずこの劇場も超満員の大ヒットという状況を無理やり作り出した訳である。その後、家電大手メーカー、商社、テレビ局、果ては宗教法人に至るまで映画製作にコミットしてこういった団体動員による興行を行うことが一般化し、今では製作委員会方式という形で複数の企業が個々の映画製作に参画し、割り当てられた大量の前売り券がさばききれずに安売りチケット屋に転売されるというような本末転倒な状況が生まれている事は言うまでもない。

プロデューサーの岩佐氏寿は文化記録映画、産業映画の製作者・脚本家として活躍した左翼系映画人であり、本作に先立って同じく日本技術映画社の下で産業映画『超高層霞が関ビル』（一九六八年）で監督・製作・脚本を手掛けており、言わばその劇映画ヴァージョンとして製作したのが本作という事になる。

監督の関川秀雄は東宝の出身で、同期の黒澤明と共に山本嘉次郎監督の助監督を務めていた人だが、東宝争議後は独立プロ、東映で作品を手掛け、本作を監督した頃には産業映画の分野でも多くの作品を手掛けていたことから、岩佐とは多くの接点があった筈である。こうした、プロデューサーと監督のキャリアというものが本作の産業映画的なアプローチ（『プロジェクトX』的と言ってもよい）に繋がっている訳だが、結果的には文部省特選、科学技術庁推薦という評価に結び付いた訳である。

俳優陣はオールスターキャストだが、前半は主として中村伸郎の古川教授と、その弟子で設計部門の佐伯を演じた木村功を中心に展開され、後半は現場責任者江尻役の池部良、クレーンオペレーター島村役の田村正和が主役となっていく。そんな中にあって、鹿島会長役の佐野周二と共に、三井不動産社長役で映画全体の重しの役割を果たしているのが松本幸四郎である。特に、本作は基本的に鹿島建設の立場で描いている物語であり、かつ鹿島建設のお金で作っている映画な訳だから、施主として無理な注文をしてくる三井不動産はヒール的な役回りになってもおかしくないのだが、一方で霞が関ビル建設においても、映画製作においてもパートナーでもある、という微妙な関係である。そこを、幸四郎の演じる川島三井不動産社長は、絶妙な匙加減で、鹿島建設の社員が観ても、三井不動産の社員が見ても納得出来るような清濁併せ持つ人物として演じられており、映画にリアリティをもたらしている。

具体的には、先ずは三井不動産の役員会の場面では、霞が関ビル建設についての賛否両論が議論される中で、幸四郎は一言も発することなく耳を傾けているのだが、最終的にはリーダーシップをとって、自らが全責任を負う覚悟で建設を決定する。一方で、鹿島建設とのやりとりでは、建設開始に先立つ研究費、実験費は全て鹿島側で持つべきだ、という主張を、誠に身勝手な言い分で申し上げにくいのだが、と慇懃に礼は尽くす態度を採りつつも、断固たる姿勢で突きつけている。これに対して佐野周二がしばしの沈黙の末に「判りました」と答えるシーンの憤懣やるかたない感じの表情はきっと鹿島の社員たちの気持ちを代弁するものであったろうし、テナントがなかなか埋まらなくて焦る気持ちになった時に、ふと中村伸郎の古川教授に階数を減らす可能性を検討したいという本音を漏らしてしまうものの、その落胆ぶりを目にして却って腹を括って「36階で行きましょう」と決意を新たにするシーンでは、トップの決断力という点で三井不動産の社員たちが見ても満足行く描き方になっていたはずである。

本作は、幸四郎にとっては純粋な意味での現代劇としては初めての、そして唯一の作品であり（〝8・15シリーズ〟では天皇、あるいは武士の延長上にある軍人役であった）、且つ東映マークの許での唯一の出演作品でもある。

## 八世幸四郎

# 『日本海大海戦』
（東宝／東宝スコープ／カラー／128分／1969年8月13日公開）

【スタッフ】
●製作：田中友幸　●脚本：八住利雄　●監督：丸山誠治　●特技監督：円谷英二　●撮影：村井博　●美術：北猛夫　●録音：吉岡昇　●照明：高島利雄　●音楽：佐藤勝　●整音：下永尚　●監督助手：石田勝心　●編集：黒岩義民　●音響効果：金山実　●製作担当者：古賀祥一
【特殊技術】●撮影：富岡素敬、真野田陽一　●光学撮影：徳政義行　●美術：井上泰幸　●照明：原文良　●操演：中代文雄　●合成：向山宏　●監督助手：中野昭慶　●製作担当者：坂本泰明

【キャスト】
東郷大将：三船敏郎
広瀬少佐：加山雄三
明石大佐：仲代達也
前山一等兵：黒沢年男
杉野上等兵曹：小鹿敦
藤本軍勇中尉：東山敬司
松井大尉：久保明
森下砲術下士官：佐藤允
上村海軍中将：藤田進
津野田参謀：平田昭彦
秋山参謀：土屋嘉男
山岡参謀：船子順
信濃丸副長：佐原健二
伊地知大佐：田島義文
栗野公使：小泉博
橋口島司：田崎潤
伊藤博文：柳永二郎
加東大佐：加藤武
戸塚院長：清水将夫
須知中佐：安部徹
成川大佐：清水元
片岡中将：北竜二
伊地知参謀長：森幹太
若者 松：松山省二
永田少佐：高橋俊行
井上馨：竜岡晋
九鬼顧問官：佐々木考丸
山本大尉：児玉清
島村参謀長：稲葉義男
山県有朋：三津田健
シリヤクス：テッド・ガンサー
イワン：ヤコブ・シャピロ
ジョン・キャンベル：ハロルド・コンウェイ
幕僚A：ハンス・ホルネフ
ベドーウィー将校：オスマン・ユセフ
ネボガトフ司令官：ピーター・ウィリアムズ
ロジェストヴェンスキー司令長官：アンドリュー・ヒューズ
山本権兵衛：辰巳柳太郎
てつ夫人：草笛光子
乃木希典：笠智衆
明治天皇：松本幸四郎

【惹句】

無敵ロシアに宣戦布告！
国の運命を賭けて激突した一〇〇隻の艦艇！
本日天気晴朗ナレド波高シ…無敵ロシア艦隊を迎え撃つ日本連合艦隊！

『日本海大海戦』プレスシート（ⓒ東宝）

【内容】

十九世紀の末、ヨーロッパ列強は争って中国への侵略を続けたが、明治三十三年（一九〇〇）、排外思想を奉ずる義和団が山東省で暴動を起こし天津から北京へ暴れ込むと、列国の公使館を包囲してこれを攻撃し始めた。そこで、イギリス、アメリカ、フランス、ロシア、ドイツ、イタリア、オーストリア、そして日本の八ヵ国は北京を救うべく連合陸戦隊を派遣して討伐したが、この〝義和団の乱〟が片付いてもロシアだけは満洲の要所に兵を留め、更に朝鮮にも手を出しかけて日本の安全を脅かしていた。日本は再三、再四、ロシアの誠意と真意を質すべく抗議したが、やがて何の返事も得られなくなった。明治天皇を仰いでの御前会議が開かれ、陛下はもう一度ロシア皇帝に電報を送ることを試みることにしたが、期限が来ても返事はもたらされず、日露国交断絶しか道はなかった。

新たに連合艦隊司令長官となった東郷平八郎海軍中将は、日本の二倍の海軍力を持つロシアに対して、バルチック海のリバウ港にいるバルチック艦隊の動向を気にしながらも、味方は一隻の損失もなく旅順とウラジオストックにいる太平洋艦隊を潰して戦力を対等にしようと各参謀と秘策を練った。片岡中将率いる第三艦隊が対馬海峡から陸軍の兵士たちを半島に送り込み、上村中将の第二艦隊は日本海にあってウラジオストックからのロシア艦隊と戦った。そして問題は旅順の艦隊をどう封じるかだったが、東郷長官は、公使館の武官としてロシアに滞在した経験のある「朝日」の水雷長・広瀬中佐の奇策を採用した。即ち、背後に堅固な要塞を擁して着弾内で示威する艦隊に対して、旅順の地形を利用して港口に老朽船を沈めて港から出られなくし、その戦力を封じてしまおうというのである。だが、第一回は予定地到着前に陸からの要塞砲で撃沈されて失敗した。広瀬中佐はプーシキンの詩を口ずさみ、ロシアの白樺の森と共に友人の明石陸軍大佐と日本の将来を語り合った思い出を思い浮かべながら、親愛の部下杉野上等兵曹と共に第二回閉塞に向かった。だが四隻の船で挑んだ第二回閉塞も成功したとは言い難く、ボートに乗り遅れた杉野を探している内に逃げ遅れた広瀬は敵哨海艇に発見され、頭部を撃たれて海中に沈んでいった。

アメリカ人ジョン・キャンベルを船長とする常陸丸を撃沈された報せは国民を苛立たせ、人々はウラジオストック艦隊を捉える事の出来ない上村の第二艦隊の無能をなじり、上村の自宅へ投石した。一方、陸軍は乃木第三軍司令官の指揮の下、旅順要塞を陸から開放しようと総攻撃を開始したが、初めて見る機関銃などの敵兵力に拠って大打撃を受ける。この陸からの攻撃に旅順のロシア艦隊は閉塞を破って南東へ出てきた。東郷の第一艦隊はわざと敵に横腹を見せて敵には艦首の砲しか使えなくさせ、味方は主砲と副砲の半分を使って攻撃するが、この黄海海戦では敵に深手を負わす事は出来なかった。一方、バルチック艦隊が太平洋第二艦隊としてリバウの港を出た報が届く。乃木司令官は未だ旅順要塞を攻略出来ず、決死隊を募った。その一人前山一等兵は内地にいる貧しい母と弟の為に貯金したお金を送って欲しいと乃木司令官に託し、死地へ赴いていった。

前線で苦戦する乃木の許に激励と旅順港内の敵艦隊の沈没状況の視察のため東郷が訪ねてきて、バルチック艦隊が日本海へ現れる前に一旦内地へ引き上げて補給修理と乗組員の休養に専念すると告げる。一方、ストックホルムの公使館にいた明石は、ヨーロッパを駆け回り、ロシア内部の革命勢力に運動資金を渡して支援しつつ、バルチック艦隊の日本海到着予測の情報を収集していた。

内地へ戻った東郷は、山本権兵衛海相と共に天皇に拝謁し、必ずバルチック艦隊を壊滅させると誓った。そして、乃木司令官はとうとう二〇三高地を占領、旅順要塞を陥落させる事に成功した。

バルチック艦隊がウラジオストックに入るのに津軽海峡を通るのか、対馬海峡を通るのか不明なまま、東郷は厳しい訓練で艦隊の士気を高め、木製の大砲を据えた商船を囮として出し、北は千島から南は沖縄、台湾、澎湖島まで日夜警戒に当たらせた。やがて、宮古島の漁師がバルチック艦隊を発見し、無電設備のある石垣島までこぎ続け、また哨戒中の信濃丸からも敵艦隊発見の報せが東郷に届いた。

五月二七日、午前六時過ぎ、全艦出撃。午後一時五五分、戦艦三笠のZ旗を掲げた東郷長官は、敵の直前で大曲転するT字戦法をとり、至近距離での撃ち合いで大激戦を繰り広げた末、敵艦隊三十八隻の内ウラジオストックに入れたのは巡洋艦一隻、駆逐艦二隻のみという大勝利をものにした。

バルチック艦隊のロジェストヴェンスキー司令長官は負傷して佐世保の海軍病院に収容され手厚い看護を受けた。見舞いに訪れた東郷長官は苦難の大航海を成し得た事を賞賛し、敗れたロジェストヴェンスキー長官もまた、「閣下のような軍人に敗れた事は少しも恥辱とは思わない」と涙を浮かべた。

国民的英雄となった東郷だったが、その後はいつも目を伏せ、腰をかがめ、見られるを恐れ、聞かれるを恐れるが如く見えたという。それは戦いに召され、その戦いに勝って、真に闘いの怖さを知った人の姿であったろう。

**【解説】**

第二次世界大戦がアメリカ人にとって〝最後の良い戦争〟と言われるように、日露戦争は日本人にとって今でも誇りに思える〝良い戦争〟と位置付けられているように思える。それは、勿論強国ロシアに対する大勝利によって東洋の小さな島国日本が西欧列強と互角の地位を得たという結果によってという部分は大きい訳だが、それ以上に、本作のラストでも描かれているように、死力を尽くして戦った敵将を互いにリスペクトし、健闘を称え合う精神、そして不幸にして戦いに敗れたロシア側にあっても、その敗戦の専任者ロジェストヴェンスキー司令長官に対してロシア皇帝から労いの言葉が伝えられるような、清々しさがまだ存在する時代の戦争だったから、という部分が大きいのではないだろうか。

三船敏郎の東郷平八郎が体現する明治の時代の立派な日本人というのも、武士道精神を継承した存在であり、大勝利をもたらしたそのT字戦法というのも、要は皮を斬らせて肉を斬る、という武士の捨て身の戦法そのままである。前作『連合艦隊司令長官　山本五十六』でもこうした武士の末裔である立派な軍人というイメージを体現していた三船敏郎だが、山本五十六の想いとは裏腹に結果的に真珠湾攻撃はアメリカ側から見ると卑怯な「騙し打ち」という事になってしまった訳だから、歴史の事実を知る我々観客にとってはやはり手放しでは喜べない。その分、日露戦争は日本人の自尊心をくすぐるのである。

明治期の偉人たちというのは皆立派な髭が特徴だが、本作で彼らの役に扮した俳優陣も、皆メーキャップで実物に似せようと苦心した様である。東郷平八郎の三船敏郎、乃木希典の笠智衆はそもそも地の顔が写真で見る東郷、乃木にそっくりな事もあり、髭の形を整えればそのまま役に成り切れる感じだが、明治天皇役の幸四郎は相当に作り込んだ形のメーキャップで御真影の明治天皇そっくりな雰囲気を醸し出している。幸四郎は既に舞台でも昭和三七年に明治座での『明治大帝』でこの役を演じた事があり、元々歌舞伎界随一の座頭役者としての威厳があるのに加えて髭やもみあげ、眉毛の形などで明治天皇に成り切ってしまった幸四郎に対して、御前会議のシーンで山本権兵衛役の辰巳柳太郎と共に直立不動で対峙し、「必ずバルチック艦隊を壊滅させます」と誓うシーンの三船＝東郷平八郎は、まるで本物の明治天皇の前に立っていたように堅くなっていた、と公開当時の東宝の「撮影余話」に書かれている。

明治天皇役としては、日本映画史上最大のヒット作となった新東宝の『明治天皇と日露大戦争』（一九五七年）での嵐寛寿郎が有名だが、アラカンはその後も新東宝でこのあたり役を『天皇・皇后と日清戦争』（一九五八年）、『明治大帝と乃木将軍』（一九五九年）、そしてそれらの作品を再編集して一本の作品に仕立て上げた『明治大帝御一代記』（一九六四年）で演じており、最早観客にとっても俳優にとっても明治天皇を映画で誰かが演じる事に対しての抵抗などは無くなっていた筈である。

勿論、幸四郎にとっては〝8・15シリーズ〟第一作『日本のいちばん長い日』（一九六七年）で演じた昭和天皇役と比べれば、最早歴史上の人物という感覚の強くなっていた明治天皇を演じる事など造作もない事だったに違いない。本作の後、〝8・15シリーズ〟第四作目である『激動の昭和史 軍閥』（一九七〇年）で再び昭和天皇役としてキャスティングされた幸四郎は、今度は二度目だからという事で顔のアップもある形だったものの、似たような役ばかり演じさせようとする東宝に対して腹を立てて断り、共に東宝入りした盟友の二世中村又五郎に代わってもらっている。

三船敏郎の東郷平八郎はあまりにも適役だったため、その後も東映の許で『日本海大海戦 海ゆかば』（一九八三年）で再び演じているほか、同じく仲代達矢扮する乃木希典を主人公とした東映の『二百三高地』（一九八〇年）では今度は幸四郎に代わっての明治天皇役で出演している。

映画全体の四分の一ほどを占める特撮シーンの腕を振るったのは東宝特撮映画の立役者である円谷英二特技監督だが、日露併せて一〇七隻の艦艇を新造し、東宝砧撮影所の大プールで大砲対大砲の戦いを再現した。弾着水柱を表現するのに火薬を用いると水が割れてしまいうまくいかないため、試行錯誤を重ねた末にフロン12という特殊ガスを使って水柱を立てる仕掛けを作ったのだという。本作は円谷英二の劇場用映画の遺作となった作品でもある。

八世幸四郎
六世染五郎

# 『雲霧仁左衛門』

（松竹・俳優座＝松竹／シネマスコープ／カラー／163分／1978年7月1日公開）

『雲霧仁左衛門』チラシ（©松竹）

【スタッフ】

●製作：佐藤正之、岸本吟一、杉崎重美　●原作：池波正太郎　●脚本：池上金男　●監督：五社英雄　●美術：西岡善信　●撮影：酒井忠、小杉正雄　●音楽：菅野光亮　●照明：大西三津男　●製作補：森誠一、佐生哲雄　●録音：小沼渡　●編集：諏訪三千男　●監督補佐：菊池靖、大塚莞爾　●記録：宮崎田鶴子　●装飾：西村伸明、福井啓三　●助監督：杉村六郎、吉田啓一郎　●調音：岩田広一　●殺陣：湯浅謙太郎、安川勝人　●挿入画：辰巳四郎

【キャスト】

雲霧仁左衛門：仲代達矢
安部式部：市川染五郎
七化けの千代：岩下志麻
お伊玖の方：松坂慶子
因果小僧六之助：あおい輝彦
木鼡吉五郎：長門裕之
富の市：宍戸　錠
山田藤兵衛：高松英郎
州走りの熊五郎：夏八木　勲
櫓の福右衛門：成田三樹夫
おまき：宮下順子
高瀬俵太郎：石橋正次
黒塚のお松：倍賞美津子
尾張中納言：山口　崇
松屋吉兵衛：丹波哲郎
山猫三次：川谷拓三
駒寺の利吉：田中邦衛
暁星右衛門：山本麟一
目明し政蔵：稲葉義男
船頭治平：下川辰平
井口源助：橋本　功
柳助次郎：佐藤京一
松屋の番頭：浜田寅彦
千秋与茂七：内田良平
荒木十太夫：梅宮辰夫
岡田甚之助：山城新伍
大久保佐渡守：加藤　剛
辻蔵之介：松本幸四郎
ナレーション：小沢榮太郎
〃：横森　久

【惹句】

闇の中に激突する2大組織！怪盗軍団対幕府火盗改め

善が悪やも知れぬ 悪が善やも知れぬ 裁くは天 斬るは我なり

闇の中に激突する怪盗雲霧軍団対幕府火盗改め

総製作費8億円、主演スター32名のスケールで描く超大作

【内容】

享保七年。江戸。――ある春の宵、酒蔵問屋近江屋を盗賊一味が襲った。使用人を子供であろうと殺し、女を犯すその畜生働きは暁一味の仕業である。だが、そこへ長官安部式部に率いられた火付盗賊改方が現れ、悪人共を容赦なく切り捨てる。近江屋の隠し金のありかは実は三年掛かりで別の盗賊雲霧一味が調べていたのだが、暁一味はそれを横取りしようとしたのである。だが、隠し金は雲霧一味の六之助と吉五郎がまんまと奪って逃げる。近江屋に不自然にも十日間も滞在していた初老の琵琶法師がその場で詰問されるが、式部は明らかに元武士であるその男を、怪しいところは無いと解き放つ。

次に、黒塚のお松など一味の者を何人か潜り込ませていた油問屋の武蔵屋の隠し金を奪った雲霧一味だが、お松が罠にはまり捕まってしまう。雲霧一味の頭、雲霧仁左衛門は火盗改め側の密偵おまきを拉致し、お松と交換する提案を式部に伝え、これを受け入れた式部との取り決めに拠り銭湯で二人を交換する。おまきを愛人にしていた式部配下の岡田甚之助は雲霧一味に火盗改め側の動向を知らせていた事実が露見して追放された。

雲霧仁左衛門が次に目を付けていたのは尾張屈指の呉服商松屋で、予て商売相手に成り済ました吉五郎を通じて七化けの千代の色仕掛けで松屋を骨抜きにしていたが、その身代を剥ぎ取って、盗賊家業から足を洗う決意を皆に告げるのだった。

一方、式部の許には武蔵屋で巻き添えを食らった按摩富の市から、雲霧仁左衛門の正体を教えようとの接触があった。富の市は元は尾張藩の武士で、十年前に起こった藩の公金横領事件に際し、その罪を問われた辻蔵之介と弟伊織が無罪を主張して、家族を殺されながらも逃げたのを討っ手として追っていたのだが、二人に討っ手の同僚を殺された上、仲間の首を辻兄弟の首と偽って届け出た自分は口封じの為に斬られ、崖から落ちて今の姿に落ちぶれ、復讐の機会を求めていたのだった。……その辻蔵之介が件の琵琶法師であり、弟伊織こそが雲霧仁左衛門だった。

式部は近江屋、武蔵屋事件の未解決に絡んで若年寄大久保佐渡守に呼び出されるが、既に雲霧一味の目星は付いていると告げ、配下の山田、千秋、柳、高瀬らを尾張へ送り出す。尾張では松屋吉兵衛が千代を後妻として迎え入れていた。先に松屋の奉公人になっていたに雲霧一味の山猫三次は、暁一味の櫓の福

右衛門とおまきにたぶらかされて隠し金のありかを教えてくれ、と買収されそうになるが、そこへ火盗改めの山田らが現れ、三次は仲間の許へ逃げ帰る。福右衛門は捉えられ、おまきが火盗改めの犬と知らされた三次はおまきを斬りに行くが、逆に零落しておまきの許に居た岡田甚之助に斬られる。逃げ出したおまきはお松に刺し殺されて果てた。

雲霧一味の標的を知る福右衛門を式部の許へ護送する為、柳が二挺の駕籠で江戸へ急ぐが、途中で二人とも雲霧仁左衛門に斬られる。松屋吉兵衛と千代の仮祝言が行われた。千代は吉兵衛から隠し金のありかを聞き出す。一方、按摩富の市もまた雲霧仁左衛門を追って尾張に来ていた。十年前の事件さえ無ければ結ばれていた筈の志乃、今では尾張中納言の側室となったお伊玖の方が自ら産んだ子である世継ぎの松寿丸と共にお参りするのを建物の中から見ていた仁左衛門の許へ富の市が現れ、恨みを晴らそうとするが、富の市は背後から斬られ絶命する。藩斬ったのは兄、蔵之介だった。二人で名古屋城に忍び込み、藩主中納言を討ち取って恨みを晴らそうと計画を打ち明ける蔵之介に対して、仁左衛門、いや伊織は、盗賊としてお上に逆らって生きる事の生き甲斐を語り、協力を断る。

千代は隠し金の蔵の鍵が吉兵衛の愛犬の首輪の中にある事に気づき、火盗改めの動きを察知してすぐに松屋の金蔵襲撃を実行に移す。だが、首尾よく小判を運び出したものの、式部率いる夥しい数の火盗改めと獲り方が待ち構えていた。死闘の中で、何とか仁左衛門と千代、そして熊五郎だけは抜け穴から脱出するが、他の仲間は全て斬られるか捉えられてしまう。抜け穴から松屋の屋敷内へ出た三人だが、そこには式部が待ち構えていた。仁左衛門は熊五郎に千代を託し、船頭治平と共に逃がした。式部との息詰まる対決の時を迎えた。激しい戦いが続いていたその時、式部に怨みを抱く甚之助が現れ、式部に返り討ちにされる。仁左衛門はその隙に姿を消した。

捕えられた吉五郎、お松らの詮議の最中、一人の老人が式部を訪ねてきた。件の琵琶法師である。彼は自分こそが雲霧仁左衛門であると自首してきたのである。雲霧仁左衛門こと辻蔵之介は、他の一味の者と一緒に縄を討たれ、刑場へと曳かれていく。式部は、それが本物の仁左衛門ではなく、兄の辻蔵之介であることを承知していた。そして、自らをも裁く心持で、若年寄大久保佐渡守に辞職を申し出たのである。佐渡守は手向けとして式部に蔵之介の質素な遺品を渡す。

州走りの熊五郎から兄が身代わりになって死んでいったことを聞いた伊織は、熊五郎に手伝わせて名古屋城に潜入、勘定方の役人たちと共にいた尾張中納言の前に元勘定方辻蔵之介として名乗りを上げ、十年前に藩の財政難の辻褄合わせに自分に公金横領の罪を着せ、虫けらの如く家族を惨殺した罪を問い、居合わせた家臣らを次々と斬り殺していった。世継ぎ松寿丸を殺そうとその寝所に差し掛かった時、お伊玖の方は思いもよらぬ真実を告げる。実は松寿丸は伊織の子だったのだ。これを聞いた家老荒木十太夫はお家の為にお伊玖の方をも殺そうとするが伊織に斬られる。お伊玖の方を連れて逃げようとした伊織だが、追手に火を掛けられて熊五郎とお伊玖の方は爆死する。

享保七年秋、江戸の広徳寺に自らが建てた雲霧仁左衛門の供養塔に詣でる隠世姿の式部がいた。墓参を終えて寺を後にした式部がすれ違った僧侶姿の男、それは雲霧仁左衛門こと辻伊織であった。

**【解説】**

映画が始まってすぐの捕り物劇の後、先ず観客の目を釘付けにするのが、犯行に与している事を疑われた琵琶法師とそれを取り調べる火盗改め長官安部式部との対面シーン。つまり、長谷川平蔵として観客が慣れ親しんだ幸四郎がみすぼらしい姿で座り、平蔵と同じ立場、同じ姿かたちの染五郎がこれに対峙するという仕掛けである。

その後、物語の半ばで琵琶法師と雲霧仁左衛門が実は兄弟で、元尾張藩士辻蔵之介と辻伊織であった事が回想シーンで明かされ、富の市が仁左衛門を殺そうとしたシーンで初めて二人が再会を果たすのだが、ここでは、名古屋城を死に場所と定めた蔵之介が「頼む、頼む」と頭を下げて決死の城内潜入への協力を要請するのに、弟はにべもなく断り、「兄でもない。弟とも思わん」と言い残した蔵之介が去っていく事になる。しかし、二人の気持ちはやはり通じていた訳で、兄蔵之介は弟の身代わりとなって安部式部に自首し、雲霧仁左衛門として処刑される事を引き受け、そんな兄の気持ちを受けて、今度は弟伊織が兄に代わって名古屋城への潜入を決意する。この、表面的には決裂したように見えて心と心では通じ合う様子というのは、『忠臣蔵』の〝南部坂雪の別れ〟とも通じる、日本人が一番好きな物語構造で、筆者は予てよりこうした構造の事を〝コミュニケーション成就のカタルシス〟と呼んでいる。

同じ構造の〝コミュニケーション成就のカタルシス〟が、映画の終盤近くにもう一つ用意されている。それは蔵之介が式部の許へ自首したシーンで、ここでは、式部はそれが本物の仁左衛門でない事を知った上で、そしてそれが仁左衛門こと辻伊織の兄で公金横領の汚名を着せられた辻蔵之介である事を承知した上で、仁左衛門として取り扱う事を決意するのである。現在の心境はと尋ねられた蔵之介が、「されば降り積む雪の重さに耐えかねて青竹が折れ、折れて初めて身の軽さを知ったとでも申しましょうか。生きて生き甲斐の無かった身が、死んで死に甲斐のある、良い死に場所を漸く見つけた様に思われます」と答えるのに対し、式部は「己が死ねば雲霧の名も終わる。その死に場所、確とこの安部式部が引き受けたぞ」と応じる。己の真の気持ちを判ってもらえた蔵之介は感謝の気持ちに目を潤ませて「恐れ入りました」と首を垂れるのである。……こんな良いシーンを、しかも自身の長男である染五郎との間で演じることの出来た幸四郎はやはり幸せな俳優だったというべきであろう。八世松本幸四郎は、計二十四本目（舞台を撮影した作品、再編集版、幻の主演に終わった『隠し砦の三悪人』を除く）となる本作を以て映画への出演を終え、本作公開の二年半後に世を去ったのである。

他にも、〝主演スター32名のスケール〟と謳われているのは誇大広告ではなく、映画黄金期の一九五〇年代のオールスターに拠る『忠臣蔵』映画でもなかなかここまでの顔触れを揃えることは出来ないのではないかと思えるほどに豪華な、そして適役の配役となっている。先ず仲代達矢扮する雲霧仁左衛門以下の雲霧一味のとして、長門裕之、あおい輝彦、岩下志麻、倍賞美津子、夏八木勲といった重量感のある顔触れに、下っ端ですら下川辰平、川谷拓三、隆大介といった名前が並ぶ。雲霧一味の時間をかけた丹念な仕事を横から掻っ攫おうとする暁一味のほうは山本麟一、成田三樹夫、田中邦衛といった癖のある俳優が並び、これに対する火盗改めの面々というのも、市川染五郎扮する安部式部以下、高松英郎、内田良平といった重量感ある部下に加えて、石橋正次、山城新伍、下っ端の稲葉義男といったお馴染みの顔触れが並ぶ。火盗改めの密偵を務めるおまきには日活ロマンポルノの代表的女優宮下順子が扮して、倍賞美津子との女同士の熱い戦いを演じて見せる。

加えて、人気テレビ時代劇『大岡越前』で八代将軍吉宗役を演じていた山口崇が、紀州家と将軍職の跡目争いを繰り広げた末に吉宗に敗れた尾張中納言に扮し、大岡越前役の加藤剛は越前役同様に爽やかで紋付き袴の良く似合う、然しながらもっと位の高い若年寄大久保佐渡守役で登場する。尾張家の家老には梅宮辰夫、また元は辻伊織の許婚で、中納言の側室となって子供を産んだお伊玖の方には松坂慶子、と如何にもという感じのキャスティングが並ぶ。さらには、岩下志麻の女の色香にメロメロになって松屋の身代を狙われる松屋吉兵衛役には、重鎮でありながら東映のポルノ時代劇などへの出演も多い丹波哲郎を配し、その番頭には浜田寅彦、また按摩に身を窶しながら復讐の機会を狙う富の市には宍戸錠と、どの役をとっても主演映画のある位の役者が並んでいる。

そして勿論、それら全ての俳優たちの中にあって、ビリングの留めとして一際大きな、別格の扱いとなっているのが辻蔵之介を演じる松本幸四郎という訳である。幸四郎にとって、松竹での映画出演は一九六〇年の『天下御免』以来となった訳だが、元々は松竹の許で歌舞伎界で現役の立役の座頭役者でありながら映画スターとしての地位を築いた幸四郎が、十年間に及んだ東宝での活躍を経て、最後は再び松竹に戻って息子や後進のスターたちの引き立て役に回って義理を果たしたという見方も出来るだろうし、映画引退作にして尚、他の映画スターを圧倒する存在感で映画の情感の部分を独りで支えた、と見る事も出来るだろう。

## 《Ⅱ》主要なテレビドラマ作品一覧

（主要作品、高麗屋三兄弟の共演、親子共演作品のみを抽出）
（タイトル／キー局／放送日（放送枠）／主演者［役名（判明の場合）］／※ワンポイント解説）

**1**『**NHK東京テレビジョン開局に当たって**』　NHK／1953年2月1日、14：00〜放送／二世尾上松緑／※古垣鐵郎NHK会長、国務大臣、郵政大臣、東京都知事ら来賓らのあいさつに続き、菊五郎劇団の松緑、尾上梅幸、坂東三津五郎らによる『道行初音旅・吉野山の場』を放送した。日本のテレビジョン本放送の幕開け。横浜の放送ライブラリーで視聴可能。

**2**『**狐と笛吹き**』　NTV（日本テレビ）／1955年11月30日、21：15〜22：20放送／八世松本幸四郎／※妻を失った男と狐の化身（若尾文子）との悲しい恋を描いたロマンチックな作品で、第十回芸術祭賞（衣装考証：高根宏浩、美術：鈴木雅博）受賞作品。早稲田演劇博物館に脚本あり。四年後の1959年4月7日には同じ北條秀司の脚本で、NETで松緑と山田五十鈴主演でもテレビドラマ化されている。

**3**『**江戸の小鼠たち**』　NHK／1956年12月4日〜12月25日、21：00〜21：30放送／八世松本幸四郎・六世市川染五郎（九世幸四郎／二世白鸚）／※この翌年には日活で長門博之・津川雅彦兄弟で映画化もされた村上元三原作のドラマ。十四歳の染五郎が主人公の若侍役だと思われるが、幸四郎の役柄は不明。

**4**『**二条城の清正**』　NHK／1957年11月1日、20：50〜22：00放送／八世松本幸四郎・六世市川染五郎（九世幸四郎／二世白鸚）／※NHKホールで行なわれたテレビ放送用の公演で、片岡仁左衛門らによる『桜鍔恨鮫鞘』とこの『二條城の清正』の二本立てで上演・放送された。

**5**『**池田大助捕物帖**』　NTV／1958年1月6日〜8月25日、20：00〜20：30放送／八世松本幸四郎・六世市川染五郎（九世幸四郎／二世白鸚）・初世中村萬之助（二世吉右衛門）／※当時十六歳の染五郎が池田大助、十四歳の萬之助がアメ屋の少年で競演し、父・幸四郎（大岡越前役）が二人の息子を支える形で時折出演した。後にNHKで二世尾上松緑・初世尾上辰之助の親子共演でもドラマ化された。

6『嘉納治五郎』　NTV／1958年10月30日～11月27日、22：00～22：40放送（『灯、今も消えず』）／八世松本幸四郎［治五郎壮年期］・六世市川染五郎（九世幸四郎／二世白鸚）［治五郎青年期］・初世中村萬之助（二世吉右衛門）／※勝海舟、坂本龍馬など歴史上の人物七名の物語を各四話から九話で描くアンソロジー物。柔術家の嘉納治五郎の青年期を染五郎、壮年期を幸四郎が演じる。萬之助の役柄は不詳。

7『阿部一族』　KR（現TBS）／1959年1月2日、22：00～23：05（『サンヨーテレビ劇場』）放送／八世松本幸四郎・六世市川染五郎（九世幸四郎／二世白鸚）／※森鴎外の原作のドラマ化で、共演は木暮実千代。

8『初木遣調子春風』　NET（現テレビ朝日）／1959年2月1日、20：30～21：30放送／九世市川海老蔵（十一世團十郎）・二世尾上松緑／※NETの開局記念ドラマだが、具体的な番組内容の詳細は不明。ほかに花柳章太郎、尾上梅幸、水谷八重子などが出演。

9『曾我兄弟』　NTV／1959年2月4日、20：00～21：00（『ゴールデン劇場』）放送／八世松本幸四郎・六世市川染五郎（九世幸四郎／二世白鸚）・初世中村萬之助（二世吉右衛門）／※冬島泰三脚本による単発ドラマ。共演は花柳小菊、小林千登勢、佐々木孝丸、市川小太夫、丹波哲郎。

10『清盛と常盤　新平家物語より』　NTV／1960年4月27日、20：00～21：00（『ナショナルゴールデン劇場』）放送／八世松本幸四郎・六世市川染五郎（九世幸四郎／二世白鸚）・初世中村萬之助（二世吉右衛門）／※吉川英治の原作を宇野信夫が脚色したカラー作品。常盤御前を密かに愛し悩む平清盛と、夫・源頼朝の仇である清盛を憎みながらも同時に清盛を慕う心に苦しむ常盤御前。共演は山田五十鈴。

11『東芝日曜劇場　まぼろしの琴』　KR／1960年9月25日、21：00～21：54（『東芝日曜劇場』第200回）放送／八世松本幸四郎・二世尾上松緑／※番組開始当初より高麗屋三兄弟の出演の多い『東芝日曜劇場』だが、幸四郎・松緑の共演は初めて。海音寺潮五郎原作で共演は岡田茉利子。1958年2月23日放送の第65回『与話情浮名横櫛　源氏店の場』では九世市川海老蔵（十一世團十郎）と松緑が共演しているが、そちらは単に舞台の一幕をそのままスタジオで演じた形だと思われる。

12『滝山騒動』　TBS／1961年4月29日、20：00～20：

45（『グリーン劇場』）放送／八世松本幸四郎・六世市川染五郎（九世幸四郎／二世白鸚）／※TBSと文藝春秋新社とのタイアップで同社の諸雑誌に連載された小説を単発のドラマとしたシリーズの最終回。村上元三の小説に基づき、1603年に土佐で起こった高石左馬助の反乱を描いた。

**13**
**『野菊の武士』** TBS／1961年4月23日、13：15～14：30放送／八世松本幸四郎［浜口外記］・六世市川染五郎（九世本幸四郎／二世白鸚）［隼人］・初世中村萬之助（二世吉右衛門）［金沢彌兵太］／※東宝入りした幸四郎と二人の息子たちのために菊田一夫が書き下ろした、日曜観劇会200回記念ドラマ。

**14**
**『祭』** NTV／1961年9月17日、21：15～22：00放送（『東レ　サンデーステージ』最終回）／二世尾上松緑［源八］／※母子家庭に突然やってきた男、彼は牢死したその家の主の遺言でやってきたのだが……という物語（川口松太郎作）。母親に三益愛子、息子に江木俊夫が扮している。準備稿段階では勘三郎・勘九郎親子共演予定だった。

**15**
**『半七捕物帳』** NTV／1961年11月4日～1962年6月9日、20：00～21：00放送（『三菱劇場』）／二世尾上松緑・初世尾上左近（初世辰之助）（第17話）／※後に七世尾上菊五郎主演、八世松本幸四郎共演でテレビドラマ化されたものと同じ題材で、岡本綺堂原作。日本脚本アーカイヴス推進コンソーシアムに脚本あり。

**16**
**『パパだまってて』** TBS／1962年4月6日～1963年6月28日、21：00～21：30放送／二世尾上松緑［パパ］／※久世光彦ほか演出に拠るホームドラマ。ママ役に木暮実千代、娘あかねに寺島清江（七世尾上梅幸の娘）、娘とも子に中尾ミエほか。

**17**
**『本陣蕎麦』** TBS／1963年1月4日、20：00～20：56（『近鉄金曜劇場』）放送／十一世市川團十郎［旗本］・八世松本幸四郎［医者］・二世尾上松緑［本陣の亭主］／※高麗屋三兄弟唯一の映像での共演作品。TBSの正月特選番組として制作され、同局のプロデューサーで、東宝の演劇畑出身として三兄弟と親しかった岸井良衞の定年の記念に三兄弟が出演を快諾した。

**18**
**『父子鷹』** NET／1963年1月14日、22：00～23：00（『ポーラ名作劇場』第二回）放送／十一世市川團十郎［勝小吉］・六世新之助（十世海老蔵／十二世團十郎）［男谷精一郎］／

※子母沢寛原作の勝海舟とその父小吉の物語。だが、ここでは麟太郎（後の海舟）は当時十六歳の新之助ではなく石崎吉嗣が演じている。

19 **『花の生涯』** NHK大河ドラマ／1963年4月7日～12月29日、20：45～21：20放送／二世尾上松緑［井伊直弼］／※記念すべきNHK大河ドラマの第一作。先に作られた映画版では幸四郎が演じた井伊直弼を松緑が演じ、相手役のたか女には映画版と同じく淡島千景が扮した。

20 **『東芝日曜劇場　明治の女』** TBS／1963年7月7日、21：00～21：54（『東芝日曜劇場』第344回）放送／八世松本幸四郎［写真家清兵衛］／※長谷川伸追悼番組で、大映から独立し海老蔵との舞台共演が流れた山本富士子のテレビ初出演。共演は山岡久乃、市川中車。横浜の放送ライブラリーで視聴可能。

21 **『家康無情』** NET／1963年8月26日、22：00～23：00（『ポーラ名作劇場』第34回）放送／二世尾上松緑［徳川家康］・初世中村萬之助（二世吉右衛門）［岡崎三郎信康］／※信長から武田方との内通の廉で築山殿（杉村春子）と息子信康を殺さざるを得ない家康の苦悩を描いた大佛次郎の原作を元に、松緑と萬之助という叔父・甥が親子役を演じた作品。

22 **『みんなが見ている』** CX（フジテレビ）／1963年10月26日、20：00～20：56（『東芝土曜劇場』）放送／二世尾上松緑［村本善介］／※頑固者の祖父の五歳の孫娘が倒れるが、血液型がRhマイナス型と判り、貴重な輸血用の血液が自衛隊のヘリコプターで運ばれる。芸術祭参加作品。防衛庁協力番組。早稲田演劇博物館に脚本あり。

23 **『判決』** NET／1964年1月1日～1966年8月10日（第一シーズンは1962年10月16日より放送開始）、21：00～22：00放送／二世尾上松緑［雨宮毅一郎］／佐分利信が演じていた弁護士事務所所長の後任として第四シーズン途中の1964年から松緑がレギュラーの新所長として加わった。1965年度テレビ記者会奨励賞受賞、日本弁護士連合会表彰作品。日本脚本アーカイヴス推進コンソーシアムに脚本あり。

24 **『大岡政談　池田大助捕物帳』** NHK／1966年4月8日～1967年3月31日放送／二世尾上松緑［大岡越前守忠相］・初世尾上辰之助［池田大助］／※1958年に幸

四郎と二人の息子たちの共演で制作されたものと同じ、野村胡堂原作のドラマ化作品。名奉行と青年与力が協力して数々の難事件を解決していく。主役の辰之助を父である松緑がサポート。日本脚本アーカイヴス推進コンソーシアムに脚本あり。

**25** **『東芝日曜劇場　惜春』** TBS／1966年5月8日、21：00～21：54（『東芝日曜劇場　第492回』）放送／八世松本幸四郎／※共演は山田五十鈴。日本脚本アーカイヴス推進コンソーシアムに脚本あり。

**26** **『おーい！ わが家』** CX／1967年3月3日～7月14日、20：00～20：56放送／八世松本幸四郎・藤間正子・六世市川染五郎（九世幸四郎／二世白鸚）・二世中村吉右衛門・藤間麗子／※音楽好きの三人の兄妹とその両親を描くホームドラマを高麗屋一家総出で演じた。『中央公論』に幸四郎に拠る出演への抱負のエッセイあり。

**27** **『ながい坂』** NET／1969年4月1日～6月24日、22：00～23：00（『ポーラ名作劇場』）放送／八世松本幸四郎・二世中村吉右衛門［三浦主水正］／※下級武士の青年が持ち前の勇気と才覚とに拠って認められていく物語。ポーラ化粧品創立40周年記念・NET開局10周年記念番組で、テレビ大賞、第六回放送批評家賞（ギャラクシー賞）第八回期間選奨等受賞作品。幸四郎はゲスト出演と思われる。原作は山本周五郎。早稲田演劇博物館に番組企画書あり。

**28** **『鬼平犯科帳』** NET／1969年10月7日～1970年12月29日、21：00～21：56放送／八世松本幸四郎［長谷川平蔵］／※今日では二世中村吉右衛門の代表的テレビドラマとして知られているが、元々、長谷川平蔵は池波正太郎が八世松本幸四郎を念頭において造形した人物で、幸四郎にとってもテレビドラマとしての代表作に当たる。第26話まではモノクロで、第27話からカラー放送となった。

**29** **『大忠臣蔵』** 三船プロ＝NET／1971年1月5日～12月28日、21：00～21：56放送／八世松本幸四郎［立花左近］／※三船敏郎の大石内蔵助を軸に、一年間にわたって多彩なレギュラー陣、ゲストスターを配して描いた究極の「忠臣蔵」。幸四郎は1971年9月21日放送の第38回「大石東下り」の回に立花左近役でゲスト出演した。

**30** **『新・鬼平犯科帳』** NET／1971年10月7日～1972年3月30日、21：00～21：56放送／八世松本幸四郎［長谷

川平蔵」・二世中村吉右衛門［辰蔵］／※好評のシリーズ第二弾で、当初は『池波正太郎捕物シリーズ 鬼平犯科帳』のタイトルだったが、第14話以降は『新・鬼平犯科帳』のタイトルとなった。今シーズンからは吉右衛門も平蔵の息子辰蔵役で出演している。

**31**
『**ふんどし医者**』 NET／1972年7月10日～7月31日、22：00～22：56放送（『ポーラ名作劇場』）／八世松本幸四郎／※ポーラ名作劇場500回記念番組。幕末を舞台に、田舎医者の夫婦（妻役は新珠三千代）の人生愛を描いた作品。

**32**
『**月形半平太**』 NET／1973年2月22日、22：00～22：56放送（『ご存知時代劇』）／十世市川海老蔵（十二世團十郎）・八世松本幸四郎／※海老蔵演じる半平太を主人公とした単発の時代劇で、叔父にあたる幸四郎が出演した。

**33**
『**勝海舟**』 NHK大河ドラマ／1974年1月6日～12月29日、20：00～20：45放送／二世尾上松緑［勝小吉］／※松緑は第一回の『花の生涯』以来、大河ドラマの常連俳優の一人で、1964年の『赤穂浪士』（新井白石役）、1970年の『樅の木は残った』（伊達正宗役）にも出ているが、本作では前半の主役とも言うべき勝小吉役でその存在感を示し、ギャラクシー賞第28回期間選奨を受賞した。

**34**
『**寿の日**』 TBS／1975年4月6日、19：30～20：55放送／二世尾上松緑［畑亮太郎］／※挿絵画家の畑亮太郎とその隠し子（音無美紀子）、先妻との子（若尾文子）、その異母妹（吉永小百合）を巡る物語。TBS開局20周年記念番組。横浜の放送ライブラリーで視聴可能。

**35**
『**黄金の日日**』 NHK大河ドラマ／1978年1月8日～12月24日、20：00～20：45放送／六世市川染五郎（九世幸四郎／二世白鸚）［納屋助左衛門］・八世松本幸四郎［高砂甚兵衛］／※染五郎の大河ドラマ初主演作。父幸四郎にとっても初の大河出演で、生き分かれた助左の父親らしき人物の役でゲスト出演（8月20日放送の第33回）。また染五郎の子・藤間照薫（七世染五郎／十世幸四郎）も助左と舟で乗り合わせる少年役で出演（12月24日放送の最終回）し、高麗屋三代共演を果たした。

**36**
『**草燃える**』 NHK大河ドラマ／1979年1月7日～12月23日、20：00～20：45放送／二世尾上松緑［後白河上皇］・初世尾上辰之助［後鳥羽天皇］／※源頼朝（石坂浩二）と北条政子（岩下志麻）が物語の上では主人公だが、松緑の後白河上皇と、その孫である後鳥羽天皇を演じた辰之助の共演も見どころ。

**37** **『半七捕物帳』** ANB(テレビ朝日)/1979年4月3日〜9月25日、21:00〜21:54放送/八世松本幸四郎［吉五郎］/※七世尾上菊五郎主演の捕物帳で、幸四郎は準レギュラーとして五世坂東八十助(十世三津五郎)と共に脇で支えた。

**38** **『闇を斬れ』** KTV(関西テレビ)/1981年4月7日〜9月29日、22:00〜22:54放送/二世尾上松緑［兼子八郎左衛門］/※天知茂主演の闇の組織の主人公が活躍するドラマで、松緑は主人公の上司役。第17話で非業の死を遂げる。

**39** **『斬り捨て御免!』(第二シーズン)** テレビ東京/1981年4月8日〜9月16日、21:00〜22:00放送/二世中村吉右衛門［花房出雲］・八世松本幸四郎［白河楽翁］/※島田一男の「江戸三十六番所」に基づいた連続ドラマで、全三シーズンのうち第二シーズンの第1話、第2話、第25話に幸四郎がセミレギュラーとして登場。

**40** **『花道は炎のごとく』** NTV/1985年3月28日(『木曜ゴールデンドラマ』)放送/十二世市川團十郎［初世市川團十郎］・二世尾上松緑/※十世海老蔵の十二世市川團十郎襲名を記念して制作されたドラマで、江戸歌舞伎の始祖である初世市川團十郎の生涯を描いた。叔父に当たる松緑ほか、当時の主だった歌舞伎役者が総出演している。

## 《III》その他のテレビドラマ

（高麗屋三兄弟のうちいずれかが出演しているもののその詳細が不明な作品）
（タイトル／キー局／放送日（放送枠）／主演者［役名（判明の場合）］／※ワンポイント解説）
※前項で取り上げた、高麗屋三兄弟の共演、親子共演の作品については タイトル として四角く囲んである。

❶**『ウロコ座』** ＫＲ（現ＴＢＳ）／１９５６年８月13日～１９５８年11月24日、21：15～22：20（１９５６年12月13日以降は21：15～21：45）放送／第5回～第6回（１９５６年９月10日、17日）：『次郎吉懺悔』二世尾上松緑／第7回（１９５６年９月24日）：『番町皿屋敷』八世松本幸四郎／第27回～第28回（１９５７年２月18日、25日）：『鬼坊主清吉』二世松緑／第31回（１９５７年３月18日）：『同志の人々』八世幸四郎・二世松緑・六世市川染五郎（九世幸四郎）／第44回～第45回（１９５７年６月17日、24日）：『暴れ牛』二世松緑／第46回～第47回（１９５７年７月１日、８日）：『笛』八世幸四郎／第57回（１９５７年９月16日）：『冷奴』二世松緑／第66回（１９５７年11月18日）：『姫重体』八世幸四郎（第12回芸術祭賞受賞）／第71回～第72回（１９５７年12月23日、30日）：『忠治祭』八世幸四郎／第75回～第76回（１９５８年１月20日、27日）：『怨霊の里』二世松緑／第79回～第80回（１９５８年２月17日、24日）：『今様薩摩歌』八世幸四郎／第97回～第99回（１９５８年６月23日、30日、７月７日）：『五重塔』二世松緑／第105回～第106回（１９５８年８月18日、25日）：『中山七里』二世松緑／※テレビ向けの名作舞台を単発または前後編の形で放送したアンソロジー。

❷**『東芝日曜劇場』** ＫＲ／１９５６年12月２日～（『日曜劇場』として継続中）、21：00～22：00（途中、放送時間帯はまちまちで、現在は21：00～21：54）放送／第13回（１９５７年２月24日）：『舞踊 保名 藤娘』九世市川海老蔵（十一世團十郎）・振付 四世藤間勘右衛門（二世松緑）／第14回（１９５７年３月３日）：『井伊大老』八世松本幸四郎／第17回（１９５７年３月24日）：『芝浜革財布』二世尾上松緑／第19回（１９５７年４月７日）：『源氏物語 浮舟』八世幸四郎／第28回（１９５７年６月９日）：『西山物語』八世幸四郎・六世市川染五郎（九世幸四郎）／第31回（１９５７年６月30日）：『下町』二世松緑／第38回（１９５７年８月18日）：『十七夜』二世松緑／第65回（１９５８年２月23日）：『与話情浮名横櫛 源氏店の場』九世海老蔵（十一世團十郎）・二世松緑／第81回（１９５８年６月15日）：『朝顔物語』二世松緑／第87回（１９５８年７

月27日）：『夕立雲』九世海老蔵（十一世團十郎）・二世松緑／第94回（1958年9月14日）：『彦市ばなし』二世松緑／第108回（1958年12月21日）：『将軍江戸を去る』八世幸四郎／第109回（1958年12月28日）：『冬の人』二世松緑／第115回（1959年2月8日）：『今日午の日』二世松緑／第121回（1959年3月22日）：『大石最後の一日 元禄忠臣蔵から』八世幸四郎／第129回（1959年5月17日）：『一晩一両』二世松緑／第135回（1959年6月28日）：『心中宵庚申』八世幸四郎／第139回（1959年7月26日）：『海援隊』二世松緑／第144回（1959年8月30日）：『ひとり狼』八世幸四郎／第150回（1959年10月11日）：『朱雀門の鬼』九世海老蔵（十一世團十郎）／第165回（1960年1月24日）：『雪に散る花』八世幸四郎／第174回（1960年3月17日）：『むかしも今も』二世松緑／第175回（1960年4月3日）：『滝口と横笛 近松門左衛門「娥歌かるた」より』八世幸四郎／第178回（1960年4月24日）：『落ち梅記』二世松緑／第181回（1960年5月15日）：『源助横町』二世松緑／第193回（1960年8月7日）：『笊医者』二世松緑／第200回（1960年9月25日）：『まぼろしの琴』八世幸四郎・二世松緑／第206回（1960年11月6日）：『木更津河岸』二世松緑／第208回（1960年11月20日）：『江戸の絵姿』八世幸四郎／第214回（1961年1月1日）：『喧嘩纏』二世松緑／第236回（1961年6月4日）：『今夜も月が出る』二世松緑／第266回（1962年1月7日）：『紫式部絵巻』八世幸四郎／第270回（1962年2月4日）：『冬の日』二世松緑／第279回（1962年4月8日）：『並木河岸』八世幸四郎／第314回（1962年12月9日）：『影』八世幸四郎／第330回（1963年3月31日）：『霙』八世幸四郎／第344回（1963年7月7日）：『明治の女』八世幸四郎／第395回（1964年6月28日）：『じゃまっけ』八世幸四郎／第405回（1964年9月6日）：『いくじなし』二世松緑／第428回（1965年2月14日）：『足袋と恋』二世松緑／第453回（1965年8月8日）：『花火』二世松緑／第492回（1966年5月8日）：『惜春』八世幸四郎／第594回（1968年4月28日）：『女と味噌汁 その10』二世松緑／第628回（1968年12月22日）：『ひげ』二世松緑／※現在も連続ドラマ枠として放送されている、〝ドラマのTBS〟の看板番組。放送開始当初より、高麗屋三兄弟の出演が多い。

❸

**『赤胴鈴之助』** KR／1957年10月2日～1959年3月25日、18：15～18：30（最終的には、18：15～18：45）放送／二世尾上松緑／※吉永小百合がラジオドラマ版に続いてテレビドラマ・デビューした作品で、オーディションで主人公を演じることになった尾上緑也（二世松鶴、六世松助）が松緑の預かり弟子だった関係で松緑も元旦放送の際にゲスト出演した。

❹『**おりき**』　ＮＴＶ／１９５８年2月18日～2月25日（前後編）、20：30～21：00（『久保田万太郎アワー』）放送／八世松本幸四郎／※樋口一葉『にごりえ』を文学座の戌井市郎がドラマ化した脚本を基にしており、幸四郎の他は文学座重鎮の杉村春子、三津田健、宮口精二が出演。

❺『**変化女房**』　ＮＨＫ／１９５８年３月19日、放送時間帯不明／二世尾上松緑／※円地文子の原作に基づく単発ドラマ。共演は三世市川左團次。

❻『**おかあさん**』　ＫＲ／１９５８年９月１日～１９６７年６月29日、22：00～22：30放送／第291回（１９６５年６月10日）：『六月の花嫁』二世尾上松緑／第331回（１９６６年３月17日）：『春の淡雪』二世松緑／※９年間続いた中外製薬提供の人気シリーズで、松緑は木暮実千代と共に二回出演している。

❼『**ゴールデン劇場**』　ＮＴＶ／１９５８年10月８日～（終了時期不詳）放送／１９５９年２月４日：『曾我兄弟』八世松本幸四郎・六世市川染五郎（九世幸四郎）・初世中村萬之助（二世吉右衛門）／１９５９年２月11日：『どろん』九世市川海老蔵（十一世團十郎）／１９５９年２月25日：『釣忍』二世尾上松緑／１９５９年３月18日：『並木河岸』二世松緑／１９５９年12月30日：『山椿』二世松緑／１９６０年４月20日：『いろおとこはつらいよ物語』二世松緑／１９６０年４月27日：『清盛と常盤 新平家物語より』八世幸四郎・六世染五郎（九世幸四郎）・初世萬之助（二世吉右衛門）／１９６１年４月19日：『いのちありて』二世松緑／※読売テレビで『ナショナルゴールデン劇場』として放送されていた番組だが、日本テレビでは当初はヤシカカメラの一社提供で『ヤシカゴールデン劇場』として放送していた。『釣忍』『並木河岸』『山椿』は山本周五郎原作。

❽『**新皿屋舗月雨暈**』　ＮＨＫ／１９５９年３月22日、19：30～20：30（『お好み日曜座』）放送／二世尾上松緑／※河竹黙阿弥作。十七世市村羽左衛門、七世中村福助（七世芝翫）、三世尾上鯉三郎、七世尾上梅幸など菊五郎劇団総出演。

❾『**百足ちがい**』　ＣＸ（フジテレビ）／１９５９年７月４日、20：00～21：00（『東芝土曜劇場』第18回）放送／二世尾上松緑／※山本周五郎の原作を高橋辰雄が脚本化。共演は清水将夫、金子信雄、小松方正ほか。

**10**『その木戸を通って』 NET（現テレビ朝日）／1959年7月5日、20：00〜21：00（『ホリデー・イン・トーキョー』）放送／二世尾上松緑／※山本周五郎の原作を千谷道雄が脚本化、演出は山本隆則。共演は山田五十鈴、柳永二郎。

**11**『NECサンデー劇場』 NET／1959年9月6日〜1961年12月24日、20：00〜21：00放送／1959年9月16日：『鮫ヶ淵』二世尾上松緑／1959年10月4日：『熱風』二世松緑／1959年12月6日：『その木戸を通って』二世松緑（『ホリデー・イン・トーキョー』の再放送）／1959年10月4日：『金の簪』二世松緑／1959年10月8日：『お勝手の花嫁』二世松緑／1961年12月3日：『冬の宿』二世松緑／※松緑ほかの菊五郎劇団の面々や文学座などの俳優陣の出演が多い。

**12**『鬼念仏』 KR／1959年10月4日、13：15〜14：26（『ナショナル日曜観劇会』）放送／二世尾上松緑／※原作は村上元三。

**13**『赤西蛎太』 NET／1960年1月7日、20：00〜21：00（『文芸劇場』）放送／二世尾上松緑／※志賀直哉の原作を円地文子が脚色。十七世市村羽左衛門、三世尾上鯉三郎ほか共演。

**14**『スチール・スター劇場』 KR／1960年2月5日〜10月7日放送／第10回（1960年4月8日）：『夜霧』二世尾上松緑／第22回（1960年7月1日）：『西瓜提灯』／九世市川海老蔵（十一世團十郎）／※毎回、スター俳優を主役に迎えて描く一話完結のアンソロジー物。第10回、第22回は共に村上元三の脚本。

**15**『ミュージカル　壁画の女』 NHK／1960年3月20日、20：15〜21：15放送／二世尾上松緑／※懸賞ミュージカル脚本佳作第一席に選ばれた作品（服部武四郎作）を井上博が演出したもので、音楽は望月太朗が担当。共演は岡田茉利子、北村和夫、澤村貞子。

**16**『河内山宗俊』 NTV／1960年4月2日、20：00〜21：00放送／二世尾上松緑／※河竹黙阿弥のお馴染みの『天衣粉上野初花』のドラマ化。十七世市村羽左衛門、三世市川左團次ほか。

**17**『島衛月白波』 NTV／1960年2月18日、22：00〜22：30（『カラー劇場』）放送／九世市川海老蔵（十一世團十

郎）／※カラー放送。共演は十七世市村羽左衛門。

**18** **『花環』**　ＣＸ／１９６０年５月８日、22：00～22：45（『百万人の劇場』）放送／二世尾上松緑／※火野葦平の原作に基づくドラマ。共演は吉川満子、若原雅夫、千石規子。

**19** **『彦六大いに笑う』**　ＮＴＶ／１９６０年８月７日、21：45～22：30（『東レ サンデーステージ』第６回）放送／二世尾上松緑／※三好十郎原作。共演は川上康子、柳谷寛、浦里はるみ。

**20** **『名作菊五郎劇場』**　ＮＥＴ／１９６０年10月４日～１９６１年３月28日、20：00～21：00放送／１９６０年10月４日：『藤十郎の恋』九世市川海老蔵（十一世團十郎）／１９６０年10月11日：『暗闇の丑松』二世尾上松緑／１９６０年10月18日：『与話情浮名横櫛　源氏店妾宅の場』九世海老蔵（十一世團十郎）／１９６０年12月６日、13日：『坂崎出羽守』二世松緑／１９６１年１月３日：『人情噺夢の芝浜』二世松緑／１９６１年１月10日：『若き日の信長』九世海老蔵（十一世團十郎）・二世松緑／１９６１年１月31日：『修禅寺物語』二世松緑／１９６１年２月７日：『ちいさこべ』二世松緑／１９６１年２月21日：『人情噺小判一両』二世松緑／１９６１年２月28日：『堀川波の鼓』九世海老蔵（十一世團十郎）／１９６１年３月７日：『米百俵』二世松緑／１９６１年３月28日：『散らで残れる』二世松緑／※菊五郎劇団の俳優たちが、歌舞伎の名作それぞれの当たり役を演じるアンソロジー。

**21** **『ママと良重とヒデ坊と』**　ＮＥＴ／１９６１年４月12日～12月27日、21：15～21：45放送／二世尾上松緑［ゲスト］／※水谷八重子と良重の自宅と同じ応接間をスタジオにセットとして立て、そこに毎回ゲストが登場する。

**22** **『彦市ばなし』**　ＮＴＶ／１９６１年４月28日、22：00～22：30（『テレビ劇場』）放送／二世尾上松緑／※歴史小説、時代小説を毎回一話完結のアンソロジーで描いたシリーズの一編。福田陽一郎演出。共演は横山道代、渥美清。

**23** **『山本周五郎アワー』**　ＴＢＳ／１９６１年４月12日～９月27日、22：30～23：00放送／１９６１年４月26日：『藪の蔭』二世尾上松緑／１９６１年８月９日：『雨あがる』二世松緑／※全25回のアンソロジーもの。他にも関西テレビやフジテレビでも同名のシリーズがあった。

**24**

**『ひょう六とそばの花』** NHK／1961年4月15日、20：45〜？放送／二世尾上松緑／※1956年11月に放送された土井行夫作の同題名ミュージカル（NHK大阪局制作）のリメイク。音楽は広瀬健太郎、振付は県洋二。共演は八千草薫、久米昭ほか。

**25**

**『大出世物語』** TBS／1961年7月28日、22：00〜22：45（『サンヨーテレビ劇場』最終回）放送／二世尾上松緑／※幸四郎一家出演の『阿部一族』に続き、最終回は松緑主演、富士真奈美、露口茂共演の源氏鶏太原作のドラマ化作品を放送した。

**26**

**『蝉しぐれ』** TBS／1961年8月1日、20：30〜21：00（『日立劇場』）放送／二世尾上松緑／※共演は鳳八千代、広村芳子。

**27**

**『殺人蔵』** TBS／1961年12月12日、20：30〜21：15（『日立ファミリーステージ』）放送／八世松本幸四郎／※山田風太郎の原作を木村重夫が脚色した『忠臣蔵』のヴァリエーションで、非情に仲間を殺す大石内蔵助を描いた異色作のようだが、残念ながら詳細は不明。おそらくは映画でも三度内蔵助を演じている幸四郎が、イメージの違う同役を演じたと思われる。共演は八世市川中車、菅原謙二ほか。

**28**

**『寅春三組盃』** MBS、NET／1962年1月3日、22：00〜23：00（『ファミリースコープ』）放送／二世尾上松緑／※北條秀司の脚本を山本隆則が演出した江戸下町の人情もの。共演は水谷八重子、三世市川左團次ほか。

**29**

**『グランド劇場』** NET／1962年1月7日〜9月30日、20：00〜21：00放送／1962年2月18日：『破れ太鼓』二世尾上松緑／1962年7月1日：『俺は愛国者』二世松緑／1962年9月2日：『蚊柱』二世松緑／※東京ガス、大阪ガスなどガス会社提供によるアンソロジー物。『破れ太鼓』『蚊柱』は高橋玄洋の脚本で、特に後者は始めから松緑を想定して書かれたという。

**30**

**『勝負師』** CX／1962年7月10日、20：00〜21：00（『シャープ火曜劇場』第46回）放送／二世尾上松緑／※安信太郎の脚本を福中八郎が演出。死期を悟ったプロ野球イーグルス監督の松緑と家族の物語。共演は森光子、石黒達也、中村伸郎ほか。

**31**

**『日産スター劇場』** NTV／1963年11月23日〜1969

年3月29日、21：30～22：30放送／第1回（1963年11月23日）：『進軍歌、前へ！』二世尾上松緑／第7回（1964年1月4日）：『権三と助十』二世松緑／第98話（1965年9月25日）：『素晴らしきかな再婚』二世松緑／第176話（1967年3月25日）：『花嫁のお父つぁん』二世松緑／第230話（1968年4月13日）：『親父よあなたは強かった』二世松緑／※一話完結のアンソロジーで、末期の1968年10月からは複数スポンサーとなり番組名も『スター劇場』となった。

32
『誘殺』　CX／1963年12月14日、22：00～23：30（『夜の十時劇場』第46回）放送（当初は22：00～23：15）／八世松本幸四郎／※松本清張の原作を元にしたドラマ。演出は程島武夫。共演は八世市川中車ほか、幸四郎と共に東宝へ移籍した面々。

33
『奴凧』　TBS／1964年1月3日、20：00～20：56（『近鉄金曜劇場』）放送／二世尾上松緑／※一年前に高麗屋三兄弟で共演した『近鉄金曜劇場』の正月番組で、今回は松緑ひとりが大佛次郎の原作に挑んだ。共演は山田五十鈴、七世中村福助（七世芝翫）、金子信雄ほか。

34
『赤穂浪士』　NHK大河ドラマ／1964年1月5日～12月27日、20：45～21：30放送（4月からは21：30～22：15）／二世尾上松緑［新井白石］／※大佛次郎の原作を村上元三が脚色した、NHK大河ドラマ第二作。松緑は前作『花の生涯』での主役から、今作では大石内蔵助役の長谷川一夫以下の数多のスターたちの中の一人として新井白石役を演じたが、残念ながら映像は視聴率53・0％を記録した討ち入りの回（第47回）と松の廊下の刃傷沙汰を描いた第7回しか残っていない。

35
『甲斐で見る富士』　TBS／1965年1月1日、15：00～16：00放送／八世松本幸四郎［鳥居彦右衛門元忠］／※TBS年始特別ドラマで山岡宗八の原作。徳川家康（千秋実）配下の武将鳥居彦右衛門が、預かることになった娘ふで（山本富士子）を愛するようになる。

36
『破れ太鼓』　NHK／1965年7月17日、20：00～21：30放送／二世尾上松緑［津田軍平］／阪東妻三郎主演の同名の劇映画をテレビドラマ化したもので、阪東妻三郎十三回忌を記念して制作された。阪妻の息子たちである田村三兄弟（田村高廣・田村正和・田村亮）が揃って出演している。松緑は1962年にもNETで同じ原作に基づくドラマに出演したことがある。

**37** **『泥棒志願』** CX／1968年3月4日、20:00〜20:56（『スター推理劇場』第9回）放送／二世尾上松緑／※都筑道夫の『長靴をはいた猫』を元に菅沼定憲が脚色、福中八朗が演出したドラマ。泥棒することをテクニックの芸術と考える主人公（坂本九）を描く。松緑の役どころは不明。

**38** **『恩讐の彼方に』** MBS／1968年5月28日、22:00〜23:00（『テレビ文学館―名作に見る日本人―』）放送／八世松本幸四郎／※現代演劇協会と毎日放送の提携に拠る近代文学のドラマ化アンソロジーで、福田恆存が選んだ作品を半年に亘って放送した。本作の脚本は千谷道雄で、演出は信太正行。共演は有川博、加藤治子ほか。

**39** **『樅ノ木は残った』** NHK大河ドラマ／1970年1月4日〜12月27日、20:00〜20:45放送／二世尾上松緑［伊達正宗］／※伊達家のお家騒動を描いたNHK大河ドラマ第8作。主役は原田甲斐役の平幹二朗で、伊達正宗役の松緑はゲスト出演の形で全52回のうち第10回のみの出演。

**40** **『明日がござる』** NHK／1975年10月2日〜1976年9月30日、20:00〜20:55放送／二世尾上松緑［一世渡主人欣太郎］／※平岩弓枝脚本、石井ふく子プロデュースの『ありがとう』のチームによる、神楽坂の老舗串料理屋の一家を描いたホームドラマ。主役は松緑の娘役の水前寺清子。

# あとがき

平成という一つの時代が三十年余で終わりを告げようとしている今日において、そのもうひとつ前の昭和の時代の記憶というものは急速に失われつつあるように思える。まさに「昭和は遠くなりにけり」である。だが、戦争の時代から価値観が一八〇度変わった占領期を経て高度経済成長期へと突き進んだ昭和の戦後期こそが、良きにつけ悪しきにつけ今日の我々日本人のあらゆる面における基礎というものを築いた時代であったことは言うまでもない。歌舞伎の領域では、大正時代から昭和の戦前・戦中、そして占領期までを支え続けた菊吉時代の終焉とともに、昭和の後半にはその次の世代の歌舞伎俳優たちが、古典芸能としての歌舞伎をどう新しい時代へ生き残らせていくか、歌舞伎俳優という存在が新しい時代を生きて行く上でどのような立ち位置で生きて行くべきなのかを模索し、提案し、実践していった。本書の主人公である高麗屋三兄弟は、そうした昭和戦後期にあって、歌舞伎俳優たちの新しい生き方として、歌舞伎以外の演劇、映画、テレビドラマ、CMといった様々な新しい領域を切り開いていった世代の中心にあった存在であり、その意味で今日の歌舞伎俳優たちの生き方のプロトタイプを示した功労者だと位置づけることが出来よう。

彼らのそうした活躍を正当に評価することなくして、今日の歌舞伎界の隆盛というものを正しく理解することはできないに違いない。――――そうした想いが、本書に取り組もうと決意した背景として筆者の心にあったことは確かだが、そういった本がまだ世の中に出ていない事自体がおかしい事なのであって、誰も書いてくれないのであれば、プロの演劇評論家でも特別な歌舞伎通でもない映画史研究者・映画評論家の筆者ではあるが、それが自分の役割のはずである、と考えたのが始まりだった。その決意を最初に伝えた相手というのは、二世松本白鸚（当時九世松本幸四郎）丈その人である。一九九九年にNY暮らしをしていた頃に着想を得てから十年以上の月日をかけて醸成させた前々著『戦後「忠臣蔵」映画の全貌』（集英社クリエイティブ刊、二〇一三年）に序文を書いて頂いたのが縁で、ある時新装相成った歌舞伎座の楽屋をお訪ねした。その際に、「次は是非とも御父上の八代目さんとそのご兄弟、十一代目團十郎さん、二代目松緑さんのお三方についての本を、映画の専門家としての立場から書いてみたいと思います」とお伝えしたのである。九世幸四郎丈から「それは是非書いてください。なんでも協力しますから」と仰って頂いたことで背中を押されたのは存外の喜びとして、「九世幸四郎丈に宣言してしまった以上、もう後には引けない」と自分自身を追い詰めて、取り組まざるを得ない状況を自ら作ったというのが実態と言ってよい。だが、本書に取り掛かるよりも先に、筆者の古巣である外国映画配給会社の足跡をまとめた、『日本ヘラルド映画の仕事――伝説の宣伝術と宣材デザイン』（PIEインターナショナル刊、二〇一七年）に先に取り組むこととなり、その作業が大詰めに差し掛かった二〇一六年の秋頃には、高麗屋三代同時襲名披露興行が二〇一八年一月・二月に行われるというニュースが駆け巡り、本書の内容から見てもこの慶事に少しでも花を添えるべく、急ぎ執筆を進める必要が生じたのだった。結果的にいえば、高麗屋三代同時襲名披露興行のスタートまでに本書を刊行するという目標は達成できなかったのだが、十一月・十二月の京都南座での興行まで、襲名披露興行は一年を通じて行われる訳であり、四ヵ月遅れの五月の刊行であっても充分に自分なりの高麗屋三代同時襲名への祝福の気持ちは表現できたのではないかと思っている。

ところで、本書は筆者にとっては最初から最後まで全て京都で書いた初めての本という事になる。生まれも育ちの東京の筆者だが、もうかれこれ十年来、東京の早稲田大学で授業や学生の指導を行う傍ら、桂にある国際日本文化研究センターや、京都大学人文科学研究所といった研究拠点において研究活動にいそしむという生活が常態化しており、自宅の書斎・書庫も新富町にある仕事場も本が溢れかえって収拾が付かなくなっていた現状も鑑みて、どうせ月に一回程度京都へ行っているのであれば、京都にも仕事場を設けて、そこに歌舞伎や時代劇など特定の分野の本を全て置いておくことにすれば、その分野の仕事は京都にて効率よく行えるのではないかと考えたのである。そして伏見区の石田というところに中古の一軒家を購入して、本の重みで床が抜けないように補強工事をして環境を整えたのだが、原稿書きに集中して年に一〇〇日ほど過ごす京都での暮らしというのも、大好きなNYと同様、これからの人生で大切にしていきたいと思っている次第である。また、実際のところ高麗屋三兄弟の出演した時代劇映画のほとんどが撮影されたのもこの京都だという事もあり、一から本書に取り組む仕事場としては誠に相応しい環境を構築したものだ、と自分では密かに思っている。そして、この京都の仕事場でワープロに向かう際に腰かけている低座椅子——畳の床において背もたれだけで使う普通のものではなく、テーブル用の椅子と座椅子の中間くらいの高さのもの——は、八代目幸四郎が楽屋で座るのに居心地が良いようにデザインさせたという、天童木工製の低座椅子を用いている。

いつものことではあるが、今回もまた本書を執筆する上で、様々な側面で数多くの方たちのご協力を頂いた。先ず、良書であってもなかなか採算が取れないという出版不況の中、本書の刊行をご決断頂いた、株式会社雄山閣の宮田哲男社長には感謝してもしきれない想いである。本書の装丁に関しては前々著『戦後「忠臣蔵」映画の全貌』と姉妹編にしたいという筆者の希望に基づいて、連続性を強調したデザインにしてもらったが、その難しい注文に応えてくれた青木淳氏、並びに前々著のデザインの再現を快く承諾してくれた横島俊二氏にもお礼を申し上げたい。映画に関する本を出す上で映画のエフェメラ（ポスター、プレスシート、チラシ、広告）及びスチール写真といったヴィジュアル素材を用いて視覚的に示すのとそうでないのとでは天と地ほど本自体の訴求力が異なってくるものである。それらのヴィジュアル素材は、当該作品が作られた当時の時代の雰囲気を伝えると共に、豊穣なる映像文化——ここでは元々の歌舞伎の世界の華やかな文化が映画として換骨奪胎された形で提示されるものが多い訳だが——の魅力の一端を紹介することが出来、読者の想像力を刺激してくれるからである。学術書であるとはいえ、本書には合計で九〇点以上もの図版として、それらの素材を収録することが出来た。それを実現させる上で、映画会社各社のご理解、ご協力を頂けたことが、まずもって本書をきちんとした映画書として自信をもって読者諸氏に提示できる基本的な枠組みを構築する上で決定的な手助けとなった。具体的には、松竹株式会社メディア事業部コンテンツ版権室の成毛淳史室長、同室知財管理課長の水野晋治氏、同課の長谷部美子氏、松竹大谷図書館司書の飯塚美砂氏、東宝株式会社映像本部映像事業部の広瀬真氏、東宝株式会社映画企画管理室の鎌田周平氏、国際放映株式会社映像事業部コンテンツ営業室の栗田達也氏、株式会社Kプロヴィジョン映像事業部デスクチームの三浦宏子氏、株式会社マガジンハウスフォトクリエイティブ事業部知的財産室の篠原尚広氏、株式会社三船プロダクションの三船史郎氏、三船暁美氏、株式会社喜八プロダクションの前田真実氏らのご協力を頂いた。本書で紹介することの出来たそれらの素材、紙幅の都合で紹介できなかったその何倍かの素材は基本的には全て筆者が五年以上かけて少しずつ収集したものだが、一部の作品のスチール写真、オフ・ショット写真については、元東宝株式会社・三船プロダクションの衣裳担当者であった池田誠氏、黒澤明研究会の槙田寿文氏、岡本喜八監督についての研究者である寺島正芳氏のご協力によりお借りすることが出来たものである。また、第二部の作品紹介を執筆する上で、高麗屋三兄弟出演作品を全て観直し、ストーリーを書き起こしたりする基礎作業が必須であり、ソフト化されている物は購入し、ソフト化されていないもので国立近代美術館フィルムセンターや過去の邦画を上映してくれる都内のいくつかの映画館で上映される機会のあったものについてはそういったタイミングで鑑賞したが、一部のどうしても観るチャンスのない作品に関しては過去にテレビ放送された際に録画したものを提供してくれた石熊勝巳氏、沖野卓也氏のお世話になった。

映画のスチール写真とは別に、撮影の合間に撮られたオフ・ショット写真もモノクロ口絵頁にて紹介したが、それらに関しては当然ながら映画会社とは別にそこに映っている歌舞伎俳優の方々の当人、またはその直接の著作権継承者の方々の承諾を頂いた。即ち、九世市川海老蔵（十一世市川團十郎）については市川團十郎事務所、二世尾上松緑、初世尾上辰之助については藤間流事務所、七世大谷友右衛門（四世中村雀右衛門）については中村雀右衛門後援会（京屋の会）、二世中村鴈治郎、二世中村扇雀（三世中村鴈治郎、四世坂田藤十郎）、扇千景の各氏についてはアロープロモーション、初世中村萬之助（二世中村吉右衛門）については吉右衛門後援会（吉見会）事務所のご理解を頂けたことで掲載が可能となった。それらの事務所との間を繫いで頂いた松竹株式会社演劇営業部演劇ライツ室長の窪寺祐司氏も含め、ここに改めてそのご協力に感謝申し上げたい。

そして、他の何にも増して有難かったのが終始変わらぬ高麗屋さんのご協力であった。三代同時襲名という特別な慶事への準備で忙殺されていた時期にも本書の相談に耳を傾けて頂き、励まして頂いた株式会社シアターナインスの藤間紀子氏、お忙しい最中に本書の帯用に推薦の言葉をお書き頂いた十世松本幸四郎丈に特別の感謝を申し上げたい。

最後に、前々著『戦後「忠臣蔵」映画の全貌』に続いて本書の最初の読者となってくれ、数々のアドヴァイスをしてくれた父・谷川至洋に再び感謝の意を伝えたい。そもそも筆者が「忠臣蔵」に興味を持ったり、映画版での最高の大石内藏助役者としての八世松本幸四郎に特別な関心を持ち始めたりしたのは父の影響である。その意味で、本書は筆者と父とのコラボレーションとして生まれた本だとさえ言えるように思う。

二〇一八年桜月に記す

谷川建司

■著者紹介

**谷川 建司**（たにかわ たけし　Takeshi Tanikawa）

1962年東京都生まれ。映画ジャーナリスト、早稲田大学政治経済学術院客員教授。一橋大学大学院社会学研究科博士後期課程修了、博士（社会学）。1985～1992年日本ヘラルド映画に勤務し、1993年にフリーの映画ジャーナリストとして独立。2005年より早稲田大学政治経済学術院助教授、2008年教授、2010年より現職となる。研究分野は映像文化論、映像ジャーナリズム論。1997年、論文「メディアとしての映画」で第一回京都映画文化賞を受賞。著書に『「イージー・ライダー」伝説』（1996年・筑摩書房）『アメリカ映画と占領政策』（2002年・京都大学学術出版会）『アメリカの友人 東京デニス・ホッパー日記』（2011年・キネマ旬報社）『戦後「忠臣蔵」映画の全貌』（2013年・集英社クリエイティブ）、編著に『占領期のキーワード100』（2011年・青弓社）、共編著に『占領期雑誌資料大系（大衆文化編・全五巻）』（2008～2009年・岩波書店）などがある。

【協力】
株式会社朝日新聞社
株式会社Kプロヴィジョン
国際放映株式会社
松竹株式会社
公益財団法人松竹大谷図書館
東宝株式会社
株式会社マガジンハウス　（五十音順）

2018年5月30日　初版発行　《検印省略》

# 高麗《こうらい》屋《や》三兄弟《さんきょうだい》と映画《えいが》

著　者　谷川建司
発行者　宮田哲男
発行所　株式会社 雄山閣
東京都千代田区富士見2-6-9
TEL　03-3262-3231 / FAX　03-3262-6938
URL　http://www.yuzankaku.co.jp
e-mail　info@yuzankaku.co.jp
振　替：00130-5-1685

印刷・製本　株式会社ティーケー出版印刷


ISBN978-4-639-02583-2 C1074
N.D.C.778　440p　21cm